RASS

WEG Kompakt

Das neue Wohnungseigentumsrecht 2020

WEG Kompakt

Das neue Wohnungseigentumsrecht 2020

1. Auflage 2021

bearbeitet von
Ministerialrat Dr. Jens Rass, LL.M. (N.U.I.)

Bibliografische Information der Deutschen Nationalbibliothek | Die Deutsche Nationalbibliothek verzeichnet diese Publikation in der Deutschen Nationalbibliografie; detaillierte bibliografische Daten sind im Internet über www.dnb.de abrufbar.

ISBN 978-3-415-06945-9

© 2021 Richard Boorberg Verlag

Das Werk einschließlich aller seiner Teile ist urheberrechtlich geschützt. Jede Verwertung, die nicht ausdrücklich vom Urheberrechtsgesetz zugelassen ist, bedarf der vorherigen Zustimmung des Verlages. Dies gilt insbesondere für Vervielfältigungen, Bearbeitungen, Übersetzungen, Mikroverfilmungen und die Einspeicherung und Verarbeitung in elektronischen Systemen.

Titelfoto: © peterschreiber.media – stock-adobe.com | Satz: Thomas Schäfer, www.schaefer-buchsatz.de | Druck und Bindung: Medienhaus Plump GmbH, Rolandsecker Weg 33, 53619 Rheinbreitbach

Richard Boorberg Verlag GmbH & Co KG | Scharrstraße 2 | 70563 Stuttgart
Stuttgart | München | Hannover | Berlin | Weimar | Dresden
www.boorberg.de

Vorwort

Anlass zur Erstellung dieses Kommentars waren die Arbeiten einer Bund-Länder-Arbeitsgruppe zur Reform des Wohnungseigentumsgesetzes (Abschlussbericht in ZWE 2019, 430 ff.), an der der Autor teilgenommen hat. Die Ergebnisse der Arbeitsgruppe dienten als Grundlage für das Wohnungseigentumsmodernisierungsgesetz (WEMoG) des Bundes (BT-Drs. 19/18791), das im Herbst 2020 das Gesetzgebungsverfahren passiert hat. Mit dieser Initiative wurde das Wohnungseigentumsrecht grundlegend reformiert und an die Herausforderungen der Digitalisierung und des Wandels der Gesellschaft angepasst. Dieser Kommentar erläutert sämtliche durch die Reform vorgenommenen Änderungen der Gesetzeslage, sodass sich jeder schnell einen Überblick verschaffen kann, worauf er nun bei der Verwaltung von Gemeinschaften und bei der Fassung und Ausführung von Beschlüssen zu achten hat.

Das WEG-Recht ist eines der wenigen Rechtsgebiete, mit dem die Betroffenen zumeist ohne anwaltliche Beratung dauerhaft in Berührung kommen. Die Verwalter müssen anhand der Vorschriften des WEG ihre tägliche Arbeit verrichten, und zumindest einmal im Jahr fassen die Mitglieder einer Wohnungseigentümergemeinschaft auf ihrer Versammlung Beschlüsse, die ihre Grundlagen im WEG haben bzw. die den Regeln des WEG jedenfalls nicht widersprechen dürfen. Aber auch zwischendurch treten immer wieder Fragen auf, die ihre Lösung in den Regelungen des WEG finden. Was umfasst das Gemeinschaftseigentum und wer verwaltet dieses? Wie können bauliche Veränderungen beschlossen werden und wer trägt die Kosten dafür? Welche Beeinträchtigungen hat ein Mitglied der Gemeinschaft hinzunehmen?

Dieser Kommentar wendet sich daher an Leser, die sich über Grundlagen und Systematik des Wohnungseigentumsrechts informieren möchten. Dies sind zum einen die Verwalter, gerade kleinerer Gemeinschaften, die sich zur Lösung alltäglicher Fragen nicht jedes Mal Rechtsrat einholen möchten. Dies sind zum anderen auch die Wohnungseigentümer, die sich fragen, was die Normen des WEG bedeuten, wie sie auszulegen sind und welchen Hintergrund und welche Zielsetzung diese haben. Zudem können es auch Beiräte sein, die sich über den Umfang ihrer Aufgaben und ihre Rechte informieren möchten, denn mit der Reform des WEG-Rechts ist die Rolle der Beiräte gestärkt worden.

Der Kommentar erklärt die wesentlichen Grundsätze des WEG und sämtliche Vorschriften knapp und übersichtlich und versieht die vom Gesetz verwendeten Begriffe mit vielen Beispielen aus der Rechtsprechung. Die Rechtsprechungs- und Literaturhinweise stellen Anregungen dar, sofern der Leser Interesse an einer Vertiefung des konkreten Problems hat.

Hannover, im Oktober 2020
Jens Rass

Inhalt

Abkürzungen 11
Literaturverzeichnis 15

I. Einleitung 17
II. **Gesetz über das Wohnungseigentum und das Dauerwohnrecht (Wohnungseigentumsgesetz – WEG)** . . 25

Teil 1 Wohnungseigentum
Abschnitt 1 Begriffsbestimmungen
§ 1 WEG   Begriffsbestimmungen 25

Abschnitt 2 Begründung des Wohnungseigentums
§ 2 WEG   Arten der Begründung 27
§ 3 WEG   Vertragliche Einräumung von Sondereigentum 29
§ 4 WEG   Formvorschriften 36
§ 5 WEG   Gegenstand und Inhalt des Sondereigentums 38
§ 6 WEG   Unselbständigkeit des Sondereigentums 44
§ 7 WEG   Grundbuchvorschriften 44
§ 8 WEG   Teilung durch den Eigentümer 50
§ 9 WEG   Schließung der Wohnungsgrundbücher 54

Abschnitt 3 Rechtsfähige Gemeinschaft der Wohnungseigentümer
§ 9a WEG   Gemeinschaft der Wohnungseigentümer 56
§ 9b WEG   Vertretung 64

Abschnitt 4 Rechtsverhältnis der Wohnungseigentümer untereinander und zur Gemeinschaft der Wohnungseigentümer
§ 10 WEG   Allgemeine Grundsätze 68
§ 11 WEG   Aufhebung der Gemeinschaft 80
§ 12 WEG   Veräußerungsbeschränkung 82

§ 13 WEG	Rechte des Wohnungseigentümers aus dem Sondereigentum	89
§ 14 WEG	Pflichten	91
§ 15 WEG	Pflichten Dritter	100
§ 16 WEG	Nutzungen und Kosten	104
§ 17 WEG	Entziehung des Wohnungseigentums	110
§ 18 WEG	Verwaltung und Benutzung	115
§ 19 WEG	Regelung der Verwaltung und Benutzung durch Beschluss	126
§ 20 WEG	Bauliche Veränderungen	134
§ 21 WEG	Nutzungen und Kosten bei baulichen Veränderungen	146
§ 22 WEG	Wiederaufbau	155
§ 23 WEG	Wohnungseigentümerversammlung	157
§ 24 WEG	Einberufung, Vorsitz, Niederschrift	165
§ 25 WEG	Beschlussfassung	178
§ 26 WEG	Bestellung und Abberufung des Verwalters	186
§ 26a WEG	Zertifizierter Verwalter	194
§ 27 WEG	Aufgaben und Befugnisse des Verwalters	195
§ 28 WEG	Wirtschaftsplan, Jahresabrechnung, Vermögensbericht	201
§ 29 WEG	Verwaltungsbeirat	214

Abschnitt 5 Wohnungserbbaurecht

§ 30 WEG	Wohnungserbbaurecht	221

Teil 2 Dauerwohnrecht

§ 31 WEG	Begriffsbestimmungen	223
§ 32 WEG	Voraussetzungen der Eintragung	225
§ 33 WEG	Inhalt des Dauerwohnrechts	228
§ 34 WEG	Ansprüche des Eigentümers und der Dauerwohnberechtigten	231
§ 35 WEG	Veräußerungsbeschränkung	233
§ 36 WEG	Heimfallanspruch	234
§ 37 WEG	Vermietung	237

§ 38 WEG	Eintritt in das Rechtsverhältnis	239
§ 39 WEG	Zwangsversteigerung	240
§ 40 WEG	Haftung des Entgelts	242
§ 41 WEG	Besondere Vorschriften für langfristige Dauerwohnrechte	244
§ 42 WEG	Belastung eines Erbbaurechts	246

Teil 3 Verfahrensvorschriften

§ 43 WEG	Zuständigkeit	247
§ 44 WEG	Beschlussklagen	251
§ 45 WEG	Fristen der Anfechtungsklage	257

Teil 4 Ergänzende Bestimmungen

§ 46 WEG	Veräußerung ohne erforderliche Zustimmung	259
§ 47 WEG	Auslegung von Altvereinbarungen	260
§ 48 WEG	Übergangsvorschriften	261
§ 49 WEG	Überleitung bestehender Rechtsverhältnisse	264

ANHANG
WEG
Gesetz über das Wohnungseigentum und das Dauerwohnrecht (Wohnungseigentumsgesetz – WEG) 267

Sachregister 297

Abkürzungen

a. A.	=	anderer Ansicht
a. a. O.	=	am angegebenen Ort
Abb.	=	Abbildung
Abs.	=	Absatz
a. F.	=	alter Fassung
AG	=	Amtsgericht
Anm.	=	Anmerkung
Alt.	=	Alternative
Art.	=	Artikel
BayObLG	=	Bayerisches Oberstes Landesgericht
BauGB	=	Baugesetzbuch
BGB	=	Bürgerliches Gesetzbuch
BGBl.	=	Bundesgesetzblatt
BGH	=	Bundesgerichtshof
BGHZ	=	Entscheidungen des Bundesgerichtshofes in Zivilsachen
BT-Drs.	=	Drucksache des Deutschen Bundestages
BVerfG	=	Bundesverfassungsgericht
BVerwG	=	Bundesverwaltungsgericht
DNotZ	=	Deutsche Notar-Zeitschrift
DSGVO	=	Datenschutzgrundverordnung
DWE	=	Der Wohnungseigentümer (Zeitschrift)
EG	=	Einführungsgesetz
EGBGB	=	Einführungsgesetz zum Bürgerlichen Gesetzbuch
EGZPO	=	Gesetz betreffend die Einführung der Zivilprozessordnung
ErbbauRG	=	Gesetz über das Erbbaurecht
ff.	=	folgende
FGPrax	=	Praxis der Freiwilligen Gerichtsbarkeit (Zeitschrift)
G	=	Gesetz
GE	=	Grundeigentum (Zeitschrift)
GesBl.	=	Gesetzblatt
GG	=	Grundgesetz
GVG	=	Gerichtsverfassungsgesetz
GVBl.	=	Gesetz- und Verordnungsblatt

Abkürzungen

GBO	=	Grundbuchordnung
GNotKG	=	Gesetz über Kosten der freiwilligen Gerichtsbarkeit für Gerichte und Notare
GVG	=	Gerichtsverfassungsgesetz
HeizkostenV	=	Heizkostenverordnung
HGB	=	Handelsgesetzbuch
HS	=	Halbsatz
i. d. F.	=	in der Fassung
InsO	=	Insolvenzordnung
KG	=	Kammergericht
lit.	=	Buchstabe
LG	=	Landgericht
MietRB	=	Mietrechtsberater (Zeitschrift)
MDR	=	Monatsschrift für Deutsches Recht
m. w. N.	=	mit weiteren Nachweisen
NdsRpfl	=	Die Niedersächsische Rechtspflege (Zeitschrift)
NVwZ	=	Neue Zeitschrift für Verwaltungsrecht
NJW	=	Neue Juristische Wochenschrift
NJWE	=	NJW-Entscheidungsdienst Miet- und Wohnrecht
NJW-RR	=	Neue Juristische Wochenschrift – Rechtsprechungsreport Zivilrecht
NZG	=	Neue Zeitschrift für Gesellschaftsrecht
NZM	=	Neue Zeitschrift für Mietrecht
OLG	=	Oberlandesgericht
OLGZ	=	Entscheidungen der Oberlandesgerichte in Zivilsachen
OVG	=	Oberverwaltungsgericht
RGBl.	=	Reichsgesetzblatt
RGZ	=	Entscheidungen des Reichsgerichts in Zivilsachen
Rpfleger	=	Der Deutsche Rechtspfleger (Zeitschrift)
Rz.	=	Randzeichen
sog.	=	sogenannte
str.	=	streitig
TOP	=	Tagesordnungspunkt
VGH	=	Verwaltungsgerichtshof
vgl.	=	vergleiche
VO	=	Verordnung
Vorbem.	=	Vorbemerkung
VwGO	=	Verwaltungsgerichtsordnung
WE	=	Wohnungseigentum (Zeitschrift)

Abkürzungen

WEG	=	Wohnungseigentumsgesetz
WEM	=	Wohnungseigentümermagazin
WEMoG	=	Wohnungseigentumsmodernisierungsgesetz
WEZ	=	Wohnungseigentumsrecht (Zeitschrift)
WGV	=	Wohnungsgrundbuchverfügung
WuM	=	Wohnungswirtschaft und Mietrecht (Zeitschrift)
z. B.	=	zum Beispiel
ZfBR	=	Zeitschrift für deutsches & internationales Bau- & Vergaberecht
ZfIR	=	Zeitschrift für Immobilienrecht
ZMR	=	Zeitschrift für Miet- und Raumrecht
ZPO	=	Zivilprozessordnung
ZVG	=	Gesetz über die Zwangsversteigerung und Zwangsverwaltung
ZWE	=	Zeitschrift für Wohnungseigentumsrecht

Literaturverzeichnis

Bärmann	Wohnungseigentumsgesetz, Kommentar, 14. Auflage 2018
Erman	Bürgerliches Gesetzbuch, Kommentar, 15. Auflage 2017
Jennißen	Wohnungseigentumsgesetz, Kommentar, 6. Auflage 2019
Palandt	Bürgerliches Gesetzbuch, Kommentar, 79. Auflage 2020
Sauren	Wohnungseigentumsgesetz, Kommentar, 6. Auflage, 2014
Staudinger	Bürgerliches Gesetzbuch, Kommentar, 2018
Zöller	Zivilprozessordnung, Kommentar, 33. Auflage 2019

Die Normen der zitierten Kommentarliteratur stimmen zum Teil nicht mit der aktuellen Gesetzeslage überein, da ausschließlich vor der Reform im Jahre 2020 veröffentlichte Werke zu Rate gezogen wurden.

I. Einleitung

1. Geschichte

Nach den Regeln des BGB sind Gebäude wesentliche Bestandteile eines Grundstücks (§§ 93, 94 BGB). Daher können sie nicht Gegenstand selbständiger Rechte sein, sondern folgen dem rechtlichen Schicksal des Grundstücks, auf dem sie gebaut sind. Nach dieser Konzeption ist die Begründung von Wohnungseigentum nicht möglich, da nur eine vertikale Teilung des Eigentums am Grundstück zulässig ist.

Als der 2. Weltkrieg vorüber war, herrschte in Deutschland große Wohnungsnot. In den Städten war es vielen Grundstückseigentümern nicht möglich, ihre ausgebombten Häuser mit eigenen Mitteln wiederaufzubauen. Gleichzeitig musste in möglichst kurzer Zeit ausreichender Wohnraum geschaffen werden. Zu diesem Zweck wurde im Jahre 1951 das WEG verabschiedet, nach dem Wohnungssuchende an der Finanzierung des Wiederaufbaus beteiligt werden konnten und hierfür gleichzeitig einen Gegenwert als Eigentümer an bestimmten Teilen des Gebäudes erhielten.

Das WEG hat drei neue Rechtsformen zur Begründung von Eigentum auch an horizontalen Teilen des Grundstücks eingeführt. Dies sind das Wohnungs- und Teileigentum (§ 1), das Wohnungs- und Teilerbbaurecht (§ 30) und das Dauerwohn- und Dauernutzungsrecht (§ 31). Insbesondere das Wohnungs- und Teileigentum ist im Laufe der Jahre sehr gut angenommen worden, sodass es in der Bundesrepublik mittlerweile über 10 Millionen Eigentumswohnungen gibt. Die durchschnittliche Größe einer Eigentümergemeinschaft beträgt etwa 25 Einheiten, womit in Deutschland ca. 400.000 Wohnungseigentümergemeinschaften existieren. Etwa die Hälfte der Einheiten soll vermietet sein.

Die gesellschaftlichen Anforderungen an das Wohnungseigentum haben sich im Laufe der Zeit gewandelt. Dies hat zu ersten Reformen des WEG in den Jahren 1973 und 2007 geführt. Bei der letzten größeren Reform durch das *Gesetz zur Änderung des WEG und anderer Gesetze* vom 26. März 2007 (BGBl. I Seite 370) wurden die gesetzlichen Beschlusskompetenzen der Gemeinschaft erweitert, durch die Einführung der Beschluss-Sammlung die Möglichkeiten der Wohnungseigentümer verbessert, sich über Beschlüsse zu informieren, für Wohngeldforderungen ein begrenztes Vorrecht in der Zwangsversteigerung geschaffen und das gerichtliche Verfahrensrecht vom Recht der freiwilligen Gerichtsbarkeit in das Zivilprozessrecht überführt.

Aufgrund des Alters vieler Immobilien stehen momentan und in nächster Zeit oftmals bauliche Maßnahmen an. Hinzu kommt, dass sich durch den demografischen Wandel die Altersstruktur der Bewohner ändert, wodurch das Erfordernis besteht, Einheiten behindertengerecht umzugestalten. Ferner rücken die Klimaziele immer stärker in den Fokus der Gesellschaft, die auf Dauer jedoch nur erreicht werden können, wenn auch die Wohngebäude energetisch saniert werden. Und letztlich erfordert die Förderung der Elektromobilität, eines der wichtigsten Themen der kommenden Jahre, Eingriffe in die Bausubstanz der Gebäude, um Lademöglichkeiten zu schaffen. Alle Maßnahmen müssen von der Gemeinschaft beschlossen werden.

2. Das Wohnungseigentumsmodernisierungsgesetz

Um diesen Herausforderungen besser begegnen zu können, ist die Politik übereingekommen, die bestehenden Regeln des Wohnungseigentumsrechts einer genauen Überprüfung zu unterziehen. Im Frühjahr 2018 haben dazu die Justizministerinnen und Justizminister der Länder und das Bundesministerium der Justiz und für Verbraucherschutz eine Bund-Länder-Arbeitsgruppe zur Reform des WEG eingesetzt. Diese hat den Reformbedarf umfassend analysiert und Vorschläge für gesetzgeberische Änderungen unterbreitet. Dabei wurden insbesondere die zum Teil sehr hohen Zustimmungserfordernisse für bauliche Veränderungen als wesentlicher Faktor ausgemacht, der die Innovationsfreudigkeit der Gemeinschaften mindert. Hinzu kam, dass der Bundesgerichtshof im Jahre 2005 die Rechtsfähigkeit der Gemeinschaft anerkannt hat (BGH NJW 2005, 2061), was eine Vielzahl an neuen Fragen aufkommen ließ. Die Novellierung von 2007 konnte die Auswirkungen der Entscheidung des Bundesgerichtshofs noch nicht gänzlich berücksichtigen, zumal deren wissenschaftliche Aufarbeitung gerade erst begonnen hatte. Diesen Fragestellungen hat sich die Arbeitsgruppe gewidmet, deren Abschlussbericht in der ZWE 2019, 430 ff. veröffentlicht worden ist. Aufbauend auf den Vorschlägen der Bund-Länder-Arbeitsgruppe hat das Bundesministerium der Justiz und für Verbraucherschutz einen Regierungsentwurf mit dem Ziel erarbeitet, die bestehenden Defizite zu beseitigen und das WEG an die Herausforderungen der nächsten Jahre anzupassen.

Am 27. April 2020 hat die Bundesregierung den *Entwurf eines Gesetzes zur Förderung der Elektromobilität und zur Modernisierung des Wohnungseigentumsgesetzes und zur Änderung von kosten- und grundbuchrechtlichen Vorschriften (Wohnungseigentumsmodernisierungsgesetz – WEMoG; BT-Drs. 19/18791)* in den Deutschen Bundestag eingebracht. Dieser ist vom Bundestag am 17. September 2020 verabschiedet worden und am 1. Dezember 2020 in Kraft getreten. Das WEMoG beinhaltet die größte Reform des Wohnungseigentumsrechts seit dem Inkrafttreten des Gesetzes im Jahre 1951. Deren wesentlichen Inhalte sollen nachfolgend kurz skizziert werden.

a) Förderung baulicher Veränderungen und Kostentragung

Nach alter Rechtslage erforderte jede bauliche Veränderung des Gemeinschaftseigentums, das durch die Maßnahme über das bei einem geordneten Zusammenleben unvermeidliche Maß hinaus beeinträchtigt wurde, die Zustimmung aller Wohnungseigentümer (§ 22 Abs. 1 i. V. m. § 14 Nr. 1 a. F.). Da die Schwelle zur Beeinträchtigung relativ niedrig war, fielen die allermeisten baulichen

Veränderungen der Anlage unter diese Vorschrift. Die Eigentümer konnten ihre Zustimmung ohne Angabe eines Grundes verweigern. Das stellte gerade größere Gemeinschaften vor Probleme, da häufig nicht alle Eigentümer von der Nützlichkeit einer baulichen Veränderung zu überzeugen waren. Selbst Modernisierungsmaßnahmen (§ 22 Abs. 2 a. F.) mussten mit einer Mehrheit von drei Vierteln aller stimmberechtigten Wohnungseigentümer und mehr als der Hälfte der Miteigentumsanteile beschlossen werden. Ferner bestand die Vorgabe, dass durch bauliche Veränderungen die „Eigenart der Wohnanlage" nicht geändert werden durfte (§ 22 Abs. 2 a. F.). Zusammengenommen führten diese Regelungen dazu, dass bauliche Veränderungen nur sehr schwer zu beschließen waren, sodass der bauliche Zustand von nach den Regeln des WEG organisierten Anlagen oftmals hinter dem sonstiger Gebäude zurückgefallen ist.

Das WEMoG senkt deshalb das Quorum für die Durchführung baulicher Veränderungen auf die Mehrheit der abgegebenen Stimmen ab (§ 25 Abs. 1). Ferner benennt es mit Maßnahmen der Barrierereduzierung, der Schaffung von Lademöglichkeiten für elektrisch betriebene Fahrzeuge, dem Einbruchsschutz und dem Anschluss an das Glasfasernetz gesellschaftlich besonders wichtige Bereiche, bei denen jeder Wohnungseigentümer einen Anspruch auf eine bauliche Veränderung hat (§ 20 Abs. 2). Die Gemeinschaft hat in diesen Fällen nur noch ein Mitspracherecht über die Art und Weise der Ausführung der Maßnahme (§ 20 Abs. 2 Satz 2). Die bauliche Veränderung darf die Anlage allerdings nicht grundlegend umgestalten oder einen Wohnungseigentümer unbillig benachteiligen (§ 20 Abs. 4).

Zum Ausgleich der Absenkung des erforderlichen Quorums für bauliche Veränderungen muss der eine solche Maßnahme begehrende Wohnungseigentümer deren Kosten grundsätzlich selbst tragen (§ 21 Abs. 1 Satz 1). Alle Wohnungseigentümer tragen nach dem Verhältnis ihrer Miteigentumsanteile die Kosten für eine bauliche Veränderung, wenn diese mit mehr als zwei Dritteln der abgegebenen Stimmen und mehr als der Hälfte der Miteigentumsanteile beschlossen wurde oder sich die Kosten der Maßnahme in einem angemessenen Zeitraum amortisieren (§ 21 Abs. 2 Satz 1). Die verbleibenden Baumaßnahmen sind durch diejenigen Wohnungseigentümer im Verhältnis ihrer Miteigentumsanteile zu tragen, die für sie gestimmt haben (§ 21 Abs. 3 Satz 1). Diese können aber auch eine andere Kostenverteilung unter sich beschließen (§ 21 Abs. 5). Allerdings sind nur diejenigen Wohnungseigentümer zur Nutzung der baulichen Veränderungen berechtigt, die sie auch bezahlt haben, soweit eine ausschließliche Nutzung überhaupt möglich ist (§ 21 Abs. 3 Satz 2).

Mieter von Eigentumswohnungen haben nunmehr bauliche Maßnahmen von Gesetzes wegen zu dulden (§ 15), sind aber rechtzeitig über diese zu informieren.

Auch jenseits baulicher Veränderungen sind Wohnungseigentümer nunmehr berechtigt, für einzelne Maßnahmen oder Arten von Kosten abweichende Regelungen zu treffen (§ 16 Abs. 2 Satz 2). Bisher (§ 16 Abs. 4 a. F.) war dies nur für Einzelfälle mit einem erhöhten Quorum möglich, sodass eine sinnvolle und gerechte Kostenverteilung häufig unterbleiben musste.

b) Stärkung der Rechte der Wohnungseigentümer

Das WEMoG stärkt die Rechte der Wohnungseigentümer an verschiedenen Stellen. Das Recht, in die Verwaltungsunterlagen zu schauen, ist nunmehr ebenso gesetzlich festgehalten (§ 18 Abs. 4), wie die Verpflichtung des Verwalters, einen jährlichen Vermögensbericht zu erstellen, damit die Wohnungseigentümer über die wirtschaftliche Lage der Gemeinschaft stets unterrichtet sind (§ 28 Abs. 3).

Um in verwalterlosen Gemeinschaften die Einberufung einer Versammlung zu erleichtern, kann nach neuer Rechtslage die Gemeinschaft jeden Wohnungseigentümer ermächtigen, dies zu tun (§ 24 Abs. 3).

I. Einleitung

Ein Beschlussfähigkeitsquorum gibt es nicht mehr, sodass nunmehr jede Versammlung beschlussfähig ist. Zudem kann eine Maßnahme stets mit der Mehrheit der abgegebenen Stimmen beschlossen werden (§ 25 Abs. 1). Dadurch wird die Teilnahme an einer Versammlung oder die Organisation einer angemessenen Vertretung für die Eigentümer bedeutender und es werden die aufgrund fehlender Beschlussfähigkeit erforderlichen Wiederholungsversammlungen vermieden. Um die Teilnahme an einer Versammlung besser organisieren zu können, wurde die Ladungsfrist von zwei auf drei Wochen verlängert (§ 24 Abs. 4 Satz 2).

Die vorzeitige Trennung von einem Verwalter kann die Gemeinschaft fortan mit der Mehrheit der abgegebenen Stimmen beschließen (§ 26 Abs. 1). Dies hat den Vorteil, Streitigkeiten darüber zu vermeiden, ob ein zur Abberufung des Verwalters wichtiger Grund vorliegt (§ 26 Abs. 1 Satz 3 a. F.) und gibt den Wohnungseigentümern lediglich die Abwägung zwischen der Zufriedenheit mit der Arbeit des Verwalters und möglichen Ersatzansprüchen wegen einer vorzeitigen Vertragsauflösung mit diesem auf. Die Ersatzansprüche sind aber gesetzlich auf höchstens sechs Monatsvergütungen begrenzt (§ 26 Abs. 3 Satz 2).

Angesichts fortschreitender Digitalisierung können nunmehr die Eigentümer online an Versammlungen teilnehmen (§ 23 Abs. 1 Satz 2) und Umlaufbeschlüsse elektronisch fassen (§ 23 Abs. 3).

Nach neuer Rechtslage ist es auch möglich, an Stellplätzen (§ 3 Abs. 1 Satz 2) und sonstigen Freiflächen (§ 3 Abs. 2) Sondereigentum zu begründen. Bislang mussten für eine ausschließliche Nutzung bestimmter Flächen durch einzelne Wohnungseigentümer sog. Sondernutzungsrechte begründet werden. Dies ist nunmehr in den meisten Fällen entbehrlich. Die Stellplätze sind auch nicht vom sonstigen Sondereigentum abhängig, sodass diese verkehrsfähig geworden sind.

Die Eigentümer können die Größe des Verwaltungsbeirats nach den Bedürfnissen der Gemeinschaft festlegen (§ 29 Abs. 1). Der Beirat hat den Verwalter nunmehr bei der Durchführung seiner

Aufgaben zu unterstützen und zu überwachen (§ 29 Abs. 2 Satz 1). Zudem ist die Haftung der Beiratsmitglieder auf Vorsatz und grobe Fahrlässigkeit beschränkt (§ 29 Abs. 3).

Die Regeln des WEG sind jetzt mit Anlegung der Wohnungsgrundbücher anwendbar (§ 9a Abs. 1 Satz 2) und damit bereits dann, wenn eine sog. Ein-Personen-Gemeinschaft vorliegt. Wer zudem einen Anspruch gegenüber dem teilenden Eigentümer auf Übertragung des Wohnungseigentums hat, gilt ebenfalls ab dem Zeitpunkt als Eigentümer, an dem der Besitz an den zu erwerbenden Räumen an ihn übergeben wurde (§ 8 Abs. 3). Er kann sich damit ab diesem Zeitpunkt an der Verwaltung des gemeinschaftlichen Eigentums beteiligen. Dadurch entfällt die Unsicherheit, ab wann die Regelungen des WEG anwendbar sind und das Konzept der sog. werdenden Eigentümergemeinschaft wird in eine gesetzliche Regelung überführt. Mit der Besitzübergabe wurde zudem ein eindeutiger Zeitpunkt festgelegt, ab dem das neue Mitglied der WEG seine Rechte geltend machen kann.

c) Stärkung der Gemeinschaft und des Verwalters

Nach der Zuweisung der Rechtsfähigkeit der Gemeinschaft durch den Bundesgerichtshof im Jahre 2005 war Unsicherheit darüber entstanden, wann durch Handlungen oder Rechtsgeschäfte die Mitglieder der Gemeinschaft verpflichtet werden sollen und wann die Gemeinschaft selbst. Gemäß § 18 Abs. 1 verwaltet die Gemeinschaft nunmehr als einzige Instanz das gemeinschaftliche Eigentum. Eine Beschlussanfechtungsklage ist daher auch gegen diese zu richten (§ 44 Abs. 2 Satz 1).

Das Konzept der Einzelzuweisung von Aufgaben und Befugnissen des Verwalters (§ 27 a. F.) wurde aufgegeben. Der Verwalter ist nunmehr für alle Maßnahmen originär zuständig, die eine untergeordnete Bedeutung haben und nicht zu erheblichen Verpflichtungen führen (§ 27 Abs. 1 Nr. 1) oder die eilbedürftig sind (§ 27 Abs. 1 Nr. 2). Der Gemeinschaft bleibt es aber unbenommen, die Befugnisse des Verwalters durch Beschluss einzuschränken oder zu erweitern (§ 27 Abs. 2). Damit vollzieht das Gesetz den Schritt nach, den viele größere Gemeinschaften bereits gegangen sind, indem sie in den Verwalterverträgen die Befugnisse des Verwalters wesentlich erweitern, um unterjährige Versammlungen zu vermeiden. Nunmehr steht es jeder Gemeinschaft auch von Gesetzes wegen frei, die konkreten Befugnisse des Verwalters selbst auszugestalten.

Durch die Einführung der Rechtsfähigkeit der Gemeinschaft war zudem die Frage entstanden, wer diese nach außen vertritt, die Wohnungseigentümer in ihrer Gesamtheit, der Verwalter oder beide. Nach dem bislang geltenden Recht war es nämlich an den Vertragspartnern zu ermitteln, wer die Gemeinschaft im konkreten Fall vertreten soll, was zuweilen zu Rechtsunsicherheit geführt hat. Indem das WEMoG dem Verwalter das Vertretungsrecht der Gemeinschaft zuweist (§ 9b Abs. 1 Satz 1), herrscht Rechtsklarheit. Der Verwalter kann nunmehr auch einseitige Rechtsgeschäfte für die Gemeinschaft ausüben, ohne der Gefahr einer Zurückweisung nach § 174 BGB ausgesetzt zu sein.

Das WEMoG vereinfacht und konkretisiert letztlich die Vorschriften zum Wirtschaftsplan und zu der Jahresabrechnung (§ 28), sodass jetzt gesetzlich klargestellt ist, welche Bestandteile die Jahresabrechnung hat und was genau der Gegenstand des Beschlusses über die Jahresabrechnung ist.

II. Gesetz über das Wohnungseigentum und das Dauerwohnrecht (Wohnungseigentumsgesetz – WEG)

Teil 1 Wohnungseigentum

Abschnitt 1
Begriffsbestimmungen

§ 1 WEG
Begriffsbestimmungen

(1) Nach Maßgabe dieses Gesetzes kann an Wohnungen das Wohnungseigentum, an nicht zu Wohnzwecken dienenden Räumen eines Gebäudes das Teileigentum begründet werden.

(2) Wohnungseigentum ist das Sondereigentum an einer Wohnung in Verbindung mit dem Miteigentumsanteil an dem gemeinschaftlichen Eigentum, zu dem es gehört.

(3) Teileigentum ist das Sondereigentum an nicht zu Wohnzwecken dienenden Räumen eines Gebäudes in Verbindung mit dem Miteigentumsanteil an dem gemeinschaftlichen Eigentum, zu dem es gehört.

(4) Wohnungseigentum und Teileigentum können nicht in der Weise begründet werden, dass das Sondereigentum mit Miteigentum an mehreren Grundstücken verbunden wird.

(5) Gemeinschaftliches Eigentum im Sinne dieses Gesetzes sind das Grundstück und das Gebäude, soweit sie nicht im Sondereigentum oder im Eigentum eines Dritten stehen.

(6) Für das Teileigentum gelten die Vorschriften über das Wohnungseigentum entsprechend.

Anmerkungen:

1. Diese Vorschrift definiert die wesentlichen Begriffe des WEG. Sie sind für die Anwendung der nachfolgenden Vorschriften maßgebend.

2. Nach Abs. 1 kann an Wohnungen **Wohnungseigentum** und an nicht zu Wohnzwecken dienenden Räumen (z. B. Ladengeschäfte) **Teileigentum** begründet werden. Beide Begriffe unterscheiden sich in der Zweckbestimmung des Sondereigentums, werden aber rechtlich gleich behandelt. Die mit Wohnungs- und Teileigentum gesetzlich vorgesehenen Grundtypen der Nutzungsbefugnis schließen sich vorbehaltlich anderer Vereinbarungen allerdings gegenseitig aus; jedenfalls im Hinblick auf eine Einheit, an der sowohl Wohnungs- als auch Teileigentum begründet werden könnte, gibt es keine Nutzungen, die zugleich als Wohnen und nicht als Wohnen anzusehen sind (BGH NJW 2018, 41).

3. **Abs. 2** definiert als Wohnungseigentum das Sondereigentum an einer Wohnung. Eine **Wohnung** sind alle Räume, die zu Wohnzwecken dienen, wie Aufenthalts- und Schlafräume, Küche und WC, aber auch Nebenräume, die die Führung eines Haushalts ermöglichen. Einzelne Räume, wie z. B. ein Hotelzimmer, sind keine Wohnung, da sie ein Darin-Leben nicht ermöglichen. Zum Wohnungseigentum gehören auch die außerhalb der Wohnung dem Sondereigentum ausdrücklich zugewiesenen abgeschlossenen Räume wie Keller und Speicher und sämtliche im Sondereigentum liegende Bestandteile des Gebäudes, die verändert oder beseitigt werden können, ohne die Rechte der anderen Miteigentümer zu beeinträchtigen. Ferner können hierzu Freiflächen (§ 3 Abs. 2) und Stellplätze (§ 3 Abs. 1 Satz 2) gehören. Durch eine vorübergehende gewerbliche Nutzung geht die Wohneigenschaft nicht verloren.

4. **Teileigentum** nach **Abs. 3** sind alle nicht zu Wohnzwecken dienenden Räume im Sondereigentum, wie z. B. Laden oder Büro, Keller oder Dachboden, Schwimmbad oder Garage. Ob ein Raum als Wohnungseigentum oder als Teileigentum einzuordnen ist, hängt von dessen konkreter (überwiegender) **Nutzung** ab. Entscheidend für eine Festlegung ist der Zeitpunkt der Begründung des Teileigentums. Eine Umwandlung von Wohnungseigentum in Teileigentum oder umgekehrt erfordert keine Änderung der Teilungserklärung, sondern nur eine Vereinbarung der Gemeinschaft, um die Wirkung gegenüber dem Sonderrechtsnachfolger zu dokumentieren (OLG München ZWE 2013, 335). Das Teileigentum ist rechtlich nicht anders zu bewerten als das Wohnungseigentum.

Abs. 4 schließt es aus, eine Wohnungseigentümergemeinschaft in der Weise zu begründen, dass das Sondereigentum mit Miteigentum an **mehreren Grundstücken** verbunden wird. Es ist allerdings nicht verboten, Wohnungseigentum in einem über mehrere Grundstücke gehenden Gebäude zu begründen.

5.

Abs. 5 definiert das **gemeinschaftliche Eigentum** mit Grundstück und Gebäude, soweit diese nicht im Sondereigentum oder im Eigentum Dritter stehen. Das Sondereigentum kann sich auch auf außerhalb des Gebäudes liegende Teile des Grundstücks erstrecken (§ 3 Abs. 2), wie z. B. Stellplätze (§ 3 Abs. 1 Satz 2). Sind Freiflächen oder Stellplätze nicht dem Sondereigentum zugewiesen, unterfallen sie dem Gemeinschaftseigentum. Nach § 5 Abs. 2 können Teile des Gebäudes, die für dessen Bestand oder Sicherheit erforderlich sind (z. B. das Dach oder tragende Mauern), sowie Anlagen und Einrichtungen, die dem gemeinschaftlichen Gebrauch der Wohnungseigentümer dienen (z. B. Treppenhäuser oder Fahrstühle), kein Sondereigentum sein. Aber auch die Außentür oder die Außenfassade mit den Isolierungsschichten fällt unter das Gemeinschaftseigentum. Im Zweifel ist stets Gemeinschaftseigentum anzunehmen.

6.

Nach **Abs. 6** gelten die Vorschriften über das Wohnungseigentum für das Teileigentum entsprechend.

7.

Abschnitt 2
Begründung des Wohnungseigentums

§ 2 WEG
Arten der Begründung

Wohnungseigentum wird durch die vertragliche Einräumung von Sondereigentum (§ 3) oder durch Teilung (§ 8) begründet.

Anmerkungen:

Eine Wohnungseigentümergemeinschaft kann nur durch das Einräumen von Sondereigentum oder durch Teilung begründet werden. Dies kann bereits geschehen, bevor das Gebäude errichtet worden ist. Beide Wege zur Begründung einer Eigentümergemeinschaft sind einander gleichgestellt, können aber auch kombiniert werden.

1.

Andere Wege zur Begründung einer Gemeinschaft sind nicht zugelassen. Dies gilt insbesondere für eine Verfügung von Todes wegen. Es wäre lediglich möglich, die Erben schuldrechtlich zu verpflichten, durch Einräumung von Sondereigentum eine Eigentümergemeinschaft zu begründen.

2. Vor der **Fertigstellung** eines Gebäudes besteht das Wohnungseigentum in einem Anwartschaftsrecht an den künftigen Gebäudeteilen und dem künftigen Sondereigentum nach dem Aufteilungsplan. Zusätzlich besteht ein Miteigentumsanteil an dem Grundstück. Das Sondereigentum selbst kann erst mit der Errichtung des Gebäudes entstehen. Dieses können sich die Miteigentümer des Grundstücks gegenseitig einräumen. Näheres regelt § 3. Zur Begründung von Sondereigentum ist ein dinglicher Vertrag erforderlich, der die Formvorschriften wahrt (§ 4 Abs. 2).

3. Die Begründung von Wohnungseigentum durch **Teilung** (§ 8) kommt am häufigsten vor, wenn ein Grundstück im Alleineigentum steht. Der Eigentümer kann z. B. sein Hausgrundstück im Wege der vorweggenommenen Erbfolge aufteilen. Die Teilung ist eine gegenüber dem Grundbuchamt einseitig abzugebende empfangsbedürftige Willenserklärung, die ihre rechtliche Wirksamkeit mit Vollzug im Grundbuch entfaltet.

4. Kommt es in der Bauausführung gegenüber dem ursprünglichen Plan zu Abweichungen (**Bauabweichungen**), ist zu unterscheiden: Liegen nur **minimale** Abweichungen vor, ergeben sich keine Änderungen. Ein entgegenstehendes Begehren verstieße gegen Treu und Glauben (§ 242 BGB). Allenfalls sind Ausgleichsansprüche denkbar. Bei **wesentlichen** Änderungen der inneren Gestaltung des Sonder- oder Gemeinschaftseigentums, die die Aufteilung zwischen Sondereigentum und Gemeinschaftseigentum nicht beeinträchtigen, ändert sich an der dinglichen Rechtslage ebenfalls nichts. Kann eine Bauabweichung nicht eindeutig einem Sonder- oder dem Gemeinschaftseigentum zugeordnet werden, entsteht an dem betroffenen Raum Gemeinschaftseigentum. Falls eine Zuordnung möglich ist, fällt der Raum dem betreffenden Sonder- oder Gemeinschaftseigentum zu. Der benachteiligte Wohnungseigentümer kann sodann die Herstellung nach dem Aufteilungsplan verlangen, soweit dieses Begehren nicht gegen Treu und Glauben (§ 242 BGB) verstößt. Hat das Gebäude selbst eine andere Lage auf dem Grundstück, löst dies keine Ansprüche aus, soweit sich der Grundriss nach dem Aufteilungsplan nicht ändert.

Ob hinsichtlich der Bauabweichungen die **Überbauvorschriften** des BGB (§§ 912 ff. BGB) anwendbar sind, ist noch nicht höchstrichterlich geklärt (z. B. dagegen BayObLG NJW-RR 1990, 332; dafür KG ZMR 2000, 331). Geht man von der Anwendbarkeit der Überbauvorschriften aus, muss der Sondereigentumsnachbar den Grenzüberbau dulden (§ 912 Abs. 1 BGB), wenn dem Überbauer weder Vorsatz noch grobe Fahrlässigkeit zur Last fällt, es sei denn, dass der Nachbar vor oder sofort nach der Grenzüberschreitung Widerspruch erhoben hat. Er hat deshalb lediglich einen Anspruch gegen den Überbauer auf Zahlung einer Überbaurente (§ 913 BGB) oder Abkauf der streitigen Fläche (§ 915 BGB). Damit ist aber keine Ausdehnung des Sondereigentums zu Lasten von Gemeinschaftseigentum verbunden (vgl. BayObLG WE 1994, 186). 5.

Zur **Begründung** von Wohnungseigentum wird gewöhnlich zunächst eine **Teilungserklärung** errichtet. Diese teilt das Grundstück in Miteigentum und Sondereigentum auf und bezeichnet die einzelnen Räume näher. Zudem wird die **Gemeinschaftsordnung** aufgestellt, in der die Regeln der Wohnungseigentümergemeinschaft niedergelegt sind. Hierin gibt sich die Gemeinschaft die Regeln für das künftige Zusammenleben. 6.

§ 3 WEG
Vertragliche Einräumung von Sondereigentum

(1) ¹Das Miteigentum (§ 1008 des Bürgerlichen Gesetzbuchs) an einem Grundstück kann durch Vertrag der Miteigentümer in der Weise beschränkt werden, dass jedem der Miteigentümer abweichend von § 93 des Bürgerlichen Gesetzbuchs das Eigentum an einer bestimmten Wohnung oder an nicht zu Wohnzwecken dienenden bestimmten Räumen in einem auf dem Grundstück errichteten oder zu errichtenden Gebäude (Sondereigentum) eingeräumt wird. ²Stellplätze gelten als Räume im Sinne des Satzes 1.

(2) Das Sondereigentum kann auf einen außerhalb des Gebäudes liegenden Teil des Grundstücks erstreckt werden, es sei denn, die Wohnung oder die nicht zu Wohnzwecken dienenden Räume bleiben dadurch wirtschaftlich nicht die Hauptsache.

§ 3 WEG Vertragliche Einräumung von Sondereigentum

(3) Sondereigentum soll nur eingeräumt werden, wenn die Wohnungen oder sonstigen Räume in sich abgeschlossen sind und Stellplätze sowie außerhalb des Gebäudes liegende Teile des Grundstücks durch Maßangaben im Aufteilungsplan bestimmt sind.

Anmerkungen:

1. Neben § 8, nach dem Sondereigentum durch Teilung begründet wird, ist diese Vorschrift die zweite (weniger gebräuchliche) Möglichkeit zur Begründung von Wohnungseigentum. Nach Abs. 1 muss das Sondereigentum mit einem (bestehenden) Miteigentumsanteil an einem Grundstück nach Bruchteilen im Sinne des § 1008 BGB verbunden werden. Das Sondereigentum kann zwar auch außerhalb des Gebäudes liegende Teile umfassen (Abs. 2), dabei muss aber die Wohnung wirtschaftlich die Hauptsache bleiben. Letztlich müssen die im Sondereigentum befindlichen Räumlichkeiten abgeschlossen sein, soweit sie sich nicht außerhalb des Gebäudes befinden (Abs. 3). Zulässig aber nicht notwendig ist es, sogleich mit der Begründung des Sondereigentums Regeln über das Gemeinschaftsverhältnis in Form von Vereinbarungen oder Beschlüssen aufzustellen (BGH NJW 2002, 2712).

2. In **Abs. 1 Satz 1** wird das **Sondereigentum** als **Miteigentum** an einem Grundstück legaldefiniert, das durch Vertrag der Miteigentümer in der Weise beschränkt werden kann, dass jedem der Miteigentümer abweichend von § 93 BGB das Eigentum an einer bestimmten Wohnung oder an nicht zu Wohnzwecken dienenden bestimmten Räumen in einem auf dem Grundstück errichteten oder zu errichtenden Gebäude eingeräumt wird. Um durch Vertrag Sondereigentum einräumen zu können, müssen (mindestens zwei) Miteigentumsanteile (in Form von Bruchteilseigentum) an einem Grundstück bestehen. Die Größe der Miteigentumsanteile ist frei festlegbar (BGH ZMR 1977, 81). Die Zahl der Miteigentumsanteile muss der Anzahl der Sondereigentumseinheiten entsprechen. Da ein Sondereigentum ohne einen Miteigentumsanteil nicht zulässig ist (§ 6 Abs. 1), muss jeder Miteigentumsanteil mit Sondereigentum verbunden sein. Es können aber auch sämtliche Räume eines Gebäudes mit einem Sondereigentum verbunden sein, soweit sich auf dem Grundstück noch weiteres Sondereigentum (ein weiteres Gebäude) befindet (*Sauren* § 3 Rz. 5).

§ 3 WEG Vertragliche Einräumung von Sondereigentum

Sondereigentum kann sowohl an zu Wohnzwecken als auch an nicht zu Wohnzwecken dienenden Räumen begründet werden. Ein **Raum** im Sinne des WEG ist eine allseits durch ein Gebäude nach außen abgeschlossene Örtlichkeit (Bärmann-*Pick* § 3 Rz. 6). Ein **Gebäude** liegt vor, wenn sich in ihm mindestens ein einer Nutzung zugänglicher Raum befindet, der nach allen Seiten hin abgeschlossen ist (LG Frankfurt NJW 1971, 759).

3.

Ohne Miteigentum entsteht kein Wohnungseigentum, sondern **Gemeinschaftseigentum** (*Sauren* § 3 Rz. 7). Bei einem Gesamthandseigentum (z. B. Erbengemeinschaft) ist die Begründung von Wohnungseigentum nicht möglich, da die einzelnen Mitglieder keine Verfügungsbefugnis über die einzelnen Gegenstände haben.

4.

Abs. 1 Satz 2 benennt aufgrund ihrer besonderen wirtschaftlichen Bedeutung Stellplätze ausdrücklich als Räume im Sinne des Satzes 1. Diese wären anderenfalls nicht sondereigentumsfähig. Stellplätze müssen nicht abgeschlossen sein, um unter die Sondereigentumsfähigkeit zu fallen. Es kommt allein auf die Maßgaben des Aufteilungsplans an. Unter den Begriff fallen mithin nicht nur die Stellplätze in einem Gebäude, sondern auch solche im Freien oder in einer Mehrfachparkanlage (sog. **Duplexparker** oder **Doppelstockgarage**). An den Bauteilen eines Duplexparkers kann auch dann Sondereigentum bestehen, wenn die zugehörige Hydraulikanlage infolge des Betriebs mehrerer Garageneinheiten zwingendes Gemeinschaftseigentum darstellt (*Sauren* § 3 Rz. 16a).

5.

Nach **Abs. 2** kann das Sondereigentum auch an **Freiflächen** begründet werden, z. B. an **Balkonen**, **Terrassen** oder **Gartenflächen**. Diese Flächen können den einzelnen Wohnungseigentümern zugeordnet werden, ohne dass dafür die Zuweisung von Sondernutzungsrechten erforderlich wäre. Allerdings ist diese Möglichkeit beschränkt: Abgesehen von Stellplätzen (Abs. 1 Satz 2) ist es nicht möglich, an solchen Freiflächen alleiniges Sondereigentum zu begründen, also einen Miteigentumsanteil ausschließlich mit dem Sondereigentum an einem außerhalb des Gebäudes liegenden Teil des Grundstücks zu verbinden. Ferner müssen die Räume die wirtschaftliche **Hauptsache** des Sondereigentums bleiben, weshalb die Freiflächen nicht als die Hauptsache angesehen werden können. Hinsichtlich der Reichweite des Sondereigentums gilt § 5 Abs. 2. Eine Verkehrsfä-

6.

higkeit dieser Flächen ist damit nur eingeschränkt gegeben, da sie mangels Raumeigenschaft nicht unabhängig von einem Wohneigentum existieren können. Werden **bauliche Veränderungen** an Freiflächen vorgenommen, dürften diese regelmäßig bereits aufgrund der Veränderung des optischen Gesamteindrucks eine relevante Betroffenheit der anderen Miteigentümer darstellen und damit eine Genehmigungspflicht nach § 13 Abs. 2 auslösen. Dies kann z. B. beim Fällen eines Baumes vorliegen, wenn dieser für die Gartengestaltung eine prägende Anpflanzung ist.

7. Nach **Abs. 3 1. HS** soll Sondereigentum nur eingeräumt werden, wenn die Wohnungen in sich abgeschlossen sind (**sog. Abgeschlossenheitserfordernis**). Dies ist erforderlich, da das Sondereigentum sachenrechtlich ausgestaltet ist und damit klar abgrenzbar sein muss. Nach § 13 Abs. 1 hat der Sondereigentümer im Gegensatz zum Bruchteilseigentümer die alleinige Sachteil- und Raumherrschaft über die seinem Sondereigentum zugewiesenen Räume, sodass eine klare Abgrenzbarkeit notwendig ist. Für die Abgeschlossenheit ist es z. B. erforderlich, dass es zum Gemeinschaftseigentum baulich vollständig abgetrennt ist, ein eigener abschließbarer Zugang besteht und es auch gegenüber anderem Sondereigentum abgrenzbar ist (*Sauren* § 3 Rz. 12). Küche, Wasserversorgung, Ausguss und WC müssen innerhalb der Wohnung liegen. Es können aber auch außerhalb der Wohnung gelegene zusätzliche Nebenräume (z. B. Keller, Garage) zum Sondereigentum gehören, die dann ebenfalls abgeschlossen sein müssen (Palandt-*Wicke* WEG § 3 Rz. 7). Einer Abgeschlossenheit steht nicht entgegen, wenn zwei abgeschlossene Wohnungen einen gemeinsamen Vorraum haben, wenn Betretensrechte der übrigen Wohnungseigentümer bestehen, wenn beiderseitig abschließbare Verbindungstüren zwischen zwei Sondereigentumseinheiten vorhanden sind oder keine Abgeschlossenheit gegenüber Räumen auf dem Nachbargrundstück besteht (*Sauren* § 3 Rz. 13). Für **nicht** zu **Wohnzwecken** dienende Räume gelten die gleichen Regeln. Unschädlich ist es aber hier, wenn ein WC in einem zusätzlichen Raum untergebracht ist (OLG Düsseldorf FGPrax 1998, 12). Da es sich um eine Sollvorschrift handelt, ist ein Verstoß hiergegen unerheblich (BGH MDR 1990, 325).

8. Um an Stellplätzen (Abs. 1 Satz 2) und an Freiflächen (Abs. 2) wirksam Sondereigentum zu begründen, muss der **Aufteilungsplan** dies

bestimmen (**Abs. 3 2. HS**). Im Streitfall muss nämlich eindeutig bestimmbar sein, wem das Sondereigentum zugerechnet werden kann. Hierzu sollte sich aus dem Plan die Länge und Breite der Fläche und deren genaue Lage ergeben. Abgeschlossen müssen die Stellplätze naturgemäß nicht sein. Eine **Markierungspflicht** besteht nicht. Um Streitigkeiten zu vermeiden, dürfte es sich aber anbieten, den Umfang des Sondereigentums an den Flächen durch eine geeignete Art der Kennzeichnung nach außen sichtbar zu machen. Dies könnte mittels einer (dauerhaften) farblichen Markierung erfolgen oder eines sog. **Markierungsnagels** oder anderer geeigneter Maßnahmen, die eine dauerhafte Unterscheidbarkeit gewährleisten (Geländer, Schwellen, Mauern o. Ä.).

Wird Gemeinschaftseigentum nachträglich in Sondereigentum **umgewandelt**, ist die Form nach § 4 Abs. 2, § 925 Abs. 1 BGB (Auflassung vor einem Notar) zu beachten. 9.

Kann kein Sondereigentum begründet werden, muss die ausschließliche Nutzung von Flächen durch die Einräumung von Sondernutzungsrechten ermöglicht werden. Ein **Sondernutzungsrecht** ist die als schuldrechtliches Gebrauchsrecht ausgestaltete Befugnis, Teile des Gemeinschaftseigentums unter Ausschluss der übrigen Eigentümer zu nutzen und die Vorteile (Nutzungen) daraus zu ziehen (BGH ZWE 2017, 225, 228). Es kann nur durch **Vereinbarung** begründet werden (Palandt-*Wicke* WEG § 13 Rz. 10). 10.

Durch die Einräumung eines Sondernutzungsrechts erfolgt **keine Eigentumsänderung**, selbst wenn es umfassend eingeräumt und auch ein Recht zur Bebauung gewährt wird (BayObLG ZMR 2002, 283). Die dinglich Berechtigten am begünstigten Wohnungseigentum müssen nicht zustimmen (OLG Saarbrücken ZWE 2011, 82). Das Sondernutzungsrecht ist daher kein dingliches Recht und keine Gebrauchsregelung, sondern eine Abweichung von § 16 Abs. 1 Satz 2 hinsichtlich des Mitgebrauch (BGH NJW 2000, 3500). Dies kann z. B. für die ausschließliche Nutzung von Dachflächen für Solaranlagen oder von Treppenaufgängen der Fall sein. 11.

Eine **Abgrenzung** zu anderen (vorübergehenden) Gebrauchsrechten wie Miete oder Pacht erfolgt über die inhaltliche Ausgestaltung. Hierfür kann darauf abgestellt werden, ob eine Kompensation einmalig (Sondernutzungsrecht) oder fortlaufend (Miete) erfolgt (OLG 12.

Köln NZM 2001, 288). Andere Kriterien sind der vollständige Ausschluss anderer vom Mitgebrauch (LG Köln ZWE 2012, 187), die Ausschließlichkeit (OLG Düsseldorf Rpfleger 1999, 70, 71) oder die Dauer (OLG Hamburg ZMR 2003, 957).

13. Der **Inhaber** eines Sondernutzungsrechts kann nur ein Wohnungseigentümer sein, kein Dritter (OLG Hamm ZMR 2004, 369). Sondernutzungsflächen können jederzeit in Sondereigentum umgewidmet werden, wenn dies zulässig ist (vgl. Anm. 9).

14. Die (teilweise) **Aufhebung** eines Sondernutzungsrechts erfolgt nicht durch einen einseitigen Verzicht, sondern durch eine Vereinbarung aller Wohnungseigentümer (BGH NJW 2000, 3643).

15. Eine **Übertragung** des Sondernutzungsrechts kann nur auf einen Miteigentümer erfolgen (BGH NJW 2010, 2346). Bei einem nicht im Grundbuch eingetragenen Sondernutzungsrecht kann dies durch eine formlose Abtretung des schuldrechtlichen Alleinnutzungsanspruchs ohne Mitwirkung oder Zustimmung der anderen Wohnungseigentümer erfolgen (OLG Saarbrücken ZWE 2018, 206). Ein eingetragenes Sondernutzungsrecht wird mit dem dazugehörigen Sondereigentum übertragen. Soll es isoliert von diesem übertragen werden, muss eine sachenrechtliche Einigung über die Übertragung vorliegen und diese ohne die Mitwirkung der anderen Wohnungseigentümer im Grundbuch eingetragen werden (BGH NJW 1979, 548).

16. Die Gemeinschaft kann die **Reichweite** eines Sondernutzungsrechts festlegen. Ein Sondernutzungsrecht am Dachboden oder Keller berechtigt nicht zum Ausbau dieser Räumlichkeiten zur Wohnung (BayObLG ZMR 1993, 476). Auch wenn ein Sondernutzungsrecht die freie Gestaltung einer Terrassenfläche erlaubt, fällt das Aufstellen eines 4 m hohen Fahnenmastes eher nicht mehr darunter (AG München ZMR 2018, 458). Die Bezeichnung als „Ziergarten" schließt die Benutzung durch spielende Kinder und dazugehörige größere Spielgeräte im Rahmen eines Sondernutzungsrechts nicht aus (LG München I ZMR 2018, 862). Darf der Sondernutzungsberechtigte den „Charakter des Nutzungsgegenstandes" nach der Gemeinschaftsordnung nicht ändern, scheidet eine Einzäunung der Fläche mit einem deutlich über 1,5 m hohen lichtundurchlässigen Zaun aus (LG Hamburg ZMR 2018, 433).

Sondernutzungsflächen können auch **zeitlich befristet** zugeordnet werden, was beim Sondereigentum nicht möglich ist. Das Sondernutzungsrecht kann daher befristet ausgestaltet werden, also z. B. Stellplatznutzung von 8 bis 20 Uhr oder nur an bestimmten Tagen (*Sauren* § 13 Rz. 13). Auch eine sonstige **Gebrauchseinschränkung** ist zulässig, wie ein Vermietungsverbot (OLG Frankfurt NJW 2007, 889), das Verbot, Fahrradständer auf einem Tiefgaragenstellplatz aufzustellen (LG Hamburg NJW-RR 2016, 82) oder die Nutzung als Fluchtweg (OLG Hamm NZM 2010, 481). **17.**

Auch kann es sein, dass die Gemeinschaft bestimmte Flächen, wie den Garten, mehreren Nutzern gemeinschaftlich umschichtig ermöglichen möchte, sodass die Begründung von Sondereigentum im Sinne des Abs. 2 nicht möglich ist. Da das Sondereigentum nur einem festen Wohnungseigentümer zugeordnet sein kann, sind in einem solchen Fall sog. **Gruppensondernutzungsrechte** zuzuweisen. **18.**

Bauliche Veränderungen des Sondernutzungsrechts bedürfen anders als solche des Sondereigentums der Gestattung nach § 20 Abs. 1 (OLG Frankfurt ZWE 2006, 243). Ausreichend ist, wenn eine solche im Rahmen der Begründung des Sondernutzungsrechts bedingt oder aus der konkreten Gebrauchsregelung erfolgt (BGH NJW 2014, 1090). Die Gestattung kann unter der Verwahrung gegen die Kostenlast erteilt werden (BGH NJW 2017, 1167). **19.**

Ist nichts anderes vereinbart, gelten hinsichtlich der **Kosten** für den Bereich eines Sondernutzungsrechts grundsätzlich die allgemeinen Regeln (BGH NJW 2015, 549). Allerdings ist die Begründung eines Sondernutzungsrechts in der Regel dahingehend auszulegen, dass die laufenden Kosten dem Berechtigten stillschweigend übertragen werden (BayObLG DWE 1985, 95). Dies gilt aber nicht für eine größere Instandsetzung (BayObLG DWE 1996, 75). **20.**

Das Sondernutzungsrecht wirkt nur dann gegenüber einem **Rechtsnachfolger**, wenn es im Grundbuch eingetragen ist (BGH NJW 2002, 2863). Hierfür genügt eine Bezugnahme nach § 7 Abs. 2 Satz 1 und eine zeichnerische Darstellung des Bereichs des Sondernutzungsrechts (OLG München NZM 2014, 476). **21.**

Der **Mitgebrauch** der anderen Wohnungseigentümer bleibt in der Regel zulässig, wenn dies die einzige Möglichkeit ist, deren Sonder- **22.**

eigentum zu nutzen (OLG München ZWE 2019, 263). Ein Wohnungseigentümer hat im Regelfall kein Betretungsrecht für Freiflächen, an denen ein Sondernutzungsrecht besteht, um „gefangene" Gemeinschaftsflächen nutzen zu können (LG Frankfurt ZWE 2020, 39).

§ 4 WEG
Formvorschriften

(1) Zur Einräumung und zur Aufhebung des Sondereigentums ist die Einigung der Beteiligten über den Eintritt der Rechtsänderung und die Eintragung in das Grundbuch erforderlich.

(2) ¹Die Einigung bedarf der für die Auflassung vorgeschriebenen Form. ²Sondereigentum kann nicht unter einer Bedingung oder Zeitbestimmung eingeräumt oder aufgehoben werden.

(3) Für einen Vertrag, durch den sich ein Teil verpflichtet, Sondereigentum einzuräumen, zu erwerben oder aufzuheben, gilt § 311b Abs. 1 des Bürgerlichen Gesetzbuchs entsprechend.

Anmerkungen:

1. Mit dieser Vorschrift wird die Übertragung des Wohnungseigentums denselben Vorschriften unterworfen wie die Übertragung von Grundstückseigentum.

2. Um Sondereigentum zu begründen oder aufzuheben, sind nach **Abs. 1** die **Einigung** aller Miteigentümer über die beabsichtigte Rechtsänderung und die **Eintragung** (§§ 873, 925 BGB) im Wohnungsgrundbuch (§ 7 Abs. 1) erforderlich. Hierunter fällt auch, wenn Bruchteilseigentum oder Gemeinschaftseigentum in Wohnungseigentum oder umgekehrt Wohnungseigentum in Bruchteilseigentum, Gemeinschaftseigentum oder Alleineigentum umgewandelt wird. Von dieser Vorschrift nicht umfasst ist, wenn mehrere im Sondereigentum stehende Wohneinheiten zu einer einzigen verbunden werden (§ 890 BGB, vgl. BGH NZM 2001, 197).

3. Zur Begründung von Sondereigentum kann es erforderlich werden, behördliche Genehmigungen einzuholen. So können in **Feriengebieten** die Gemeinden nach § 22 Abs. 1 Nr. 1 BauGB in einem Bebauungsplan oder durch eine sonstige Satzung bestimmen, dass zur

Sicherung der Zweckbestimmung der Feriengebiete die Begründung oder Teilung von Wohnungseigentum oder Teileigentum einer **Genehmigung** unterliegt. Nach § 172 Abs. 1 Satz 4 BauGB können die Gemeinden auch in einem Bebauungsplan oder durch sonstige Satzung zur Erhaltung der Zusammensetzung der Wohnbevölkerung Gebiete bezeichnen, in denen die Begründung von Wohneigentum oder Teileigentum an Gebäuden, die ganz oder teilweise zu Wohnzwecken zu dienen bestimmt sind, nicht ohne Genehmigung erfolgen darf. Nach § 577 Abs. 1 BGB steht dem Mieter von Wohnräumen, an denen Wohneigentum begründet werden soll, ein **Vorkaufsrecht** zu.

4. Die Einigung bedarf der für die Auflassung vorgeschriebenen Form (**Abs. 2 Satz 1**). Es ist nicht möglich, die Einräumung von Sondereigentum zu bedingen oder zu befristen (**Abs. 2 Satz 2**), sodass eine entgegen dieser Vorschrift vorgenommene **Bedingung** oder **Befristung** unwirksam ist.

5. **Abs. 3** regelt den **schuldrechtlichen Vertrag**. Für das Verpflichtungsgeschäft zur Begründung bzw. Aufhebung von Wohnungseigentum gilt die Formvorschrift des § 311b BGB (notarielle Beurkundung). Danach bedarf ein Vertrag, durch den sich jemand verpflichtet, Sondereigentum einzuräumen, zu erwerben oder aufzuheben, der **notariellen Beurkundung**. Ein Rechtsgeschäft, das ohne die Einhaltung der erforderlichen Formvorschrift zustande gekommen ist, ist nichtig (§ 125 Satz 1 BGB). Erfolgt nach der Einigung aber eine Eintragung in das Grundbuch, wird auch ein ohne Beachtung der Formerfordernisse des § 4 geschlossener Vertrag gültig (§ 311b Abs. 1 Satz 2 BGB).

6. Die Vorschrift gilt nicht nur für die Begründung von Wohnungseigentum, sondern auch für spätere **Änderungen**. Diese besonderen Formvorschriften gelten indes **nicht** für **Belastungen** des Sondereigentums, z. B. Dauerwohnrecht/Dauernutzungsrecht (§§ 31 ff.), Nießbrauch (§§ 1030 ff. BGB), Reallast (§§ 1105 ff. BGB), Vorkaufsrecht (§§ 1094 ff. BGB), Hypothek (§§ 1113 ff. BGB), Grundschuld (§§ 1191 ff. BGB), Wohnungsrecht (§ 1093 BGB) und Vormerkung (§§ 883 ff. BGB).

§ 5 WEG
Gegenstand und Inhalt des Sondereigentums

(1) ¹Gegenstand des Sondereigentums sind die gemäß § 3 Absatz 1 bestimmten Räume sowie die zu diesen Räumen gehörenden Bestandteile des Gebäudes, die verändert, beseitigt oder eingefügt werden können, ohne dass dadurch das gemeinschaftliche Eigentum oder ein auf Sondereigentum beruhendes Recht eines anderen Wohnungseigentümers über das bei einem geordneten Zusammenleben unvermeidliche Maß hinaus beeinträchtigt oder die äußere Gestaltung des Gebäudes verändert wird. ²Soweit sich das Sondereigentum auf außerhalb des Gebäudes liegende Teile des Grundstücks erstreckt, gilt § 94 Absatz 1 des Bürgerlichen Gesetzbuchs entsprechend.

(2) Teile des Gebäudes, die für dessen Bestand oder Sicherheit erforderlich sind, sowie Anlagen und Einrichtungen, die dem gemeinschaftlichen Gebrauch der Wohnungseigentümer dienen, sind nicht Gegenstand des Sondereigentums, selbst wenn sie sich im Bereich der im Sondereigentum stehenden Räume oder Teile des Grundstücks befinden.

(3) Die Wohnungseigentümer können vereinbaren, dass Bestandteile des Gebäudes, die Gegenstand des Sondereigentums sein können, zum gemeinschaftlichen Eigentum gehören.

(4) ¹Vereinbarungen über das Verhältnis der Wohnungseigentümer untereinander und Beschlüsse aufgrund einer solchen Vereinbarung können nach den Vorschriften des Abschnitts 4 zum Inhalt des Sondereigentums gemacht werden. ²Ist das Wohnungseigentum mit der Hypothek, Grund- oder Rentenschuld oder der Reallast eines Dritten belastet, so ist dessen nach anderen Rechtsvorschriften notwendige Zustimmung nur erforderlich, wenn ein Sondernutzungsrecht begründet oder ein mit dem Wohnungseigentum verbundenes Sondernutzungsrecht aufgehoben, geändert oder übertragen wird.

Anmerkungen:

1. Diese Vorschrift dient der Abgrenzung von Sondereigentum (Abs. 1) zum Gemeinschaftseigentum (Abs. 2). Das Gemeinschaftseigentum stellt die Regel dar, das Sondereigentum die Ausnahme hierzu, die daher eng auszulegen ist (BGH ZWE 2013, 205, 208). Während Abs. 2 lediglich regelt, was zwingend kein Sondereigentum ist, bestimmt allein Abs. 1, was Sondereigentum sein kann. Hinsichtlich seines Sondereigentums hat der Wohnungseigentümer die Stellung eines Alleineigentümers. Nach § 13 Abs. 1 kann er hiermit

nach seinem Belieben verfahren, soweit nicht gesetzlich etwas anderes bestimmt ist oder Rechte Dritter entgegenstehen. Am gemeinschaftlichen Eigentum hat er hingegen nur das Recht zum Mitgebrauch (§ 16 Abs. 1 Satz 3). Die Wohnungseigentümer können nach Abs. 3 vereinbaren, dass Bestandteile des Sondereigentums zum Gemeinschaftseigentum zählen. Die Kosten der Instandhaltung des Sondereigentums trägt der Wohnungseigentümer allein, die Kosten für das Gemeinschaftseigentum werden in der Gemeinschaft umgelegt (§ 16 Abs. 2).

Abs. 1 Satz 1 bestimmt, welche Räume und welche Bestandteile eines Gebäudes zum **Sondereigentum** gehören und ist damit Sondervorschrift zu §§ 93, 94 BGB. Das Sondereigentum kann Räume und Freiflächen, wie z. B. Stellplätze und Terrassen im Sinne des § 3, umfassen. Ein **Gebäude** ist ein von Wänden, Fußboden und Decke allseits umschlossenes Bauwerk (BayObLG NJW-RR 86, 761). Ein Raum im Sinne des WEG ist eine allseits durch ein Gebäude nach außen abgeschlossene Örtlichkeit (Bärmann-*Pick* § 3 Rz. 6). Zum Sondereigentum kann auch eine nichttragende Innenwand, der Innenanstrich oder Innenputz, Wand- oder Deckenverkleidungen sowie der Fußbodenbelag zählen. Auch zu einer Wohnung gehörende **Nebenräume** können sondereigentumsfähig sein (z. B. Keller, Abstell- und Hobbyräume, Dachspeicher und Garagen). Dabei ist es gleichgültig, ob diese Nebenräume direkt von der Wohnung oder nur über sonstige Teile des Gemeinschaftseigentums erreichbar sind (Staudinger-*Rapp* WEG § 5 Rz. 9). 2.

An **wesentlichen Bestandteilen** des Gebäudes (§ 94 BGB) kann kein Sondereigentum begründet werden. Die Wasserleitungen im ganzen Haus können z. B. nicht zum Sondereigentum erklärt werden, da sie wesentlicher Bestandteil des Hauses sind (BGH NJW 2013, 1154). Auch Bestandteile, deren Veränderung die **äußere Gestaltung des Gebäudes** beeinflussen würde, sind nicht sondereigentumsfähig. Dies sind Fensterbänke und Markisen, Rollläden und Außenjalousien, Außenverkleidungen und der Außenanstrich sowie Wohnungseingangstüren. **Nicht** wesentliche Bestandteile oder Scheinbestandteile eines Grundstücks sind sonderrechtsfähig und können im Einzeleigentum eines Wohnungseigentümers stehen (OLG Düsseldorf NJW-RR 1995, 206, 207). Sie scheiden dann als Sondereigentum aus. Eine als Trittschalldämmung direkt unter dem im Sonder- 3.

eigentum stehenden Oberbelag eingezogene Folie ist z. B. kein wesentlicher Bestandteil und damit nicht dem Sondereigentum zuzuordnen (OLG Hamm NZM 2018, 914).

4. Eine **Vereinbarung** zwischen den Wohnungseigentümern kann die **Grenze** zwischen dem Gemeinschafts- und dem Sondereigentum nur zu Gunsten des Gemeinschaftseigentums verschieben, nicht aber zu dessen Ungunsten (*Sauren* § 5 Rz. 2a). Eine **unwirksame** Begründung von Sondereigentum an einem Gegenstand, der zwingend Gemeinschaftseigentum ist, kann nach § 140 BGB in die Einräumung eines **Sondernutzungsrechts** umgedeutet werden (Palandt-*Wicke* WEG § 5 Rz. 12; siehe zum Sondernutzungsrecht auch § 3 Anm. 10 ff.).

5. Im Gegensatz zum Sondernutzungsberechtigten, dem regelmäßig eine Pflicht zur Pflege auferlegt ist, hat der Sondereigentümer nach § 94 Abs. 1 BGB einen viel größeren Spielraum, was die Durchführung von **Erhaltungsmaßnahmen** anbelangt. Eine Beeinträchtigung der anderen Wohnungseigentümer bestimmt sich beim Sondereigentum nämlich nach § 14 Abs. 1 Nr. 2 (vgl. § 14 Anm. 7). Erst wenn dessen Grenze überschritten ist, kann die Gemeinschaft Abhilfe verlangen.

6. Die Vorschrift des Abs. 1 Satz 1 ist auf Räume anzuwenden. § 94 BGB gilt für **Freiflächen** (**Abs. 1 Satz 2**), also für Stellplätze (§ 3 Abs. 1 Satz 2) und sonstige Freiflächen (§ 3 Abs. 2). Dadurch zählen auch diejenigen Sachen zum Sondereigentum, die mit dem Teil des Grundstücks fest verbunden sind, auf den sich das Sondereigentum erstreckt, wie z. B. Gebäude. Ob ein Wohnungseigentümer überhaupt berechtigt ist, ein Gebäude auf einer zu seinem Sondereigentum gehörenden Freifläche zu errichten, bemisst sich nach § 13 Abs. 2.

7. § 1 Abs. 5 definiert, was unter **Gemeinschaftseigentum** zu verstehen ist, nämlich das Grundstück und das Gebäude, soweit diese nicht im Sondereigentum oder im Eigentum eines Dritten stehen. Danach fallen zwingend in das Gemeinschaftseigentum neben dem Grundstück als solchem das Fundament des Gebäudes, dessen Außenwand und Putz, das Dach, der Schornstein, eine Brandmauer, die Geschossdecke (OLG München NZM 2008, 493), aber auch tragende Innenwände (BayObLG NJW-RR 1995, 649) und Außenjalousien (BGH NJW-RR 2018, 1165).

§ 5 WEG Gegenstand und Inhalt des Sondereigentums

Nach **Abs. 2** sind ferner Anlagen oder Einrichtungen, die dem gemeinschaftlichen Gebrauch der Wohnungseigentümer dienen, kein Sondereigentum, selbst wenn sie sich im Bereich der im Sondereigentum stehenden Räume oder Freiflächen befinden. **Anlagen** sind in der Regel technische Ausstattungen (LG München I ZWE 2013, 165). Nach dem Sinn und Zweck der Vorschrift fallen darunter aber auch die diesen Anlagen dienenden Räume (BGH NJW 1979, 2391, 2392). Die Anlage muss dazu dienen, den Wohnungseigentümern den ungestörten Gebrauch ihres Sondereigentums und des Gemeinschaftseigentums zu ermöglichen. Ein Vorenthalten der Anlage würde den schutzwürdigen Belangen der Wohnungseigentümer entgegenstehen. Unter die Vorschrift fallen vor allem die Versorgungsleitungen im Boden oder in den Wänden und Heizungsanlagen. Ferner zählen hierzu Verbrauchszähler (OLG Hamburg ZMR 2004, 291 ff.) und die hierzu gehörenden Räumlichkeiten (BGH NJW 1991, 2909, 2910), Schließanlagen (OLG Hamm NJW-RR 2004, 1310) und Abwasseranlagen (OLG Hamm ZMR 2005, 806). Unter **Einrichtungen** sind in der Regel Räume zu fassen (Palandt-*Wicke* WEG § 5 Rz. 7). 8.

Der **gemeinschaftliche Gebrauch** erfordert die Nutzung durch mehr als nur einen, aber nicht notwendigerweise aller Wohnungseigentümer (BGH NJW-RR 2012, 85). Das trifft unter anderem auf Flächen und Flure zu, die als Zugang zu den Gemeinschaftsräumen bestimmt sind oder die zur Bewirtschaftung und Versorgung der Wohnungen und des Gemeinschaftseigentums dienen, weil sich in ihrem Bereich die zentralen Zähl-, Schalt-, Sicherungs- oder Beschickungseinrichtungen der gemeinschaftlichen Wasser-, Wärme- und Energieversorgungsanlagen des Gebäudes befinden (BGH NJW 1991, 2909). Ferner fallen darunter auch Treppen bzw. Treppenhäuser und Laubengänge (BGH NJW 2014, 379) sowie Flure oder Räume, die den einzigen Zugang zu einer im Gemeinschaftseigentum stehenden Heizungsanlage bilden (OLG Schleswig ZMR 2006, 887). 9.

Im Umkehrschluss können Gebäudeteile, Anlagen und Einrichtungen zum Sondereigentum gehören, wenn sie nicht zwingend zum Gemeinschaftseigentum zu rechnen sind (Fußbodenbelag, nichttragende Innenwand), genauso wie nichtwesentliche Bestandteile im Sinne der §§ 93, 94 BGB oder dem Sondereigentum unterliegendes Zubehör (§ 97 BGB). Hierzu zählen auch **Heizkörper** und die dazu gehörenden Anschlussleitungen (BGH NJW 2011, 2958). 10.

§ 5 WEG Gegenstand und Inhalt des Sondereigentums

11. Gebäudebestandteile, die für dessen **Bestand** oder **Sicherheit** erforderlich sind, können hingegen nicht Gegenstand des Sondereigentums sein, selbst wenn sie sich im Bereich der im Sondereigentum stehenden Räume befinden. Dazu zählen sämtliche tragende Wände, das Dach und der Schornstein, die Geschossdecken und die Außenfenster.

12. Was bei der Begründung der Gemeinschaft nicht zu Wohnungseigentum oder später nicht zu Sondereigentum erklärt und im Grundbuch eingetragen wird, ist zwingend Gemeinschaftseigentum. Dies gilt auch für Unklarheiten im Aufteilungsplan, bei fehlender Übereinstimmung zwischen Aufteilungsplan und Teileigentum, fehlender Bestimmtheit oder bei fehlender Sondereigentumsfähigkeit (*Sauren* § 5 Rz. 2b). Gegebenenfalls können nichtige Klauseln in Sondernutzungsrechte umgedeutet werden. Für **Erhaltungsmaßnahmen** gilt § 14 Abs. 1 Nr. 2. Danach sind Einwirkungen auf das Sondereigentum, insbesondere das Betreten, zu dulden.

13. **Räume** werden bei der Begründung von Wohnungseigentum nach § 3 Abs. 1 bzw. § 8 Abs. 1 Gemeinschaftseigentum, soweit an ihnen kein Sondereigentum eingeräumt wird. Wird zunächst Sondereigentum an Räumen begründet, regelt **Abs. 3** die Rückübertragung in Gemeinschaftseigentum. Die Vorschrift bestimmt, dass auch sondereigentumsfähige Gegenstände zum Gemeinschaftseigentum gehören können. Dies kann aber nur durch eine Vereinbarung der Wohnungseigentümer bestimmt werden, womit eine **Einigung** gemeint ist. Die von den Wohnungseigentümern erzielte Einigung muss, um Wirksamkeit zu erlangen, in das Grundbuch **eingetragen** werden (§ 4 Abs. 1). Umgekehrt ist es nicht möglich, zum Gemeinschaftseigentum gehörende Bereiche in der Teilungserklärung dem Sondereigentum zuzuschlagen. Die Teilungserklärung kann die Grenze zwischen dem gemeinschaftlichen Eigentum und dem Sondereigentum nur zu Gunsten, nicht aber zu Ungunsten des gemeinschaftlichen Eigentums verschieben (BGH NJW 2013, 1154).

14. In Abweichung oder Erweiterung der Vorgaben zur Begründung einer Wohnungseigentümergemeinschaft nach § 3 oder einer Teilungserklärung nach § 8 können die Wohnungseigentümer nach **Abs. 4 Satz 1** weitere **Vereinbarungen** oder **Beschlüsse** zu den Rechten und Pflichten des Sondereigentums treffen. Ein Erwerber kann

dabei bereits dem Gesetz entnehmen, in welchen Bereichen er mit einer Änderung einer Vereinbarung rechnen muss.

Die Vereinbarungen und die Beschlüsse, die aufgrund einer **vereinbarten Öffnungsklausel** gefasst werden, gelten nach Abs. 4 Satz 1 i. V. m. § 10 Abs. 3 Satz 1 nur dann für Sondernachfolger, wenn sie in das Grundbuch (im Wege der Bezugnahme, § 7 Abs. 2 Satz 1) eingetragen worden sind. Dies dient dem Schutz der Erwerber von Wohnungseigentum vor unbekannten belastenden Beschlüssen. 15.

Beschlüsse, die aufgrund einer **gesetzlichen Öffnungsklausel** gefasst werden, wirken dagegen auch ohne Grundbucheintragung gegen Sondernachfolger (vgl. § 10 Abs. 3 Satz 2). Gesetzliche Öffnungsklauseln sind nämlich für jeden Erwerber ersichtlich und verfolgen vom Gesetzgeber gebilligte Zwecke. Zudem ist deren Anwendungsbereich auf konkrete Beschlussgegenstände beschränkt. 16.

Ob ein Beschluss der Wohnungseigentümer **eintragungsfähig** ist, ist rein objektiv zu bestimmen. Dafür kommt es darauf an, dass sich die Beschlusskompetenz nicht bereits aus einer gesetzlichen Öffnungsklausel ergibt. Nicht eintragungsfähig sind auch Beschlüsse von vereinbarten Öffnungsklauseln, die gesetzliche Öffnungsklauseln einfach wiederholen oder sich inhaltlich mit diesen decken. Unerheblich ist es ebenfalls, worauf die Wohnungseigentümer ihren Beschluss stützen. Die Art der Eintragung ergibt sich aus § 7. Siehe zu den Vereinbarungen und Beschlüssen § 10 Anm. 3 ff. 17.

Für eine **Änderung** der Gemeinschaftsordnung ist keine generelle Zustimmung der dinglich Berechtigten erforderlich, falls die Änderung durch eine Grundbucheintragung zum Inhalt des Sondereigentums und damit zur Änderung des Eigentumsinhalts werden soll. Nach **Abs. 4 Satz 2** ist nämlich eine **Zustimmung** von Hypotheken-, Grund- und Rentenschuldgläubigern bzw. Inhabern einer Reallast nur dann erforderlich, wenn durch eine Vereinbarung oder einen aufgrund einer Vereinbarung gefassten Beschluss ein Sondernutzungsrecht begründet oder ein mit dem Wohnungseigentum verbundenes Sondernutzungsrecht aufgehoben, geändert oder übertragen wird. Bei andersartigen dinglichen Belastungen sowie in den übrigen Fällen liegt nur dann ein Zustimmungserfordernis vor, wenn eine rechtliche und nicht nur eine wirtschaftliche Beeinträchtigung des Rechts besteht (BGH NJW 1984, 2409, 2410). 18.

§ 6 WEG
Unselbständigkeit des Sondereigentums

(1) Das Sondereigentum kann ohne den Miteigentumsanteil, zu dem es gehört, nicht veräußert oder belastet werden.

(2) Rechte an dem Miteigentumsanteil erstrecken sich auf das zu ihm gehörende Sondereigentum.

Anmerkungen:

1. Durch die Einführung des Wohnungseigentumsgesetzes wurde eine neue Eigentumsform geschaffen, die sich aus dem Sondereigentum und dem Miteigentum am Gemeinschaftseigentum zusammensetzt. Daher bestimmt **Abs. 1**, dass über das Sondereigentum und das Miteigentum **nicht getrennt** verfügt werden darf; sie bilden eine rechtliche Einheit. Eine davon abweichende Verfügung ist unwirksam. Eine unabhängige Verfügungsbefugnis besteht nur für nichtwesentliche Bestandteile des Sondereigentums (vgl. § 94 BGB) und dessen Zubehör (§ 97 BGB).

2. Der eigentliche Verfügungsgegenstand ist der Miteigentumsanteil. Deshalb erstrecken sich dessen Rechte nach **Abs. 2** auch auf das zu diesem gehörenden Sondereigentum.

3. Innerhalb einer Wohnungseigentümergemeinschaft dürfen jedoch im Sondereigentum stehende Räume eines Wohnungseigentümers ohne gleichzeitige Übertragung eines Miteigentumsanteils an dem Grundstück einem anderen Miteigentümer übertragen werden (OLG München NJW-RR 2018, 18).

§ 7 WEG
Grundbuchvorschriften

(1) ¹Im Falle des § 3 Abs. 1 wird für jeden Miteigentumsanteil von Amts wegen ein besonderes Grundbuchblatt (Wohnungsgrundbuch, Teileigentumsgrundbuch) angelegt. ²Auf diesem ist das zu dem Miteigentumsanteil gehörende Sondereigentum und als Beschränkung des Miteigentums die Einräumung der zu den anderen Miteigentumsanteilen gehörenden Sondereigentumsrechte einzutragen. ³Das Grundbuchblatt des Grundstücks wird von Amts wegen geschlossen.

(2) ¹Zur Eintragung eines Beschlusses im Sinne des § 5 Absatz 4 Satz 1 bedarf es der Bewilligungen der Wohnungseigentümer nicht, wenn der Beschluss durch eine Niederschrift, bei der die Unterschriften der in § 24 Absatz 6 bezeichneten Personen öffentlich beglaubigt sind, oder durch ein Urteil in einem Verfahren nach § 44 Absatz 1 Satz 2 nachgewiesen ist. ²Antragsberechtigt ist auch die Gemeinschaft der Wohnungseigentümer.

(3) ¹Zur näheren Bezeichnung des Gegenstands und des Inhalts des Sondereigentums kann auf die Eintragungsbewilligung oder einen Nachweis gemäß Absatz 2 Satz 1 Bezug genommen werden. ²Veräußerungsbeschränkungen (§ 12) und die Haftung von Sondernachfolgern für Geldschulden sind jedoch ausdrücklich einzutragen.

(4) ¹Der Eintragungsbewilligung sind als Anlagen beizufügen:

1. eine von der Baubehörde mit Unterschrift und Siegel oder Stempel versehene Bauzeichnung, aus der die Aufteilung des Gebäudes und des Grundstücks sowie die Lage und Größe der im Sondereigentum und der im gemeinschaftlichen Eigentum stehenden Teile des Gebäudes und des Grundstücks ersichtlich ist (Aufteilungsplan); alle zu demselben Wohnungseigentum gehörenden Einzelräume und Teile des Grundstücks sind mit der jeweils gleichen Nummer zu kennzeichnen;

2. eine Bescheinigung der Baubehörde, dass die Voraussetzungen des § 3 Absatz 3 vorliegen.

²Wenn in der Eintragungsbewilligung für die einzelnen Sondereigentumsrechte Nummern angegeben werden, sollen sie mit denen des Aufteilungsplans übereinstimmen.

(5) Für Teileigentumsgrundbücher gelten die Vorschriften über Wohnungsgrundbücher entsprechend.

Anmerkungen:

1. Diese Vorschrift befasst sich mit der grundbuchrechtlichen Behandlung von Wohnungseigentum. Das Wohnungseigentum stellt eine Durchbrechung der sachenrechtlichen Vorschriften dar, woraus sich für das grundbuchrechtliche Verfahren einige Besonderheiten ergeben. Mit der Eintragung ins Grundbuch wird die Begründung des Wohnungseigentums unabhängig davon, ob die Wohnung bereits errichtet ist, dinglich vollzogen. Bei späteren Veränderungen, seien es Teilungen bestehender Wohnungseigentumsrechte

oder Vereinigungen von solchen, ist die Vorschrift ebenfalls anwendbar (Staudinger-*Rapp* WEG § 7 Rz. 1). Nach Abs. 1 müssen spezielle Grundbuchblätter für jedes einzelne Wohnungseigentum angelegt werden. Abs. 2 schränkt das Erfordernis von Bewilligungen ein, was insbesondere großen Gemeinschaften zugutekommt. Nach Abs. 3 sollen Bezugnahmen ermöglicht werden, um das Grundbuch nicht zu überfrachten. Abs. 4 führt auf, welche Anlagen dem Antrag beigefügt werden müssen. Das Grundbuchamt prüft die formellen Eintragungsvoraussetzungen und Inhaltsmängel. Zur Prüfung der materiellen Rechtslage ist es nicht aber verpflichtet, ebenfalls nicht, die baurechtliche Zulässigkeit des Gebäudes zu überprüfen (*Sauren* § 7 Rz. 9).

2. Nach **Abs. 1 Satz 1** wird für jeden Miteigentumsanteil ein besonderes **Grundbuchblatt** angelegt, wenn die Miteigentümer eines Grundstücks durch Vertrag (§ 3) Sondereigentum an einer Wohnung oder an sonstigen Räumen oder Freiflächen begründen. Dieses Grundbuchblatt ist Grundbuch im Sinne des BGB und der GBO. Für das Wohnungseigentum wird das Grundbuchblatt als Wohnungsgrundbuch bezeichnet, für das Teileigentum an sonstigen Räumen Teileigentumsgrundbuch.

3. Nach **Abs. 1 Satz 2** ist auf dem Grundbuchblatt das zu dem Miteigentumsanteil gehörende **Sondereigentum** und als Beschränkung des Miteigentums die Einräumung der zu den anderen Miteigentumsanteilen gehörenden Sondereigentumsrechte einzutragen.

4. Das Grundbuchblatt des **Grundstücks** wird von Amts wegen geschlossen (**Abs. 1 Satz 3**). Rechte, die das Grundstück bisher als Ganzes belasteten, sind nunmehr in alle Wohnungsgrundbücher einzutragen, wodurch Grundpfandrechte und Reallasten zu Gesamtbelastungen aller Wohnungseigentümer werden (*Sauren* § 7 Rz. 8). Lastet ein Recht dagegen nur auf einem Miteigentumsanteil, so ist dieses Recht auf das entsprechende Wohnungseigentum zu übertragen (Staudinger-*Rapp* WEG § 7 Rz. 10). Trotz der Aufteilung bleibt das Grundstück aber weiterhin bestehen, sodass es Grundlage für dingliche Rechte (z. B. eine Grunddienstbarkeit) sein kann (OLG Zweibrücken ZWE 2014, 123).

5. Der durch die Eintragung in seinem Recht Betroffene oder Begünstigte muss einen formfreien **Antrag** beim Grundbuchamt stellen

§ 7 WEG Grundbuchvorschriften

(§ 13 Abs. 1 Satz 2 GBO). Dies kann auch gemäß § 15 GBO der beurkundende Notar übernehmen. Zusätzlich bedarf es einer **Eintragungsbewilligung** (§ 19 GBO) in der Form des § 29 GBO (Beurkundung oder Beglaubigung durch Gericht oder Notar).

6. Grundsätzlich müssten alle Wohnungseigentümer die Eintragung des Beschlusses in öffentlich beglaubigter Form bewilligen (§§ 19, 20 GBO). **Abs. 2** schafft hierzu eine Ausnahme, indem nur die Unterschriften bestimmter Beteiligter erforderlich sind, und erleichtert auf diese Weise die Eintragung von **Beschlüssen** in das Grundbuch. Gerade in großen Gemeinschaften müssen nicht mehr alle **Bewilligungen** mit großem Aufwand beschafft werden. Das Grundbuchamt überprüft den Beschluss **nicht inhaltlich**. Gehen einzelne Wohnungseigentümer von der Rechtswidrigkeit eines einzutragenden Beschlusses aus, müssen sie ihn anfechten. Die Erhebung einer Klage gegen einen Beschluss hindert aber dessen Eintragung in das Grundbuch nicht. Zum Schutz vor einem etwaigen gutgläubigen Erwerb kommt nach allgemeinen Regeln die Eintragung eines Rechtshängigkeitsvermerks in Betracht.

7. Es bedarf nach **Abs. 2 Satz 1** keiner Bewilligung der Wohnungseigentümer, wenn die **Niederschrift** über den Beschluss vorgelegt wird, bei der die Unterschriften der in § 24 Abs. 6 bezeichneten Personen öffentlich beglaubigt sind. Dies sind die Unterschriften des Vorsitzenden der Wohnungseigentümerversammlung und eines Wohnungseigentümers und, falls ein Verwaltungsbeirat bestellt ist, auch von dessen Vorsitzendem oder seines Vertreters. Wurde der Beschluss im Wege einer Beschlussersetzungsklage vom Gericht gefasst, genügt die Vorlage des **Urteils**. Nach § 29 GBO ist davon eine Ausfertigung oder beglaubigte Abschrift (Beurkundung oder Beglaubigung durch Gericht oder Notar) vorzulegen.

8. Nach **Abs. 2 Satz 2** ist auch die **Gemeinschaft** berechtigt, einen Antrag auf Eintragung eines Beschlusses in das Grundbuch zu stellen. Diese wird dafür in der Regel durch den Verwalter vertreten (§ 9b Abs. 1 Satz 1).

9. Nach **Abs. 3 Satz 1** kann zur näheren **Bezeichnung** des Gegenstands und des Inhalts des Sondereigentums auf die Eintragungsbewilligung oder einen Nachweis nach Abs. 2 Satz 1, also auf die Niederschrift oder das Urteil, Bezug genommen werden. Der Gegenstand

des Sondereigentums wird durch den **Aufteilungsplan** dargestellt. Dieser wird deshalb auch bei einer bloßen Bezugnahme mit der Grundbucheintragung Inhalt des Grundbuchs und nimmt insoweit am öffentlichen Glauben teil (BGH NJW 1994, 651). Ergeben sich nach der Begründung von Wohnungseigentum Änderungen im Bestand des Sondereigentums, genügt bei der Grundbucheintragung eine Bezugnahme nicht mehr. Es bedarf vielmehr einer konkreten Beschreibung der Räume, die gemäß dem geänderten Aufteilungsplan einer anderen Sondereigentumseinheit zugeordnet werden sollen (Staudinger-*Rapp* WEG § 7 Rz. 39).

10. **Abs. 3 Satz 2** dient dem Schutz von Erwerbern. Für sie besonders bedeutsame Vereinbarungen müssen ausdrücklich im Grundbuch eingetragen werden. Dies sind insbesondere **Veräußerungsbeschränkungen** nach § 12 (siehe auch § 3 Abs. 2 der WGV), aber auch die **Haftung** von Sondernachfolgern für Geldschulden. Die Geldschuld ist eine Wertverschaffungsschuld, keine Sachschuld. Der Schuldner hat daher dem Gläubiger das durch den Nennbetrag der Schuld ausgedrückte Quantum an Vermögensmacht zu verschaffen (Palandt-*Grüneberg* BGB § 245 Rz. 12). Der häufigste Anwendungsfall dürfte die Haftung für **Wohngeldschulden** sein.

11. **Abs. 4** bestimmt, welche Unterlangen dem Antrag als **Anlagen** beizufügen sind. Die benötigten Unterlagen werden durch die **Baubehörde** ausgestellt. Welche das im Einzelnen sind, legt das jeweilige Landesrecht fest.

12. **Abs. 4 Nr. 1** schreibt vor, dass der Eintragungsbewilligung der Aufteilungsplan beigefügt sein muss, aus dem die Aufteilung des Grundstücks, etwaiger der Freiflächen und des Gebäudes ersichtlich wird. Der Aufteilungsplan hat dieselbe Funktion wie das amtliche Grundstücksverzeichnis nach § 2 Abs. 2 GBO. Aus ihm muss sich die Aufteilung des ganzen Gebäudes in die Eigentumsbereiche Gemeinschaftseigentum und Sondereigentum ergeben (BGH ZWE 2017, 177). Das stellt den Bestimmtheitsgrundsatz des Sachen- und Grundbuchrechts sicher. Es muss dabei genau erkennbar gemacht werden, welcher Raum zu welchem Sondereigentum gehört und wo die Grenzen von Sondereigentum und Gemeinschaftseigentum verlaufen (BGH NJW 1995, 2851, 2853).

Nach der Legaldefinition in Abs. 4 Nr. 1 ist der **Aufteilungsplan** 13.
eine von der Baubehörde mit Unterschrift und Siegel oder Stempel
versehene Bauzeichnung, aus der die Aufteilung des Gebäudes und
des Grundstücks sowie die Lage und Größe der im Sondereigentum
und der im gemeinschaftlichen Eigentum stehenden Teile des
Gebäudes und des Grundstücks ersichtlich ist. Dazu soll eine **Bauzeichnung** (bzw. Baubestandszeichnung) ausreichen (BayObLG
NJW-RR 1993, 1040). Diese muss alle Gebäudeteile erfassen sowie
die Grundrisse, Schnitte und Ansichten enthalten. Der Aufteilungsplan wird Inhalt des Grundbuchs und nimmt damit an dessen
öffentlichen Glauben gemäß § 891 BGB teil.

Mit dem Aufteilungsplan muss ein **Lageplan** mit Standortbestim- 14.
mung und Grundstücksgrenzen eingereicht werden (OLG Hamm
OLGZ 1977, 264, 272). Dies ist erforderlich, da auch Sondereigentum an Freiflächen begründet werden kann (§ 3 Abs. 2). Zur Kenntlichmachung der zum Sondereigentum gehörenden Bereiche reicht
eine farbliche Umrandung der betroffenen Räume aus (BayObLG
Rpfleger 1982, 21).

Liegen die Voraussetzungen der Abs. 1 bis 4 nicht vor, **weist** das 15.
Grundbuchamt den Eintragungsantrag **zurück**. Ist die Eintragung
unter Verstoß gegen das Abgeschlossenheitserfordernis erfolgt, so
ist das Wohnungseigentum trotzdem entstanden, es sei denn, die
Abgrenzung ist unklar (*Sauren* § 7 Rz. 5). Solange trotz Abweichung
vom Aufteilungsplan eine Abgrenzung zwischen Sondereigentum
und Gemeinschaftseigentum zweifelsfrei möglich ist, entsteht
sachenrechtlich Wohnungseigentum mit Sondereigentum in dem
Gebäude so wie es errichtet wurde (BGH NJW 2008, 2982).

Die **Abgeschlossenheitsbescheinigung** der Baubehörde nach **Abs. 4** 16.
Nr. 2 bestätigt, dass im Sinne des § 3 Abs. 3 die Wohnung oder die
sonstigen Räume abgeschlossen sind. Sie ist eine sonstige Eintragungsvoraussetzung im Sinne des § 29 Abs. 1 GBO. Fehlt eine solche, kann der Antrag zurückgewiesen werden. Da es sich um eine
Sollvorschrift handelt, ist ein Verstoß hiergegen allerdings unerheblich (BGH MDR 1990, 325). Eine Eintragung ohne die erforderliche
Abgeschlossenheitsbescheinigung ist daher nicht rechtswidrig oder
gar nichtig (BayObLG Rpfleger 1991, 414).

17. Eine beantragte Eintragung ist aber nur zu **vollziehen**, wenn Aufteilungsplan und Abgeschlossenheitsbescheinigung keine offensichtliche Unrichtigkeit oder Widersprüchlichkeit enthalten, wobei das Grundbuchamt keine eigenen Ermittlungen anstellt, sondern im Falle eines Widerspruchs lediglich die Irrtümer bzw. Abweichungen beanstandet (*Sauren* § 7 Rz. 6).

18. Nach **Abs. 5** gelten für **Teileigentumsgrundbücher** die Vorschriften über Wohnungsgrundbücher entsprechend.

19. Auch ein **Sondernutzungsrecht** (§ 3 Anm. 10 ff.) wirkt nur gegen den Rechtsnachfolger, wenn es im Grundbuch eingetragen ist (§ 10 Abs. 3). Zur Entstehung von Sondernutzungsrechten genügt die Bezugnahme auf die Eintragungsbewilligung (OLG München ZWE 2013, 404). Bestandteil (Anlage) der Eintragungsbewilligung ist dabei der Aufteilungsplan, in den die Sondernutzungsrechte eingetragen werden können. Anstatt einer Eintragung ist es auch möglich, einen Sondernutzungsplan beizufügen (Staudinger-*Rapp* WEG § 7 Rz. 9). Die räumlichen Ausübungsbereiche von Sondernutzungsrechten sind im Aufteilungsplan oder in einem gesonderten Sondernutzungsplan nach den Bestimmtheitsgrundsätzen darzustellen, wie sie für Grunddienstbarkeiten verlangt werden (BGH NJW 2012, 677).

§ 8 WEG
Teilung durch den Eigentümer

(1) Der Eigentümer eines Grundstücks kann durch Erklärung gegenüber dem Grundbuchamt das Eigentum an dem Grundstück in Miteigentumsanteile in der Weise teilen, dass mit jedem Anteil Sondereigentum verbunden ist.

(2) Im Falle des Absatzes 1 gelten § 3 Absatz 1 Satz 2, Absatz 2 und 3, § 4 Absatz 2 Satz 2 sowie die §§ 5 bis 7 entsprechend.

(3) Wer einen Anspruch auf Übertragung von Wohnungseigentum gegen den teilenden Eigentümer hat, der durch Vormerkung im Grundbuch gesichert ist, gilt gegenüber der Gemeinschaft der Wohnungseigentümer und den anderen Wohnungseigentümern anstelle des teilenden Eigentümers als Wohnungseigentümer, sobald ihm der Besitz an den zum Sondereigentum gehörenden Räumen übergeben wurde.

§ 8 WEG Teilung durch den Eigentümer

Anmerkungen:

1. Während sich nach § 3 Miteigentümer die Bildung von Wohnungseigentum vertraglich einräumen können, beschreibt diese Vorschrift die zweite und häufigste Möglichkeit, eine Wohnungseigentümergemeinschaft zu bilden. Hiernach kann der Eigentümer eines Grundstücks die Aufteilung eines Gebäudes in Wohnungseigentum vornehmen, ohne dass dadurch eine Miteigentümergemeinschaft entsteht (sog. **Vorratsteilung**, vgl. Staudinger-*Rapp* WEG § 8 Rz. 3). Wie bei § 3 kann auch hier Wohnungseigentum bei bereits errichteten und bei erst noch zu errichtenden Gebäuden gebildet werden (Staudinger-*Rapp* WEG § 8 Rz. 28). Dafür reicht es aus, dass das aufzuteilende Grundstück ein bestimmter räumlich abgegrenzter Teil der Oberfläche (Wirtschaftsgrundstück) ist; ein Grundstück im Rechtssinne braucht noch nicht vorzuliegen (OLG Saarbrücken OLGZ 1972, 129, 138). Die Aufteilungsverfahren nach §§ 3 und 8 können auch miteinander kombiniert werden (Staudinger-*Rapp* WEG § 8 Rz. 10).

2. Nach **Abs. 1** kann der **Eigentümer** (als natürliche oder juristische Person) eines Grundstücks durch eine materiellrechtlich formfreie **Erklärung** gegenüber dem Grundbuchamt sein Grundstück teilen. Dies kann auch durch eine Gesamthandsgemeinschaft (z. B. Erbengemeinschaft) oder eine Bruchteilsgemeinschaft (z. B. Ehegatten zu je ½) geschehen (*Sauren* § 8 Rz. 3). Der Antrag an das Grundbuchamt muss die Erklärung enthalten, dass der Eigentümer das Gebäude in Wohneigentum unterteilt (sog. **Teilungserklärung**), also die Bildung von Bruchteilseigentum am Grundstück, die Bestimmung des Gegenstandes des Sondereigentums durch Beschreibung oder Bezugnahme auf den Aufteilungsplan und die Erklärung über die Verbindung von Sondereigentum mit dem Miteigentum (*Sauren* § 8 Rz. 4). Für die Größe der Miteigentumsbruchteile gibt es keine Vorschriften (BayObLG Rpfleger 1982, 418). Aus grundbuchrechtlicher Sicht ist die Form des § 29 GBO zu beachten (Beurkundung oder Beglaubigung durch Gericht oder Notar). Eine Zustimmung dinglich Berechtigter ist nicht erforderlich, da die Vorschriften der §§ 876, 877 BGB die Teilung nach § 8 nicht erfassen.

3. Durch den Verweis des **Abs. 2** richten sich die Voraussetzungen der Bildung von Wohnungseigentum nach § 8 nach denen der **vertraglichen** und der **realen Teilung** eines Grundstücks. Der Eigentümer

muss einen formfreien Eintragungsantrag beim Grundbuchamt stellen (§ 13 GBO), den er bis zur Anlegung der Wohnungsgrundbücher einseitig wieder zurücknehmen kann. Der **Aufteilungsplan** (§ 7 Abs. 3 Nr. 1) und die **Abgeschlossenheitsbescheinigung** (§ 7 Abs. 3 Nr. 2) sind der Teilungserklärung des Eigentümers beizufügen und das Grundbuchamt hat ein besonderes **Wohnungsgrundbuchblatt** anzulegen (§ 7 Abs. 1 Satz 1). Es ist nicht erforderlich, eine **Gemeinschaftsordnung** dem Antrag mit beizufügen (BGH NJW 2002, 2710, 2712), schädlich ist dies indes auch nicht, da eine solche ohnehin notwendig wird. Mangels Eigentumsübertragung bedarf es keiner Vorlage einer steuerlichen Unbedenklichkeitsbescheinigung.

4. Auch bei der Wohnungseigentumsbegründung durch Teilungserklärung ist die **Abgrenzung** zwischen Gemeinschafts- und Sondereigentum zwingend (vgl. § 5 Anm. 2). Sondereigentum werden diejenigen Einheiten, die in der Erklärung dazu bestimmt werden (§ 5 Abs. 1). Lediglich Sondereigentumsbestandteile können zum Gemeinschaftseigentum erklärt werden (§ 5 Abs. 3). **Vereinbarungen** über das Verhältnis der Wohnungseigentümer (§ 10 Abs. 3) können bereits in der Teilungserklärung getroffen und als Inhalt des Sondereigentums in das Grundbuch eingetragen werden (§ 5 Abs. 4). Das Wohnungseigentum kann auch bei einer Aufteilung nach § 8 nicht unter einer **Bedingung** oder Zeitbestimmung eingeräumt oder aufgehoben werden (§ 4 Abs. 2 Satz 2). Die Gemeinschaft der Wohnungseigentümer entsteht mit der **Anlegung** der Wohnungsgrundbücher (§ 9a Abs. 1 Satz 2).

5. Als **Rechtsfolge** werden die Grundstückseigentümer Eigentümer an der bislang bestehenden Form des so gebildeten Wohnungseigentums (Staudinger-*Rapp* WEG § 8 Rz. 9). Ab diesem Zeitpunkt verliert der ursprüngliche Eigentümer des Grundstücks das Recht, einseitig den Gegenstand und den Inhalt des Sondereigentums zu verändern. Die Teilungserklärung und Gemeinschaftsordnung kann aber durch den teilenden Eigentümer, solange dieser Eigentümer aller Einheiten ist, jederzeit geändert werden (OLG Frankfurt OLGZ 1988, 439). Die Änderung ist auch noch nach Grundbucheintragung und damit mit dem Wirksamwerden der Teilung möglich (BayObLG DNotZ 1994, 233). Über jedes Wohnungseigentum kann nunmehr gesondert verfügt werden (Palandt-*Wicke* WEG § 8 Rz. 4). Mit dem Grundstückseigentum verbundene subjektiv-dingliche Rechte bestehen als Gesamtberechtigung fort (BayObLG Rpfleger 83, 434).

§ 8 WEG Teilung durch den Eigentümer

Abs. 3 regelt die **Rechtsstellung** von Personen, die Wohnungseigentum vom teilenden Eigentümer erwerben. Liegt ein wirksamer auf die Übereignung von Wohnungseigentum gerichteter **Erwerbsvertrag** vor, ist der Übereignungsanspruch durch eine Auflassungsvormerkung gesichert und der Besitz auf den Erwerber übergegangen, wird der Erwerber wie ein Mitglied der Gemeinschaft der Wohnungseigentümer behandelt. Er besitzt dann eine rechtlich gefestigte Erwerbsposition und hat infolge des Übergangs der Lasten und Nutzungen ein berechtigtes Interesse, die mit dem Wohnungseigentum verbundenen Mitwirkungsrechte bei der Verwaltung auszuüben.

6.

Die Vorschrift gilt allerdings nur für den **erstmaligen Erwerb** von Wohnungseigentum vom teilenden Eigentümer. Denn nur hier besteht die Gefahr, dass ein erheblicher Zeitraum zwischen dem Übergang von Lasten und Nutzungen und dem Eigentumsübergang liegt. Erfasst werden hierbei alle Verträge, also auch Schenkungsverträge.

7.

Teilender Eigentümer ist die Person, in deren Eigentum das Grundstück zu dem Zeitpunkt steht, in dem die Wohnungsgrundbücher angelegt werden. Da keine zeitliche Grenze vorgegeben ist, ist es unerheblich, wie viel Zeit seit der Anlegung der Wohnungsgrundbücher oder dem Eigentumserwerb anderer Erwerber vergangen ist.

8.

Voraussetzung für die Anwendbarkeit des Abs. 3 ist ein durch **Vormerkung** im Grundbuch gesicherter Anspruch auf Übertragung von Wohnungseigentum. Dazu müssen die Wohnungsgrundbücher angelegt sein (§ 9a Abs. 1 Satz 2), denn solange das Wohnungseigentum als sachenrechtliches Zuordnungsobjekt nicht existiert, sind auch die Vorschriften des WEG nicht anwendbar. Für eine **Besitzübergabe** ist es hinreichend, wenn dem Erwerber die zum erworbenen Sondereigentum gehörenden Räume übergeben wurden. Es kommt weder auf die Übergabe noch auf die Fertigstellung des gemeinschaftlichen Eigentums an. Auch die Übergabe von außerhalb des Gebäudes liegenden Teilen des Grundstücks, auf die sich das Sondereigentum womöglich erstreckt, spielt keine Rolle.

9.

Als **Rechtsfolge** gilt der Erwerber im Innenverhältnis als **Wohnungseigentümer**, obwohl er das vor Eigentumsumschreibung noch gar nicht ist. Der Erwerber tritt damit hinsichtlich der Rechte und Pflichten nach dem WEG an die Stelle des aufteilenden Eigentü-

10.

mers. Dies betrifft allerdings nur das Rechtsverhältnis des Erwerbers gegenüber der Gemeinschaft und den übrigen Wohnungseigentümern neben dem teilenden Eigentümer (**Innenverhältnis**). Das Verhältnis gegenüber Dritten oder Rechte und Pflichten nach anderen Vorschriften als denen des WEG (z. B. Ansprüche wegen Beeinträchtigung des Sondereigentums nach § 1004 BGB) bleiben davon unberührt.

§ 9 WEG
Schließung der Wohnungsgrundbücher

(1) Die Wohnungsgrundbücher werden geschlossen:

1. von Amts wegen, wenn die Sondereigentumsrechte gemäß § 4 aufgehoben werden;

2. auf Antrag des Eigentümers, wenn sich sämtliche Wohnungseigentumsrechte in einer Person vereinigen.

(2) Ist ein Wohnungseigentum selbständig mit dem Recht eines Dritten belastet, so werden die allgemeinen Vorschriften, nach denen zur Aufhebung des Sondereigentums die Zustimmung des Dritten erforderlich ist, durch Absatz 1 nicht berührt.

(3) Werden die Wohnungsgrundbücher geschlossen, so wird für das Grundstück ein Grundbuchblatt nach den allgemeinen Vorschriften angelegt; die Sondereigentumsrechte erlöschen, soweit sie nicht bereits aufgehoben sind, mit der Anlegung des Grundbuchblatts.

Anmerkungen:

1. Diese Vorschrift dient neben § 7 der grundbuchrechtlichen Behandlung des Wohnungseigentums. Nach **Abs. 1 Nr. 1** werden die Wohnungsgrundbücher von Amts wegen **geschlossen**, wenn sich alle Miteigentümer auf Aufhebung sämtlicher Sondereigentumsrechte einigen (§ 4 Abs. 1). Das schuldrechtliche Grundgeschäft bedarf nach § 4 Abs. 3 der Form des § 311b Abs. 1 BGB (notarielle Beurkundung). Eines Antrags bedarf es nicht. Eine Aufhebung der Sondereigentumsrechte nach § 4 ist selbst dann erforderlich, wenn diese aufgrund völliger Zerstörung des Gebäudes gegenstandslos geworden sind. Mit der Eintragung im Grundbuch erlöschen die Sondereigentumsrechte und die Wohnungseigentümergemeinschaft

wird zur **Bruchteilsgemeinschaft** (§§ 1008 ff., 741 ff. BGB). Damit entfallen auch sämtliche von den bisherigen Wohnungseigentümern getroffene Vereinbarungen.

Abs. 1 Nr. 2 ist das Spiegelbild zu § 8 Abs. 1. Nach der Vorschrift werden die Wohnungsgrundbücher auf **Antrag** des Eigentümers geschlossen, wenn sämtliche Wohnungseigentumsrechte in **einer** Person vereinigt sind. Dies kann sowohl eine natürliche als auch eine juristische Person sein. Der Antrag bedarf der Form der §§ 29, 30 GBO (Beurkundung oder Beglaubigung durch Gericht oder Notar). Die Berechtigung des Eigentümers zum Schließen der Wohnungsgrundbücher ergibt sich aus § 903 BGB. Es ist unerheblich, warum dieser alleiniger Wohnungseigentümer der Gemeinschaft ist; sei es, weil er keinen Anteil veräußert hat, sei es, weil er alle Anteile erworben hat. Die Vorschrift ist auch anwendbar, wenn mehrere Eigentümer in der gleichen Konstellation Wohnungseigentümer sämtlicher Einheiten sind (Staudinger-*Rapp* WEG § 9 Rz. 9). Möchte ein Eigentümer nur mehrere aber nicht alle Wohnungseigentumseinheiten vereinigen, ist er nach § 890 BGB berechtigt, dies zu tun. Die Grundbuchblätter werden dann aber nicht nach Abs. 1 Nr. 2, sondern nach den allgemeinen Vorschriften der Grundbuchverfügung wegen Bestandslosigkeit des Grundbuchblattes geschlossen (Staudinger-*Rapp* WEG § 9 Rz. 10). **2.**

Nach **Abs. 2** bedarf es der **Zustimmung** dinglich Berechtigter (§§ 876, 877 BGB), wenn einzelne Wohnungseigentumsrechte selbständig belastet sind, da sich dann der Belastungsgegenstand ändert (Palandt-*Wicke* § 9 Rz. 5). **3.**

Nach **Abs. 3** wird von Amts wegen ein neues Grundbuchblatt angelegt und nach dem 2. Halbsatz erlöschen die Sondereigentumsrechte mit der Anlegung des neuen Grundbuchblatts. **4.**

Abschnitt 3
Rechtsfähige Gemeinschaft der Wohnungseigentümer

§ 9a WEG
Gemeinschaft der Wohnungseigentümer

(1) ¹Die Gemeinschaft der Wohnungseigentümer kann Rechte erwerben und Verbindlichkeiten eingehen, vor Gericht klagen und verklagt werden. ²Die Gemeinschaft der Wohnungseigentümer entsteht mit Anlegung der Wohnungsgrundbücher; dies gilt auch im Fall des § 8. ³Sie führt die Bezeichnung „Gemeinschaft der Wohnungseigentümer" oder „Wohnungseigentümergemeinschaft" gefolgt von der bestimmten Angabe des gemeinschaftlichen Grundstücks.

(2) Die Gemeinschaft der Wohnungseigentümer übt die sich aus dem gemeinschaftlichen Eigentum ergebenden Rechte sowie solche Rechte der Wohnungseigentümer aus, die eine einheitliche Rechtsverfolgung erfordern, und nimmt die entsprechenden Pflichten der Wohnungseigentümer wahr.

(3) Für das Vermögen der Gemeinschaft der Wohnungseigentümer (Gemeinschaftsvermögen) gelten § 18, § 19 Absatz 1 und § 27 entsprechend.

(4) ¹Jeder Wohnungseigentümer haftet einem Gläubiger nach dem Verhältnis seines Miteigentumsanteils (§ 16 Absatz 1 Satz 2) für Verbindlichkeiten der Gemeinschaft der Wohnungseigentümer, die während seiner Zugehörigkeit entstanden oder während dieses Zeitraums fällig geworden sind; für die Haftung nach Veräußerung des Wohnungseigentums ist § 160 des Handelsgesetzbuchs entsprechend anzuwenden. ²Er kann gegenüber einem Gläubiger neben den in seiner Person begründeten auch die der Gemeinschaft der Wohnungseigentümer zustehenden Einwendungen und Einreden geltend machen, nicht aber seine Einwendungen und Einreden gegenüber der Gemeinschaft der Wohnungseigentümer. ³Für die Einrede der Anfechtbarkeit und Aufrechenbarkeit ist § 770 des Bürgerlichen Gesetzbuchs entsprechend anzuwenden.

(5) Ein Insolvenzverfahren über das Gemeinschaftsvermögen findet nicht statt.

Anmerkungen:

1. Die Vorschrift bestimmt die Rechts- und Prozessfähigkeit der Gemeinschaft sowie deren Entstehung und Bezeichnung (Abs. 1), die Kompetenz der Gemeinschaft zur Ausübung von Rechten sowie

zur Wahrnehmung von Pflichten der Wohnungseigentümer (Abs. 2), das Gemeinschaftsvermögen (Abs. 3), die Haftung der Wohnungseigentümer (Abs. 4) und die Insolvenzfähigkeit der Gemeinschaft (Abs. 5).

Abs. 1 Satz 1 regelt die **Rechts-** und **Prozessfähigkeit** der Gemeinschaft. Diese ist Inhaberin ihrer gesetzlich begründeten oder rechtsgeschäftlich erworbenen Rechte und Pflichten. Diese Rechtsfähigkeit ist nicht auf den Gemeinschaftszweck beschränkt, sondern gilt **umfassend**. Die Gemeinschaft ist auch grundbuchfähig (OLG Hamm ZMR 2010, 785) und parteifähig im Sinne des § 50 Abs. 1 ZPO, kann also an Aktiv- und an Passivprozessen mitwirken. Dies gilt auch für eine Beteiligtenfähigkeit nach § 61 Nr. 1 VwGO in verwaltungsgerichtlichen Verfahren (OVG Lüneburg ZWE 2017, 423). Die Gemeinschaft ist prozesskostenhilfefähig (BGH NJW 2010, 2814). 2.

Der Gemeinschaft als Inhaberin der von ihr erworbenen Rechte und Pflichten obliegt auch deren **Ausübung**, wobei sie durch ihren **Verwalter** gerichtlich und außergerichtlich vertreten wird (§ 9b Abs. 1 Satz 1). Sie kann aber auch **Dritte** oder die Wohnungseigentümer zur Ausübung dieser Rechte ermächtigen (BGH ZWE 2014, 25). Hat die Gemeinschaft keinen Verwalter, vertreten die Wohnungseigentümer diese **gemeinschaftlich**. Sie können alternativ einen Wohnungseigentümer allstimmig zur Vertretung ermächtigen. 3.

Abzugrenzen hiervon sind die **Individualrechte** eines jeden Wohnungseigentümers, die diesem alleine zustehen. Diese Rechte können aus dem Gesetz begründet werden, wie die Rechte auf ordnungsmäßige Benutzung und Verwaltung des Gemeinschaftseigentums (§ 18 Abs. 2), das Notgeschäftsführungsrecht (§ 18 Abs. 3), das Einsichtsrecht in die Verwaltungsunterlagen (§ 18 Abs. 4), das Recht auf Schadensersatz wegen Verletzung des Sondereigentums (OLG Frankfurt ZMR 2009, 861) oder Unterlassungsansprüche, z. B. aus nachbarrechtlichen Vorschriften. 4.

Abs. 1 Satz 2 bestimmt, dass die **rechtsfähige** Gemeinschaft mit **Anlage** der Wohnungsgrundbücher (§ 7 Abs. 1 Satz 1) entsteht. Ab diesem Zeitpunkt finden daher die Vorschriften des WEG Anwendung und die Gemeinschaft ist handlungsfähig. 5.

6. Dies gilt auch bei einer Teilung nach § 8. In diesem Fall ist zunächst nur der teilende Eigentümer Mitglied der Gemeinschaft; diese entsteht als sog. **Ein-Personen-Gemeinschaft**. Daher kann die Liegenschaft bereits ab der Anlegung der Wohnungsgrundbücher nach den Vorschriften des WEG verwaltet werden und als rechtsfähige Gemeinschaft am Rechtsverkehr teilnehmen. In diesem Zeitraum gefasste Beschlüsse sind zwar nicht mehr anfechtbar. Diese können aber später durch mehrheitlichen Beschluss wieder abgeändert oder aufgehoben werden (vgl. § 10 Anm. 21). Auch die Versorgungsverträge können bereits wirksam mit der Bildung der Ein-Personen-Gesellschaft geschlossen werden. Eine Kündigung dieser ist allerdings nur im Rahmen der sodann vorliegenden vertraglichen Regelungen möglich. Gegen eine Übervorteilung sind die nachfolgenden Mitglieder der Gemeinschaft durch Schadensersatzansprüche gegen das ursprüngliche Mitglied geschützt. Zusätzlich sind die Erwerber dadurch geschützt, dass die Ein-Personen-Gemeinschaft in der Regel Verbraucherin im Sinne des § 13 BGB ist und die von ihr geschlossenen Verträge deshalb den verbraucherschützenden Vorschriften der §§ 305 ff. BGB genügen müssen. Die gleiche Problematik gilt für die (erstmalige) Bestellung eines Verwalters. Allerdings steht der Gemeinschaft hier ein jederzeitiges Abberufungsrecht zu (§ 26 Abs. 1 Satz 1).

7. Die Gemeinschaft der Wohnungseigentümer wird **beendet**, wenn das Wohnungseigentum mit der **Schließung** der Wohnungsgrundbücher untergeht (vgl. § 9). Besondere Regelungen zum Erlöschen bestehen daher nicht.

8. **Abs. 1 Satz 3** regelt die **Bezeichnung** der Gemeinschaft. Sie nimmt als „Gemeinschaft der Wohnungseigentümer" oder als „Wohnungseigentümergemeinschaft" am Rechtsverkehr teil. Dies gilt auch für Grundbucheintragungen (OLG Rostock ZWE 2014, 122). Die Grundstücksangabe kann in der postalischen Anschrift oder der grundbuchmäßigen Bezeichnung des Grundstücks bestehen (Jennißen-*Abramenko* § 10 Rz. 84). Wird ein Vertrag nicht für die Gemeinschaft, sondern für die Wohnungseigentümer abgeschlossen, so sind diese auch Vertragspartner (Palandt-*Wicke* WEG § 10 Rz. 37).

9. Nach **Abs. 2** übt die **Gemeinschaft** ihre außerhalb des WEG bestehenden Rechte und diejenigen Rechte der Wohnungseigentümer

aus, die eine **einheitliche Rechtsverfolgung** erfordern und nimmt dabei auch die Pflichten der Wohnungseigentümer wahr (sog. **Ausübungsbefugnis**). Sich aus dem WEG ergebende Rechte und Pflichten der Wohnungseigentümer (sog. Sozialansprüche und -pflichten) fallen nicht hierunter.

Diese gesetzliche Befugnis bezieht sich neben den Rechten und Pflichten der Gemeinschaft auf alle Rechte der Wohnungseigentümer, die aus dem **Miteigentum** am gemeinschaftlichen Eigentum fließen (vgl. § 1011 BGB). Erfasst sind insbesondere Ansprüche aus § 1004 BGB wegen einer Beeinträchtigung des gemeinschaftlichen Eigentums, da es Aufgabe der Gemeinschaft ist, das gemeinschaftliche Eigentum zu verwalten (vgl. § 18 Abs. 1). Daher verwaltet die Gemeinschaft auch die sich aus dem gemeinschaftlichen Eigentum ergebenden **Rechte**. Dies sind z. B. die Antragsberechtigung gegenüber dem Grundbuch für den Inhalt des Sondereigentums ändernde Beschlüsse (§ 7 Abs. 2), die Entziehung des Wohneigentums (§ 17 Abs. 1), aber auch die Ansprüche gegen die Wohnungseigentümer aus dem Treueverhältnis, auf Duldung einer Maßnahme nach § 14 Abs. 1 oder auf Beitragszahlung (Palandt-*Wicke* WEG § 10 Rz. 32). Durch die Gemeinschaft wahrzunehmende **Pflichten** können z. B. die Pflichten zur Leistung von Kompensation nach § 14 Abs. 3 oder zur Rückerstattung überzahlter Beträge (OLG München ZMR 2006, 553) sein. Aber auch eigentümerbezogene öffentlich-rechtliche Pflichten kommen in Betracht, wie der Einbau von Rauchwarnmeldern (BGH NJW 2013, 3092).

10.

Aus der Berechtigung der Gemeinschaft, das gemeinschaftliche Eigentum zu verwalten, ergibt sich auch deren Berechtigung, diesbezüglich **rechtsgeschäftlich** Rechte und Pflichten einzugehen und diese auszuüben. Dazu gehören alle Ansprüche und Verbindlichkeiten aus Vertrag oder damit zusammenhängende gesetzliche Rechte und Pflichten. Dies können z. B. Gewährleistungsrechte, eine Darlehensaufnahme für das Gemeinschaftseigentum oder dessen Belieferung mit Energie sein (Palandt-*Wicke* WEG § 10 Rz. 32).

11.

Daneben übt die Gemeinschaft die Rechte der Wohnungseigentümer aus, die eine **einheitliche Rechtsverfolgung** erfordern, auch wenn sich diese Rechte nicht aus dem gemeinschaftlichen Eigentum ergeben (sog. fremdnützige Ermächtigungstreuhand). Eine solche liegt

12.

vor, wenn schutzwürdige Belange der Wohnungseigentümer oder des Schuldners an einer einheitlichen Rechtsverfolgung das grundsätzlich vorrangige Interesse des Wohnungseigentümers, seine Rechte selbst und eigenverantwortlich auszuüben und prozessual durchzusetzen, deutlich überwiegen (BGH MDR 2015, 1055). Die Wohnungsinhaber bleiben aber in ihrer Gesamtheit die Rechteinhaber. **Materiellrechtliche Verfügungen**, wie z. B. einen Teilverzicht, darf die Gemeinschaft daher ohne Zustimmung der Wohnungseigentümer nicht abgeben (OLG Hamburg ZMR 2008, 152).

13. Die Gemeinschaft unterliegt bei der **Ausübung** denselben Voraussetzungen, die für die Rechte der Wohnungseigentümer gelten. Sie verfolgt in diesem Fall die fremden Rechte der Wohnungseigentümer im eigenen Namen und ist aufgrund von Abs. 2 ermächtigt, alle notwendigen Erklärungen und Handlungen im eigenen Namen vorzunehmen, die zur Verwirklichung des Zweckes notwendig sind, im Prozess also zu aktiver und passiver **Prozessstandschaft** (BGH NJW 2007, 1957).

14. **Anwendungsfälle** des Erfordernisses einer einheitlichen Rechtsverfolgung können z. B. sein: die Geltendmachung von Schadensersatzansprüchen gegen den Verwalter wegen einer vertraglichen Pflichtverletzung (BGH NJW 2018, 3305), Schadensersatzansprüche gegenüber Dritten wegen der Verletzung des Gemeinschaftseigentums, soweit keine Konkurrenz zu einem Anspruch aus § 1004 BGB besteht (BGH NJW 2019, 1216), eine Auseinandersetzung über ein Notwegerecht (BGH NJW 2006, 3426), Ansprüche wegen einer Terrassenüberdachung (BGH München NJW 2014, 1090), nachbarrechtliche Ersatzansprüche (BGH NZM 2012, 435), nachbarrechtliche Errichtungs- bzw. Entfernungsansprüche betreffend einer Einzäunung (BGH NJW 2016, 1735), Ansprüche bezüglich einer Verkehrssicherungspflicht (BGH NJW 2012, 1724), ein Anspruch auf Herausgabe des Schließplans einer Schließanlage des Gemeinschaftseigentums (OLG Stuttgart ZWE 2017, 129) oder Schadensersatzansprüche (BGH NJW 2014, 1090).

15. **Außerhalb** des Anwendungsbereichs von Abs. 2 kann einem Wohnungseigentümer nicht gegen seinen Willen die Befugnis zur Ausübung seiner Rechte entzogen werden; insbesondere besteht keine diesbezügliche **Beschlusskompetenz** (sog. gekorene Ausübungsbe-

fugnis) der Gemeinschaft (mehr). Mithin kann die Gemeinschaft nicht durch Beschlussfassung weitere Rechte zur Ausübung an sich ziehen. Dies betrifft insbesondere Ansprüche auf Leistung an alle Wohnungseigentümer, die jedem einzelnen Wohnungseigentümer zustehen (Palandt-*Wicke* WEG § 10 Rz. 35). Ein unter der alten Rechtslage gefasster Beschluss der Gemeinschaft, der dies noch ermögliche, hat mit dem Inkrafttreten des WEMoG im Jahre 2020 seine Wirksamkeit verloren.

Keine Ausübungsbefugnis der Gemeinschaft besteht ferner bei Rechten und Pflichten, die **kraft Gesetzes** dem einzelnen Wohnungseigentümer zugeordnet und nicht vergemeinschaftet sind oder nur zur Leistung an ihn gehen bzw. nur von ihm zu erfüllen sind, wie z. B. Schadensersatzansprüche eines Wohnungseigentümers gegen den Verwalter wegen einer falsch erteilten Auskunft (Palandt-*Wicke* WEG § 10 Rz. 36). Ein Wohnungseigentümer kann sein Recht aber auf die Gemeinschaft **übertragen** oder ihr eine Prozessstandschaft einräumen. **16.**

Abs. 3 definiert den Begriff des **Gemeinschaftsvermögens** als das Vermögen der Gemeinschaft der Wohnungseigentümer. Der vom Verwalter jährlich aufzustellende Vermögensbericht muss eine Auflistung des wesentlichen Gemeinschaftsvermögens erhalten (§ 28 Abs. 1). Dies sind insbesondere alle Forderungen der Gemeinschaft gegen einzelne Wohnungseigentümer oder Dritte (insb. Wohngeldschulden), alle Verbindlichkeiten (insb. Bankdarlehen) und sonstige Vermögensgegenstände, wie Brennstoffvorräte. Für das Gemeinschaftsvermögen gelten einzelne Vorschriften des § 16 unmittelbar: Die Früchte des Gemeinschaftsvermögens sind nach Miteigentumsanteilen zu verteilen (§ 16 Abs. 1 Sätze 1 und 2). Auch die Kosten sind grundsätzlich nach Miteigentumsanteilen zu tragen (§ 16 Abs. 2 Satz 1); eine abweichende Verteilung kann aber beschlossen werden (§ 16 Abs. 2 Satz 2). **17.**

Weitere Vorschriften sind über die **Verweisung** in Abs. 3 entsprechend anwendbar: Die Verwaltung des Vermögens erfolgt durch die Gemeinschaft (§ 18 Abs. 1). Der einzelne Wohnungseigentümer hat nur gegenüber der Gemeinschaft einen Anspruch auf ordnungsmäßige Verwaltung und Benutzung (§ 18 Abs. 2). Bei Notmaßnahmen (§ 18 Abs. 3) ist der Einzelne berechtigt, Verfügungen für das **18.**

Gemeinschaftsvermögen zu treffen. Er hat auch ein Einsichtsrecht in sämtliche das Gemeinschaftsvermögen betreffende Unterlagen (§ 18 Abs. 4). Über die Verwaltung und Benutzung des Gemeinschaftsvermögens darf durch Beschluss entschieden werden, soweit keine Vereinbarung der Wohnungseigentümer besteht (§ 19 Abs. 1). Schließlich gelten die Aufgaben und Befugnisse des Verwalters nach § 27 für die Verwaltung des Gemeinschaftsvermögens entsprechend.

19. Nach **Abs. 4 Satz 1 haftet** jeder Wohnungseigentümer einem Gläubiger nach dem Verhältnis seines Miteigentumsanteils für durch Gesetz oder Rechtsgeschäft begründete Verbindlichkeiten der Gemeinschaft, die während seiner Zugehörigkeit entstanden oder während dieses Zeitraums fällig geworden sind. Dies umfasst sowohl Ansprüche Außenstehender als auch anderer Wohnungseigentümer, solange die Ansprüche der Wohnungseigentümer nicht auf dem Gemeinschaftsverhältnis (sog. Sozialverbindlichkeiten) beruhen (Palandt-*Wicke* WEG § 10 Rz. 41). Für Ansprüche aus einer **Notgeschäftsführung** nach § 18 Abs. 3 gilt die Vorschrift nicht (BGH NZM 2019, 415). Die Vorschrift ist **nicht** durch Vereinbarung **abdingbar** (BGH NJW 2018, 1309).

20. Die Haftung besteht für jeden **anteilig** in der jeweiligen Höhe der Forderung gegen die Gemeinschaft, sodass sich diese ebenso anteilig durch Teilerfüllung mindert. Eine vorhergehende Inanspruchnahme der Gemeinschaft ist nicht erforderlich, da die Geltung des § 771 BGB nicht angeordnet ist. Der Gläubiger hat daher ein **Wahlrecht**, wen er in Anspruch nehmen möchte. Die Gemeinschaft und die einzelnen Wohnungseigentümer sind allerdings im Umfang dieser Haftung **keine Gesamtschuldner**. Im Zweifel wird der Gläubiger die Gemeinschaft und die Eigentümer daher zusammen in Anspruch nehmen. In der Zwangsvollstreckung genügt nämlich nicht ein Titel gegen die Gemeinschaft, um gegen den einzelnen Wohnungseigentümer vollstrecken zu können. Der Gläubiger hat zu diesem Zweck einen Anspruch gegen den Verwalter auf **Auskunft** der Namen und Miteigentumsanteile der Wohnungseigentümer (OLG Düsseldorf MDR 1974, 843).

21. Für einen ausgeschiedenen Eigentümer besteht eine **Nachhaftungszeit** von fünf Jahren, wenn die bis zu seinem Ausscheiden begründete Forderung innerhalb dieser Zeit fällig geworden ist und gerichtlich geltend macht wurde (vgl. § 160 Abs. 1 Satz 1 HGB).

Nicht unter diese Vorschrift fallen durch Gesetz oder Vertrag vereinbarte **Gesamtschulden** der Wohnungseigentümer. Dies gilt auch für eine durch Gesetz oder öffentliche Satzung angeordnete Gesamtschuld der Wohnungseigentümer, z. B. für Grundstücksabgaben (BVerwG NJW 2006, 791) oder für Ver- und Entsorgungsleistungen (BGH NZM 2010, 672). Hierbei kann sich aber durch Auslegung auch ein Nutzungsverhältnis mit der Gemeinschaft ergeben, sodass Abs. 4 wieder anwendbar ist (BGH NJW 2012, 1948). Es ist daher auszulegen, ob die Gemeinschaft oder die Wohnungseigentümer als Gesamtschuldner verpflichtet werden sollten (BGH NJW 2012, 1948). Auch ist zu fragen, ob ein Vertrag mit der Gemeinschaft oder mit einzelnen Wohnungseigentümern zustande gekommen ist, sodass keine Haftung der Gemeinschaft entsteht (OLG Hamm ZMR 2008, 230). 22.

Nach **Abs. 4 Satz 2** kann ein Wohnungseigentümer gegenüber seinem Gläubiger neben den in seiner Person begründeten auch die der Gemeinschaft zustehenden **Einwendungen** und **Einreden** geltend machen (z. B. Erfüllung, Stundung, Aufrechnung, Anfechtung, Erlass oder ein Zurückbehaltungsrecht). Dies ist nicht möglich für Einwendungen und Einreden gegenüber der Gemeinschaft, wie z. B. die Erfüllung einer Sonderumlage zur letztlichen Befriedigung des Gläubigers. Da der Wohnungseigentümer häufig aufgrund des zeitlichen Ablaufs seine Verbindlichkeit bereits gegenüber der Gemeinschaft beglichen hat, muss er damit rechnen, in Höhe seines Miteigentumsanteils vom Gläubiger erneut in Anspruch genommen zu werden. So bietet es sich für den Eigentümer im Zweifelsfall an, die Forderung gegenüber dem Gläubiger sogleich zu erfüllen und sodann gegenüber der Gemeinschaft aufzurechnen (*Sauren* § 10 Rz. 106). 23.

Nach **Abs. 4 Satz 3** kann der Wohnungseigentümer die Befriedigung des Gläubigers verweigern, solange der Gemeinschaft das Recht zusteht, das ihrer Verbindlichkeit zugrundeliegende Rechtsgeschäft anzufechten oder sich der Gläubiger durch Aufrechnung gegen eine fällige Forderung der Gemeinschaft befriedigen kann (vgl. § 770 BGB). 24.

Abs. 5 bestimmt, dass ein **Insolvenzverfahren** über das Vermögen der Gemeinschaft nicht stattfindet. Anderenfalls würde die Gemein- 25.

schaft im Falle ihrer Auflösung nach Beendigung des Insolvenzverfahrens nicht mehr als Bindeglied zwischen den Wohnungseigentümern und dem Rechtsverkehr zur Verfügung stehen (Jennißen-*Abramenko* § 11 Rz. 39). Von daher sind Einzelzwangsvollstreckungsmaßnahmen unbegrenzt möglich. Die Situation einer Überschuldung der Gemeinschaft müssen die Wohnungseigentümer daher vermeiden oder selbst bewältigen. Sie müssen entweder höhere Beiträge beschließen oder in letzter Konsequenz die Gemeinschaft aufheben. Endet die Gemeinschaft, gelten die allgemeinen Gemeinschaftsregeln (§§ 741 ff. BGB) für die ihr gehörenden Sachen und sonstigen Gegenstände ohne insolvenzrechtliche Besonderheit (Staudinger-*Kreuzer* WEG § 11 Rz. 49).

26. Ein Insolvenzverfahren über das Vermögen eines **Wohnungseigentümers** umfasst nicht das ihm nicht gehörende Verwaltungsvermögen oder einen (nicht bestehenden) Anteil daran (Palandt-*Wicke* WEG § 11 Rz. 3).

§ 9b WEG
Vertretung

(1) ¹Die Gemeinschaft der Wohnungseigentümer wird durch den Verwalter gerichtlich und außergerichtlich vertreten, beim Abschluss eines Grundstückskauf- oder Darlehensvertrags aber nur aufgrund eines Beschlusses der Wohnungseigentümer. ²Hat die Gemeinschaft der Wohnungseigentümer keinen Verwalter, wird sie durch die Wohnungseigentümer gemeinschaftlich vertreten. ³Eine Beschränkung des Umfangs der Vertretungsmacht ist Dritten gegenüber unwirksam.

(2) Dem Verwalter gegenüber vertritt der Vorsitzende des Verwaltungsbeirats oder ein durch Beschluss dazu ermächtigter Wohnungseigentümer die Gemeinschaft der Wohnungseigentümer.

Anmerkungen:

1. Diese Vorschrift regelt die Vertretung der Gemeinschaft nach außen. **Abs. 1 Satz 1** bestimmt als Grundregel, dass der **Verwalter** die Gemeinschaft gerichtlich und außergerichtlich **vertritt**. Auf diese Weise können die Wohnungseigentümer im Rahmen ihrer rechtsfähigen Gemeinschaft am Rechtsverkehr teilnehmen. Der Verwalter kann im Namen der Gemeinschaft Willenserklärungen abgeben

(Aktivvertretung) oder entgegennehmen (Passivvertretung). Er ist auch berechtigt, für die Gemeinschaft **einseitige Rechtsgeschäfte** vorzunehmen.

Die Vertretungsmacht des Verwalters ist grundsätzlich **unbeschränkt (Abs. 1 Satz 3)**. Sie kann auch nicht durch Vereinbarung oder Beschluss beschränkt werden, was der Rechtssicherheit dient. Die Vertretungsmacht umfasst auch geschäftsähnliche Handlungen (z. B. Mahnungen) oder Realakte (z. B. Besitzergreifung einer Sache). 2.

Die **gerichtliche Vertretung** der Gemeinschaft erfolgt ebenfalls regelmäßig durch den Verwalter. Dies betrifft Verfahren aller Gerichtsbarkeiten, an denen die Gemeinschaft als Klägerin, Beklagte oder Beteiligte teilnimmt. Konsequenterweise kann der Verwalter in einem gerichtlichen Verfahren daher auch nicht als Zeuge, sondern nur als Partei vernommen werden. 3.

Diese grundsätzlich umfassende Vertretungsmacht des Verwalters erfährt nach **Abs. 1 Satz 1 2. HS** für den Abschluss von **Grundstückskauf-** und **Darlehensverträgen** eine Einschränkung. Beim Abschluss solcher Verträge darf der Verwalter die Gemeinschaft nur dann vertreten, wenn diese ihn dazu durch Beschluss ermächtigt hat. Dies kann ein Ermächtigungsbeschluss für einen einzelnen Vertrag sein. Die Gemeinschaft kann den Verwalter aber auch generell in bestimmten Grenzen oder umfassend zum Abschluss solcher Verträge ermächtigen. Die gesetzliche Einschränkung der Vertretungsmacht gilt hingegen nicht für Erklärungen des Verwalters im Rahmen der Vertragsabwicklung. Auch dingliche Rechtsgeschäfte sind von der Beschränkung nicht erfasst. 4.

Das Gesetz bestimmt **keine** besondere **Urkunde** zum Nachweis der Vertretungsmacht des Verwalters. Um sich dessen Vertretungsmacht zu vergewissern, kann daher bei Geschäften mit der Gemeinschaft Einsicht in die Niederschrift über den Bestellungsbeschluss genommen werden. Bei Grundstücks- oder Darlehensgeschäften kann der entsprechende Beschluss vorgelegt werden. Einseitige Rechtsgeschäfte des Verwalters (z. B. Kündigung eines Vertrages) können nicht nach § 174 Satz 1 BGB zurückgewiesen werden, wenn er keine Vollmachtsurkunde vorlegt. Denn der Verwalter ist unbe- 5.

§ 9b WEG Vertretung

schränkt gesetzlich vertretungsbefugt, weshalb er nicht von § 174 Satz 1 BGB erfasst wird.

6. Um die Wohnungseigentümergemeinschaft rechtsgeschäftlich zu binden, muss der Verwalter entweder ausdrücklich im Namen der Gemeinschaft auftreten oder die Vertretung muss sich aus den Umständen ergeben (§ 164 Abs. 1 BGB, **Offenkundigkeitsprinzip**). Dies kann durch Verwendung seines Briefkopfs als Verwalter und den Hinweis auf die konkrete Gemeinschaft geschehen. Der Wille der Beteiligten ist im Zweifel dahin auszulegen, dass die Gemeinschaft Vertragspartei werden soll und nicht der für diese handelnde Verwalter. Bei Irrtümern und sonstigen Willensmängeln im Sinne der §§ 116 ff. BGB ist nach § 166 Abs. 1 BGB auf die Person des Verwalters abzustellen. Für das **Verschulden** des Verwalters im Rahmen von Leistungsstörungen ebenso wie für deliktisches Handeln, das dieser in Ausführung seines Amtes begangen hat, muss die Gemeinschaft nach § 31 BGB einstehen.

7. Eine über die Abs. 1 Satz 1 2. HS geltende hinausgehende **Beschränkung** der Handlungsbefugnisse des Verwalters ist lediglich im **Innenverhältnis** zur Gemeinschaft wirksam. Überschreitet der Verwalter seine Befugnisse aus dem Innenverhältnis, ist die Gemeinschaft durch die allgemeinen Regeln des Missbrauchs der Vertretungsmacht sowie durch die Schadensersatzpflicht des Verwalters geschützt. Nur in eng begrenzten Ausnahmefällen kann ein Missbrauch der Vertretungsmacht durch den Verwalter dazu führen, dass dessen Erklärung nach §§ 177 ff. BGB **schwebend unwirksam** ist und erst durch die Genehmigung der Gemeinschaft wirksam wird. Dies wäre z. B. der Fall, wenn der Verwalter mit dem anderen Vertragsteil bewusst zum Nachteil der Gemeinschaft zusammenwirkt (sog. Kollusion, vgl. OLG Schleswig NJW-RR 2006, 594). Gleiches gilt, wenn dem Vertragspartner beim Abschluss des Vertrages der Missbrauch der Vertretungsmacht des Verwalters bekannt war oder sich im Sinne einer objektiven Evidenz aufdrängen musste (vgl. BGH NJW 1999, 2883).

8. Die Wohnungseigentümer sind zur **gemeinschaftlichen Vertretung** nur berechtigt, wenn die Gemeinschaft keinen Verwalter hat (**Abs. 1 Satz 2**). Da die Gemeinschaft die Aufgaben der Verwaltung innehat (§ 9a Abs. 2), muss sie nämlich auch dann handlungsfähig

§ 9b WEG Vertretung

sein, wenn kein Verwalter vorhanden ist. Dies kann neben der grundsätzlich verwalterlosen Gemeinschaft auch nach Ablauf der Bestellzeit des Verwalters der Fall sein, oder wenn der Verwalter, z. B. durch Krankheit, nicht in der Lage ist, sein Amt auszuüben oder er zur Ausübung seines Amts wegen einer möglichen Interessenkollision (z. B. im Sinne des § 181 BGB) nicht berechtigt ist. Auch diese Ersatzvertretungsbefugnis kann nicht durch Vereinbarung oder Beschluss eingeschränkt werden (**Abs. 1 Satz 3**).

Das insofern notwendige Zusammenwirken der Wohnungseigentümer kann auf verschiedene Art und Weise erfolgen. In Betracht kommt zunächst die **gemeinschaftliche** Abgabe einer Willenserklärung durch sämtliche Wohnungseigentümer, die z. B. gemeinsam ein Schriftstück unterzeichnen oder eine gemeinsame mündliche Erklärung abgeben. Eine weitere Möglichkeit ist die Abgabe **getrennter**, aber übereinstimmender Erklärungen. Die Wohnungseigentümer können ferner nach § 183 BGB in die Abgabe der Erklärung durch einen von ihnen einwilligen oder sie entsprechend § 182 Abs. 1 BGB nachträglich gegenüber dem die Erklärung abgebenden Wohnungseigentümer oder dem Erklärungsempfänger **genehmigen**. **9.**

Sind sich alle Wohnungseigentümer einig, können sie nach den allgemeinen Grundsätzen der Gesamtvertretung auch einen oder mehrere von ihnen ermächtigen. Hierbei ist die namentliche Nennung ebenso wie eine wohnungsbezogene (z. B. Eigentümer Wohnung EG rechts) möglich. Es ist genau festzulegen, wie die **Ermächtigung** aussehen soll, als Einzel- (bei mehreren jeder einzeln) oder nur gemeinsam von allen als Gesamtvertretungsermächtigung (*Sauren* § 27 Rz. 85c). Die Ermächtigung kann gegenüber dem handelnden Wohnungseigentümer oder dem Dritten erteilt werden (§ 167 Abs. 1 BGB). Sie ist jederzeit frei widerruflich (§ 168 Satz 2 BGB). Der Inhalt der Ermächtigung wird zunächst auf die Gesamtverwaltung gerichtet sein. Er kann jedoch auch einzelfallbezogen sein, z. B. um einen neuen Verwaltervertrag zu verhandeln oder Ansprüche der Gemeinschaft gerichtlich durchzusetzen (LG Frankfurt ZMR 2012, 120). **10.**

Ist der **Verwalter** außergerichtlich nach § 181 BGB oder gerichtlich nach den allgemeinen Grundsätzen von der Vertretung der Gemeinschaft **ausgeschlossen**, ist nach **Abs. 2** der **Vorsitzende** des Verwal- **11.**

tungsbeirats kraft Gesetzes zur Vertretung der Gemeinschaft gegenüber dem Verwalter befugt. Der Gemeinschaft bleibt es aber unbenommen zu **beschließen**, einen Wohnungseigentümer zur Vertretung zu **ermächtigen**. Fasst die Gemeinschaft einen solchen Beschluss, ist der auf diese Weise ermächtigte Wohnungseigentümer gegenüber dem Vorsitzenden des Verwaltungsbeirats vorrangig zur Vertretung der Gemeinschaft berechtigt. Ein typischer Anwendungsfall für die Vertretung gegenüber dem Verwalter wäre eine von diesem erhobene Vergütungsklage.

12. Davon abgesehen besteht **keine** Beschlusskompetenz der Wohnungseigentümer im Hinblick auf die **Vertretung** der Gemeinschaft. Insbesondere ist eine Bestellung einzelner Wohnungseigentümer neben dem Verwalter als Vertreter nicht möglich. Dies dient dem **Schutz** der Minderheit der Wohnungseigentümer, da der Verwalter auch ihnen gegenüber Pflichten hat. Er darf nicht einseitig zugunsten der Mehrheit handeln, ohne die Minderheitenrechte zu berücksichtigen (vgl. § 26 Anm. 8). Dies wäre bei Dritten nicht der Fall. Die Mehrheit der Eigentümer kann einen Vertreter daher nur bestimmen, indem sie diesen zum Verwalter bestellt.

Abschnitt 4
Rechtsverhältnis der Wohnungseigentümer untereinander und zur Gemeinschaft der Wohnungseigentümer

§ 10 WEG
Allgemeine Grundsätze

(1) ¹Das Verhältnis der Wohnungseigentümer untereinander und zur Gemeinschaft der Wohnungseigentümer bestimmt sich nach den Vorschriften dieses Gesetzes und, soweit dieses Gesetz keine besonderen Bestimmungen enthält, nach den Vorschriften des Bürgerlichen Gesetzbuchs über die Gemeinschaft. ²Die Wohnungseigentümer können von den Vorschriften dieses Gesetzes abweichende Vereinbarungen treffen, soweit nicht etwas anderes ausdrücklich bestimmt ist.

(2) Jeder Wohnungseigentümer kann eine vom Gesetz abweichende Vereinbarung oder die Anpassung einer Vereinbarung verlangen, soweit ein Festhalten an der geltenden Regelung aus schwerwiegenden Gründen unter

Berücksichtigung aller Umstände des Einzelfalles, insbesondere der Rechte und Interessen der anderen Wohnungseigentümer, unbillig erscheint.

(3) ¹Vereinbarungen, durch die die Wohnungseigentümer ihr Verhältnis untereinander in Ergänzung oder Abweichung von Vorschriften dieses Gesetzes regeln, die Abänderung oder Aufhebung solcher Vereinbarungen sowie Beschlüsse, die aufgrund einer Vereinbarung gefasst werden, wirken gegen den Sondernachfolger eines Wohnungseigentümers nur, wenn sie als Inhalt des Sondereigentums im Grundbuch eingetragen sind. ²Im Übrigen bedürfen Beschlüsse zu ihrer Wirksamkeit gegen den Sondernachfolger eines Wohnungseigentümers nicht der Eintragung in das Grundbuch.

Anmerkungen:

1. Diese Vorschrift regelt das Verhältnis der Wohnungseigentümer untereinander und zur Gemeinschaft (Abs. 1). Zudem gibt sie dem einzelnen Wohnungseigentümer einen Anspruch auf den Abschluss oder die Anpassung einer Vereinbarung, soweit er unbillig benachteiligt wird (Abs. 2) und regelt die Bindung der Vereinbarungen und Beschlüsse der Gemeinschaft für Rechtsnachfolger der Wohnungseigentümer (Abs. 3).

2. Das **Rechtsverhältnis** der Wohnungseigentümer untereinander und das der Gemeinschaft zu diesen bestimmt sich nach **Abs. 1 Satz 1**. Danach ergeben sich die Rechtsgrundlagen für die Wohnungseigentümergemeinschaft zunächst aus den zwingenden Vorschriften des **WEG**. Dies sind z. B. §§ 5 Abs. 2, 6, 9a Abs. 5, 12 Abs. 2 Satz 1, 17 Abs. 3, 18 Abs. 1, 23 Abs. 1 und 3, 26 Abs. 1. Hinzu kommen die Vorschriften des **BGB** über die Gemeinschaft, die allerdings nur das Verhältnis der Wohnungseigentümer untereinander betreffen, da die BGB-Gemeinschaft nicht rechtsfähig ist. Hier ist z. B. § 747 BGB zu nennen. Ferner gibt sich die Gemeinschaft selbst Regeln in Form von **Vereinbarungen** der Wohnungseigentümer, z. B. in der Gemeinschaftsordnung, die ergänzende Regelungen und Abweichungen zu den abdingbaren Vorschriften des WEG und den Regelungen des BGB über die Gemeinschaft enthalten können. Grundlagen hierzu können §§ 5 Abs. 3, 10 Abs. 1 Satz 2, 11 Abs. 1 Satz 3 oder 12 Abs. 1 und 2 sein. Hinzu kommen **Beschlüsse** der Gemeinschaft, z. B. nach §§ 9 Abs. 2, 12 Abs. 4, 16 Abs. 2, 19 Abs. 1 und 3, 20 Abs. 1 und 2, 21 Abs. 5, 23 Abs. 1, 24 Abs. 3, 26 Abs. 1, 27 Abs. 2, 28 Abs. 1 und 2, 29 Abs. 1 und **gerichtliche Entscheidungen**.

§ 10 WEG Allgemeine Grundsätze

3. Nach **Abs. 1 Satz 2** können die Wohnungseigentümer zu den Vorgaben nach Satz 1 abweichende Vereinbarungen treffen, soweit nicht etwas anderes ausdrücklich (zwingend) bestimmt ist. Eine **Vereinbarung** ist ein formfreier schuldrechtlicher Vertrag aller Wohnungseigentümer über ihr Verhältnis untereinander (BGH NJW 1984, 612). Eine **abweichende** Vereinbarung liegt vor, wenn anstatt der dispositiven Vorschriften des WEG eine andere Regelung gelten soll, eine **ergänzende**, wenn zu den unvermindert geltenden Vorschriften des WEG eine Regelung gelten soll, die nach allgemeinen Rechtsgrundsätzen nicht gegen den Willen eines Wohnungseigentümers eingeführt werden kann (Palandt-*Wicke* WEG § 10 Rz. 9). Eine Vereinbarung unterliegt einer **Inhaltskontrolle** nach § 242 BGB (BGH NJW 2012, 676). Ansonsten gelten die allgemeinen Vorschriften des BGB, wie §§ 104 ff., 119 ff., 134, 138, 315 (BGH NJW 1994, 2950). Die Vereinbarung kann nicht **gekündigt** werden (OLG Hamburg ZMR 2002, 216). Außenstehende erhalten durch eine Vereinbarung keinen direkten Anspruch gegen die Gemeinschaft (OLG Frankfurt MDR 1983, 580).

4. Im Gegensatz zum Beschluss bedarf eine Vereinbarung keiner **Kompetenzzuweisung** durch das Gesetz. Sie kann z. B. in Bezug auf das Miteigentum, die gemeinschaftlichen Gegenstände oder die Mitgliedschaftsrechte der Gemeinschaft getroffen werden. Eine Vereinbarung muss Regelungen enthalten, die Ergänzungen oder Abweichungen zu den gesetzlichen Vorgaben darstellen, also erkennbar rechtsgestaltend für die Zukunft in Form eines Kollektivvertrags wirken sollen (BayObLG Rpfleger 1973, 246).

5. Bei der **Begründung** der Gemeinschaft kommt eine Vereinbarung entweder durch Zustimmung aller Eigentümer (im Falle des § 3) oder durch den begründenden Eigentümer alleine (im Falle des § 8) zustande. Dabei handelt es sich regelmäßig um Bestimmungen, die in der **Gemeinschaftsordnung** enthalten sind. Dinglich Berechtigte am Grundstück und Gesamtberechtigte an allen Miteigentumsanteilen müssen nicht zustimmen, da sich deren Belastungen an allen Wohneigentumsanteilen fortsetzen, wohl aber Einzelberechtigte an Miteigentumsanteilen im Rahmen von §§ 876, 877 BGB, soweit dies nicht nach § 5 Abs. 4 Satz 2 entbehrlich ist (Palandt-*Wicke* WEG § 10 Rz. 6).

Nachträgliche Vereinbarungen müssen von allen Wohnungseigentümern getroffen werden, auch wenn bei einer Mehrhausanlage nur einzelne Untergemeinschaften betroffen sind (OLG Hamm MDR 1985, 324). Solche Vereinbarungen können auch außerhalb einer Versammlung (BayObLG NJW-RR 2003, 9), sukzessive (KG GE 1989, 361) oder stillschweigend (BayObLG NZM 1998, 524) und sogar **konkludent** geschlossen werden (BayObLG WE 1995, 27). Allerdings erfordert die nur sehr schwere Abänderbarkeit einer Vereinbarung (vgl. Abs. 2), dass sich die Beteiligten bewusst sind, eine auch für die Zukunft geltende Regelung zu treffen, die grundsätzlich nicht mehr abzuändern ist (KG WE 1989, 170). Zur Streitvermeidung sollte daher eine Vereinbarung stets schriftlich fixiert werden. Eine **längere Handhabung** genügt als stillschweigende Vereinbarung nur, wenn alle Eigentümer die Abweichung von bzw. Ergänzung der gesetzlichen Regelung kennen und auch für die Zukunft wollen (BGH NJW 2016, 53). **6.**

Durch den Eintritt eines **Rechtsnachfolgers** entfällt grundsätzlich die gesamte Regelungswirkung einer Vereinbarung, wenn die Vereinbarung gegenüber allen Wohnungseigentümern wirken sollte; es gilt dann die gesetzliche bzw. sich aus der Teilungserklärung ergebende Regelung (*Sauren* § 10 Rz. 29a). Um dies zu verhindern, können Vereinbarungen in das Grundbuch **eingetragen** werden. Nach einer Eintragung bleibt die Vereinbarung zwar als schuldrechtlicher Vertrag bestehen, sie **ändert** aber den Regelungsinhalt des Wohnungseigentums in Bezug auf die in der Vereinbarung von den Vorschriften des WEG abweichend getroffene Regelung; dennoch wird sie aber dadurch nicht zu einem dinglichen oder grundstückgleichen Recht (BGH NJW 2000, 3643). Für die **Aufhebung** oder Änderung einer eingetragenen Vereinbarung sind §§ 877, 873 BGB entsprechend anwendbar (OLG Hamm ZWE 2016, 131). Eine Eintragung erfolgt nach der Bewilligung (§ 19 GBO) eines jeden betroffenen Wohnungseigentümers und dinglich Berechtigten (OLG Frankfurt NJW-RR 1998, 1707). Fehlt eine Bewilligung, macht dies das Grundbuch unrichtig und die Vereinbarung wirkt nur wie eine nicht eingetragene Vereinbarung (Palandt-*Wicke* WEG § 10 Rz. 7). **7.**

Ist die Vereinbarung **nicht** im Grundbuch **eingetragen**, handelt es sich um einen lediglich schuldrechtlichen Vertrag zwischen den Vereinbarenden ohne Bindungswirkung gegenüber Dritten (OLG **8.**

Frankfurt MDR 1983, 580). Vgl. Anm. 28 für eingetragene Vereinbarungen. Solche Vereinbarungen ohne Bindungswirkung bedürfen keiner Zustimmung des dinglich Berechtigten am Wohnungseigentum (OLG Hamm NZM 1998, 873). **Zustimmungsfrei** ist zudem z. B. mangels Beeinträchtigung die Vereinbarung einer **Öffnungsklausel** (OLG Düsseldorf NJW 2004, 1394). Gleiches gilt für die Änderung eines Sondernutzungsrechts, wenn der Eigentümer des belasteten Wohnungseigentums bereits vorher vom Mitgebrauch ausgeschlossen war (OLG Hamm Rpfleger 1997, 376).

9. **Typische Vereinbarungen** der Wohnungseigentümer betreffen folgende Themen: Aufzugskosten, Ausschluss von Miteigentümern zum Mitgebrauch, bauliche Veränderungen, Art und Umfang des Beirats, Benutzungsregeln, Aufnahme von Darlehen, Haftung des Rechtsnachfolgers, Hausordnung, Haustierhaltung, Immissionen, Instandhaltungspflichten, Kellerverteilung, Konkurrenzverbot, Kostenverteilung, Nießbrauch, Nutzung von Freiflächen oder Gegenständen, Nutzungsänderungen, Ruhezeiten, Sanktionen, Sondernutzungsrechte, Stimmrechte, Umwandlung von Sonder- in Gemeinschaftseigentum, Veräußerungsbeschränkung, Vermietungsverbote, Versammlung, Umfang von Versicherungen, Verwalter, Vollmachten, Wiederaufbau und Zwangsvollstreckung.

10. Der Inhalt einer Vereinbarung ist durch **Auslegung** zu ermitteln (BGH NZM 2013, 153). Dafür ist bei einzutragenden Vereinbarungen auf den Wortlaut und den Sinn des im Grundbuch Eingetragenen abzustellen, wie er sich für einen unbefangenen Betrachter als nächstliegende Bedeutung der Erklärung ergibt (BGH NJW 1993, 1329, 1330). Wird z. B. die zulässige Nutzung einer Teileigentumseinheit in der Teilungserklärung anhand von Beispielsfällen beschrieben (Laden, Büro, Praxis etc.), so wird hierdurch nicht ausdrücklich eine andere Nutzung ausgeschlossen (LG Berlin GE 2019, 981). Umstände außerhalb der Eintragung sind nur heranzuziehen, wenn sie für jedermann ohne weiteres erkennbar sind (BGH NJW 2004, 3413). Bei nicht zu behebenden Unklarheiten oder Widersprüchen verbleibt es bei der gesetzlichen Regelung (OLG Oldenburg NZM 1998, 39).

11. Die **dingliche Zuordnung** kann kein Gegenstand einer Vereinbarung innerhalb der Gemeinschaft sein, wie die Änderung der Miteigen-

§ 10 WEG Allgemeine Grundsätze

tumsanteile (KG ZMR 1998, 515), die Umwandlung von Gemeinschaftseigentum in Sondereigentum (OLG Saarbrücken NZM 2005, 423), Belastungen des Wohnungseigentums (OLG Bremen Rpfleger 1977, 313), die Veräußerung von Gemeinschaftseigentum (BGH NJW 2013, 1962) oder die Zustimmungsermächtigung oder -verpflichtung zu diesen Rechtsgeschäften (BGH NJW 2003, 2165).

Eine **Änderung** oder Aufhebung einer Vereinbarung ist durch **Zustimmung** aller Wohnungseigentümer **formfrei** möglich, sofern nicht eine Öffnungsklausel oder das Gesetz (z. B. §§ 12 Abs. 4, 16 Abs. 2 Satz 2) sogar einen Beschluss hierüber gestatten. Keine Zustimmung ist von denjenigen erforderlich, deren sachenrechtliche Eigentümerstellung durch die angestrebte Änderung nicht nachteilig berührt wird (BGH NJW 2000, 3643). Eine **konkludente** Zustimmung zu einer Änderung durch ein der Vereinbarung abweichendes Verhalten kann nur angenommen werden, wenn sicher feststeht, dass alle Wohnungseigentümer auch für die Zukunft mit der Abweichung einverstanden sind (BayObLG NZM 2001, 754). Ist die Änderung nicht ins **Grundbuch** eingetragen, wirkt sie nur gegenüber den Beteiligten. Auf diese Weise kann zwar z. B. ein Sondernutzungsrecht begründet werden, dieses entfaltet aber gegenüber einem Rechtsnachfolger keine Wirksamkeit (BayObLG NZM 2001, 529). Ohne Zustimmung der **dinglich Berechtigten** hat die Änderung einer Vereinbarung ebenfalls nur unter den Vereinbarungsbeteiligten eine schuldrechtliche Wirkung (OLG Hamm NJWE 1997, 83), vgl. Anm. 8. 12.

Eine **Änderung** des Inhalts einer Vereinbarung ist durch Beschluss möglich (BGH NJW 2000, 3500), wenn dies die Wohnungseigentümer zuvor so vereinbart haben (sog. **Öffnungsklausel**). Die Zulassungsvereinbarung selbst bedarf keiner Zustimmung der Drittberechtigten am Wohnungseigentum (OLG Düsseldorf ZMR 2004, 284). Die vereinbarte Öffnungsklausel begründet sodann die Beschlusskompetenz für einen solchen Beschluss (Palandt-*Wicke* WEG § 10 Rz. 27). Bei im Rahmen einer Öffnungsklausel gefassten Beschlüssen dürfen weder das „Ob" eines solchen Beschlusses noch das „Wie" willkürlich sein und die beschlossene Änderung muss den Grundsätzen einer ordnungsmäßigen Verwaltung entsprechen (BGH NJW 2011, 2202). Verstößt ein aufgrund einer Öffnungsklausel gefasster Beschluss gegen die in § 19 Abs. 1 aufgestellten Grund- 13.

sätze der ordnungsmäßigen Verwaltung, ist er **anfechtbar**, wobei den Wohnungseigentümern bei der Beschlussfassung ein weiter und nur durch das Willkürverbot beschränkter **Gestaltungsspielraum** zukommt (BGH NJW 2019, 2083). Ein solcher Beschluss ist aber **nichtig**, wenn dies eine Vereinbarung auch wäre, insbesondere, wenn er gegen gesetzliche Verbote, die sachenrechtliche Zuordnung oder gegen unverzichtbare Mitgliedschaftsrechte verstößt (BGH NJW 2015, 549).

14. Ein eine Vereinbarung **außerhalb** einer solchen Öffnungsklausel ändernder Beschluss, der eine von einer Vereinbarung oder dem Gesetz dauerhaft abweichende Rechtslage schaffen soll, ist grundsätzlich **nichtig** (OLG Köln DWE 2001, 58). Wird ein der Gesetzeslage oder einer Vereinbarung entgegenstehender Beschluss für einen Einzelfall gefasst, ist dieser lediglich **anfechtbar** (BGH NJW 2000, 3500).

15. **Beschlüsse** der Wohnungseigentümer sind mehrseitige Rechtsgeschäfte eigener Art (sog. Gesamtakte) durch die mehrere gleichgerichtete Willenserklärungen der Wohnungseigentümer gebündelt werden (BGH NJW 1998, 3713). Sie werden in der Regel in der Versammlung mit Mehrheit gefasst (§ 25 Abs. 1) oder außerhalb in der Regel einstimmig (§ 23 Abs. 3). Beschlüsse wirken gegenüber allen Wohnungseigentümern, die bei Beschlussfassung Mitglied der Gemeinschaft waren. Gegenüber Sondernachfolgern wirken sie ebenfalls (Abs. 3 Satz 2), es sei denn, sie werden aufgrund einer Vereinbarung gefasst. Dann wirken sie gegenüber Sondernachfolgern nur, wenn sie ins Grundbuch eingetragen sind (Abs. 3 Satz 1). Ein Beschluss ist nur wirksam, wenn das Gesetz oder eine Vereinbarung die **Möglichkeit** einräumt, über eine bestimmte Angelegenheit mehrheitlich in der Versammlung abzustimmen. Dies kann z. B. nach §§ 9 Abs. 2, 12 Abs. 4, 16 Abs. 2, 19 Abs. 1 und 3, 20 Abs. 1 und 2, 21 Abs. 5, 23 Abs. 1, 24 Abs. 3, 26 Abs. 1, 27 Abs. 2, 28 Abs. 1 und 2, 29 Abs. 1 geschehen.

16. Nach Abs. 3 Satz 1 bedürfen solche abändernden Beschlüsse, die aufgrund einer Vereinbarung gefasst werden, einer **Eintragung** ins Grundbuch, um auch gegenüber Sondernachfolgern eines Wohnungseigentümers zu wirken. Drittberechtigte müssen einem aufgrund einer Öffnungsklausel gefassten Beschluss **zustimmen**, wenn sie einer inhaltsgleichen Vereinbarung zustimmen müssten (BGH NJW 1994, 3230).

§ 10 WEG Allgemeine Grundsätze

Im Gegensatz zu Vereinbarungen gelten aufgrund einer gesetzlichen Grundlage gefasste Beschlüsse auch gegenüber Sondernachfolgern fort. Außerdem gelten andere Regeln für die Eintragungsfähigkeit (Abs. 3 Satz 1) und die Abänderbarkeit von Beschlüssen. Von daher gilt es, einen **allstimmigen Beschluss** sämtlicher Wohnungseigentümer von einer Vereinbarung **abzugrenzen**. Die Bezeichnung ist hierfür nicht entscheidend (LG Karlsruhe ZMR 2010, 640), sondern allein der Inhalt (OLG Hamburg ZMR 2008, 154). Beschlüsse erfassen in der Regel die Regelungen des Gemeinschaftslebens, die nicht die Grundordnung der Wohnungseigentümergemeinschaft berühren und die regelmäßig sogar auf Grund Mehrheitsentscheids getroffen werden können (*Sauren* § 10 Rz. 33). Reine Verwaltungsregelungen, wie die Einteilung der Flurreinigung, sind in der Regel Beschlüsse (LG Mannheim MDR 1976, 582). Eine Vereinbarung liegt hingegen vor, wenn das Gemeinschaftsverhältnis abweichend vom oder ergänzend zum WEG rechtsgestaltend für die Zukunft geregelt werden soll (Palandt-*Wicke* WEG § 10 Rz. 10).

17.

Da davon auszugehen ist, dass die Wohnungseigentümer das richtige Regelungsinstrument nutzen wollen, ist die Entscheidung **im Zweifel** ein Beschluss, wenn ihr Gegenstand einem solchen zugänglich ist und eine Vereinbarung, wenn ihr Gegenstand eine solche erfordert (OLG Hamburg ZMR 2008, 154). Eine Vereinbarung liegt daher regelmäßig dann vor, wenn ein Beschluss nicht möglich wäre, z. B. bei der Begründung oder Änderung eines Sondernutzungsrechts (BayObLG ZMR 2001, 638). Ist trotz der Erforderlichkeit einer Vereinbarung klar erkennbar ein Beschluss mit seinen Rechtswirkungen gewollt, wozu allein die Bezeichnung als Beschluss nicht ausreicht, so ist dieser mangels Beschlusskompetenz nichtig (Palandt-*Wicke* WEG § 10 Rz. 10).

18.

Ist ein Beschluss unklar, muss er **ausgelegt** werden (BGH NJW 1998, 3715). Hierfür ist der Wortlaut des (protokollierten) Beschlusses heranzuziehen und der Sinn nach den allgemeinen Auslegungsregeln zu ermitteln, wie er sich aus unbefangener Sicht als nächstliegende Bedeutung des Protokolltextes ergibt (*Sauren* § 10 Rz. 38). Auf die subjektive Sicht von (einzelnen) Abstimmenden kommt es dabei nicht an (OLG Stuttgart NJW-RR 1991, 913). Umstände außerhalb des Beschlusses dürfen nur herangezogen werden, wenn sie nach den besonderen Verhältnissen des Einzelfalls für jedermann

19.

ohne weiteres erkennbar sind, z. B., weil sie sich aus dem Protokoll ergeben (BGH NJW-RR 2015, 847). Der Beschluss selbst kann auf Anlagen Bezug nehmen (BGH NJW-RR 2016, 985).

20. Die Beschlüsse **wirken** im Innenverhältnis für alle Wohnungseigentümer. Im Außenverhältnis entfalten sie keine Wirksamkeit, sondern bevollmächtigen im Zweifel nur, die Gemeinschaft nach außen zu vertreten. **Rechtshandlungen** aufgrund eines Beschlusses, die die Verwaltung des gemeinschaftlichen Eigentums betreffen, wie der Abschluss eines Verwalter- oder Energielieferungsvertrages, wirken gegenüber der Gemeinschaft unabhängig vom Mitgliederbestand (BGH NJW 2005, 2061, 2065).

21. Es besteht generell kein Anspruch auf einen Beschluss als Maßnahme ordnungsmäßiger Verwaltung (BayObLG NJWE 1997, 37). Ein Beschluss kann daher jederzeit im Rahmen der ordnungsmäßigen Verwaltung wieder **aufgehoben** oder **abgeändert** werden (BGH NZM 2014, 436). Eine Änderung ist aber **ausgeschlossen**, wenn der neue Beschluss schutzwürdige Belange eines Wohnungsinhabers aus Inhalt und Wirkung des Erstbeschlusses nicht beachtet oder wenn in eine durch einen früheren Beschluss begründete Rechtsstellung eines Wohnungseigentümers eingegriffen wird (BGH NJW 1991, 979). Die Abänderung eines Beschlusses ist daher nur zulässig, wenn ein sachlicher Grund vorliegt und der betroffene Wohnungseigentümer gegenüber dem bisherigen Zustand nicht unbillig benachteiligt wird (BayObLG WuM 1995, 222). Einer **rückwirkenden** Änderung eines Beschlusses steht häufig mangels besonderer Umstände der Vertrauensschutz entgegen (BGH NJW 2010, 2654). Ein **Anspruch** auf Beschlussaufhebung besteht nur unter den Voraussetzungen des Abs. 2 (BGH NJW 2013, 3089). Er kann aber nicht auf Umstände gestützt werden, die bei der Beschlussfassung bereits bekannt waren, da diese mittels einer Anfechtungsklage hätten geltend gemacht werden können (OLG Düsseldorf ZMR 2007, 379).

22. Ein inhaltsgleicher **Zweitbeschluss** ersetzt in der Regel keinen bestandskräftigen Beschluss (BGH NJW 1994, 3230). Es ist daher durch Auslegung zu ermitteln, ob nur eine Bestätigung des Erstbeschlusses vorliegt (OLG Stuttgart OLGZ 1988, 437) oder der zweite den ersten Beschluss unter dessen Aufhebung durch eine Neuregelung ersetzen soll (BayObLG NZM 1998, 442). Der Zweitbeschluss muss daher einen eigenen Regelungsgehalt haben. Wird ein Zweitbeschluss

gerichtlich aufgehoben, ist in der Regel der Erstbeschluss wieder verbindlich (BGH NJW 1994, 3230). Das Rechtsschutzinteresse bei der Anfechtung eines Beschlusses entfällt, wenn ein Zweitbeschluss gefasst und bestandskräftig wird (BayObLG ZMR 1998, 504).

Nach **Abs. 2** kann jeder Wohnungseigentümer eine vom Gesetz abweichende Vereinbarung oder die **Anpassung** einer Vereinbarung **verlangen**, soweit ein Festhalten an der geltenden Regelung unbillig erscheint. Hiervon **nicht** umfasst ist eine Änderung der sachenrechtlichen Grundlagen der Gemeinschaft, wie die Umwandlung von Gemeinschaftseigentum in Sondereigentum (BGH ZMR 2012, 793) oder umgekehrt (OLG Stuttgart ZMR 2013, 54) oder die Veräußerung von Gemeinschaftseigentum (BGH NJW 2013, 1962). **23.**

Der Anspruchsinhaber muss zunächst versuchen, eine **Entscheidung** der anderen Wohnungseigentümer zu seinem Begehren herbeizuführen. Fällt sie nicht zu seinen Gunsten aus, kann er diese anfechten. Wird sie gar nicht getroffen oder fehlt die Vereinbarungskompetenz, muss er nach § 44 Abs. 1 eine Beschlussersetzungsklage erheben. Dies ist ein mit einem bestimmten Antrag einklagbarer Individualanspruch auf Zustimmung aller Wohnungseigentümer zu einer (Änderungs-)Vereinbarung einschließlich einer Eintragungsbewilligung, die gemäß § 894 ZPO mit Rechtskraft des Urteils als abgegeben gilt (Palandt-*Wicke* WEG § 10 Rz. 14). **24.**

Grundsätzlich steht es den Gerichten nicht zu, eine Entscheidung der Wohnungseigentümer durch eine gerechtere oder angemessenere zu ersetzen. Von daher müssen **schwerwiegende Gründe** bestehen, die eine Ablehnung des Begehrs des Antragstellers **unbillig** erscheinen lassen. Dies ist z. B. der Fall, wenn eine Regelung ohne sachlichen Grund einzelne Wohnungseigentümer erheblich bevorteilt oder benachteiligt (Palandt-*Wicke* WEG § 10 Rz. 15). Hierzu ist eine **Abwägung** aller Umstände erforderlich (BGH ZMR 2011, 485), bei der ein strenger Maßstab anzulegen ist, um das Interesse an Rechtssicherung und Beständigkeit der Gemeinschaft zu schützen (BGH NJW 1995, 2791, 2793). Es genügt nicht, dass die angestrebte Regelung den Grundsätzen einer ordnungsmäßigen Verwaltung entspricht (BGH NJW 2010, 2129). Auch ist zu berücksichtigen, ob die angegriffenen Regelungen bereits beim Erwerb des Wohnungseigentums bekannt waren und damit vom Erwerber berücksichtigt wer- **25.**

den konnten (BGH NJW 2010, 2129). Zusätzlich ist mit einzubeziehen, ob die vorgebrachten Nachteile über einen längeren Zeitraum zumindest teilweise kompensiert werden (BGH NJW 2004, 3413). Die Änderungsvereinbarung gilt erst ab ihrem Wirksamwerden, z. B. wirkt eine neue Kostenverteilung nicht für bereits entstandene, sondern erst für künftige Kosten (BayObLG NZM 1998, 813).

26. Folgende Ansprüche auf **Änderungen** von Vereinbarungen wurden bereits zugesprochen: erhebliche Abweichung des Kostenverteilungsschlüssels zum Verhältnis der Nutzfläche (BGH NJW 2010, 3296); erheblich belastende Regelung wurde getroffen im Hinblick auf eine sich abzeichnende Änderung der tatsächlichen oder rechtlichen Verhältnisse und die Änderung blieb aus (BayObLG WuM 1988, 92); eine Regelung hat sich aufgrund einer nicht vorhersehbaren Änderung der tatsächlichen oder rechtlichen Verhältnisse als erheblich benachteiligend ausgewirkt (OLG Düsseldorf NJW 1985, 2837); mehr als 14-jährige Duldung der Umwandlung von Teil- in Wohneigentum (LG Wuppertal NJW-RR 1986, 1074); unrichtige Miteigentumsquote wegen der Erstellung einer Doppelgarage (OLG Frankfurt Rpfleger 1978, 380); die vereinbarte Nutzung war nicht mehr realisierbar (BGH NJW-RR 2018, 1227); mögliche Einschränkung der Stimmkraft, wenn ein Sondereigentum nicht errichtet wird (BGH NJW-RR 2019, 909); die Aufhebung eines Sondernutzungsrechts nur als ultima ratio (BGH ZWE 2018, 353); verrotteter Grillplatz vor dem Schlafzimmerfenster (BayObLG ZWE 2001, 545).

27. **Kein Anspruch** wurde festgestellt: eine mit der Vereinbarung einseitig gehegte Erwartung wurde nicht erfüllt (BayObLGZ 1984, 50); Wiederanbringen einer Absperrkette zum Schutz gegen Falschparker (BayObLG WuM 1998, 616); Freistellen von Älteren von Schneeräumarbeiten (BayObLG ZMR 1986, 319); Beteiligung an Aufzugskosten auch für Miteigentümer in Häusern ohne Aufzug (BGH NJW 1984, 420); Ausbau von Dachräumen (OLG Düsseldorf NZM 1998, 867); vorübergehender Raumbedarf wegen Pflegebedürftigkeit (OLG Hamm ZWE 2000, 44); abweichende Baugestaltung zur Teilungserklärung (KG NZM 1999, 257); Nutzung einer Teileigentumseinheit zu Wohnzwecken in einem ausschließlich gewerblichen Zwecken dienenden Gebäude (BGH WuM 2018, 387); eine um 50 % höhere Kostenbelastung gegenüber einem anderen Wohnungseigentümer (BayObLG ZWE 2001, 320); Kostenerhöhung durch

§ 10 WEG Allgemeine Grundsätze

Nichtbetrieb eines Schwimmbades (OLG Düsseldorf FGPrax 1998, 212); Nichtberücksichtigung von Leerstand bei der Kostenverteilung (OLG Schleswig MDR 1997, 33); abstrakte Gefahr einer Majorisierung (KG WuM 1994, 227); Kosten-Mehrbelastung von 30 % (OLG Köln ZfIR 2002, 5); bei einer Mehrhausanlage die Belastung aller Wohnungseigentümer mit den Reparaturkosten eines Hauses (OLG Köln WE 1998, 311); Leerstand von Räumen (KG ZMR 2004, 620); Wegfall eines Sondernutzungsrechts, wenn die Änderung keine Verbesserung bringt (OLG Karlsruhe ZMR 1999, 281); Berücksichtigung der vollen anstatt der halben Terrassenquadratmeter bei der Berechnung der Nutzfläche (BayObLG MDR 1985, 501).

Vereinbarungen wirken stets gegenüber **Gesamtrechtsnachfolgern** 28. (z. B. Erben). Nach **Abs. 3 Satz 1** wirken sie gegen den Sondernachfolger eines Wohnungseigentümers nur, wenn sie als Inhalt des Sondereigentums im Grundbuch **eingetragen** sind. Nichteingetragene Vereinbarungen wirken als schuldrechtliche Verträge nur zwischen den Vereinbarungsbeteiligten. Ist eine Vereinbarung nicht oder noch nicht eingetragen worden, wirkt sie gegen den Rechtsnachfolger selbst bei positiver Kenntnis nicht (OLG München NZM 2005, 825). Dies gilt nicht, wenn der Erwerber sich rechtsgeschäftlich (z. B. im Kaufvertrag) der Vereinbarung unterworfen hat (OLG Zweibrücken NZM 2005, 343) oder er sich auf sie beruft, weil sie günstig für ihn ist (BayObLG NJW 2003, 321, 322). Muss eine Vereinbarung gegenüber allen Wohnungseigentümern einheitlich beurteilt werden, wird diese mit der Sondernachfolge hinfällig, soweit sie nicht eingetragen ist (OLG Frankfurt ZWE 2006, 489).

Abs. 3 Satz 2 stellt zugleich klar, dass **Beschlüsse**, die nicht auf- 29. grund einer Vereinbarung, sondern aufgrund einer gesetzlichen Beschlusskompetenz gefasst werden, auch ohne Eintragung im Grundbuch gegen Sondernachfolger wirken. Aufgrund einer Vereinbarung gefasste Beschlüsse wirken hingegen nur gegenüber **Sondernachfolgern**, wenn sie im Grundbuch eingetragen sind. Durch die Grundbucheintragung werden die Regelungen zwar nicht zu selbständigen dinglichen Rechten, sie führen aber zu einer Inhaltsänderung der Wohnungseigentümerrechte (BGH NJW 2000, 3643).

Die Wirkung **gerichtlicher Entscheidungen** gegen **Sondernachfolger** 30. regelt § 44 Abs. 3 Satz 2 (vgl. § 44 Anm. 14).

§ 11 WEG
Aufhebung der Gemeinschaft

(1) ¹Kein Wohnungseigentümer kann die Aufhebung der Gemeinschaft verlangen. ²Dies gilt auch für eine Aufhebung aus wichtigem Grund. ³Eine abweichende Vereinbarung ist nur für den Fall zulässig, dass das Gebäude ganz oder teilweise zerstört wird und eine Verpflichtung zum Wiederaufbau nicht besteht.

(2) Das Recht eines Pfändungsgläubigers (§ 751 des Bürgerlichen Gesetzbuchs) sowie das im Insolvenzverfahren bestehende Recht (§ 84 Abs. 2 der Insolvenzordnung), die Aufhebung der Gemeinschaft zu verlangen, ist ausgeschlossen.

(3) ¹Im Falle der Aufhebung der Gemeinschaft bestimmt sich der Anteil der Miteigentümer nach dem Verhältnis des Wertes ihrer Wohnungseigentumsrechte zur Zeit der Aufhebung der Gemeinschaft. ²Hat sich der Wert eines Miteigentumsanteils durch Maßnahmen verändert, deren Kosten der Wohnungseigentümer nicht getragen hat, so bleibt eine solche Veränderung bei der Berechnung des Wertes dieses Anteils außer Betracht.

Anmerkungen:

1. Die Gemeinschaft ist auf Dauer angelegt, was die notwendige Sicherheit für die Investitionen gewährt und die Verkehrsfähigkeit erhöht. Nach **Abs. 1 Satz 1** kann daher grundsätzlich kein Wohnungseigentümer die **Aufhebung** der bestehenden Gemeinschaft verlangen, auch nicht aus einem wichtigen Grund (**Abs. 1 Satz 2**). Die Vorschrift bestimmt damit deren **Unauflöslichkeit**.

2. Nicht ausgeschlossen ist indes eine **einvernehmliche Aufhebung** der Gemeinschaft durch Schließung der Wohnungsgrundbücher nach § 9 Abs. 1, wenn die Sondernutzungsrechte nach § 4 aufgehoben werden. Ferner gibt es noch eine Aufhebung auf **Antrag** des Eigentümers, wenn sich sämtliche Wohnungseigentumsrechte in einer Person vereinigen.

3. Eine weitere **Ausnahme** bestimmt **Abs. 1 Satz 3** für den Fall, dass das Gebäude ganz oder teilweise in erheblichem Maße **zerstört** ist und keine Verpflichtung zum Wiederaufbau besteht. Dies ist der Fall, wenn das Gebäude zu mehr als der Hälfte seines Wertes zerstört und der Schaden nicht durch eine Versicherung oder in ande-

§ 11 WEG Aufhebung der Gemeinschaft

rer Weise gedeckt ist (§ 22). Ferner muss für die Auflösung der Gemeinschaft in einem solchen Fall eine **Vereinbarung** nach § 10 Abs. 3 vorliegen. Diese muss Regelungen zur Zerstörung des Gebäudes und zur fehlenden Verpflichtung zum Wiederaufbau beinhalten. Dadurch wird der Anspruch zur Auflösung begründet. Eine solche Vereinbarung kann bereits in die Teilungserklärung aufgenommen werden. Zusätzlich muss ein **Aufhebungsverlangen** eines Wohnungseigentümers nach § 10 Abs. 2 vorliegen und ein **Beschluss** der Gemeinschaft hierüber ergehen.

4. Ansonsten ist die die Aufhebung der Gemeinschaft nur möglich, wenn ein Festhalten an ihr gegen Treu und Glauben (§ 242 BGB) verstieße, also absolut unbillig wäre (BGH NJW 2007, 2547). Dies kann z. B. bei sog. „**Schrottimmobilien**" der Fall sein, bei denen das Wohnungseigentum auch ohne Zerstörung nicht nutzbar und damit wertlos und unveräußerlich ist (BGH a. a. O.).

5. Eine **Dereliktion** durch Abgabe einer Verzichtserklärung entsprechend § 928 Abs. 1 BGB ist **nicht** möglich, da die Wohnungseigentümerstellung auch mit einer Mitgliedschaft in der Gemeinschaft verbunden ist, die Mitgliedschaft jedoch nicht subjektlos sein kann und das WEG keine Möglichkeit zum Verzicht auf die Mitgliedstellung vorsieht (BGH NJW 2007, 2547). Anderenfalls würde dies die verbleibenden Eigentümer unbillig belasten, da sie einen erhöhten Anteil an den Kosten und Lasten des Gemeinschaftseigentums zu tragen hätten, ohne an dem abgegebenen Eigentumsanteil teilhaben zu können.

6. **Abs. 2** schließt das Recht des Gläubigers aus, der eine **Pfändung** des Anteils eines Teilhabers erwirkt hat, die Teilung der Gemeinschaft zu erzwingen (§§ 751 Satz 2, 749 Abs. 3 BGB). Gleiches gilt für das **Insolvenzverfahren**, das normalerweise nach § 84 Abs. 2 InsO eine Auseinandersetzung der Gemeinschaft ermöglicht. Der Insolvenzverwalter kann daher nur das zur Masse gehörende Wohnungseigentum verwerten. Außerhalb des Insolvenzverfahrens kann der Gläubiger eines Wohnungseigentümers nur im Wege der **Zwangsversteigerung** (§§ 15 ff. ZVG), **Zwangsverwaltung** (§§ 146 ff. ZVG) und **Zwangshypothek** bzw. **Sicherungshypothek** (§§ 1184, 1185 BGB) gegen diesen vorgehen. Die **Zwangsvollstreckung** wird nach § 864 Abs. 2 ZPO wie bei einem Miteigentumsanteil am Grundstück durchgeführt.

§ 12 WEG Veräußerungsbeschränkung

7. In dem seltenen Fall, dass es doch zu einer Aufhebung der Gemeinschaft kommt, regelt **Abs. 3** deren **Auseinandersetzung**. Hierzu sind die Regeln des BGB zur Aufhebung der Gemeinschaft (§§ 749 ff. BGB) anwendbar. Die Auseinandersetzung selbst richtet sich nach den §§ 752 ff. BGB und erfolgt gemäß § 753 BGB durch **Verkauf**. Nach **Abs. 3 Satz 1** erfolgt die Aufteilung nach dem Verhältnis des Wertes der Wohnungseigentumsrechte zur Zeit der Aufhebung der Gemeinschaft. Damit finden Wertveränderungen durch die unterschiedliche Ausgestaltung des Sondereigentums ihre Berücksichtigung. Es ist nämlich bei der Wertermittlung nicht nur der jeweilige Miteigentumsanteil zu berücksichtigen, sondern auch der Wert des Sondereigentums (BGH NJW 2004, 2671). Dies ist für den Fall der teilweisen Zerstörung des Gebäudes von besonderer Bedeutung. Allerdings soll nach **Abs. 3 Satz 2** demjenigen Wohnungseigentümer, der sich finanziell nicht an bestimmten Maßnahmen beteiligt hat, deren wertsteigernder Einfluss auch nicht zugutekommen (z. B. bei einer baulichen Veränderung nach § 21 Abs. 3).

§ 12 WEG
Veräußerungsbeschränkung

(1) Als Inhalt des Sondereigentums kann vereinbart werden, dass ein Wohnungseigentümer zur Veräußerung seines Wohnungseigentums der Zustimmung anderer Wohnungseigentümer oder eines Dritten bedarf.

(2) ¹Die Zustimmung darf nur aus einem wichtigen Grunde versagt werden. ²Durch Vereinbarung gemäß Absatz 1 kann dem Wohnungseigentümer darüber hinaus für bestimmte Fälle ein Anspruch auf Erteilung der Zustimmung eingeräumt werden.

(3) ¹Ist eine Vereinbarung gemäß Absatz 1 getroffen, so ist eine Veräußerung des Wohnungseigentums und ein Vertrag, durch den sich der Wohnungseigentümer zu einer solchen Veräußerung verpflichtet, unwirksam, solange nicht die erforderliche Zustimmung erteilt ist. ²Einer rechtsgeschäftlichen Veräußerung steht eine Veräußerung im Wege der Zwangsvollstreckung oder durch den Insolvenzverwalter gleich.

(4) ¹Die Wohnungseigentümer können beschließen, dass eine Veräußerungsbeschränkung gemäß Absatz 1 aufgehoben wird. ²Ist ein Beschluss gemäß Satz 1 gefasst, kann die Veräußerungsbeschränkung im Grundbuch gelöscht werden. ³§ 7 Absatz 2 gilt entsprechend.

§ 12 WEG Veräußerungsbeschränkung

Anmerkungen:

1. Grundsätzlich kann jeder über die ihm gehörenden Sachen nach seinem Belieben verfügen. Diese Befugnis darf auch nicht durch Rechtsgeschäft ausgeschlossen werden (§ 137 BGB). Allerdings ist eine Wohnungseigentümergemeinschaft unter oftmals hohen finanziellen Verpflichtungen für einen langen Zeitraum miteinander verbunden. Deshalb besteht ein berechtigtes Interesse der Mitglieder der Gemeinschaft, dass sich alle Wohnungseigentümer sowohl finanziell als auch persönlich in diese einfügen, damit der Frieden innerhalb der Gemeinschaft gewahrt bleibt. Daher erlaubt diese Vorschrift von der grundsätzlich freien Verfügungsbefugnis eine Ausnahme, die allerdings eng auszulegen ist (Palandt-*Wicke* WEG § 12 Rz. 1). Durch eine Vereinbarung können die Mitglieder bestimmen, dass es bei einer Veräußerung von Wohnungseigentum der Zustimmung anderer Wohnungseigentümer oder eines Dritten bedarf (Abs. 1). Diese darf nur aus einem wichtigen Grund verweigert werden (Abs. 2). Solange die Zustimmung nicht erteilt ist, ist die Veräußerung des Wohnungseigentums unwirksam (Abs. 3). Die Wohnungseigentümer können das Zustimmungserfordernis aber durch Beschluss wieder aufheben (Abs. 4).

2. Die **Zustimmungspflicht** nach **Abs. 1** wird durch eine Vereinbarung und deren Eintragung begründet (BGH NJW 2013, 299). Die nach § 5 Abs. 4 erforderlichen Zustimmungen der dinglich Berechtigten zu der Vereinbarung sind zuvor einzuholen. Weiter muss eine **Veräußerung** des Wohnungseigentums vorliegen. Dies ist die rechtsgeschäftliche Übertragung des Wohnungseigentums unter Lebenden auf einen neuen Eigentümer, auch unentgeltlich oder durch Zuschlag in der Zwangsversteigerung, selbst wenn dieser bereits Mitglied der Gemeinschaft ist (*Sauren* § 12 Rz. 5a). Ganz ausgeschlossen werden kann das Recht zur Veräußerung aber nicht. Auch können keine bestimmten Personen von einem Erwerb ausgeschlossen werden.

3. Durch die Vereinbarung kann der **Umfang** der Zustimmungspflicht beschränkt werden. Häufigster Fall ist die Entbehrlichkeit der Zustimmung bei einer Erstveräußerung, also der Veräußerung durch den teilenden Eigentümer (*Sauren* § 12 Rz. 4).

§ 12 WEG Veräußerungsbeschränkung

4. Von einer Veräußerung abzugrenzen ist die bloße **Belastung** des Wohnungseigentums (z. B. mit einem Grundpfandrecht oder Vorkaufsrecht) und die Eigentumsübertragung kraft Gesetzes (z. B. Erbschaft) oder eine Vorratsteilung des Wohnungseigentums (BGH WM 1968, 284) oder sonstige Akte, die keinen Rechtsträgerwechsel bedingen. Der **Gebrauch** des Sondereigentums (z. B. Vermietung) kann indes von der Zustimmung des Verwalters oder eines Wohnungseigentümers abhängig gemacht werden (BGH WM 1962, 822). Aber auch in einem solchen Fall gilt zu berücksichtigen, dass eine Zustimmung zum Gebrauch nur aus einem wichtigen Grund (Abs. 2) verweigert werden darf und die unterschiedliche Interessenlage zu berücksichtigen ist (BayObLG NJW-RR 1988, 17).

5. **Zustimmungsbedürftig** sind z. B. die Erstveräußerung (BGH NJW 1991, 1613), die Übertragung auf eine Gesellschaft, selbst wenn der Veräußerer Alleineigentümer dieser ist (BayObLG MDR 1982, 496), der Verkauf eines Miteigentumsanteils an einen anderen Wohnungseigentümer (KG ZWE 2011, 220), die Veräußerung einer Wohnung nach Unterteilung (BGH NJW 2012, 2434), der Vermächtnisvollzug (Bärmann-*Suilmann* § 12 Rz. 17) oder eine Schenkung (KG ZWE 2010, 456). **Nicht** unter die Vorschrift fallen z. B. der Wechsel von Gesellschaftern, wenn das Wohnungseigentum der Gesellschaft gehört (OLG Celle ZWE 2011, 270), die Änderung der Miteigentumsanteile unter den Wohnungseigentümern (*Sauren* § 12 Rz. 7M), die Übertragung von Teilen des Sondereigentums, z. B. einer Garage (OLG Celle Rpfleger 1974, 267), ein Erbfall (KG ZWE 2010, 456), die Umwandlung des Gesamthandseigentums einer Erbengemeinschaft in Bruchteilseigentum der Erben (OLG Karlsruhe ZWE 2012, 490), die gleichzeitige Veräußerung aller Einheiten (OLG Hamm ZWE 2012, 276) oder der Erwerb durch die Gemeinschaft (OLG Hamm ZWE 2009, 452). Die Rückübertragung von Wohnungseigentum nach einem gesetzlichen Kündigungsrecht des Kaufvertrages oder der erfolgreichen Anfechtung desselben ist zustimmungsfrei (OLG Hamm ZWE 2010, 417); nicht hingegen die Rückübertragung nach einer frei vereinbarten Aufhebung des Kaufvertrages (OLG Hamm ZWE 2012, 97).

6. Als **Zustimmungsberechtigte** nennt die Vorschrift die Wohnungseigentümer oder einen Dritten. Dritter ist in der Regel der **Verwalter**, kann aber auch der **Beirat** sein. Die **Anzahl** der Zustimmungsbe-

rechtigten ist in der Vereinbarung über die Zustimmungspflicht bestimmbar. Wird die Zustimmung „der anderen Wohnungseigentümer" erfordert, liegt darin regelmäßig das Erfordernis eines Mehrheitsbeschlusses der übrigen Wohnungseigentümer (Palandt-*Wicke* WEG § 12 Rz. 6). Übertragen die Wohnungseigentümer ihre Zustimmungsberechtigung auf einen Dritten, handelt dieser nicht im eigenen Interesse, sondern nimmt als Treuhänder die Rechte der Wohnungseigentümer wahr (BGH NJW 2013, 299). Die Wohnungseigentümer bleiben davon unabhängig weiter befugt, eine eigene Entscheidung zu treffen, z. B. wenn die Gemeinschaft gerade verwalterlos ist (LG Frankfurt NJW-RR 1996, 1080). Der Verwalter darf zumindest in Zweifelsfällen anstatt einer eigenen Entscheidung eine Versammlung einberufen und diese entscheiden lassen (BGH NJW 1996, 1216).

7. Die Zustimmung kann (gemäß §§ 185, 182 Abs. 1 BGB) sowohl gegenüber dem Veräußerer als auch gegenüber dem Erwerber **erklärt** werden (*Sauren* § 12 Rz. 15). Um die Zustimmung wirksam erklären zu können, müssen den Verpflichteten sämtliche kaufvertragliche Vereinbarungen zugänglich gemacht werden; dies gilt insbesondere für Nachtragsurkunden (OLG Celle ZMR 2009, 545).

8. Das Zustimmungserfordernis auf bestimmte Konstellationen zu **beschränken**, ist zulässig. Dies kann z. B. eine Beschränkung auf den Verkauf sein (KG NZM 2010, 708). Möglich ist es aber auch, **Ausnahmen** vom Zustimmungserfordernis zuzulassen, wie Übertragung auf Verwandte (KG ZWE 2012, 41) oder Ehegatten (KG NZG 2016, 940). Unwirksam ist eine **Ausdehnung** auf Sachverhalte, die keine Veräußerung sind (OLG Hamm MDR 1980, 56).

9. Die Zustimmung ist materiell-rechtlich formfrei, im **Grundbuchverfahren** gilt allerdings § 29 GBO (Beurkundung oder Beglaubigung durch Gericht oder Notar). Ist ein Mehrheitsbeschluss erforderlich, so ist dieser vorzulegen. Der Verwalter muss gegenüber dem Grundbuchamt seine Berechtigung nachweisen; Gleiches gilt für den Verwaltungsbeirat. Dies geschieht nach § 26 Abs. 4 (vgl. § 26 Anm. 23). Müssen alle Mitglieder der Gemeinschaft zustimmen, ist auch dies dem Grundbuchamt nach § 29 GBO nachzuweisen (Palandt-*Wicke* WEG § 21 Rz. 10). Erst wenn das geschehen ist, darf das Grundbuchamt eintragen. Das Grundbuchamt prüft sodann unverzüglich von Amts wegen, ob die erforderliche Zustimmung vorliegt. Zwei

Wochen sollen hierfür ausreichen (Bärmann-*Suilmann* § 12 Rz. 31). Eine siebenwöchige Frist wurde aber auch schon akzeptiert (OLG Düsseldorf ZMR 2003, 956).

10. Nach **Abs. 2 Satz 1** darf eine Zustimmung zur Veräußerung nur aus einem **wichtigen Grund** versagt werden. Dies ist bei Umständen von einem gewissen Gewicht in der Person des Erwerbers in Form einer persönlichen oder finanziellen Unzuverlässigkeit der Fall (*Sauren* § 12 Rz 17a). Belanglosere Gegebenheiten, wie sie in jedem Gemeinschaftsverhältnis immer wieder vereinzelt auftreten können, gelten nicht als wichtiger Grund (OLG Köln DWE 2001, 103). Ein Verschulden ist nicht erforderlich (OLG Frankfurt ZMR 1994, 124). Eine Versagung ohne wichtigen Grund ist nicht möglich; sie kann auch nicht wirksam vereinbart werden (OLG-Hamm NJW-RR 1993, 279).

11. Als **wichtiger Grund** für eine Versagung kommt z. B. in Betracht: eigenmächtiger Umbau (OLG Düsseldorf ZMR 1992, 68); beharrliche Weigerung, die Hausordnung zu befolgen (OLG Düsseldorf WuM 1997, 387); der Lebensgefährte des Erwerbers hat in der Vergangenheit immer wieder für Streit gesorgt (BayObLG NZM 2002, 255); der Erwerber weist als Mieter bereits erhebliche Rückstände auf (OLG Köln WE 1996, 434); der Erwerber hat am Gemeinschaftseigentum bestimmte Erhaltungsmaßnahmen nicht vorgenommen (BayObLG WuM 1992, 702); der Erwerber provoziert immer wieder Streit (BayObLG NJW-RR 2002, 659); wenn an der Lauterkeit, Redlichkeit und Zuverlässigkeit der erwerbenden Gesellschaft konkrete Zweifel bestehen (OLG Brandenburg NZM 2009, 623); bei einer beabsichtigten unzulässigen Nutzung (OLG Hamm NJW-RR 1989, 974). **Kein** wichtiger Grund ist: drohende Majorisierung, wenn kein Anhaltspunkt für einen Missbrauch besteht (LG Braunschweig ZMR 2011, 158); das Radio war vereinzelt zu laut oder Türen wurden geschlagen (OLG Köln ZfIR 2002, 144); Meinungsverschiedenheiten zwischen dem Verwalter und dem Erwerber (OLG Frankfurt NZM 2006, 380); Wohngeldrückstände des Veräußerers (OLG Brandenburg NZM 2009, 623); Fortsetzung einer vom Veräußerer vorgenommenen unzulässigen baulichen Veränderung (OLG Hamburg DWE 1994, 148).

12. Der Zustimmungsberechtigte (z. B. Verwalter) kann zwar vom Erwerber keine Selbstauskunft verlangen. Es gehört aber zum Pflich-

tenkreis des Veräußerers, diesem die für seine Entscheidung erforderlichen **Informationen** über den Erwerber zu verschaffen, wozu auch die Möglichkeit der Prüfung seiner Bonität gehört (OLG Hamburg ZMR 2004, 850). Der Zustimmungsberechtigte ist nicht zu Nachforschungen über das Vorliegen eines Versagungsgrundes verpflichtet; erkennbaren Hinweisen muss er aber nachgehen (Palandt-*Wicke* WEG § 12 Rz. 8).

Wird die eigentlich zu erteilende Zustimmung nicht oder nur wesentlich verzögert erteilt, entsteht nach §§ 280 ff. BGB eine **Schadensersatzpflicht** (OLG Düsseldorf NZM 2005, 787). **13.**

Nach **Abs. 2 Satz 2** kann dem Wohnungseigentümer auch für bestimmte Fälle ein **Anspruch** auf Zustimmung eingeräumt werden. Solche Regelungen können über bloße Klarstellungen hinausgehen und selbst Sachverhalte, die regulär einen wichtigen Grund darstellen würden, hiervon ausnehmen. **14.**

Als **Rechtsfolge** bestimmt **Abs. 3 Satz 1** die (schwebende) **Unwirksamkeit** des schuldrechtlichen und des dinglichen Vertrags zur Veräußerung des Wohnungseigentums, solange keine wirksame Zustimmung vorliegt. Die **Genehmigung** heilt die Verträge rückwirkend, aber nur solange die Veräußerung wegen der Zustimmungsversagung nicht endgültig unwirksam ist (BGH NJW 2012, 3232). Um eine Vereinbarung zum Inhalt des Sondereigentums mit einer Drittwirkung nach Abs. 3 zu machen, muss sie im Wohnungsgrundbuch eingetragen sein (Palandt-*Wicke* WEG § 12 Rz. 5). **15.**

Nach **Abs. 3 Satz 2** steht einer rechtsgeschäftlichen Veräußerung eine Veräußerung im Wege der Zwangsvollstreckung oder durch den Insolvenzverwalter gleich. In diesen Fällen liegt ebenfalls eine schwebende Unwirksamkeit vor. **16.**

Bei der **Versagung** der Genehmigung kann der Veräußerer (nicht der Erwerber) nur noch gerichtlich nach § 894 ZPO mit dem Antrag auf Verpflichtung zur Erteilung der Zustimmung vorgehen. Das Verfahren ist gegen den oder die Zustimmungsverpflichteten nach § 43 einzuleiten (*Sauren* § 12 Rz. 22). Ist nach der Teilungserklärung oder durch Beschluss die Anrufung der Versammlung gegen die Versagung vorgesehen, ist diese zunächst durchzuführen, ansonsten ist ein Antrag bei Gericht unzulässig (BayObLG ZMR 1973, 205), es **17.**

§ 12 WEG Veräußerungsbeschränkung

sein denn, eine solche Anrufung ist unzumutbar (BayObLG WE 1991, 171).

18. Die **Kosten** für die Zustimmung sind auf alle umzulegende Verwaltungskosten (§ 16 Abs. 2 Satz 1), es sei denn, diese werden aufgrund eines Beschlusses oder einer Vereinbarung vom Veräußerer übernommen (*Sauren* § 12 Rz. 24). Der Verwalter kann für seine Tätigkeit in dieser Sache nur eine **Sondervergütung** verlangen, wenn eine solche im Verwaltervertrag vereinbart wurde und diese in der Höhe angemessen ist (Palandt-*Wicke* WEG § 12 Rz. 6). Wird ein Verwalter zur Erteilung der Zustimmung verurteilt, darf er die Kosten des Verfahrens nach § 12 Abs. 1 jedenfalls dann aus dem Gemeinschaftsvermögen entnehmen, wenn der Verwaltervertrag ihn dazu ermächtigt (BGH ZWE 2020, 188).

19. Da die **Aufhebung** einer Veräußerungsbeschränkung auf einer gesetzlichen Grundlage beschlossen werden kann (**Abs. 4 Satz 1**), gilt sie gegenüber Sondernachfolgern auch ohne Eintragung im Grundbuch mit dem Beschluss selbst (§ 10 Abs. 3 Satz 2). Sie muss ordnungsmäßiger Verwaltung entsprechen, also sachlich begründet sein, und darf keinen Wohnungseigentümer unbillig benachteiligen (*Sauren* § 12 Rz. 8).

20. Die Veräußerungsbeschränkung ist allerdings im Bestandsverzeichnis des Grundbuchs einzutragen (vgl. § 3 Abs. 2 HS 2 der Grundbuchverfügung und § 7 Abs. 3). Deshalb ist sie im Grundbuchverfahren selbst dann zu berücksichtigen, wenn die Beschränkung nach Abs. 4 Satz 1 aufgehoben worden ist. Von daher ist die Veräußerungsbeschränkung nach **Abs. 4 Satz 2** im Grundbuch zu **löschen**, wenn ein Beschluss zur Aufhebung gefasst worden ist. Dies geschieht gemäß **Abs. 4 Satz 3** nach § 7 Abs. 2. Dafür ist die Niederschrift des Beschlusses vorzulegen, bei der die Unterschriften der bezeichneten Personen öffentlich zu beglaubigen sind (§ 24 Abs. 6),

21. Eine **Wiederbegründung** der Veräußerungsbeschränkung ist nur durch eine erneute Vereinbarung möglich (OLG München NZM 2014, 523; Palandt-*Wicke* WEG § 12 Rz. 17; a. A. *Sauren* § 12 Rz. 9, der einen einfachen Beschluss zur Wiederbegründung ausreichen lassen möchte).

§ 13 WEG
Rechte des Wohnungseigentümers aus dem Sondereigentum

(1) Jeder Wohnungseigentümer kann, soweit nicht das Gesetz entgegensteht, mit seinem Sondereigentum nach Belieben verfahren, insbesondere dieses bewohnen, vermieten, verpachten oder in sonstiger Weise nutzen, und andere von Einwirkungen ausschließen.

(2) Für Maßnahmen, die über die ordnungsmäßige Instandhaltung und Instandsetzung (Erhaltung) des Sondereigentums hinausgehen, gilt § 20 mit der Maßgabe entsprechend, dass es keiner Gestattung bedarf, soweit keinem der anderen Wohnungseigentümer über das bei einem geordneten Zusammenleben unvermeidliche Maß hinaus ein Nachteil erwächst.

Anmerkungen:

1. Diese Vorschrift beschreibt in Abs. 1 die aus dem Sondereigentum als Alleineigentum sich ergebenden Rechte der Wohnungseigentümer gegenüber den anderen Wohnungseigentümern. Die Aufzählung (bewohnen, vermieten, verpachten oder in sonstiger Weise nutzen) ist nicht abschließend; so fehlen diesbezüglich z. B. die schuldrechtlichen und mitgliedschaftsrechtlichen Rechte des Wohnungseigentümers. Nach Abs. 2 erfahren diese Rechte für Baumaßnahmen ihre Begrenzung, soweit sie über Erhaltungsmaßnahmen am Sondereigentum hinausgehen. Deren konkrete Ausgestaltung korrespondiert mit den Regelungen in § 20. Mangels Beschlusskompetenz können durch einen Mehrheitsbeschluss die sich aus dem Wohnungseigentum ergebenden Befugnisse des einzelnen Wohnungseigentümers nicht eingeschränkt werden (BGH NJW 2000, 3500).

2. Nach **Abs. 1** verfügt der Wohnungseigentümer entsprechend § 903 BGB über die **Alleineigenherrschaft** (Herrschaftsrecht) über die Räume seines Sondereigentums sowie deren Gebäudeteile und die seinem Sondereigentum zugeordneten Außenflächen, solange § 14 dem nicht entgegensteht. Ebenso sind § 14 nicht entgegenstehende Nutzungsänderungen des Sondereigentums zulässig (Palandt-*Wicke* WEG § 13 Rz. 2). Bei einer Vermietung des Wohnungseigentums darf auch der Gebrauch des Gemeinschaftseigentums mit überlassen werden (KG ZWE 2016, 21). Die Rechtsstellung des Wohnungseigentümers gegenüber **Dritten** ergibt sich ebenfalls aus § 903 BGB, da das Sondereigentum Eigentum im Sinne des BGB ist.

§ 13 WEG Rechte des Wohnungseigentümers aus dem Sondereigentum

3. Neben der positiven Ausgestaltung seines Eigentumsrechts verfügt der Wohnungseigentümer auch über **Abwehrrechte** als negative Komponente. Das Sondereigentum genießt nämlich **Eigentumsschutz** aus §§ 985, 1004 BGB. **Besitzschutzrechte** aus dem Sondereigentum (§§ 859 ff. BGB) kann der Wohnungseigentümer auch gegenüber anderen Wohnungseigentümern geltend machen (BayObLG WuM 1998, 561). **Öffentlich-rechtliche** Nachbarschutzansprüche bewahren vor konkreten Beeinträchtigungen durch die Nachbargrundstücke (VGH München ZWE 2013, 382). Sie sind aber innerhalb der Gemeinschaft desselben Grundstücks ausgeschlossen (BVerwG NVwZ 1998, 954). Weitergehende Ansprüche zwischen den Wohnungseigentümern, die ihre Grundlage in ihrem Gemeinschaftsverhältnis haben, kommen daneben ebenfalls nicht in Betracht (BGH NJW 2012, 2725). Abwehrrechte gegenüber anderen Miteigentümern sind ausschließlich vor den für Wohnungseigentumsrecht zuständigen Gerichten geltend zu machen (BVerfG ZMR 2006, 453).

4. Für **Beschädigungen** am Sondereigentum durch einen Mangel am Gemeinschaftseigentum haften die anderen Wohnungseigentümer nicht aus den nachbarrechtlichen Vorschriften (BGH NJW 2010, 2347). So verbleiben die Anspruchsgrundlagen nach §§ 280 Abs. 1, 286 Abs. 1 und 823 Abs. 1 BGB. Die **Gemeinschaft**, nicht die einzelnen Wohnungseigentümer, haftet aus dem Treueverhältnis bei Verschulden, wenn sie z. B. einen Beschluss zur Sanierung des Gemeinschaftseigentums schuldhaft nicht umsetzt und dadurch einem Wohnungseigentümer ein Schaden entsteht (BGH NJW 2012, 2955). Die Gemeinschaft haftet ebenfalls für Schäden am Sondereigentum, wenn aufgrund einer Pflichtverletzung des Verwalters bei der Durchführung seiner Aufgaben an einem Sondereigentum ein Schaden entsteht (BGH NJW 2018, 3305). Ein anderer **Wohnungseigentümer** haftet sowohl verschuldensabhängig als auch nach den nachbarrechtlichen Vorschriften, wenn er das Sondereigentum eines anderen Wohnungseigentümers schädigt (BGH NJW 2014, 458).

5. **Abs. 2** regelt die Zulässigkeit von **baulichen Maßnahmen** am Sondereigentum, die über dessen Instandhaltung und Instandsetzung (**Erhaltungsmaßnahmen**) hinausgehen. Darunter fällt jede bauliche Veränderung des Sondereigentums (vgl. § 20 Abs. 1). Daher gelten

für bauliche Maßnahmen am Sondereigentum grundsätzlich die gleichen Regeln wie für bauliche Veränderungen des gemeinschaftlichen Eigentums (vgl. § 20 Anm. 4).

6. Über die Erhaltung hinausgehende Maßnahmen dürfen im Grundsatz nur vorgenommen werden, wenn sie durch **Beschluss** gestattet wurden. Abweichend von § 20 Abs. 3 benötigt ein Wohnungseigentümer für eine Veränderung seines Sondereigentums aber **keine Gestattung**, wenn kein anderer Wohnungseigentümer über das bei einem geordneten Zusammenleben unvermeidliche Maß hinaus beeinträchtigt wird (vgl. § 14 Anm. 6). In diesen Fällen beinhaltete die Pflicht, eine Gestattung einzuholen, eine unangemessene Beschränkung des Sondereigentums.

7. Liegt eine **Beeinträchtigung** vor, sind aber die betroffenen Wohnungseigentümer mit der baulichen Veränderung **einverstanden**, besteht nach § 20 Abs. 3 ein Anspruch auf **Gestattung** durch Beschluss. Ein solcher besteht auch bei einer **privilegierten Maßnahme** im Sinne des § 20 Abs. 2, wobei in allen Fällen die Grenzen des § 20 Abs. 4 (keine grundlegende Umgestaltung der Anlage und keine unbillige Benachteiligung) auch für die Veränderungen des Sondereigentums zu beachten sind.

§ 14 WEG
Pflichten des Wohnungseigentümers

(1) Jeder Wohnungseigentümer ist gegenüber der Gemeinschaft der Wohnungseigentümer verpflichtet,

1. die gesetzlichen Regelungen, die Vereinbarungen und die Beschlüsse einzuhalten und

2. das Betreten seines Sondereigentums und andere Einwirkungen auf dieses und das gemeinschaftliche Eigentum zu dulden, die den Vereinbarungen oder Beschlüssen entsprechen oder, wenn keine entsprechenden Vereinbarungen oder Beschlüsse bestehen, aus denen ihm über das bei einem geordneten Zusammenleben unvermeidliche Maß hinaus kein Nachteil erwächst.

(2) Jeder Wohnungseigentümer ist gegenüber den übrigen Wohnungseigentümern verpflichtet,

§ 14 WEG Pflichten des Wohnungseigentümers

1. deren Sondereigentum nicht über das in Absatz 1 Nummer 2 bestimmte Maß hinaus zu beeinträchtigen und

2. Einwirkungen nach Maßgabe des Absatz 1 Nummer 2 zu dulden.

(3) Hat ein Wohnungseigentümer eine Einwirkung zu dulden, kann er einen angemessenen Ausgleich in Geld verlangen.

Anmerkungen:

1. Diese Vorschrift konkretisiert die aus der engen Verbundenheit der Gemeinschaft entspringenden Schutz- und Treuepflichten (§ 242 BGB) und ergänzt insoweit § 13, der die Rechte der Wohnungseigentümer begründet. Diese Vorschrift schränkt die sich aus § 903 BGB ergebenden Eigentümerbefugnisse nicht unerheblich ein. Sie trennt zwischen den Pflichten der Wohnungseigentümer gegenüber der Gemeinschaft (Abs. 1) und den Pflichten der Wohnungseigentümer untereinander (Abs. 2). Für erlittene Beeinträchtigungen gewährt sie dem Betroffenen einen Aufopferungsanspruch (Abs. 3).

2. Abs. 1 betrifft die **Pflichten** der Wohnungseigentümer gegenüber der **Gemeinschaft**.

3. Abs. 1 Nr. 1 begründet die Pflicht jedes Wohnungseigentümers, das in der Gemeinschaft geltende **Regelwerk**, also die Vorschriften des WEG und andere gesetzliche Regelungen, die Vereinbarungen und die Beschlüsse einzuhalten. Anspruchsberechtigt ist **allein** die **Gemeinschaft**. Ist kein Einzelner bzw. dessen Sondereigentum betroffen, sind die mit Verstößen zusammenhängenden Auseinandersetzungen ausschließlich mit der Gemeinschaft zu führen.

4. Abs. 1 Nr. 2 begründet unter den genannten Voraussetzungen eine **Duldungspflicht** für den Wohnungseigentümer gegenüber Einwirkungen durch die Gemeinschaft auf sein Sondereigentum und das gemeinschaftliche Eigentum. Hieraus folgt die Pflicht zur Duldung von Erhaltungs- und anderen Baumaßnahmen, die von der Gemeinschaft durchgeführt werden. Ein Fremdnutzer (z. B. ein Mieter) ist hiervon nicht betroffen (BGH NJW 2015, 2968). Dessen Duldungspflicht ergibt sich aus § 15.

5. Die Vorschrift betrifft zunächst einmal alle **Einwirkungen** auf Grundlage einer Vereinbarung oder eines Beschlusses, die durch deren Ausführung bedingt sind. Dies ist z. B. **Baulärm**, der durch

Instandhaltungsmaßnahmen verursacht wird. Der Wohnungseigentümer kann sogar verpflichtet sein, die Verkleinerung oder Zerstörung seines Sondereigentums hinzunehmen, wenn dies für die Erhaltung der Gemeinschaft notwendig ist (BayObLG ZMR 2004, 762). Allerdings ist er nicht verpflichtet, eigene Arbeiten durchzuführen, da die Vorschrift ihm keine Handlungspflichten auferlegt (BayObLG WuM 1996, 728).

Das **Betreten** des Sondereigentums als praktisch bedeutsamer Unterfall wird ausdrücklich im Wortlaut der Vorschrift hervorgehoben. Allerdings kann die Gemeinschaft nicht ein generelles und ohne Anlass existierendes Betretensrecht des Sondereigentums beschließen. Dies wäre im Wege der Anfechtungsklage angreifbar. Das Betreten der Wohnung ist aus Gründen des Schutzes des Art. 13 GG nur zu den üblichen Geschäftszeiten gestattet und es muss auch erforderlich sein. Der konkrete Termin ist grundsätzlich nach vorheriger Absprache mit den Handwerkern vom Verwalter mit dem Wohnungseigentümer abzustimmen; insbesondere besteht kein Bestimmungsrecht des Verwalters oder Handwerkers (*Sauren* § 14 Rz. 14). Eine **Ankündigung** mit einer Woche Vorlauf ist bei kleineren Arbeiten in der Regel aber ausreichend (BayObLG ZfIR 1999, 927). Soweit möglich, ist auf die Planung des Wohnungseigentümers (Urlaub, Krankenhausaufenthalt etc.) Rücksicht zu nehmen. **6.**

Ist die Pflicht zur Duldung nach Abs. 1 Nr. 2 nicht durch Vereinbarung oder Beschluss geregelt, ist jeder Wohnungseigentümer verpflichtet, Einwirkungen zu dulden, aus denen ihm über das bei einem geordneten Zusammenleben unvermeidliche Maß hinaus kein Nachteil erwächst. **Nachteil** ist jede nicht ganz geringfügige, konkrete und objektive Beeinträchtigung (BGH MDR 2014, 453, 454). Hierbei kommt es entscheidend darauf an, ob sich nach der Verkehrsanschauung ein Wohnungseigentümer in der entsprechenden Lage verständlicherweise beeinträchtigt fühlen kann (BGH NJW-RR 2012, 140). Hinsichtlich einzelner Beispiele kann auf die Anm. 14 und 15 verwiesen werden. **7.**

Da ein Nachteil die **Abweichung** des Ist- vom Sollzustand ist, haben es die Wohnungseigentümer in der Hand, durch die Art der Ausgestaltung der Teilungserklärung den zu erreichenden Zustand zu bestimmen, der das Maß der Beeinträchtigung und damit eines **8.**

Nachteils bestimmt (BGH MDR 2015, 499, 500). Liegt keine vereinbarte Beschaffenheit vor, kommt es stets auf die nach den konkret vorliegenden Umständen zu **erwartende** Beschaffenheit an (BGH ZWE 2014, 178), wobei diese sich nach dem objektiven Maßstab eines redlichen und verständigen Wohnungseigentümers beurteilt (OLG Frankfurt MDR 2010, 1108).

9. Der Umfang der Duldungspflicht, auch von mittelbaren Eingriffen, richtet sich stets nach der konkreten **Erforderlichkeit** der Maßnahme (*Sauren* § 14 Rz. 14). Bei einer grundsätzlich erforderlichen Maßnahme macht nicht jeder Nachteil für den Wohnungsinhaber eine Einwirkung auf sein Sondereigentum und das Gemeinschaftseigentum unzulässig. Dies ist nur der Fall, wenn der Nachteil das bei einem geordneten Zusammenleben **unvermeidliche Maß** übersteigt. Der Maßstab des geordneten Zusammenlebens macht es daher erforderlich, eine **Interessenabwägung** aller berechtigten Belange innerhalb der Wohnungseigentümergemeinschaft vorzunehmen (OLG München NZM 2008, 848). Hierbei sind die Belange des betroffenen Wohnungseigentümers sowie diejenigen der Gemeinschaft in Ausgleich zu bringen. Dabei gilt das **Gebot der Rücksichtnahme** auf den Betroffenen. Die Belange der Gemeinschaft müssen die des Betroffenen daher deutlich überwiegen, damit dieser sie hinnehmen muss.

10. Etwaige Beeinträchtigungen des gemeinschaftlichen Eigentums darf nur die Gemeinschaft **abwehren**, da ihr die Verwaltung des gemeinschaftlichen Eigentums obliegt (vgl. § 18 Abs. 1). Zwar hat jeder einzelne Wohnungseigentümer einen Anspruch aus § 1004 BGB zur Abwehr von Beeinträchtigungen des Gemeinschaftseigentums. Die Geltendmachung solcher Ansprüche obliegt aber der Gemeinschaft (§ 9a Abs. 2). Auch die von konkreten Beeinträchtigungen losgelöste Pflicht der Wohnungseigentümer, das in der Gemeinschaft geltende Regelwerk einzuhalten, besteht nur gegenüber der Gemeinschaft.

11. Bei **Störungen** des Hausfriedens oder Verstößen gegen die Hausordnung durch einen Mieter kann die Gemeinschaft gegen den vermietenden Wohnungseigentümer vorgehen. Dieser ist nämlich verpflichtet, alle in Betracht kommenden Maßnahmen zu ergreifen, um die unzulässige Nutzung zu unterbinden (*Sauren* § 14 Rz. 7).

§ 14 WEG Pflichten des Wohnungseigentümers

Der Unterlassungsanspruch kann von der Gemeinschaft wahlweise auch gegenüber dem Mieter geltend gemacht werden (OLG Zweibrücken ZMR 1997, 481).

Abs. 2 betrifft die Pflichten der Wohnungseigentümer **untereinander**, sich nicht unrechtmäßig zu beeinträchtigen. Diese kann jeder Wohnungseigentümer selbst geltend machen und durchsetzen. 12.

Abs. 2 Nr. 1 begründet die Pflicht jedes Wohnungseigentümers, fremdes Sondereigentum **nicht** durch ein Verhalten zu **beeinträchtigen**, das den Vereinbarungen oder Beschlüssen widerspricht. Fehlen solche, ist jeder Wohnungseigentümer verpflichtet, Beeinträchtigungen zu unterlassen, aus denen einem anderen Wohnungseigentümer ein Nachteil erwächst, der über das bei einem geordneten Zusammenleben unvermeidliche Maß hinausgeht. Darunter ist eine nicht ganz unerhebliche Beeinträchtigung zu verstehen; die nähere Ausgestaltung kann sich aus der Gemeinschaftsordnung ergeben (BGH NZM 2012, 239). 13.

Folgende abwehrfähige **Beeinträchtigungen** kommen z. B. in Betracht: Eingriff in die Bausubstanz mit einiger Erheblichkeit (AG Hannover ZMR 2008, 920); bauliche Maßnahmen, die zu einer intensiveren Nutzung führen, wie eine Aufstockung des Gebäudes (LG Hamburg ZWE 2010, 374); Überdachen einer Terrasse (OLG München ZMR 2006, 231); größere Belegung der Einheit (Richtschnur mind. 10 m^2 pro Erwachsenem und 6 m^2 pro Kind – BayObLG WuM 1992, 153); Ersetzen eines Maschendrahtzauns durch eine Holztrennwand (OLG München NZM 2006, 783); Veränderung des Bestimmungszwecks des Gemeinschaftseigentums, wenn die andere Nutzung mehr beeinträchtigt als die bestehende (OLG Frankfurt ZWE 2012, 35); Errichten eines Gartenhauses (LG München I ZWE 2016, 95); komplette Verglasung eines Balkons (AG Lübeck ZWE 2014, 465); Einbau eines Personenaufzugs (BGH MDR 2017, 511); (auch eine nicht sehr wahrscheinliche) schwerwiegende Gefahr, wie Brand, Durchfeuchtung oder Undichtigkeit (OLG Hamburg DWE 1987, 98); Beeinträchtigung der Sicherheit (OLG Celle NdsRpfl 1981, 38); Gefährdung von Kindern durch rangierende Autos (AG Siegburg DWE 1988, 70); Einsatz von Geruchsstoffen im Treppenhaus (OLG Düsseldorf NZM 2003, 605); Anbringen eines Kamins mit zu erwartenden Emissionen (LG Karlsruhe ZWE 14.

2012, 183); erhöhte Wartungs- und Reparaturanfälligkeit (LG Hamburg ZWE 2014, 360); Abstellen sperriger Gegenstände in Fluren, Treppenhäusern oder Gemeinschaftsräumen (OLG München ZMR 2006, 712); erhebliche Geruchs- und Geräuschbelästigungen (OLG Düsseldorf NJW 2008, 219); Halten gefährlicher Tiere (OLG Karlsruhe NZM 2004, 551); Halten übermäßig vieler Tiere (OLG Köln WuM 1996, 109); Verlegen eines Regenfallrohrs (LG Hamburg ZWE 2014, 360); psychische Beeinträchtigungen, wenn sie geeignet sind, das körperliche Wohlbefinden nicht unerheblich zu beeinträchtigen (KG NJW-RR 1988, 586); zu laute Musik (BayObLG ZMR 1994, 25); Trampeln (BayObLG ZMR 1994, 167); Möbelrücken oder Türknallen (OLG Düsseldorf ZWE 2009, 389); Gerüche, die leicht, z. B. durch den Einbau einer Dunstabzugshaube, vermeidbar wären (BayObLG ZWE 2000, 411); Abstellen von Müll und Abfällen auf Gemeinschaftsflächen (OLG Düsseldorf WuM 1996, 436); Erschwerung der Instandsetzung (BGH ZWE 2014, 178); Kostenbelastung durch eine bauliche Veränderung (OLG Celle NJW-RR 1986, 1271); jede sonstige Kostenmehrbelastung (BGH ZWE 2014, 178); erhebliche Beeinträchtigung der Möglichkeit zum Mitgebrauch einer zum Gemeinschaftseigentum gehörenden Fläche (OLG München ZMR 2007, 998); optische Beeinträchtigungen, wenn sie sich objektiv nachteilig auf das äußere Bild auswirken (BGH ZMR 1992, 167); Anbringen von Parabolantennen, wenn eine optische Beeinträchtigung vorliegt und das Angebot über das Internet abgedeckt werden kann (LG Frankfurt ZWE 2013, 459); außer Verhältnis stehende Kosten zum erzielbaren Vorteil einer beabsichtigten Maßnahme (BGH ZWE 2013, 172); Beeinträchtigung des Persönlichkeitsrechts, z. B. durch Videoüberwachung (OLG Köln WuM 2007, 646); übermäßiges Rauchen im Hausflur (AG Hannover NZM 2000, 520); Eingriff in die Statik (LG Hamburg ZWE 2010, 374); Missachtung der technischen Anforderungen (DIN 4109) beim Auswechseln des Fußbodens (BGH ZWE 2012, 31).

15. **Keine** über das bei einem geordneten Zusammenleben unvermeidliche Maß hinausgehende **Beeinträchtigung** stellen z. B. dar: unvermeidbares Knarren von Holzstufen (Jennißen-*Hogenschurz* § 14 Rz. 6); normale Bad- und Toilettengeräusche (BayObLG ZWE 2000, 174); typischer Kinderlärm (OLG Saarbrücken ZMR 1996, 566); nicht vermeidbare Küchengerüche (BayObLG ZWE 2000, 411); mäßiges und nicht störendes Grillen (BayObLG ZMR 1999, 651); Abstel-

len von Gehhilfen, Rollstühlen und Kinderwagen im Treppenhaus, wenn keine andere Art der Abstellung möglich und genügend Platz vorhanden ist (OLG Hamm ZWE 2002, 44); gewisses Maß an Verschattung und Verschmutzung durch Laub (LG Dortmund ZMR 2016, 640); leises An- und Ausspringen einer Gastherme (LG Köln ZWE 2013, 269); Aufhebung der Abgeschlossenheit, z. B. durch einen Wanddurchbruch (BGH ZWE 2001, 314); keine Verpflichtung zum nachträglichen Schallschutz (OLG Celle NZM 2005, 379); bloße größere Belegbarkeit des Sondereigentums durch bauliche Maßnahmen (BGH ZWE 2001, 314); geringe Verminderung der Durchgangshöhe durch Verlegen eines Rohres (LG Itzehoe ZMR 2010, 640); geringe optische Beeinträchtigungen durch Energiesparmaßnahmen (OLG Köln NJW 1981, 585 zu Thermopanefenstern); Hellhörigkeit (OLG Düsseldorf ZWE 2002, 231); mit dem zugelassenen Gebrauch des Eigentums verbundene gewöhnliche Geräusche (OLG München MDR 2007, 647); Geruchsbelästigungen, wenn ein durchschnittlicher Mensch sie kaum noch empfindet (OLG Köln ZMR 1998, 46); Neugestaltung und Neuanlagen, wenn dadurch der optische Gesamteindruck der Anlage nicht beeinträchtigt wird (OLG Köln WuM 2006, 169); Umwandlung eines Fensters in ein Schiebeelement (OLG Düsseldorf DWE 1989, 176); Angst vor einer Explosion bei der Umstellung auf eine Gasheizung (OLG Frankfurt WuM 1992, 561); Strahlung von Mobilfunk, wenn die gesetzlichen Grenzwerte deutlich unterschritten werden (BayObLG WuM 2004, 726); die theoretische Möglichkeit der Manipulation einer Videogegensprechanlage (BGH ZWE 2011, 259); Einbau eines Treppenlifts (OLG München MDR 2006, 144); Absenkung des Trittschalls durch die Wahl des Bodenbelags (BGH ZWE 2012, 319); Verbindung zweier Wohnungen mittels Durchbruch (BGH ZWE 2001, 314).

Die **Änderung der Nutzung** des Sondereigentums ist anhand des Maßstabes des Abs. 2 Nr. 1 zu prüfen, soweit keine oder zumindest keine einschränkende Vereinbarung über die Nutzung des Sondereigentums existiert. Hierbei ist zu berücksichtigen, dass jeder Wohnungseigentümer gemäß § 13 Abs. 1 grundsätzlich mit seinem Sondereigentum machen kann, was er möchte. Deshalb kann eine Nutzung oder eine Nutzungsänderung regelmäßig nur aus einem **wichtigen Grund** untersagt werden (BayObLG Rpfleger 1973, 139, 140). Regelmäßig erlaubt ist daher Betrieb einer Arzt- (OLG Karlsruhe OLGZ 1976, 145) oder Zahnarztpraxis (BayObLG Rpfleger

16.

1973, 139, 140), aber auch die Vermietung an Feriengäste (BGH NJW 2010, 3093) oder die normale Haustierhaltung (OLG Frankfurt ZWE 2011, 363). Unzulässig ist hingegen der Betrieb eines Bordells in einem Teil- (KG NJW-RR 1987, 1160) oder Wohnungseigentum (BayObLG ZMR 1994, 423). Für die Möglichkeit einer Nutzungsänderung im Rahmen einer einschränkenden Vereinbarung vgl. § 18 Anm. 16 und 17.

17. Abs. 2 Nr. 1 ist auf die **Abwehr** von Beeinträchtigungen des **Sondereigentums** beschränkt, da die Pflicht, das gemeinschaftliche Eigentum nicht zu beeinträchtigen, nur gegenüber der Gemeinschaft besteht (vgl. Abs. 1 Nr. 2). Ein weiterer Abwehranspruch des Sondereigentums könnte sich aus § 1004 BGB ergeben, der aber dieselbe Zielsetzung und damit einen identischen Anwendungsbereich hat. Ist eine unrechtmäßige Beeinträchtigung des Sondereigentums gegeben, stehen dem Wohnungseigentümer Ansprüche auf **Unterlassung** des beeinträchtigenden Verhaltens oder **Abhilfe** des beeinträchtigenden Zustands zu, die auch einen zukünftigen unzulässigen Gebrauch verhindern. Ist dem Wohnungseigentümer ein Schaden entstanden, kann er nach § 823 Abs. 2 BGB **Schadensersatz** geltend machen, da Abs. 2 Nr. 1 ein Schutzgesetz im Sinne dieser Vorschrift ist.

18. **Abs. 2 Nr. 2** verpflichtet die Wohnungseigentümer untereinander, Einwirkungen auf das Sondereigentum und das gemeinschaftliche Eigentum zu **dulden**, wenn diese den Vereinbarungen und Beschlüssen entsprechen. Fehlen solche Regelungen, sind Einwirkungen hinzunehmen, aus denen sich kein über das bei einem geordneten Zusammenleben unvermeidliche Maß hinausgehender Nachteil ergibt (vgl. Anm. 7). Dies betrifft vor allem **Erhaltungs- und Baumaßnahmen** einzelner Wohnungseigentümer, ist aber nicht darauf beschränkt. Es kann auch die Installation von Telefon, Rundfunk oder Fernsehen (AG Starnberg MDR 1970, 679), die Verlegung einer Gasleitung (OLG München ZMR 2007, 999) oder Installation von Hinweisschildern im Hausflur für ein zulässig ausgeübtes Gewerbe (LG Dortmund NJW-RR 1991, 16) betreffen. Eine Unterlassenspflicht der einzelnen Wohnungseigentümer untereinander hinsichtlich nicht gerechtfertigter Einwirkungen auf das **Gemeinschaftseigentum** lässt sich hingegen daraus nicht ableiten. Die Abwehr solcher Beeinträchtigungen ist die Aufgabe der Gemeinschaft.

§ 14 WEG Pflichten des Wohnungseigentümers

Abs. 3 begründet einen **Aufopferungsanspruch** für den Wohnungseigentümer, der eine Einwirkung auf sein Sondereigentum zu dulden hat. Hierfür genügt aber nicht jede Einwirkung, sondern nur solche, die über das zumutbare Maß einer Sonderopfergrenze hinausgehen. Es muss dafür eine wesentliche **Beeinträchtigung** des Sondereigentums vorliegen. Eine solche Einwirkung kann durch das Betreten oder eine ähnliche Inanspruchnahme des Sondereigentums erfolgen. Eine **ähnliche Inanspruchnahme** verlangt ein Sonderopfer, dessen Intensität mit einem Betreten vergleichbar ist. In Betracht kommen insbesondere Substanzeingriffe. Hierunter können fallen: Kosten für die Wiederherstellung der Bausubstanz (OLG Köln NZM 1999, 83); Kosten einer notwendigen Ersatzunterkunft (AG Hamburg ZMR 2011, 249); Transport- und Lagerkosten (BGH ZWE 2003, 175); Nutzungsausfall einschließlich entgangenem Gewinn (OLG Frankfurt NZM 2007, 251); Mietausfall (OLG Frankfurt NZM 2007, 251).

19.

Der Anspruch besteht **verschuldensunabhängig** und richtet sich gegen denjenigen, zu dessen Gunsten die Duldungspflicht besteht, also entweder gegen die Gemeinschaft (in den Fällen des § 14 Abs. 1 Nr. 2) oder gegen einen anderen Wohnungseigentümer (in den Fällen des § 14 Abs. 2 Nr. 2).

20.

Als **Rechtsfolge** ist nicht jeder Schaden zu ersetzen, sondern nur ein angemessener **Ausgleich** zu leisten. Dieser liegt regelmäßig unterhalb der Beträge des Schadensersatzes. Die bloße Beeinträchtigung der Nutzungsmöglichkeit ist nicht ausgleichsfähig. Ein ersatzfähiger Vermögensschaden beginnt erst bei dem mindestens zeitweiligen völligen Verlust der Nutzungsmöglichkeit. Im Einzelfall kann aber auch der komplette Schaden ersetzt werden.

21.

Eine **sonstige Haftung** für Schäden am Sondereigentum, die ihre Ursache z. B. in Mängeln am Gemeinschaftseigentum haben, kommt nur bei einem **Verschulden** in Betracht (BGH NJW 2010, 2347). Entsteht einem Sondereigentümer bei Durchführung einer gemeinschaftlich veranlassten Maßnahme ein Schaden, haftet allerdings hierfür nicht die Gemeinschaft, sondern der Auftragnehmer unmittelbar nach den Grundsätzen des Vertrags mit Schutzwirkung zugunsten Dritter, da Auftragnehmer der Gemeinschaft nicht gemäß § 278 BGB deren Erfüllungsgehilfen sind (BGH WuM 2020, 233).

22.

§ 15 WEG
Pflichten Dritter

Wer Wohnungseigentum gebraucht, ohne Wohnungseigentümer zu sein, hat gegenüber der Gemeinschaft der Wohnungseigentümer und anderen Wohnungseigentümern zu dulden:

1. die Erhaltung des gemeinschaftlichen Eigentums und des Sondereigentums, die ihm rechtzeitig angekündigt wurde; § 555a Absatz 2 des Bürgerlichen Gesetzbuchs gilt entsprechend;

2. Maßnahmen, die über die Erhaltung hinausgehen, die spätestens drei Monate vor ihrem Beginn in Textform angekündigt wurden; § 555c Absatz 1 Satz 2 Nummer 1 und 2, Absatz 2 bis 4 und § 555d Absatz 2 bis 5 des Bürgerlichen Gesetzbuchs gelten entsprechend.

Anmerkungen:

1. Das BGB regelt ausschließlich die Pflicht des Mieters zur Duldung von Baumaßnahmen gegenüber seinem Vermieter (§§ 555a, 555d BGB). Beruht die Gebrauchsüberlassung auf einem anderen Rechtsgeschäft, finden sich dort nur teilweise vergleichbare Duldungsansprüche (z. B. § 1044 BGB für Nießbrauchsberechtigte, der über § 1093 Abs. 1 Satz 2 BGB auch für Wohnungsberechtigte gilt). Deshalb richtet sich diese Vorschrift an alle Nutzer von Wohnungseigentum, ohne dass diese Eigentümer sind. Sie begründet einen Anspruch gegen Drittnutzer auf Duldung von Erhaltungsmaßnahmen (Nr. 1) und baulichen Maßnahmen (Nr. 2).

2. Solche Drittnutzer sind naturgemäß vor allem **Mieter**. Erfasst sind aber auch dinglich Wohnungsberechtigte, Nießbraucher und alle anderen Personen, denen der Gebrauch des Wohnungseigentums überlassen wurde. Damit wird sichergestellt, dass die Durchführung der aufgeführten Maßnahmen nicht an Gebrauchsrechten Dritter scheitert. Eine solche Duldungspflicht der Drittnutzer gilt aus dieser Vorschrift unmittelbar, unabhängig davon, welche vertraglichen Vereinbarungen mit diesen bestehen.

3. Die **Duldungspflicht** hängt davon ab, wer die Erhaltungsmaßnahme oder bauliche Veränderung durchführt. Sie kann daher entweder gegenüber einem einzelnen **Wohnungseigentümer** oder gegenüber der **Gemeinschaft** bestehen. Nicht davon umfasst ist das Innenver-

hältnis zwischen dem Dritten und seinem Vertragspartner, in der Regel dem **Vermieter**. Dies ist auch nicht erforderlich, da es der überlassende Wohnungseigentümer selbst in der Hand hat, sein vertragliches Verhältnis entsprechend auszugestalten. Der Vermieter muss also weiterhin die Baumaßnahme selbst ankündigen, um seine Mieterhöhungsinteressen zu wahren.

4. Direkte **Ansprüche** des **Mieters** gegen die Gemeinschaft nach § 535 Abs. 1 BGB auf Erhaltung der Mietsache im vertragsgemäßen Zustand bestehen nicht. Dies betrifft auch die zur Mitbenutzung vermieteten Bereiche des gemeinschaftlichen Eigentums. Der Mieter muss also im Streitfall seinen Vermieter in Anspruch nehmen, der seinerseits nach § 19 Abs. 2 Nr. 2 eine Beschlussfassung der Gemeinschaft herbeiführen muss.

5. Die **Nr. 1** begründet unter entsprechender Anwendung des § 555a Abs. 2 BGB die Pflicht, **Erhaltungsmaßnahmen** zu dulden. Hierfür muss der Durchführende eine solche Maßnahme rechtzeitig **ankündigen**, da anderenfalls der Anspruch auf Durchführung nicht fällig wird. Die Pflicht zur Ankündigung trifft denjenigen, der die Maßnahme durchführen möchte. Für die Gemeinschaft ist dies der Verwalter. Besondere Form- und Fristvorschriften bestehen nicht. Die **Rechtzeitigkeit** richtet sich nach der Dringlichkeit und dem Umfang der Maßnahme; der Nutzer muss sich darauf einrichten können (BGH NJW 2015, 2419). Eine Ankündigung ist **nicht** erforderlich, wenn mit der Maßnahme nur unerhebliche Einwirkungen verbunden sind oder ihre sofortige Durchführung zwingend erforderlich ist, z. B. bei einem Rohrbruch. Wird die Ankündigung unterlassen, obwohl sie erforderlich ist, oder ist sie inhaltlich mangelhaft, besteht keine Duldungspflicht des Nutzers (vgl. Palandt-*Weidenkaff* § 555a BGB Rz. 4).

6. Nach Nr. 2 muss der Betroffene **bauliche Maßnahmen** am Sonder- oder Gemeinschaftseigentum dulden, die über Erhaltungsmaßnahmen hinausgehen. Die Maßnahmen sind allgemein als bauliche Veränderungen zu verstehen. Sie sind mindestens **drei Monate** vor ihrem Beginn in Textform anzukündigen, z. B. per Brief oder E-Mail. Die Frist ist eine Mindestfrist und wird nach §§ 187, 188 BGB berechnet. Zur Berechnung der Frist siehe § 45 Anm. 2.

7. Es gelten zudem § 555c Abs. 1 Satz 2 Nr. 1 und 2, Abs. 2 bis 4 und § 555d Abs. 2 bis 5 BGB entsprechend. Hierdurch kommen die mietrechtlichen Vorschriften über den **Inhalt** der Ankündigung und den **Härteeinwand** zur Anwendung.

8. Der Bauwillige muss den Nutzer über die Art und den voraussichtlichen Umfang der Baumaßnahme in wesentlichen Zügen **unterrichten** (vgl. **§ 555c Abs. 1 Satz 2 Nr. 1 BGB**). Allerdings muss er dafür nicht jede Einzelheit der Maßnahme ankündigen (BGH NJW 2012, 63). Dem Nutzer muss aber die Prüfung seiner Duldungspflicht und des Härteeinwands ermöglicht werden. Die **Art** und der **Umfang** der geplanten Maßnahme ist genau zu bezeichnen und der Gegenstand, an dem sie ausgeführt wird, ist zu benennen (Palandt-*Weidenkaff* § 555c BGB Rz. 6). Der Umfang erfasst dabei die Auswirkungen auf den Gebrauch der Wohnung durch den Nutzer, soweit sich dies nicht bereits aus dem Eingriff ergibt (BGH NJW 2012, 63). Ferner sind die voraussichtliche **Beginn** und die ungefähre **Dauer** der Maßnahme zu benennen (vgl. **§ 555c Abs. 1 Satz 2 Nr. 2 BGB**). Der Beginn muss nicht mit einem exakten Datum bezeichnet werden; Gleiches gilt für die Dauer, um bei nicht eingeplanten Verzögerungen eine gewisse Flexibilität zu haben (vgl. Palandt-*Weidenkaff* § 555c BGB Rz. 8). Ohne eine solche Ankündigung wird der Duldungsanspruch **nicht fällig**.

9. Der Bauwillige soll den Nutzer in seiner Bauankündigung darauf hinweisen, dass dieser ihm bis zum Ablauf des Monats, der auf den Zugang der Bauankündigung folgt, in Textform mitteilt, ob Umstände vorliegen, die eine Härte im Hinblick auf die Duldung der Baumaßnahme begründen (sog. **Härteeinwand** – vgl. **§ 555c Abs. 2 i. V. m. § 555d Abs. 3 Satz 1 BGB**). Weist der Bauwillige den Nutzer in seiner Bauankündigung nicht auf die Form und Frist der des Härteeinwandes hin, kann der Nutzer diesen form- und fristlos geltend machen (vgl. § 555d Abs. 5 Satz 1 BGB).

10. Ein solcher Härteeinwand kann gegenüber dem Bauwilligen erhoben werden, wenn die Baumaßnahme für den Nutzer, seine Familie oder einen Angehörigen seines Haushalts eine **Härte** bedeuten würde, die auch unter Würdigung der berechtigten Interessen sowohl des Bauwilligen als auch der anderen Bewohner des Hauses nicht zu rechtfertigen ist (vgl. **§ 555d Abs. 2 Satz 1 BGB**). Solche

§ 15 WEG Pflichten Dritter

Härten können z. B. auf Nutzerseite vorliegen, wenn die Wohnräume vorübergehend unbenutzbar werden, eine hohe Belästigung durch arbeitende Personen zu erwarten ist, die Art und Weise der genutzten Räume oder des gesamten Gebäudes nur unerheblich verbessert werden, der Nutzungszweck beeinträchtigt wird, vorausgegangene Aufwendungen des Nutzungsberechtigten unverhältnismäßig zunichte gemacht werden oder besondere Umstände, wie Krankheit, Alter oder Behinderung vorliegen (vgl. Palandt-*Weidenkaff* § 555d BGB Rz. 9). In diese **Abwägung** sind ebenfalls die Interessen des Bauwilligen mit einzubeziehen. Dies kann z. B. die Pflege und Werterhöhung des Eigentums, die Gelegenheit, die Arbeiten preisgünstig ausführen zu lassen, eine günstige Finanzierung der Maßnahme, eine bessere Vermietbarkeit der Einheiten oder einen insgesamt höheren Komfort umfassen (vgl. Palandt-*Weidenkaff* § 555d BGB Rz. 10).

11. Die Verpflichtung zu einer solchen Ankündigung besteht nicht, wenn die Baumaßnahme nur mit einer unerheblichen Einwirkung auf die Wohnung verbunden ist (sog. **Bagatellmaßnahme** – vgl. **§ 555c Abs. 4 BGB**). Eine solche kann z. B. vorliegen, wenn nur die Heizkörperventile ausgetauscht werden (LG Berlin ZMR 1986, 444), lediglich Außenarbeiten stattfinden (LG Köln NZM 2005, 741) oder der Heizkessel im Keller erneuert wird (AG Rheine ZMR 2010, 458).

12. **Nach Ablauf** der durch den Bauwilligen gesetzten Frist sind vom Nutzer gegen eine Duldungspflicht geltend gemachte Umstände nur noch zu berücksichtigen, wenn der Nutzungsberechtigte ohne Verschulden an der Einhaltung der Frist **gehindert** war und er dem Bauwilligen die Umstände sowie die Gründe der Verzögerung unverzüglich in Textform mitteilt (vgl. **§ 555d Abs. 4 Satz 1 BGB**). Dies könnte z. B. eine plötzliche schwere Erkrankung des Nutzers sein.

13. **Mietrechtliche Folgerungen**, wie eine eventuelle Berechtigung zur Mieterhöhung, betreffen nur das Verhältnis zwischen Vermieter und Mieter und sind von der Ankündigung nach Nr. 2 nicht umfasst. Das Gleiche gilt für die Frage, ob der Vermieter gegenüber seinem Mieter die Pflicht zur ordnungsmäßigen Ankündigung der Baumaßnahme erfüllt hat. Diesbezügliche Versäumnisse des Vermieters berühren die Duldungspflicht nach Nr. 2 nicht. Die Vorschrift regelt ausschließlich die Duldungspflicht des Nutzers nach dem WEG. Etwaige Rechte des Mieters im Zusammenhang mit der Baumaßnahme (etwa Aufwendungsersatzansprüche oder Sonderkündigungsrechte) bleiben davon unberührt.

14. Die Gemeinschaft hat gegen den Mieter einer Sondereigentumseinheit, der bei der Nutzung des Gemeinschaftseigentums gegen eine von den Eigentümern vereinbarte oder beschlossene Gebrauchsregelung verstößt, einen **Unterlassungsanspruch** aus § 1004 Abs. 1 BGB (BGH ZWE 2020, 144). Bei der Vermietung einer Eigentumswohnung kann es daher zu einem mietrechtlichen **Gebrauchskonflikt** kommen, wenn der Vermieter dem Mieter ein umfangreicheres Gebrauchsrecht einräumt, als ihm selbst gegenüber den übrigen Wohnungseigentümern zusteht, z. B. wenn die Haltung von Haustieren nach dem Mietvertrag anders geregelt ist als in der Gemeinschaftsordnung. Grundsätzlich ist der Mieter nämlich nach § 535 Abs. 1 BGB berechtigt, die Mietsache im vertraglich versprochenen Umfang zu nutzen. Der Wohnungseigentümer darf deshalb nicht außerordentlich kündigen, sondern ist im Gegenteil den Gewährleistungsansprüchen des Mieters ausgesetzt. Der vermietende Wohnungseigentümer muss daher beim Abschluss des Mietvertrages darauf achten, den sich aus dem Vertrag ergebenden zulässigen Gebrauch an die Regeln in der Gemeinschaft anzupassen. Problematisch sind dann nur noch gebrauchsbeschränkende Beschlüsse, die nach Abschluss des Mietvertrages gefasst werden. Hiergegen kann sich der Vermieter nur durch einen **Änderungsvorbehalt** im Mietvertrag schützen, um solche späteren Änderungen auch in sein Mietverhältnis mit aufzunehmen.

§ 16 WEG
Nutzungen und Kosten

(1) ¹Jedem Wohnungseigentümer gebührt ein seinem Anteil entsprechender Bruchteil der Früchte des gemeinschaftlichen Eigentums und des Gemeinschaftsvermögens. ²Der Anteil bestimmt sich nach dem gemäß § 47 der Grundbuchordnung im Grundbuch eingetragenen Verhältnis der Miteigentumsanteile. ³Jeder Wohnungseigentümer ist zum Mitgebrauch des gemeinschaftlichen Eigentums nach Maßgabe des § 14 berechtigt.

(2) ¹Die Kosten der Gemeinschaft der Wohnungseigentümer, insbesondere der Verwaltung und des gemeinschaftlichen Gebrauchs des gemeinschaftli-

chen Eigentums, hat jeder Wohnungseigentümer nach dem Verhältnis seines Anteils (Absatz 1 Satz 2) zu tragen. ²Die Wohnungseigentümer können für einzelne Kosten oder bestimmte Arten von Kosten eine von Satz 1 oder von einer Vereinbarung abweichende Verteilung beschließen.

(3) Für die Kosten und Nutzungen bei baulichen Veränderungen gilt § 21.

Anmerkungen:

1. Diese Vorschrift befasst sich mit der Verteilung der Früchte des gemeinschaftlichen Eigentums und Vermögens der Gemeinschaft sowie mit der Gestattung des Mitgebrauchs des Gemeinschaftseigentums (Abs. 1). Ferner bestimmt Abs. 2 die grundsätzliche Kostenverteilung im Innenverhältnis mit Ausnahme der von baulichen Veränderungen (Abs. 3). Die Kostenverteilung bemisst sich grundsätzlich am Maßstab der Miteigentumsanteile. Die Vorschrift begründet aber keinen Zahlungsanspruch der Gemeinschaft gegenüber dem einzelnen Wohnungseigentümer oder der Wohnungseigentümer untereinander (Palandt-*Wicke* WEG § 16 Rz. 1). Die Haftung für die Kosten im Außenverhältnis regelt § 9a Abs. 4.

2. **Abs. 1 Satz 1** regelt die **Verteilung** der **Früchte** des gemeinschaftlichen Eigentums und des Gemeinschaftsvermögens. Dies sind die Erzeugnisse und die sonstige Ausbeute, die aus dem Gemeinschaftseigentum und dem gemeinschaftlichen Vermögen gewonnen werden (vgl. § 99 BGB). Das können z. B. Mieterträge, Zinsen oder Nutzungsentgelte, z. B. für den Gebrauch der Waschmaschine, sein. Es besteht grundsätzlich kein Anspruch auf Auskehrung der Früchte; diese sind in die Jahresabrechnung einzustellen (BGH NJW 2012, 2797). Anders zu bewerten ist die Aufteilung der Früchte eines im gemeinschaftlichen Eigentum stehenden Obstbaumes; diese hat sogleich zu erfolgen.

3. Der **Verteilungsmaßstab** ist nach **Abs. 1 Satz 2** der im Grundbuch eingetragene Miteigentumsanteil.

4. **Abs. 1 Satz 3** berechtigt jeden Wohnungseigentümer zum **Mitgebrauch** des gemeinschaftlichen Eigentums nach der Maßgabe des § 14. Jeder Wohnungseigentümer hat hinsichtlich des gesamten Gemeinschaftseigentums ein Recht zum Mitgebrauch, sofern es nicht durch Lage oder Beschaffenheit nur durch einzelne Wohnungseigentümer nutzbar ist, wie z. B. ein nur über ein Sondereigen-

tum zugänglicher Balkon (BayObLG NJW-RR 2004, 1240). Dieses Recht beinhaltet mithin einen **Duldungsanspruch** gegenüber den anderen Wohnungseigentümern (OLG München ZMR 2008, 560). Das Recht zum Mitgebrauch, z. B. der Nutzung des Gartens oder des Hofes, steht jedem Wohnungseigentümer unabhängig von der Größe seines Miteigentumsanteils im gleichen Umfang zu (BayObLG MDR 1972, 607). In **Mehrhausanlagen** kann die Berechtigung zum Mitgebrauch der Gemeinschaftseinrichtungen aufgrund einer Vereinbarung den Bewohnern des jeweiligen Hauses zugewiesen werden (OLG Düsseldorf WE 1995, 150).

5. Dieser Individualanspruch kann von **jedem** auch ohne Billigung der Gemeinschaft geltend gemacht werden (OLG München ZMR 2008, 560). Die Vorschrift berechtigt aber nicht zum alleinigen Eigengebrauch. Die Gemeinschaft kann jedoch durch Vereinbarung einzelnen Wohnungseigentümern die alleinige Nutzung (sog. **Sondernutzungsrecht**, vgl. § 3 Anm. 10) von Teilen des Gemeinschaftseigentums (z. B. Garten oder Pkw-Stellplätze) zuweisen (KG Rpfleger 1972, 62). Abs. 1 Satz 3 gilt hingegen nicht für das Gemeinschaftsvermögen als solches; das wird über § 9a Abs. 3 geregelt.

6. Nach **Abs. 2 Satz 1** werden alle **Kosten**, die bei der Gemeinschaft anfallen, grundsätzlich nach den Miteigentumsanteilen verteilt. Exemplarisch hervorgehoben werden die Kosten für Verwaltung und gemeinschaftlichen Gebrauch. Umfasst sind alle Zahlungsverpflichtungen, die auf die Gemeinschaft zukommen. Kosten der **Verwaltung** sind insbesondere die Kosten des Verwalters, des Beirats, für den Schornsteinfeger, für Konten und Zinsen und für Ausgaben für die Versammlung, die Unterrichtung der Eigentümer sowie für Telefon, Miete für Räume, Papier und Porto. Kosten des **gemeinschaftlichen Gebrauchs** sind die nicht im Sondereigentum getätigten und gesondert erfassten Kosten (BGH NJW 2003, 3476). Dies sind Betriebskosten (vgl. § 556 Abs. 1 Satz 2 BGB), wie für Strom, Wasser, Reinigung, Müllabfuhr, Wartung, Versicherungsprämien, Aufzug, Winterdienst, Hausmeister, Gartenpflege und die Kosten eines Entziehungsverfahrens nach § 17 oder Prozesskosten. Unter Kosten für das **gemeinschaftliche Eigentum** fallen z. B. Kosten für Instandhaltung und Instandsetzung des Gemeinschaftseigentums sowie Grundsteuern und Erschließungsbeiträge, aber auch Zinsen und Tilgungsleistungen für aufgenommene Kredite. Das **Sonderei-**

§ 16 WEG Nutzungen und Kosten

gentum betreffende Kosten umfassen dessen Wasser- (BGH NJW 2003, 3476) und Energieversorgung sowie Müllabfuhr (OLG Oldenburg ZMR 2005, 814) oder einen Breitbandkabelanschluss (BGH NJW 2007, 3492), soweit diese jeweils dem Sondereigentum zugerechnet und einzeln abgerechnet werden können.

Ausgenommen ist die Kostenverteilung der **Heizkosten** nach der Heizkostenverordnung. Nach § 3 HeizkostenV ist die verbrauchsabhängige Abrechnung der Heiz- und Warmwasserkosten für das Wohnungseigentum vorgeschrieben. Dazu gehören die Betriebskosten einer von den Wohnungseigentümern gemeinschaftlich betriebenen zentralen Heizungs- und Warmwasserversorgungsanlage einschließlich der Kosten des Betriebsstroms (BGH NJW-RR 17, 263). Nach § 2 HeizkostenV hat die Verteilung **zwingenden** Charakter und darf nicht abgeändert werden. Die Vorschriften der HeizkostenV sind auf die Gemeinschaft unmittelbar anzuwenden, ohne dass es dafür eines Beschlusses oder einer Vereinbarung bedürfte (BGH NJW 2012, 1434). Der von der HeizkostenV vorgegebene Rahmen zur Abrechnung muss von der Gemeinschaft durch Beschluss ausgefüllt werden (LG München I ZMR 2012, 394). Hierbei muss es sich um Kosten des Betriebes einer von den Wohnungseigentümern gemeinschaftlich betriebenen zentralen Heizungsanlage oder Warmwasserversorgungsanlage handeln (*Sauren* § 16 Rz. 29). Der Beschluss darf nicht pauschal auf § 9a HeizkostenV verweisen, sondern muss den gewollten Verteilerschlüssel und die konkrete Verteilung auf die Wohnungseigentümer ausweisen. Zur Kostenverteilung ist der gleiche Maßstab für alle Wohnungseigentümer anzuwenden. Ist kein Verteilungsmaßstab eingeführt, so ist dieses vor Verteilung durch die Gemeinschaft nachzuholen (BGH NJW 2012, 1434). 7.

Nach **Abs. 2 Satz 2** können die Miteigentümer für den Einzelfall aber auch eine **andere Kostenverteilung** für das Gemeinschaftseigentum beschließen bzw. diese durch Vereinbarung regeln. Diese Möglichkeit betrifft sämtliche Kosten im Sinne des Abs. 2 Satz 1. Ausgenommen sind nur solche, die auf baulichen Veränderungen nach § 20 beruhen (Abs. 3). Für diese kann nach § 20 Abs. 5 aber ebenfalls eine abweichende Regelung getroffen werden. 8.

Die Wohnungseigentümer müssen bei der Entscheidung über die abweichende Kostenverteilung das **Bewusstsein** haben, eine Ände- 9.

rung der bisherigen Kostenverteilung für künftige Abrechnungen zu beschließen (BGH NJW-RR 2018, 1162). Eine Neuregelung des Kostenverteilungsschlüssels muss daher aus dem Beschluss ausdrücklich hervorgehen und so gestaltet sein, dass sie einem verständigen und unbefangenen Leser bei der Durchsicht der Beschluss-Sammlung ohne weiteres auffallen muss (BGH NJW 2010, 2654). Bei einer Verteilung nach Wohn-/Nutzflächen ist die in der Teilungserklärung angegebene Fläche maßgebend (OLG Frankfurt NZM 2007, 490).

10. Als **einzelne Kosten** sind konkret bestimmbare und einmalig anfallende Positionen zu verstehen. Die Wohnungseigentümer können daher über die Kostenverteilung für eine konkrete Erhaltungsmaßnahme gesondert beschließen. Der Begriff der Art der Kosten ist weit auszulegen. Bestimmte Arten von Kosten können sich sowohl auf regelmäßig wiederkehrende Positionen (z. B. Müllgebühren) als auch auf unregelmäßig wiederkehrende, aber gleichartige Positionen beziehen. So können z. B. Betriebskosten nach einem anderen Schlüssel verteilt werden, der der tatsächlichen Verursachung eher gerecht wird, weil etwa bestimmte Nebengebäude oder Anlagen vorwiegend nur von einzelnen Wohnungseigentümern genutzt werden. Es ist also möglich, eine Kostenverteilung auch über den Einzelfall hinaus zu beschließen. So lassen sich Kosten nach **Verbrauch** oder **Verursachung** verteilen.

11. Der **generelle Verteilungsschlüssel** der Kosten kann hierdurch allerdings nicht geändert werden. Ist also eine abweichende Kostenverteilung in einem Einzelfall beschlossen worden, kann kein Wohnungseigentümer daraus einen Anspruch gegenüber den anderen Wohnungseigentümern auf Gleichbehandlung ableiten, in einem künftigen Fall einen Beschluss hinsichtlich der Kosten zu seinen Gunsten zu fassen.

12. Ob ein Beschluss über die Kostenverteilung **anfechtbar** ist, hängt davon ab, ob er die allgemeinen Vorgaben der ordnungsmäßigen Verwaltung wahrt, insbesondere dem billigen Ermessen entspricht (vgl. § 18 Abs. 2). Hierbei ist der Gemeinschaft ein weiter **Ermessensspielraum** zuzubilligen (BGH NJW 2011, 2202). Bei der Verteilung ist der Umfang des durch die Maßnahme ermöglichten Gebrauchs zu berücksichtigen. Hierbei dürfen das „Ob" einer abweichenden Kostenverteilung, also die Frage der grundsätzlichen

Berechtigung zur Änderung, und das „Wie", also die Art des Verteilerschlüssels, nur nicht willkürlich sein (BGH NJW 2011, 2202). Die Kostenverteilung darf auch nicht unzulässig **zurückwirken**, also für die Vergangenheit eine Änderung festlegen (BGH NJW 1991, 979). Liegen bei einer Hauptposition (Verwalter, Hausmeister oder Instandhaltung) die Kosten mehr als 100 % über der bisherigen Belastung des Wohnungseigentümers, entspricht die Verteilung nicht mehr der ordnungsmäßigen Verwaltung (LG Lüneburg ZMR 2012, 393).

Abs. 3 stellt klar, dass für Nutzungen und Kosten bei baulichen Veränderungen nach § 20 allein die Vorschriften des § 21 gelten. **13.**

Die **Beitragsschuld** ist eine Verbindlichkeit des einzelnen Wohnungseigentümers, die aus dem gesetzlichen Schuldverhältnis zwischen ihm und der Gemeinschaft entsteht (OLG Düsseldorf NZM 2007, 47). Der Beitragsgläubiger ist daher allein die Gemeinschaft (BGH NJW-RR 2017, 844). Eine Zahlungsverpflichtung wird aber erst durch einen Beschluss der Gemeinschaft begründet, der die konkrete Beitragsschuld des Wohnungseigentümers festlegt (OLG Oldenburg ZMR 2005, 734). Die Beitragsschuld ist eine persönliche Schuld des Wohnungseigentümers, für die er mit seinem Vermögen haftet, die sich aber nicht als dingliche Haftung auf das Wohnungseigentum erstreckt (BGH NJW 2018, 1613). **Fällig** wird sie mit der konkreten Aufteilung im Rahmen der Beschlussfassung. Einwendungen gegen sie können nur mit der Anfechtung des entsprechenden Beschlusses geltend gemacht werden (Palandt-*Wicke* WEG § 16 Rz. 32). Die **Verjährung** richtet sich nach §§ 195, 199 BGB. Um die Zahlungsfähigkeit der Gemeinschaft zu sichern, darf eine **Zurückbehaltung** oder **Aufrechnung** gegenüber der Beitragsschuld nur erfolgen, wenn die Gegenforderung anerkannt oder rechtskräftig festgestellt ist (BGH NJW-RR 2016, 714) oder auf eigener Notgeschäftsführung beruht (OLG Hamm ZWE 2009, 369). Der Verwalter hat die Einziehung vorzunehmen und zu überwachen (§ 9b Abs. 1 Satz 1). Ausfälle aus der Beitragsschuld sind auf alle Wohnungseigentümer einschließlich des zahlungsunfähigen nach dem geltenden Verteilungsmaßstab umzulegen (BGH NJW 1989, 3018). Zahlt ein Wohnungseigentümer mehr als er müsste, ist dies bei der nächsten Abrechnung auszugleichen (OLG Hamm NJW-RR 2005, 238). **14.**

§ 17 WEG
Entziehung des Wohnungseigentums

(1) Hat ein Wohnungseigentümer sich einer so schweren Verletzung der ihm gegenüber anderen Wohnungseigentümern oder der Gemeinschaft der Wohnungseigentümer obliegenden Verpflichtungen schuldig gemacht, dass diesen die Fortsetzung der Gemeinschaft mit ihm nicht mehr zugemutet werden kann, so kann die Gemeinschaft der Wohnungseigentümer von ihm die Veräußerung seines Wohnungseigentums verlangen.

(2) Die Voraussetzungen des Absatzes 1 liegen insbesondere vor, wenn der Wohnungseigentümer trotz Abmahnung wiederholt gröblich gegen die ihm nach § 14 Absatz 1 und 2 obliegenden Pflichten verstößt.

(3) Der in Absatz 1 bestimmte Anspruch kann durch Vereinbarung der Wohnungseigentümer nicht eingeschränkt oder ausgeschlossen werden.

(4) ¹Das Urteil, durch das ein Wohnungseigentümer zur Veräußerung seines Wohnungseigentums verurteilt wird, berechtigt zur Zwangsvollstreckung entsprechend den Vorschriften des Ersten Abschnitts des Gesetzes über die Zwangsversteigerung und die Zwangsverwaltung. ²Das Gleiche gilt für Schuldtitel im Sinne des § 794 der Zivilprozessordnung, durch die sich der Wohnungseigentümer zur Veräußerung seines Wohnungseigentums verpflichtet.

Anmerkungen:

1. Nach § 11 ist die Gemeinschaft grundsätzlich unauflösbar. Um aber für den Fall ausweisloser Konflikte nicht zu einem für alle Mitglieder unerträglichen Spannungsverhältnis zu kommen, gibt diese Vorschrift der Gemeinschaft als „letztes Mittel" (BVerfG NJW 1994, 241) das Recht, einzelne Wohnungseigentümer, die wiederholt und gröblich gegen ihre Pflichten gegenüber der Gemeinschaft verstoßen, von dieser auszuschließen. Dieses letzte Mittel darf aber erst angewendet werden, wenn andere mögliche und zumutbare Maßnahmen ausgeschöpft wurden (BGH NJW 2007, 1353). Die Kompetenz für einen Ausschluss liegt allein bei der Gemeinschaft. Die Möglichkeit, als milderes Mittel eine Vertragsstrafe zu beschließen, steht der Gemeinschaft nicht zu. Dies hat der Gesetzgeber ausdrücklich ausgeschlossen, indem er die noch im Regierungsentwurf des *Wohnungseigentumsmodernisierungsgesetzes* vorgesehene Möglichkeit (BT-Drs. 19/18791 S. 14) in den weiteren Beratungen des Gesetzge-

bungsverfahrens ausdrücklich aufgegeben hat (BT-Drs. 19/22634 S. 16).

2. Nach **Abs. 1** ist die **Gemeinschaft** berechtigt, die **Veräußerung** des Eigentums eines Wohnungseigentümers durchzusetzen, soweit dieser seine Pflichten gegen einen einzelnen Wohnungsinhaber oder gegenüber der Gemeinschaft in einer Weise verletzt hat, dass von ihm die Veräußerung der Wohnung verlangt werden kann. Dies gilt ebenso für Zwei-Personen-Gemeinschaften, bei denen der Entziehungsanspruch auch der Gemeinschaft zusteht. Der Anspruch besteht erst ab Eintragung des betroffenen Wohnungsinhabers im Grundbuch (BGH NJW 1989, 1087).

3. **Anspruchsgegner** ist der störende Wohnungseigentümer. Hat der Störer mehrere Einheiten in der Gemeinschaft, so ist für jedes Wohnungseigentum die Voraussetzung gesondert zu prüfen (Palandt-*Wicke* WEG § 18 Rz. 1). Gehört ein Wohnungseigentum mehreren als Bruchteilsgemeinschaft (z. B. Ehegatten), kann die Veräußerung nur vom Störenden verlangt werden (*Sauren* § 18 Rz. 2c). Bei einer Gesamthandsgemeinschaft (z. B. Erbengemeinschaft) genügt es, wenn bei einem Mitglied die Voraussetzungen erfüllt sind (§ 425 BGB), da dort der Störer intern ausgeschlossen und so ein gesamter Ausschluss vermieden werden kann (Jennißen-*Heinemann* § 18 Rz. 9).

4. Für den Ausschluss ist eine **Pflichtverletzung** des Wohnungseigentümers erforderlich. Eine Zurechnung Dritter (z. B. über § 278 BGB) erfolgt nicht (Palandt-*Wicke* WEG § 18 Rz. 2). Der Wohnungseigentümer hat aber für das Fehlverhalten Dritter (z. B. Mieter) einzustehen, denen er sein Wohnungseigentum überlassen hat, soweit ihn ein persönliches Verschulden trifft (OLG Saarbrücken NZM 2007, 774). Die Pflichtverletzung kann nämlich auch in einem Unterlassen bestehen. Eine **Entziehung** kommt aber erst bei einer **schweren** Pflichtverletzung in Frage, wodurch eine Störung des Gemeinschaftsfriedens und ein Bruch des Vertrauensverhältnisses eingetreten sein müssen. Entscheidend ist, ob ein verbleibender Störer in der Gemeinschaft auf Grund des Verstoßes den übrigen Wohnungseigentümern nicht mehr zugemutet werden kann (*Sauren* § 18 Rz. 4). Im Gegensatz zu Abs. 2 reicht bereits ein einmaliger Verstoß; dieser muss aber besonders schwerwiegend sein. Wurde allerdings

die Ursache der Störung behoben, besteht regelmäßig kein Anspruch mehr (*Sauren* § 18 Rz. 3).

5. **Beispiele** solcher Pflichtverletzungen sind: grobe missbräuchliche Ausübung von Eigentümerrechten (BGH NZM 2019, 630); andauernde Beleidigungen und Misstrauensbekundungen (AG Dachau ZMR 2006, 319); Tätlichkeiten (LG Nürnberg-Fürth ZMR 1985, 347); unzumutbares Verhalten aufgrund eines sog. Messie-Syndroms (LG Hamburg ZMR 2016, 487); schwerwiegende nachbarrechtliche Streitigkeiten (AG Emmendingen ZMR 1986, 212); Beschimpfungen als Mörder und Vergewaltiger (AG Tübingen ZMR 2011, 919); wiederholte Sachbeschädigungen (AG Reinbek DWE 1993, 127); schwere Vernachlässigung des Sondereigentums (LG Tübingen ZMR 1995, 179). **Nicht** ausreichen z. B. wiederholte Beschlussanfechtungen (BGH NZM 2019, 630) oder mangelndes Heizen und langjähriges Unterlassen notwendiger Reparaturen (LG Aachen ZMR 1993, 233).

6. Die verletzende Handlung, die dafür ursächlich ist, dass die Fortführung der Wohnungseigentümergemeinschaft unzumutbar ist (**Kausalität**), muss nicht unbedingt gegenüber einem Miteigentümer oder dem Verwalter begangen worden sein. Vielmehr reichen auch ein Nutzungsberechtigter (z. B. ein Mieter), Angehörige oder Besucher als Verletzte aus (*Sauren* § 18 Rz. 4b).

7. Die Pflichtverletzung muss grundsätzlich **schuldhaft** („schuldig gemacht") sein. Bei besonders schweren Verstößen reicht aber auch eine im Zustand der Schuldunfähigkeit begangene Pflichtverletzung aus (BVerfG NJW 1994, 241).

8. Liegen zum Zeitpunkt der Entscheidung die unzumutbaren Verhältnisse nicht mehr vor, muss eine **Wiederholungsgefahr** bestehen, soll allein auf Grund vergangener Verletzungen der Wohnungseigentümer zur Veräußerung verpflichtet werden (LG Augsburg ZMR 2005, 230).

9. Eine **Verwirkung** des Anspruches macht das Entziehungsverlangen gegenstandslos. Dies ist dann der Fall, wenn ein weiteres Zusammenleben mit dem Wohnungseigentümer (wieder) möglich ist (*Sauren* § 18 Rz. 7).

10. Obwohl nur in Abs. 2 ausdrücklich erwähnt, muss auch nach Abs. 1 grundsätzlich zunächst eine **Abmahnung** erfolgen, soweit eine solche nicht unzumutbar ist oder keinen Erfolg verspricht (BGH NJW 2007, 1353) oder die Pflichtverletzung nach der Klageerhebung fortgesetzt wird (BGH NJW-RR 2018, 649). Die Mahnung setzt keinen Beschluss der Gemeinschaft voraus und kann auch vom Verwalter oder einem Wohnungseigentümer **formfrei** ausgesprochen werden (BGH NJW 2007, 1353). Zur besseren Beweisbarkeit sollte dies aber stets schriftlich und mit nachgewiesenem Zugang erfolgen. Erfolgt eine Abmahnung durch Beschluss, ist dieser durch den Betroffenen anfechtbar. Die Abmahnung des störenden Wohnungseigentümers muss hinreichend **bestimmt** sein und das Verhalten des Störers, das zur Entziehung führen kann, so genau aufzeigen, dass er in die Lage versetzt wird, sein zukünftiges Verhalten danach auszurichten, um eine Entziehung zu vermeiden. Daran sind strenge Anforderungen zu stellen. Die Formulierung „jeden unnötigen Lärm zu vermeiden" reicht für eine hinreichend bestimmte Abmahnung nicht aus (LG Berlin ZWE 2010, 217). Sie muss ferner vor einem drohenden Entziehungsbeschluss **warnen** (BayObLG ZMR 1985, 275).

11. Nach **Abs. 2** kann das Wohnungseigentum insbesondere dann entzogen werden, wenn der Wohnungseigentümer trotz Abmahnung **wiederholt gröblich** gegen die ihm nach § 14 Abs. 1 und 2 obliegenden Pflichten verstößt. Nach dieser Vorschrift können auch mehrere weniger schwerwiegende Verstöße zu einer Entziehung führen, wenn der Störende sein Verhalten nach einer Abmahnung (siehe hierzu Anm. 10) der Gemeinschaft nicht ändert. Hierzu sind der ursprüngliche Verstoß und nach erfolgter Abmahnung noch mindestens **zwei** weitere („wiederholt") Verstöße erforderlich. Die Verstöße müssen zwar alle grob, aber nicht artgleich sein (Palandt-*Wicke* WEG § 18 Rz. 3). Befindet sich ein Wohnungseigentümer mit seiner Pflicht zur **Lasten- und Kostentragung** (z. B. Wohngeld) in Verzug, kann sich die Gemeinschaft nach § 10 Abs. 1 Nr. 2 ZVG vorrangig aus seinem Wohnungseigentum bedienen. Deshalb fällt eine solche Konstellation nicht unter Abs. 2.

12. **Abs. 3** bestimmt, dass der Anspruch aus Abs. 1 durch Vereinbarung der Wohnungseigentümer **nicht** eingeschränkt oder ausgeschlossen werden kann. Dies umfasst einen Ausschluss erst nach einer bestimmten Zeit oder einem Ereignis sowie die Aufzählung von

§ 17 WEG Entziehung des Wohnungseigentums

Ausschlussgründen. Nach dem Gesetzestext sind aber Erweiterungen möglich, sodass z. B. von einem Verschulden abgesehen werden darf (Palandt-*Wicke* WEG § 18 Rz. 7). Aber auch hier gilt, dass die Ausschlussgründe hinreichend bestimmt sein müssen. Die Voraussetzungen nach Abs. 2 sind hiervon ebenfalls umfasst, da die dort genannten besonderen Bedingungen unter den Voraussetzungen des Abs. 1 stehen (*Sauren* § 18 Rz. 12).

13. Die Gemeinschaft beschließt bei Vorliegen der Voraussetzungen nach dieser Norm die **Entziehung** des Wohnungseigentums (§ 25 Abs. 1). Der betroffene Eigentümer ist hierbei nicht stimmberechtigt (§ 25 Abs. 4). Ein besonderes **Quorum** ist für den Entziehungsbeschluss nicht erforderlich, da ein berechtigtes Interesse besteht, den störenden Wohnungseigentümer aus der Gemeinschaft zu entfernen, wenn ein Entziehungsgrund vorliegt. In einer Zweiergemeinschaft ist eine Beschlussfassung nicht nötig (BGH ZMR 2010, 621). Ein mangels Abmahnung ungültiger Entziehungsbeschluss ist selbst als Abmahnung zu werten (BGH NJW 2007, 1353). Der Beschluss ist eine Prozessvoraussetzung für das Entziehungsverfahren (Palandt-*Wicke* WEG § 18 Rz. 6).

14. Wird der Beschluss angegriffen, überprüft das Gericht nur, ob der Beschluss **formell ordnungsgemäß** zustande gekommen ist (ordnungsgemäße Ladung und Durchführung, ordnungsgemäße Abmahnung, Beschlusskompetenz, Beschlussfassung und Verkündung, hinreichende Bestimmtheit, Mehrheit); eine inhaltliche Überprüfung findet erst im gerichtlichen Entziehungsverfahren statt (BGH NJW 2011, 3026).

15. Der betroffene Wohnungseigentümer ist gegen eine ungerechtfertigte Maßnahme der Gemeinschaft durch das gerichtliche **Entziehungsverfahren** geschützt. Veräußert der Störer nämlich nach einem Beschluss nicht freiwillig sein Wohnungseigentum, muss der Anspruch gerichtlich durchgesetzt werden. Der Anspruch steht dabei materiell-rechtlich der **Gemeinschaft** zu. Der Verwalter vertritt die Gemeinschaft im gerichtlichen Verfahren (§ 9b Abs. 1 Satz 1). Liegen die Voraussetzungen zur Entziehung vor, muss er im Sinne des **Abs. 4 Satz 1** den Störer **verklagen** und nach rechtskräftiger Verurteilung dessen Wohnungseigentum versteigern lassen. Bei einer Zweier-Gemeinschaft reicht es aus, wenn das ausschließungswillige Mitglied selbst Klage erhebt.

Das Gericht **prüft**, ob die Voraussetzungen von Abs. 1 oder Abs. 2 **16.** vorliegen, das Veräußerungsverlangen mithin gerechtfertigt ist. Hierbei ist inzident auch die formelle Wirksamkeit des Entziehungsbeschlusses zu prüfen (BGH NJW 2011, 3026). Die **Beweislast** liegt bei der Gemeinschaft (AG Dachau ZMR 2006, 320). Mit Rechtskraft des Urteils verliert der Wohnungsinhaber sein Stimmrecht (§ 25 Abs. 4). Der Verkehrswert des Wohnungseigentums bildet den **Streitwert** einer Klage nach Abs. 4 (OLG Köln NZM 2011, 553).

Die **Vollstreckung** des Urteils im Sinne des Abs. 4 Satz 1 erfolgt **17.** nach dem ZVG. Es müssen die allgemeinen Voraussetzungen der Zwangsvollstreckung erfüllt sein (§ 704 Abs. 1 ZPO – Titel, Klausel, Zustellung). **Abs. 4 Satz 2** stellt dabei klar, dass neben einem Urteil alle Vollstreckungstitel nach § 794 ZPO hierzugehören, also gerichtliche oder vor einer anerkannten Gütestelle geschlossene Vergleiche (§ 794 Abs. 1 Nr. 1 ZPO), vollstreckbare Urkunden (§ 794 Abs. 1 Nr. 5 ZPO) und für vollstreckbar erklärte Anwaltsvergleiche (§ 794 Abs. 1 Nr. 4b ZPO). Der **Beschluss** über die Anordnung der Zwangsversteigerung gilt dann als Beschlagnahme mit der Wirkung eines Veräußerungsverbotes (§§ 20, 23 Abs. 1 ZVG). Mit dem Zuschlag geht das Eigentum auf den Erwerber über (§ 90 ZVG) und damit ist der verurteilte Wohnungseigentümer ausgeschieden.

§ 18 WEG
Verwaltung und Benutzung

(1) Die Verwaltung des gemeinschaftlichen Eigentums obliegt der Gemeinschaft der Wohnungseigentümer.

(2) Jeder Wohnungseigentümer kann von der Gemeinschaft der Wohnungseigentümer

1. eine Verwaltung des gemeinschaftlichen Eigentums sowie

2. eine Benutzung des gemeinschaftlichen Eigentums und des Sondereigentums

verlangen, die dem Interesse der Gesamtheit der Wohnungseigentümer nach billigem Ermessen (ordnungsmäßige Verwaltung und Benutzung) und, soweit solche bestehen, den gesetzlichen Regelungen, Vereinbarungen und Beschlüssen entsprechen.

§ 18 WEG Verwaltung und Benutzung

(3) Jeder Wohnungseigentümer ist berechtigt, ohne Zustimmung der anderen Wohnungseigentümer die Maßnahmen zu treffen, die zur Abwendung eines dem gemeinschaftlichen Eigentum unmittelbar drohenden Schadens notwendig sind.

(4) Jeder Wohnungseigentümer kann von der Gemeinschaft der Wohnungseigentümer Einsicht in die Verwaltungsunterlagen verlangen.

Anmerkungen:

1. Diese Vorschrift regelt generelle Fragen der Verwaltung und Benutzung des gemeinschaftlichen Eigentums. Grundsätzlich wacht die Gemeinschaft über die Einhaltung der bestehenden Regeln, da ihr die Verwaltung des gemeinschaftlichen Eigentums obliegt (Abs. 1). Der einzelne Wohnungseigentümer darf nur zur Abwendung eines unmittelbar drohenden Schadens selbst tätig werden (Abs. 3). Ansonsten hat er gegenüber der Gemeinschaft nur einen Anspruch, dass diese für eine ordnungsmäßige Verwaltung und Benutzung des gemeinschaftlichen Eigentums sorgt (Abs. 2). Um seinem Informationsinteresse nachkommen zu können, steht ihm ein Einsichtsrecht in die Verwaltungsunterlagen zu (Abs. 4). Durch Vereinbarung können allerdings zu dieser Vorschrift Ausnahmen geschaffen werden, indem z. B. die Verwaltung bei Mehrhausanlagen teilweise getrennt erfolgt (BGH NJW 2000, 3500).

2. Nach **Abs. 1** verwaltet die Gemeinschaft das gemeinschaftliche Eigentum. Da die Gemeinschaft Rechte erwerben und Verbindlichkeiten eingehen kann sowie prozessfähig ist (§ 9a Abs. 1), kann sie dieser Aufgabe im **Außenverhältnis** gegenüber Dritten selbst durch Beschlüsse (§ 19 Abs. 1) oder durch den Verwalter als ihrem Organ (§ 27 Abs. 1) nachkommen. Der **Verwalter** ist aufgrund seiner Stellung als Organ wiederum gegenüber der Gemeinschaft verpflichtet, die ihn treffenden Pflichten auch zu erfüllen.

3. Entsteht einem **Wohnungseigentümer** aufgrund der Verwaltung des Gemeinschaftseigentums ein **Schaden** oder stehen ihm Erstattungsansprüche zu, z. B. wenn er eine gegen die Gemeinschaft bestehende Forderung befriedigt hat, kann er seine Ansprüche gegenüber der Gemeinschaft geltend machen und muss hierfür nicht den Verantwortlichen in Anspruch nehmen. Sollte einem Wohnungseigentümer z. B. aufgrund des Verwalterhandelns ein Schaden entstan-

den sein, kann er diesen gegenüber der Gemeinschaft liquidieren, da die Gemeinschaft nach § 31 BGB für das Handeln des Verwalters einzustehen hat. Die Gemeinschaft wiederum kann den Verwalter in Regress nehmen.

4. Für **Schädigungen** des Gemeinschaftseigentums oder sonstige Verstöße gegen Gemeinschaftsregeln steht es der Gemeinschaft im **Innenverhältnis** zu, den Schädiger in Regress zu nehmen bzw. das störende Verhalten zu unterbinden. So obliegt der Gemeinschaft z. B. die Umsetzung der gefassten Beschlüsse, die Durchsetzung der Wohngeldansprüche oder die Geltendmachung von Ersatzansprüchen gegen die einzelnen Wohnungseigentümer. Ein **Direktanspruch** gegen den Verwalter für eine Pflichtverletzung im Rahmen der Verwaltung des gemeinschaftlichen Eigentums steht dem einzelnen Wohnungseigentümer nicht zu. Sollte allerdings sein Sondereigentum durch ein schädigendes Verhalten des Verwalters betroffen sein, stehen ihm die einschlägigen Ansprüche gegen diesen zu. Gleiches gilt für Verstöße von Wohnungseigentümern.

5. Während die Gemeinschaft nach Abs. 1 das Recht zur Verwaltung des Gemeinschaftseigentums hat, begründet **Abs. 2** Individualansprüche jedes Wohnungseigentümers gegenüber der Gemeinschaft auf eine ordnungsmäßige Verwaltung und Benutzung, um ihnen die Möglichkeit einer Kontrolle zu geben.

6. Nach **Abs. 2 Nr. 1** kann jeder Wohnungseigentümer von der Gemeinschaft eine **ordnungsmäßige Verwaltung** verlangen. Dies ist eine Verwaltung, die dem Interesse der Gesamtheit der Wohnungseigentümer nach billigem Ermessen und, soweit solche bestehen, den gesetzlichen Regelungen, Vereinbarungen und Beschlüssen entspricht. Zu einer ordnungsmäßigen Verwaltung zählen daher alle Maßnahmen, die im Interesse aller Wohnungseigentümer auf die Erhaltung, Verbesserung und normale Nutzung der Anlage gerichtet sind (BGH NJW 2000, 3500). Dabei besteht ein **Beurteilungsspielraum** der Gemeinschaft, der nur dann überschritten wird, wenn eine andere Entscheidung nicht mehr vertretbar ist (BGH NJW 2012, 2955). Eine Maßnahme der Gemeinschaft darf allerdings nicht nur deshalb für ungültig erklärt werden, weil eine andere Regelung zweckmäßiger wäre (BGH NJW 2015, 1387).

§ 18 WEG Verwaltung und Benutzung

7. Ein **Verstoß** gegen den Grundsatz ordnungsmäßiger Verwaltung begründet keine Nichtigkeit, sondern nur eine Anfechtbarkeit des Beschlusses (BGH NJW 2000, 3500). Lehnt die Gemeinschaft eine Beschlussfassung bzw. ein Handeln ab, muss der Beschwerte sie im Rahmen einer Beschlussersetzungsklage (§ 44 Abs. 1) verklagen. Ergibt sich die konkrete Verwaltungsmaßnahme aus dem Gesetz, einer Vereinbarung oder vorangegangenen Beschlüssen, richtet sich der Anspruch des Wohnungseigentümers auf die konkrete Vornahme. Anderenfalls kann er nur eine Maßnahme verlangen, die dem Interesse aller Wohnungseigentümer nach **billigem Ermessen** entspricht. Aufgrund des der Gemeinschaft zustehenden Ermessensspielraums ist der Anspruch auch erfüllt, wenn sie eine Maßnahme innerhalb ihres Spielraums wählt, selbst wenn diese vom Antragsteller nicht erstrebt wurde (Palandt-*Wicke* WEG § 21 Rz. 11). Ein Anspruch auf sofortige Durchführung einer bestimmten Maßnahme entsteht lediglich dann, wenn allein dieses Vorgehen ordnungsmäßiger Verwaltung entspricht (BGH NJW 2012, 1724).

8. Der Anspruch ist **nicht verjährbar** (BGH ZMR 2012, 713). Er besteht ausschließlich gegen die Gemeinschaft und bezieht sich nicht auf das Sondereigentum, das von jedem Wohnungseigentümer selbst verwaltet wird. Zum Inhalt der innerhalb der ordnungsmäßigen Verwaltung regelbaren Beschlussgegenstände siehe § 19 Anm. 6.

9. Nach **Abs. 2 Nr. 2** hat jeder Wohnungseigentümer gegen die Gemeinschaft, nicht gegenüber den einzelnen Wohnungseigentümern, einen Anspruch auf eine **ordnungsmäßige Benutzung** des gemeinschaftlichen Eigentums und des Sondereigentums. Das ist eine Nutzung, die dem Interesse der Gesamtheit der Wohnungseigentümer nach billigem Ermessen und, soweit solche bestehen, den gesetzlichen Regelungen, Vereinbarungen und Beschlüssen entspricht. Dies ist zum einen ein Anspruch des Einzelnen gegenüber der Gemeinschaft, ihm die Nutzung seines Sondereigentums und des Gemeinschaftseigentums zu erlauben, zum anderen ein Anspruch gegenüber der Gemeinschaft, anderen die gemeinschaftswidrige Nutzung zu untersagen. Diese Regelung schränkt mithin die Rechte der Wohnungseigentümer aus § 13 Abs. 1 ein. Der Anspruch bezieht sich **nicht** auf das Sondereigentum der anderen Wohnungseigentümer. Dieses wird von jedem selbst verwaltet.

In der **Teilungserklärung** kann vorbehaltlich eines Rechtsmissbrauchs jede Gebrauchsregelung erfolgen; ein **Beschluss** der Gemeinschaft kann den ordnungsmäßigen Gebrauch regeln (Palandt-*Wicke* WEG § 15 Rz. 4). Ferner können aus dem **Aufteilungsplan** Nutzungsbeschränkungen hervorgehen (OLG Düsseldorf NZM 2000, 1008). Aber auch aus sonstigen Vereinbarungen der Gemeinschaft und deren Beschlüssen lassen sich Benutzungsregelungen ableiten. Werden an unterschiedlichen Stellen widersprüchliche Regelungen getroffen, gehen die in den Vereinbarungen (Teilungserklärung, Gemeinschaftsordnung oder sonstige Vereinbarungen) denen aus den Beschlüssen vor. Sind z. B. Räume in der Teilungserklärung (§ 1 Abs. 1) als Wohnungseigentum ausgewiesen, beschränkt sich die Zweckbestimmung zur ordnungsmäßigen Benutzung darauf, dass das Sondereigentum nur zu Wohnzwecken gebraucht werden darf (OLG Hamm ZMR 2006, 634). Sind Räume als Teileigentum ausgewiesen, ist durch Auslegung nach objektiven Gesichtspunkten zu ermitteln, ob durch diese Vereinbarung auch Nutzungsbeschränkungen enthalten sein sollen (BGH ZMR 2013, 452). Die Regelung der **ordnungsmäßigen Benutzung** außerhalb der Vorgaben von Vereinbarungen ist ansonsten durch **Beschluss** möglich. Zu den Einzelfällen der Regelung des ordnungsmäßigen Gebrauchs siehe § 19 Anm. 6.

10.

Ist eine Regelung **nicht** getroffen, kann jeder gegenüber der Gemeinschaft eine Bestimmung verlangen, die dem Interesse der Wohnungseigentümer entspricht. Sie muss nur der Regelung in einem Beschluss oder in einer Vereinbarung zugänglich sein. Dies kann eine Gebrauchsbegrenzung nach Art, Umfang oder Zeit, eine Gebrauchspflicht hinsichtlich des Gemeinschaftseigentums, ein Gebrauchsverbot oder der Gebrauch nur mit Zustimmung des Verwalters oder der Gemeinschaft sein (Palandt-*Wicke* WEG § 15 Rz. 2). Sind keine Erteilungs- oder Versagungsgründe festgelegt, ist bei einer Nutzung innerhalb der Zweckbestimmung die Zustimmung zu erteilen, wenn kein **wichtiger Grund** dagegenspricht (BayObLG WE 1993, 140). Bei einem Gebrauch außerhalb der Zweckbestimmung genügt ein Versagungsgrund, der nur nicht willkürlich oder missbräuchlich sein darf (OLG Frankfurt NZM 2006, 144).

11.

Generelle Verbote einer nach §§ 13 Abs. 1, 14 Abs. 1 eigentlich zulässigen Nutzung können nur durch eine **Vereinbarung** oder

12.

einen **allstimmigen Beschluss** (BGH NJW 2019, 2083) geregelt werden. Dies betrifft z. B. das Musizieren (BGH ZMR 1999, 41), das Musizieren nur in Zimmerlautstärke (BayObLG ZWE 2001, 595), die Haustierhaltung (BGH WuM 1995, 447), das Verbot der Hunde-/Katzenhaltung (OLG Frankfurt ZWE 2011, 363), das Wäsche waschen und trocknen (OLG Frankfurt NJW-RR 2002, 82), eine kurzfristige Vermietung (BGH NJW 2019, 2083), ein Vermietungsgebot (BayObLG ZWE 2000, 529), die Vermietung nur an bestimmte Personen (BayObLG NJW-RR 1988, 1163) oder eine Nutzung nur im Sinne des betreuten Wohnens (BGH NJW 2019, 1280). Gleiches gilt für eigentlich unzulässige Nutzungen, wie z. B. § 906 BGB widerstreitende Immissionen (LG Düsseldorf ZMR 1991, 234), einen der Gebäudebeschaffenheit widersprechenden Gebrauch (BayObLG MDR 1981, 937) oder die Mitbenutzung von Sondereigentum durch andere Wohnungseigentümer (OLG Zweibrücken ZMR 1990, 28).

13. Eine **Zweckbestimmung** des Sondereigentums kann in der Aufteilungserklärung oder in der Gemeinschaftsordnung vorgenommen werden; sie ist aber auch durch sonstige Vereinbarung möglich. Wird innerhalb der Zweckbestimmung eines Sondereigentums eine **Nutzungsänderung** festgelegt, z. B. ein Raum soll von der Küche zum Bad umfunktioniert werden, steht dem eine andere Bezeichnung in der Teilungserklärung nicht entgegen (OLG Hamm ZMR 2006, 634). Davon abgesehen ist eine Nutzungsänderung ohne Genehmigung der Gemeinschaft möglich, wenn sie nicht stärker als die vorherige stört, d. h. nicht über das Maß hinaus beeinträchtigt, das bei einer Nutzung des Wohnungseigentums typischerweise zu erwarten ist (BGH NJW 2010, 3093).

14. Ist für den Gebrauch **außerhalb** der Zweckbestimmung eine **Zustimmung** der Gemeinschaft erforderlich, so reicht jeder Grund für eine Versagung aus, soweit er nicht willkürlich oder missbräuchlich erscheint (OLG Frankfurt NZM 2006, 144). Verboten werden kann z. B. eine Änderung, wenn sie mit mehr Geräuschen, Gerüchen oder Erschütterungen verbunden ist (BGH NZM 2018, 909). Eine Beschränkung der Nutzung kann aber nicht aus dem Charakter der Anlage und den diesen prägenden örtlichen Verhältnissen abgeleitet werden (BGH NJW-RR 2019, 519).

15. Für eine **Prüfung** ist die Nutzung nach ihrer Art und Durchführung zu konkretisieren und auf den Charakter und die Größe der Anlage

sowie die örtlichen und zeitlichen Verhältnisse zu beziehen (OLG Frankfurt NZM 2006, 144). Lässt eine Teilungserklärung z. B. eine „gewerbliche Nutzung" zu, sind davon alle zulässigen Gewerbe umfasst (LG Karlsruhe ZWE 2011, 99). Die Nutzung zu „Wohnzwecken" beinhaltet z. B. auch die Vermietung zum Wohnen (BGH NZM 2010, 285). Ist die Aufteilungserklärung unklar, besteht im Zweifel keine Einschränkung zur Änderung der Zweckbestimmung (BGH NJW-RR 2019, 519). Werden in der Aufteilungserklärung der Gemeinschaftsordnung mehrere Zwecke genannt, die sich nicht widersprechen, ist der umfassendste maßgebend (Palandt-*Wicke* WEG § 15 Rz. 12). Die Nutzungsänderung kann durch **Beschluss** herbeigeführt werden, soweit nicht eine Vereinbarung betroffen ist (OLG München ZMR 2008, 71).

Zulässige Nutzungsänderungen sind z. B.: Umbau eines Abstellraums in einen WC-Raum (BayObLG Rpfleger 1984, 409); Anwaltspraxis in einer Wohnung (KG ZMR 1986, 449); Architektenbüro in einer Wohnung (KG WuM 1994, 494); Ingenieurbüro in einer Wohnung (OLG Zweibrücken ZMR 1997, 482); Krankengymnastikpraxis in einer Wohnung (BayObLG WuM 1985, 231); psychologische Praxis in einer Wohnung (OLG Düsseldorf WuM 1998, 112); Steuerberaterbüro in einer Wohnung (BayObLG NZM 1999, 130); ohne besondere Einschränkung Vermietung einer Wohnung an Feriengäste (BGH ZWE 2010, 130); „nicht zu Wohnzwecken dienender Raum" zu jedem anderen Zweck (KG ZWE 2007, 20); Vermietung einer Hausmeisterwohnung (OLG Hamburg ZMR 2000, 628); „Kammer" als Wohnung (KG NJW-RR 1991, 1359); Hobbyraum oder Werkstatt im Dachraum (BayObLG WuM 1989, 262); Keller als Musikzimmer (BayObLG ZWE 2001, 160); Keller als Lagerraum (OLG Schleswig ZMR 2006, 891); Keller als Hobbyraum (OLG Düsseldorf NJW-RR 1997, 907); Trockensauna im Keller (OLG Frankfurt NZM 2006, 747); Bistro im „Laden", wenn dessen Öffnungszeiten eingehalten werden (OLG Hamburg WE 2003, 6); Café bei „Betrieb für gewerbliche Zwecke" (OLG Zweibrücken WE 1987, 54); chemische Reinigung in „Geschäftsräumen" (BayObLG ZMR 1994, 425); Teileigentumseinheit als Boardinghaus (LG Frankfurt NZM 2018, 95); Gaststätte im Geschäftsraum (BayObLG MDR 1982, 496); Massageraum im Gewerbebetrieb (AG Hamburg ZMR 2007, 821); Eltern-Kind-Zentrum im „Laden mit Lager" (BGH ZWE 2020, 180); Kindertagesstätte im Laden (OLG Düsseldorf NZM 2003, 979); Weinhandlung mit Bistro im „Gewerberaum" (LG Hannover WE 2001, 201); Beschränkung der Hundehaltung (OLG Düsseldorf NZM 2006, 826); kindliches Spielen, auch das Hüpfen auf einem Trampolin, auf einer als „Ziergarten" bezeichneten Fläche (LG München I ZMR 2019, 862); Spielen von Kindern auf einer Rasenfläche (OLG Saarbrücken NJW-RR 1990, 24).

17. **Nicht zulässig** ist z. B.: Automaten-Sonnenstudio im Laden (BayObLG ZMR 1996, 334); Billard-Café in „Laden, Büro, Arztpraxis, Wohnung" (OLG Zweibrücken ZMR 1987, 228); Steh-Café im Ladenlokal (OLG Köln WuM 2005, 71); Bistro im „Laden" (BayObLG ZMR 2000, 775); chemische Reinigung im „Laden" (BayObLG WuM 1997, 704); Einrichtung zur Erbringung stationärer Intensiv- und Beatmungsmaßnahmen in „Büroetage" (LG Bochum ZMR 2018, 850); Eisdiele im „Laden" (BGH ZWE 2020, 144); Fischgroßhandel im „Laden" (OLG München MDR 2007, 513); Gaststätte im „Laden" (OLG Celle ZMR 2004, 689); Gaststätte im Büro (BayObLG ZMR 2000, 775); Musikschule im „Laden", Büro oder Keller (BayObLG WuM 1995, 552); Nachtlokal im „Geschäftsraum" einer Wohnanlage (KG ZMR 1989, 25); Pizzeria im „Laden" (OLG Karlsruhe OLGZ 1985, 397); Pizzabringdienst im „Laden" (OLG Celle ZMR 2004, 689); Sauna mit Imbiss im „Laden" (BayObLG NJW 1986, 1052); Schwimmbad im „Fitness-Center" (BayObLG ZMR 1988, 436); Spielhalle im Lokal (LG München I ZMR 2012, 482); Sportstudio im „Laden" (OLG Schleswig ZMR 2003, 709); Aufstellen von Tischen zum Verzehr im „Laden" gekaufter Waren (OLG München ZMR 2009, 628); Wettbüro im „Laden" (AG Offenbach ZWE 2014, 214); Bordell in einer Wohnung (KG ZMR 1986, 449); Wohnung zur Prostitutionsausübung (OLG Hamburg ZMR 2005, 644); Kinderarztpraxis in einer Wohnung (BayObLG WE 1997, 319); tageweise Unterbringung in einer Wohnung (BGH NJW-RR 2019, 519); Unterbringung von Asylbewerbern in einer Wohnung (BGH NJW 2018, 41); Umwandlung einer Wohnung in eine Eingangshalle (OLG Celle ZWE 2001, 33); Heim- und Obdachlosenunterkunft in einer Wohnung (BGH NJW 2019, 519); Wohnnutzung im Fahrradkeller (OLG Frankfurt OLGR 2005, 58); Friseursalon in einer Wohnung (BayObLG ZWE 2001, 112); Hotel in einer Wohnung (KG ZMR 2007, 803); Hobbyraum als Wohnung (BayObLG ZWE 2005, 246); Partyraum als Wohnung (BayObLG NJW-RR 1996, 464); Kindertagesstätte in einer Wohnung (BGH ZWE 2012, 366); physiothe-

rapeutische Praxis im Wohngebäude (LG Frankfurt ZWE 2018, 319); Tagesmutter in einer Wohnung, da dies ein Gewerbe ist (BGH ZWE 2012, 366); Teileigentum als Wohnung (BGH NJW-RR 2018, 1227); Kellergarage in einer Diele (BayObLG Rpfleger 1984, 409); Keller als Büro (BayObLG ZMR 1993, 530); Keller als Wohnung (OLG Schleswig FGPrax 2006, 207); Garage im „Raum" (BayObLG WE 1994, 88); Benutzung eines Abstellraums zu Wohn- und Schlafzwecken (OLG Schleswig FGPrax 2006, 207); Lagerung von Müll, Schutt oder Kaminholz im Fahrradkeller (OLG Karlsruhe WuM 1999, 51); Gemeinschaftsraum als Geräteraum (BayObLG ZMR 1986, 450).

Bei einem **Verstoß** gegen die Benutzungsregelungen kann die **Gemeinschaft** gegenüber dem Störer aus Abs. 2 vorgehen, da jeder Wohnungseigentümer verpflichtet ist, das in der Gemeinschaft geltende Regelwerk einzuhalten (vgl. § 14 Abs. 1 Nr. 1). Jede konkrete Beeinträchtigung einer durch die Gemeinschaft festgelegten Benutzungsregelung begründet dabei einen Anspruch auf **Unterlassung**. Verstößt ein Wohnungseigentümer etwa gegen die Hausordnung, steht der Gemeinschaft ein Anspruch gegen den Störer auf Unterlassung zu. Wird das Gemeinschaftseigentum entzogen, kann die Gemeinschaft Herausgabe verlangen (BayObLG NZM 2004, 344). Ferner kann eine Beseitigung störender Anlagen begehrt werden (BayObLG ZMR 1993, 350). Eine **bestimmte** Maßnahme kann aber nur verlangt werden, wenn sie die einzige Möglichkeit ist, den Erfolg herbeizuführen (BGH NJW 2013, 3089). Ist die Gebrauchsregelung eingehalten, sind aber anderweitige Beeinträchtigungen vorhanden, besteht nur ein Anspruch auf **Abstellung** der Beeinträchtigungen und nicht auf Unterlassen der Nutzung (BGH ZMR 2011, 396). Es besteht auch ein **Auskunftsanspruch** gegenüber dem Störer (OLG Düsseldorf NJW-RR 2005, 163). Zudem können **Schadensersatzansprüche** geltend gemacht werden, z. B. wegen Mietausfalls (OLG Saarbrücken ZMR 2007, 886). **18.**

Da die Rechte nach Abs. 1 nur der Gemeinschaft zustehen, kann der einzelne **Eigentümer** nur ihr gegenüber seine Rechte aus Abs. 2 geltend machen, wenn ein Anspruch auf Tätigwerden gegenüber dem Störer besteht. Ein Anspruch des einzelnen Wohnungseigentümers gegen einen anderen auf Unterlassung besteht nur, wenn er durch den unzulässigen Gebrauch in seinem **Sondereigentum** oder einem anderen absoluten Recht beeinträchtigt wird (z. B. aus § 14 Abs. 2 Nr. 1 oder § 1004 BGB). **19.**

§ 18 WEG Verwaltung und Benutzung

20. Der Beseitigungsanspruch **verjährt** binnen drei Jahren (§§ 195, 199 Abs. 1 BGB). Die Verjährungsfrist beginnt ab Entstehung der Störung, sofern diese als störend erkennbar geworden ist bzw. sich als störend ausgewirkt hat. Hinsichtlich des Unterlassungsanspruchs beginnt die maßgebliche Frist für die Verjährung mit jeder Handlung neu zu laufen (OLG Karlsruhe ZWE 2008, 398). Der Anspruch kann aber auch **verwirken**, wenn z. B. die Gemeinschaft jahrzehntelang das Verhalten hingenommen und der Nutzer sich hierauf eingerichtet hat (BGH ZWE 2010, 266). Auch der Einwand der **unzulässigen Rechtsausübung** kann einem Anspruch bei widersprüchlichem Verhalten entgegenstehen (BayObLG ZMR 2001, 556), ferner der Verstoß gegen Treu und Glauben nach § 242 BGB (BayObLG NZM 2002, 26).

21. Grundsätzlich darf nur der Verwalter als Organ der Gemeinschaft alleine handeln (§ 27 Abs. 1). Selbst wenn ein gefahrträchtiger Zustand bereits seit Langem besteht und der Verwalter längere Zeit ohne zu handeln, davon Kenntnis hatte, darf der einzelne Wohnungseigentümer nicht eingreifen, da keine Eilbedürftigkeit besteht (OLG Hamburg ZMR 2007, 129). Abs. 3 enthält aber hierzu eine Ausnahme. Jeder Wohnungseigentümer ist befugt, ohne Zustimmung der Gemeinschaft Notmaßnahmen (**Notgeschäftsführung**) vorzunehmen. Eine solche Berechtigung besteht aber erst dann, wenn ein verständiger Wohnungseigentümer mit der Maßnahme bei ordnungsmäßiger Verwaltung nicht länger warten würde und weder der Verwalter noch die Gemeinschaft zu deren Behebung herangezogen werden können (OLG Frankfurt ZMR 2009, 382). In diesem Fall darf ein Wohnungseigentümer Maßnahmen zur **Gefahrenabwehr** ergreifen. Er darf aber keine dauerhafte Behebung anstreben (BGH NJW 2016, 1310). Bauliche Veränderungen (OLG Oldenburg DWE 1988, 64) oder Modernisierungsmaßnahmen (OLG Schleswig ZMR 2010, 710) sind keine Notfälle.

22. Der Wohnungseigentümer kann die durch seine Notgeschäftsführung ihm entstandenen **Aufwendungen** über die Vorschriften zur Geschäftsführung ohne Auftrag (§§ 677 ff. BGB) ersetzt verlangen (OLG Hamburg ZMR 2004, 137). Der Anspruch ist von der Gemeinschaft zu erfüllen.

23. Solche Notmaßnahmen, die **Erstattungsansprüche** gegenüber der Gemeinschaft auslösen, können z. B. die Beseitigung von Haus-

schwamm am Gemeinschaftseigentum beim Ausbau einer Dachgeschosswohnung (KG WuM 1997, 191), die Beseitigung von Rattenkadavern im Kriechkeller (LG Hamburg ZMR 2009, 941) oder die Bezahlung von Schulden der Gemeinschaft für Betriebskosten, Grundbesitzabgaben, Müll, Versicherung oder den Verwalter (OLG Rostock MDR 2009, 1334) sein. Nicht hierunter fallen z. B. die Beantragung eines Beweissicherungsverfahrens (§§ 485 ff. ZPO) gegen den erkennbaren Willen der anderen Wohnungseigentümer (OLG Frankfurt ZWE 2009, 123) oder die komplette Neueindeckung des Dachs nach einem Schaden (OLG Hamburg ZMR 2007, 129).

Nach **Abs. 4** hat jeder Wohnungseigentümer das Recht, Einsicht in die Verwaltungsunterlagen zu nehmen. Das **Einsichtsrecht** umfasst alle Dokumente, die für die Verwaltung des gemeinschaftlichen Eigentums relevant sind, etwa Verträge, Kontoauszüge und Pläne oder die Gesamt- bzw. Einzelkostenabrechnungen. Auf ihre Verkörperung kommt es nicht an. Erfasst sind deshalb sowohl Urkunden als auch digitale Dokumente. Dieser Anspruch besteht gegenüber der Gemeinschaft; der Verwalter als Organ der Gemeinschaft hat ihn zu erfüllen. In der Regel wird das Einsichtsrecht im Büro des Verwalters auszuüben sein, da sich dort die begehrten Unterlagen befinden. Alternativ kann der Verwalter dem Einsichtsrecht nachkommen, indem er dem Wohnungseigentümer Kopien der begehrten Unterlagen kostenpflichtig übersendet. Ein Verwalter ist gegenüber dem Verwaltungsbeirat oder anderen Wohnungseigentümern nur verpflichtet, eine aktualisierte Eigentümerliste (mit Namen und Anschrift) zur Verfügung zu stellen. Die aktuellen E-Mail-Adressen der einzelnen Mitglieder der Gemeinschaft muss der Verwalter weder ermitteln noch mitteilen (LG Düsseldorf NJW 2019, 530). **24.**

Im Rahmen der Einsicht ist zu gewährleisten, dass die Vorgaben der Datenschutzgrundverordnung im Hinblick auf den **Datenschutz** eingehalten werden. Die Wohnungseigentümergemeinschaft und ihr Verwalter sind gemeinsam Verantwortliche im Sinne von Art. 26 DSGVO. Daher haben sie einen Vertrag über die gemeinsame Verantwortung nach Art. 26 DSGVO zu schließen (AG Mannheim ZWE 2020, 201). Beinhalten die begehrten Unterlagen nur Firmendaten ohne Personenbezug, greift die DSGVO nicht, da diese gemäß Art. 1 Abs. 1 DSGVO nur die personenbezogenen Daten natürlicher Personen schützt. Sie findet mithin erst Anwendung, wenn die **25.**

herauszugebenden Unterlagen persönliche Daten enthalten, unabhängig davon, ob das solche von Miteigentümern oder Dritten sind. Eine Weitergabe solcher Daten stellt eine Verarbeitung im Sinne von Art. 4 Nr. 2 DSGVO dar, die nur statthaft ist, wenn die Datenverarbeitung nach Art. 6 DSGVO zulässig ist. Dies ist der Fall, wenn ein **berechtigtes Interesse** nach Art. 6 Abs. 1 f DSGVO an der Datenweitergabe besteht. Die Verarbeitung personenbezogener Daten ist hiernach immer dann rechtmäßig, wenn sie zur Wahrung der Interessen des Verantwortlichen oder eines Dritten erforderlich ist und die schutzwürdigen Interessen des Betroffenen nicht überwiegen. Daher müssen eine **Interessenabwägung** im Einzelfall und deren **Dokumentation** stattfinden, in welcher Form die begehrten Dokumente herausgegeben werden dürfen. Hierbei kann es geboten sein, bestimmte Stellen zu schwärzen oder auf andere Art unkenntlich zu machen. Eine generelle Pflicht zur Schwärzung wäre aber im Hinblick auf den damit verbundenen Arbeits- und Zeitaufwand unverhältnismäßig. Zudem muss der Verwalter auch bei Schwärzungen darauf achten, dass der erforderliche Informationsgehalt der Rechnungsbelege nicht verloren geht.

§ 19 WEG
Regelung der Verwaltung und Benutzung durch Beschluss

(1) Soweit die Verwaltung des gemeinschaftlichen Eigentums und die Benutzung des gemeinschaftlichen Eigentums und des Sondereigentums nicht durch Vereinbarung der Wohnungseigentümer geregelt sind, beschließen die Wohnungseigentümer eine ordnungsmäßige Verwaltung und Benutzung.

(2) Zur ordnungsmäßigen Verwaltung und Benutzung gehören insbesondere

1. die Aufstellung einer Hausordnung,

2. die ordnungsmäßige Erhaltung des gemeinschaftlichen Eigentums,

3. die angemessene Versicherung des gemeinschaftlichen Eigentums zum Neuwert sowie der Wohnungseigentümer gegen Haus- und Grundbesitzerhaftpflicht,

4. die Ansammlung einer angemessenen Erhaltungsrücklage,

5. die Festsetzung von Vorschüssen nach § 28 Absatz 1 Satz 1 sowie

§ 19 WEG Regelung der Verwaltung und Benutzung durch Beschluss

6. die Bestellung eines zertifizierten Verwalters nach § 26a, es sei denn, es bestehen weniger als neun Sondereigentumsrechte, ein Wohnungseigentümer wurde zum Verwalter bestellt und weniger als ein Drittel der Wohnungseigentümer (§ 25 Absatz 2) verlangt die Bestellung eines zertifizierten Verwalters.

Anmerkungen:

1. Diese Vorschrift behandelt die Verwaltung und Benutzung durch Beschluss. Die Norm ist parallel zu § 18 zu lesen, der die generellen Fragen der Verwaltung und Benutzung des gemeinschaftlichen Eigentums regelt, da sich beide Bereiche in Grenzfällen nur schwer voneinander abgrenzen lassen und für ihre Regelung durch Beschluss dieselben rechtlichen Vorgaben bestehen. Die Wohnungseigentümer beschließen über die Verwaltung und die Benutzung des Gemeinschaftseigentums, solange sie keine Vereinbarungen treffen (Abs. 1). Abs. 2 zählt die häufigsten Fälle auf, in denen Regelungen getroffen werden.

2. Abs. 1 eröffnet die **Beschlusskompetenz** zur Regelung der Verwaltung und Benutzung. Diese beinhaltet aber auch die Pflicht der Gemeinschaft, an einer Beschlussfassung mitzuwirken. Eine Beschlusskompetenz besteht, soweit keine Vereinbarung der Gemeinschaft vorliegt oder eine solche erforderlich wäre. Sie gilt auch für eine Abänderung oder Aufhebung eines bestehenden Beschlusses. Ein Beschluss, der die ordnungsmäßige Verwaltung übersteigt, ist nicht nichtig, sondern nur **anfechtbar** (BGH NJW 2000, 3500). **Prüfungsmaßstab** ist, ob der Beschluss gegen das Gesetz oder gegen die in der Gemeinschaft geltenden Regelungen verstoßen hat; allerdings ist nur die korrekte Ermessensausübung überprüfbar und nicht durch eine eigene Entscheidung des Gerichts zu ersetzen (*Sauren* § 21 Rz. 11a). **Nichtig** ist ein Beschluss erst, wenn er keine Regelung der Verwaltung mehr betrifft (BGH NJW 2013, 1962). Eine ordnungsmäßige Verwaltung oder Benutzung definiert § 18 Abs. 2. Dies ist eine Verwaltung oder Benutzung, die dem Interesse der Gesamtheit der Wohnungseigentümer nach billigem Ermessen und, soweit solche bestehen, den gesetzlichen Regelungen, Vereinbarungen und Beschlüssen entspricht. Siehe hierzu auch § 18 Anm. 6.

3. Eine Maßnahme unterfällt der **ordnungsmäßigen Verwaltung**, wenn sie aus Sicht eines vernünftigen und wirtschaftlich denkenden Beurteilers auf der Grundlage einer Kosten-Nutzen-Analyse unter Abwägung sämtlicher Umstände des Einzelfalls, insbesondere der Bedürfnisse und wirtschaftlichen Leistungsfähigkeit der Gemeinschaft, der Erhaltung, Verbesserung oder einem zweckentsprechenden Gebrauch des Gemeinschaftseigentums dient und im Interesse der Gemeinschaft und nicht nur von Einzelnen liegt (BGH NJW 2018, 3238). Dabei besteht ein **Beurteilungsspielraum** der Gemeinschaft, der nur dann überschritten wird, wenn eine andere Entscheidung als die begehrte nicht mehr vertretbar ist (BGH NJW 2012, 2955).

4. **Nicht ordnungsmäßig** sind z. B. mehrdeutige und unklare Beschlüsse (OLG Düsseldorf WuM 2009, 63), intransparente Regelungen (BGH NZM 2010, 622), die Verfolgung eines aus rechtlichen oder tatsächlichen Gründen unerreichbaren Ziels (BGH MDR 2013, 209), eine kostenverursachende Maßnahme ohne Finanzierungsregelung (BGH NJW 2015, 613), eine sachlich unbegründete Ungleichbehandlung von Wohnungseigentümern (BGH ZMR 2013, 288), ein Beschluss auf unzureichender Tatsachengrundlage (LG Frankfurt NJW-RR 2018, 1168), eine Sondervergütung für normale Verwaltertätigkeit (BayObLG WuM 2004, 736), ein Verzicht auf schlüssige Ansprüche (OLG Düsseldorf ZMR 2000, 243) oder das Aufstellen von Formerfordernissen für einen Beschlussantrag von Wohnungseigentümern (KG NZM 2002, 707).

5. Eine **ordnungsmäßige Benutzung** liegt vor, sofern weder eine Vereinbarung noch das Gesetz entgegensteht, wenn die Benutzung unter Berücksichtigung der Beschaffenheit des Gegenstandes sowie des öffentlichen Rechts und der Verkehrssicherungspflichten dem Gebot der gegenseitigen Rücksichtnahme (§§ 13 und 14) und billigem Ermessen entspricht (OLG München FGPrax 2007, 112). Dies kann auch eine unterschiedliche Benutzung rechtfertigen (BVerfG NJW 2000, 2658). Darunter fallen eine Gebrauchsbegrenzung nach Art, Umfang oder Zeit, eine Gebrauchspflicht hinsichtlich des Gemeinschaftseigentums, ein Gebrauchsverbot oder der Gebrauch nur mit Zustimmung des Verwalters oder der Gemeinschaft (Palandt-*Wicke* WEG § 15 Rz. 2). Sind keine Erteilungs- oder Versagungsgründe festgelegt, ist bei einer Nutzung innerhalb der Zweck-

bestimmung die Zustimmung zu erteilen, wenn kein wichtiger Grund dagegenspricht (BayObLG WE 1993, 140). Werden an unterschiedlichen Stellen widersprüchliche Regelungen getroffen, gehen die in den Vereinbarungen (Teilungserklärung, Gemeinschaftsordnung, sonstige Vereinbarungen) denen aus den Beschlüssen vor.

Zur Bestimmung einer ordnungsmäßige Benutzung kann die Gemeinschaft z. B. folgende **Regelungen** fassen: Beschränkung der Haustierhaltung (KG MDR 1998, 1345); Beschränkung des Musizierens (BGH NJW 1998, 3713); Beschränkung der Werbung (LG Aurich NJW 1987, 448); Anzeige der Vermietung an die Verwaltung (BGH NJW 2019, 2083); Verbot von Ablufttrocknern (OLG Düsseldorf DWE 1985, 127); Verbot sichtbehindernder Bepflanzung (BayObLG ZMR 1992, 202); Verbot gefährdender Anbringung von Blumenkästen (BayObLG WuM 1991, 512); Verbot des sichtbaren Aufhängens der Wäsche auf dem Balkon (OLG Oldenburg NdsRpfl 1977, 213); Verbot des Wohnmobilparkens (BayObLG ZMR 1985, 29); Verbot des Abstellens von Fahrrädern im Wohnbereich (LG München I ZWE 2018, 176); Verbot des Rauchens auf dem Balkon (LG Frankfurt ZMR 2014, 572); Vorgabe zur Nachtstromnutzung (BayObLG WuM 1988, 320); Belüftung des Gemeinschaftseigentums (BayObLG WuM 1992, 707); Zugangsbeschränkung zu Versorgungseinrichtungen (BayObLG ZWE 2002, 318); Öffnungszeiten und Sicherung der Haustüre (OLG Frankfurt NZM 2009, 440); turnusmäßige Nutzung des Gemeinschaftseigentums (BGH NJW 2017, 64); turnusmäßige Nutzung der Parkplätze (KG ZMR 1994, 379); Freihalten von Parkplätzen zur Müllabfuhr (OLG Hamm ZWE 2000, 370); Kinderwagenabstellen im Hausflur (OLG Hamburg ZMR 1993, 126); Benutzung von Spiel-, Grün- und Hofflächen durch Hunde (BGH NZM 2015, 595); Abstellen fahruntauglicher Kfz (KG ZMR 1996, 279); Saunaöffnungszeiten (OLG Düsseldorf NZM 2003, 978); Rauchverbot auf dem Balkon (LG Frankfurt ZWE 2014, 574); Verbot dauerhaften Parkens außerhalb zugewiesener Stellflächen (LG Itzehoe ZWE 2015, 32).

Abs. 2 benennt wichtige durch die Gemeinschaft im Rahmen der ordnungsmäßigen Verwaltung und Benutzung zu regelnde Bereiche. Die dort enthaltene **Aufzählung** ist aber nicht abschließend. Abgesehen von den Nummern 1 bis 6 kann sich die Gemeinschaft z. B. mit folgenden Fragen befassen: zu Abrechnungszeiträumen, Abstellplätzen, Ankauf, Anmietung oder Anpachtung von Flächen, Verlegung von Anschlüssen, Ansprüchen gegen Wohnungseigentümer, Balkonbenutzung, Baumaßnahmen, Benutzung des Gemeinschaftseigentums, Bepflanzungen, Brandschutzvorschriften, elektronischer Energieausweis, Geldanlagen, Gewährleistungsansprüchen, Grillen, Hausmeister, Hausrecht, Hausreinigung, Hausverboten, Heizung, Müllabfuhr, Musizieren, Parkplätzen, Rauchverboten, Rechtsstreitigkeiten, Reparaturen, Schildern, Schneeräumung, Tierhaltung, Überwachung, Vermietung des Gemeinschaftseigentums, Vermeidung und Ahndung von Verstößen, Verwaltervergütung, Waschküchenbenutzung, Wohngeld, Wirtschaftsplan, Wohngeldzahlung oder Zählereinrichtung.

8. Nach **Abs. 2 Nr. 1** kann die Gemeinschaft eine **Hausordnung** in der Teilungserklärung, der Gemeinschaftsordnung oder in einem Beschluss aufstellen. Durch einen Mehrheitsbeschluss ist dies aber nur möglich, soweit für den sachlichen Inhalt der Hausordnung eine Beschlusskompetenz besteht (Palandt-*Wicke* WEG § 21 Rz. 13). Die Hausordnung soll die Pflichten der Wohnungseigentümer hinsichtlich der Instandhaltung und Nutzung des Sonder- und Gemeinschaftseigentums konkretisieren (BayObLG ZMR 2005, 132). Sie ist eine Zusammenfassung der Gebrauchs- und Verhaltensregeln der Gemeinschaft (z. B. aus §§ 14, 16, 19 Abs. 1) und beinhaltet allgemeine Punkte, die innerhalb einer Gemeinschaft zu regeln sind, wie z. B. Hausrecht, Sorgfalts- und Sicherheitspflichten, Benutzungsregeln, Ruhezeiten, Tierhaltung, Hausreinigung etc. (*Sauren* § 21 Rz. 12H). Ihr Regelungsinhalt muss der ordnungsmäßigen Verwaltung und Benutzung im Sinne des Abs. 1 entsprechen. Die Gemeinschaft hat bei der Aufstellung aber ein weites Ermessen (OLG Frankfurt NJW-RR 2007, 377). Sie hat dabei allerdings die in § 18 Abs. 2 Nr. 2 oder § 14 getroffenen Rücksichtnahmeregelungen (KG ZMR 1985, 345), die öffentlich-rechtlichen Beschränkungen (BayObLG WE 1988, 200) und die Erfordernisse der Verkehrssicherungspflicht (OLG Hamm ZMR 1988, 200) zu beachten. Auch eine durch Vereinbarung aufgestellte Hausordnung ist grundsätzlich durch Beschluss **abänderbar**, es sei denn, der zu regelnde Inhalt macht eine Vereinbarung erforderlich (OLG Stuttgart DWE 1987, 99). Die **Überwachung** und Ahndung von Verstößen obliegt dem Verwalter.

§ 19 WEG Regelung der Verwaltung und Benutzung durch Beschluss

Nach **Abs. 2 Nr. 2** kann die **ordnungsmäßige Erhaltung** des gemeinschaftlichen Eigentums geregelt werden. Dies sind in Abgrenzung zu baulichen Veränderungen (§ 20) Maßnahmen zur Instandhaltung oder Instandsetzung des ordnungsmäßigen Zustandes durch Pflege-, Vorsorge- oder Erhaltungsmaßnahmen (KG FGPrax 1999, 16) sowie Maßnahmen zur Wahrung der Verkehrssicherungspflicht im Innenverhältnis der Eigentümer oder gegenüber Dritten (BGH NJW-RR 1989, 394). Die Instandsetzung bzw. -haltung ist die **Wiederherstellung** oder der Ersatz nicht reparaturfähiger oder -würdiger oder verbrauchter Gebäudeteile, Geräte oder Pflanzen (BayObLG ZMR 2004, 765). Dies umfasst z. B. die Erneuerung einer Schiebetür (OLG Düsseldorf WuM 1996, 443) oder das Zurückschneiden einer Hecke (BayObLG ZMR 2005, 377). Darunter können auch Maßnahmen fallen, die die **Erneuerung** von Bauteilen betreffen, bevor konkrete Schäden daran erkennbar werden, wenn Anhaltspunkte für eine Schädigung vorliegen (BayObLG NJW-RR 1991, 976). Zur Erhaltung des Gemeinschaftseigentums gehören damit auch pflegende oder vorsorgende Maßnahmen, die der Aufrechterhaltung des ursprünglichen Zustands dienen (OLG Hamm DWE 1987, 54). Hierzu zählen ferner vorbereitende Maßnahmen, wie die Einholung eines Sachverständigengutachtens (OLG Hamm DWE 1993, 28) oder eines rechtlichen Rats (OLG Köln DWE 1997, 31). Bei mehreren in Betracht kommenden Lösungsmöglichkeiten ist der Gesichtspunkt der **Wirtschaftlichkeit** zu beachten (BayObLG WE 1991, 23). Die Finanzierung der Maßnahme muss gesichert sein (BGH NJW 2018, 1309). Bei größeren Maßnahmen sind in der Regel mehrere Angebote einzuholen, von denen nicht notwendigerweise das günstigste zu wählen ist (BGH NJW 2016, 473). Differenziert die Gemeinschaftsordnung zwischen Instandhaltung und -setzung und weist sie einem Sondereigentümer für einen gewissen Bereich allein die Instandhaltungspflicht zu, bleibt die Gemeinschaft für die Instandsetzung verantwortlich (BGH NJW-RR 2017, 527).

9.

Nach **Abs. 2 Nr. 3** beinhaltet die ordnungsmäßige Verwaltung den Abschluss einer angemessenen **Versicherung** des gemeinschaftlichen Eigentums zum Neuwert sowie einer Haus- und Grundstücksbesitzerhaftpflichtversicherung für die Wohnungseigentümer. Dazu gehören eine Feuerversicherung sowie Sachversicherungen gegen Wasser, Hagel, Sturm oder Elementarschäden und Rechtsschutz. Daneben können weitere Versicherungen abgeschlossen werden,

10.

§ 19 WEG Regelung der Verwaltung und Benutzung durch Beschluss

wie gegen Schwamm oder Hausbock (LG Hamburg ZMR 2011, 497) oder für die Haftpflicht von Beiräten (KG NZM 2004, 473). Die Gemeinschaft ist die Versicherungsnehmerin.

11. Nach **Abs. 2 Nr. 4** ist eine angemessene **Erhaltungsrücklage** zu bilden. Diese umfasst nicht bilanzielle Posten, sondern nur das verfügbare Vermögen. Die Erhaltungsrücklage dient der Vorsorge, damit dringend notwendige Reparaturen des Gemeinschaftseigentums nicht an Geldmangel scheitern (OLG Frankfurt DWE 1974, 29). Die Erhaltungsrücklage kann durch Beschluss eingeführt, aber auch durch Vereinbarung ausgeschlossen werden (*Sauren* § 21 Rz. 12I). Eine zu niedrige oder zu hohe Erhaltungsrücklage widerspricht ordnungsmäßiger Verwaltung (OLG Hamm ZMR 2006, 879). Die Angemessenheit muss anhand der Gegebenheiten der Anlage beurteilt werden, wobei Alter und Größe, bauliche Besonderheiten, der Zustand der Anlage und deren Reparaturanfälligkeit eine Rolle spielen (LG Köln ZWE 2012, 279). Die Erhaltungsrücklage ist zinsgünstig anzulegen (BayObLG DWE 1995, 43). Spekulative Anlagen, wie Aktien, Derivate, Obligation oder Rohstoffe, sind unzulässig, ein entsprechender Beschluss wäre anfechtbar (OLG Celle ZMR 2004, 845).

12. Die Rücklage kann für alle **Maßnahmen** der Instandsetzung und Instandhaltung herangezogen werden, aber auch für Gutachten zur Erkundung eines Sanierungskonzepts sowie für eine die Sanierung begleitende anwaltliche Beratung (OLG München ZMR 2006, 311). Sie kann aber auch für die Ersatzbeschaffung von Gerätschaften (BayObLG NJW 1975, 2296) oder zur Neubepflanzung der Grünanlage (BayObLG NZM 2002, 531) verwendet werden. Da bei der Rücklage eine Zweckbindung vorliegt, ist die Verwendung für andere Angelegenheiten, z. B. Kauf von Heizöl (BayObLG DWE 1984, 108), Deckung von Wohngeldausfällen (BGH NJW 1989, 3019) oder Verwaltervergütung (OLG Düsseldorf ZMR 2005, 468), nicht zulässig, sofern kein angemessener Sockelbetrag mehr verbleibt (OLG Saarbrücken NZM 2000, 198). Eine **Teilauflösung** der Erhaltungsrücklage ist aber möglich, um sie z. B. zur Finanzierung von Wohngeldrückständen zu verwenden (OLG München ZMR 2008, 410).

13. Bei der Bemessung der **Höhe** der Rücklage steht der Gemeinschaft ein **Ermessensspielraum** zu (OLG Hamm ZMR 2006, 879). Als

Anhaltspunkt können die Sätze der **Zweiten Berechnungsverordnung** (Neufassung vom 13.9.2001, BGBl. I S. 2376, zuletzt geändert mit G. vom 23. 11. 2007 BGBl. I S. 2614) dienen, in der die Wirtschaftlichkeitsberechnung von Wohnraum geregelt ist (OLG Hamm ZMR 2006, 879). Demnach (§ 28 Abs. 2. BV) gelten für die Instandhaltungskosten pro m² und Jahr folgende Höchstsätze: Bezugsfertigkeit bis zum 31.12.1969: 11,50 €, Bezugsfertigkeit vom 1.1.1970 bis 31.12.1979: 9,00 €, Bezugsfertigkeit nach dem 31.12.1979: 7,10 €. Bei Vorhandensein eines Aufzugs erhöhen sich diese Werte um 1,00 €/m².

Nach **Abs. 2 Nr. 5** beschließt die Gemeinschaft über die **Vorschüsse** zur Kostentragung oder andere **Rücklagen** als im Sinne der Nr. 4. Da das Gesetz keinen Bezug auf einen konkreten Zeitraum nimmt, können von einem solchen Beschluss sowohl wiederkehrende Leistungen als auch einmalige Sonderumlagen umfasst sein. Ein solcher Beschluss kann sich auf ein Kalenderjahr beziehen, aber auch darüber hinaus fortgelten. Als Rücklagen können neben der gesetzlich vorgesehenen Erhaltungsrücklage auch weitere Rücklagen (Liquiditätsreserve) gebildet werden, um Liquiditätsengpässe bei einem auf den Abrechnungsstichtag bezogenen System zu vermeiden. Siehe hierzu § 28 Anm. 7.

14.

Nach **Abs. 2 Nr. 6** ist ein **zertifizierter Verwalter** (§ 26a) zu bestellen. Zwar kann die Gemeinschaft beschließen, weiter mit einem unzertifizierten Verwalter zusammenzuarbeiten, wenn dieser das Vertrauen aller Wohnungseigentümer besitzt. Allerdings steht jedem Wohnungseigentümer der Anspruch zu, die Verwaltung nur durch einen zertifizierten Verwalter ausüben zu lassen. Eine **Ausnahme** besteht lediglich für kleinere Anlagen bei einer sogenannten **Eigenverwaltung**, da hierbei ein eher geringerer Verwaltungsaufwand entsteht. Diese Ausnahme setzt voraus, dass die Anlage aus weniger als neun Sondereigentumsrechten besteht und ein Wohnungseigentümer zum Verwalter bestellt wurde. Ein Anspruch auf Bestellung eines zertifizierten Verwalters besteht jedoch auch in solchen Anlagen, wenn mindestens ein Drittel der Wohnungseigentümer dies verlangt. Dabei kommt es auf die Zahl der Wohnungseigentümer an, wie der Verweis auf § 25 Abs. 2 zeigt. Diese Voraussetzung stellt sicher, dass der als Verwalter tätige Wohnungseigentümer über einen hinreichenden Rückhalt in der Gemeinschaft verfügt. Die

15.

Nr. 6 ist allerdings erst ab dem **01.12.2022** anwendbar, um die Entwicklung und Umsetzung der notwendigen Zertifizierungsverfahren zu ermöglichen (§ 48 Abs. 4 Satz 1).

§ 20 WEG
Bauliche Veränderungen

(1) Maßnahmen, die über die ordnungsmäßige Erhaltung des gemeinschaftlichen Eigentums hinausgehen (bauliche Veränderungen), können beschlossen oder einem Wohnungseigentümer durch Beschluss gestattet werden.

(2) ¹Jeder Wohnungseigentümer kann angemessene bauliche Veränderungen verlangen, die

1. dem Gebrauch durch Menschen mit Behinderung,

2. dem Laden elektrisch betriebener Fahrzeuge,

3. dem Einbruchsschutz und

4. dem Anschluss an ein Telekommunikationsnetz mit sehr hoher Kapazität

dienen. ²Über die Durchführung ist im Rahmen ordnungsmäßiger Verwaltung zu beschließen.

(3) Unbeschadet des Absatzes 2 kann jeder Wohnungseigentümer verlangen, dass ihm eine bauliche Veränderung gestattet wird, wenn alle Wohnungseigentümer, deren Rechte durch die bauliche Veränderung über das bei einem geordneten Zusammenleben unvermeidliche Maß hinaus beeinträchtigt werden, einverstanden sind.

(4) Bauliche Veränderungen, die die Wohnanlage grundlegend umgestalten oder einen Wohnungseigentümer ohne sein Einverständnis gegenüber anderen unbillig benachteiligen, dürfen nicht beschlossen und gestattet werden; sie können auch nicht verlangt werden.

Anmerkungen:

1. Diese Vorschrift regelt die Zulässigkeit baulicher Veränderungen des gemeinschaftlichen Eigentums. Für die Beschlussfassung zur Ausführung einer baulichen Veränderung oder zur Gestattung einer solchen genügt stets die einfache Mehrheit (Abs. 1). Die nicht bauwillige Minderheit kann zwar nicht ohne weiteres die bauliche Veränderung verhindern. Denn der Beschluss über eine bauliche Veränderung ist grundsätzlich nur dann erfolgreich anfechtbar,

wenn diese die Wohnanlage grundlegend umgestaltet oder einzelne Wohnungseigentümer ohne ihr Einverständnis gegenüber den anderen Wohnungseigentümern unbillig benachteiligt werden (Abs. 4). Die Minderheit wird aber durch die Vorschriften über die Kostentragung geschützt: Gegen ihren Willen müssen Wohnungseigentümer nur die Kosten einer baulichen Veränderung tragen, wenn eine breite Mehrheit der Maßnahme zustimmt oder deren Kosten sich schnell amortisieren (§ 21 Abs. 2). Andere bauliche Veränderungen können zwar mehrheitlich beschlossen werden, deren Kosten sind aber allein von der beschließenden Mehrheit zu tragen (§ 21 Abs. 3). Nach Abs. 2 und 3 haben einzelne Wohnungseigentümer das Recht, die Gemeinschaft einen Beschluss nach Abs. 1 fassen zu lassen. Abs. 2 gewährt den Eigentümern für besonders wichtige Bereiche einen gebundenen Anspruch auf Durchführung der dort aufgezählten baulichen Veränderungen. Dieser ist nur durch die Frage der Angemessenheit begrenzt. Die Gemeinschaft kann lediglich über seine Durchführung mitbestimmen. Darüber hinaus kann jeder Wohnungseigentümer bauliche Veränderungen am Gemeinschaftseigentum nur verlangen, wenn die davon Betroffenen zustimmen und keine größere Beeinträchtigung der anderen Wohnungseigentümer durch die Maßnahme vorliegt (Abs. 3).

Abs. 1 sieht vor, dass die Gemeinschaft sowohl bauliche Veränderungen selbst beschließen als auch einzelnen Wohnungseigentümern die Ausführung baulicher Veränderungen gestatten kann. **Bauliche Veränderungen** sind Maßnahmen, die über die ordnungsmäßige Erhaltung des gemeinschaftlichen Eigentums hinausgehen. Davon umfasst sind sowohl gegenständliche Umgestaltungen oder Veränderungen am Gemeinschaftseigentum des Gebäudes als auch am Grundstück. Die Veränderung muss von einiger Dauer sein, weshalb ein Provisorium nicht darunterfällt (LG Bremen ZMR 2011, 657). Das Aufstellen eines Gartenzwerges stellt auch keine bauliche Veränderung dar, da dies keine dauerhafte Veränderung des Gebäudes oder des Grundstücks ist (AG München ZMR 2018, 458).

2.

Ein besonderes Quorum sieht Abs. 1 nicht vor. Zur Beschlussfassung genügt deshalb die **einfache Mehrheit** der abgegebenen Stimmen (§ 25 Abs. 1). Ob ein Beschluss über eine bauliche Veränderung erfolgreich angefochten werden kann, richtet sich nur nach Abs. 4.

3.

4. **Maßstab** für eine bauliche Veränderung ist grundsätzlich die Abweichung des zu erreichenden Zustandes von dem im Aufteilungsplan festgelegten oder aus ihm heraus erkennbaren Zustand (BGH ZMR 2012, 883). Ist durch die bauliche Veränderung ein anderer Zustand geschaffen worden, wird dieser der Vergleichsmaßstab für nachfolgende Veränderungen (OLG Celle NZM 2003, 982). Dabei kommt es nicht entscheidend darauf an, ob mit der Veränderung auch bauliche Maßnahmen verbunden sind; maßgebend ist vielmehr, ob der bauliche Zustand und die Zweckbestimmung des Gemeinschaftseigentums verändert werden sollen (OLG Frankfurt Rpfleger 1980, 112).

5. Davon abzugrenzen sind bloße **Erhaltungsmaßnahmen** im Sinne des § 19 Abs. 2 Nr. 2 (s. § 19 Anm. 9). Dies sind Maßnahmen zur Instandhaltung oder Instandsetzung des ordnungsmäßigen Zustandes, zur Pflege oder Vorsorge (KG FGPrax 1999, 16) sowie Maßnahmen zur Wahrung der Verkehrssicherungspflicht im Innenverhältnis der Eigentümer oder gegenüber Dritten (BGH NJW-RR 1989, 394). Die Instandsetzung bzw. -haltung ist die Wiederherstellung oder der Ersatz nicht reparaturfähiger oder -würdiger oder verbrauchter Gebäudeteile, Geräte oder Pflanzen (BayObLG ZMR 2004, 765).

6. Unter **bauliche Veränderungen** fallen z. B.: Anbringen von Rollläden (AG Hannover ZMR 2019, 225); Anbau eines Balkons (BGH ZWE 2013, 172); Ausbau eines Balkons (AG Düsseldorf ZMR 2008, 249); Anbau einer Balkonmarkise (BayObLG ZMR 1995, 42); Anpflanzen oder Beseitigen von Bäumen (OLG Schleswig WuM 2007, 587); Anschluss an das Breitbandkabelnetz (OLG Düsseldorf ZWE 2001, 336); Errichtung eines Carports (OLG Hamburg ZMR 2005, 305); Anlegen eines Dachgartens (OLG München MDR 2007, 827); Umwandlung einer Dachfläche in eine Dachterrasse (OLG Frankfurt ZWE 2006, 243); Umbau des Dachspitzes (LG München I ZWE 2012, 99); Einbau einer Dusche im Spitzboden (OLG Köln ZMR 2001, 570); Anbau einer Einbruchsicherung (OLG Düsseldorf NZM 2005, 264); Anbringen von Fahrradständern (BayObLG WuM 1990, 612); Aufstellen eines Gartenhauses (OLG Celle ZMR 2004, 363); Errichtung eines Garagentores (OLG München MDR 2005, 1400); Entfernen eines Grillplatzes (BayObLG ZMR 2004, 924); Umwandlung einer Grünfläche in einen Müllbehälterplatz (OLG Zweibrücken NJW-RR 1987, 1359); Errichtung eines Kamins (LG

Karlsruhe NZM 2012, 867); Anbringen eines Klimagerätes an der Außenfassade (AG Essen ZWE 2017, 377); Stilllegung eines Lifts (OLG Saarbrücken FGPrax 2007, 11); Verlegung eines Mülltonnenplatzes (BayObLG ZWE 2002, 213); Anlage eines Pflanzenbeetes (LG Hamburg ZMR 2012, 989); Belegen eines Kieswegs mit Platten (BayObLG WE 1994, 17); Stilllegen eines Schwimmbads (BGH ZWE 2012, 86); Anlegen eines Stellplatzes (BayObLG WuM 1989, 342); Errichten eines Sandkastens (OLG Celle OLGR 1996, 242); Anbringen von Solarzellen (OLG München ZMR 2006, 68); Bau einer Teppichklopfstange (LG Karlsruhe ZWE 2009, 327); Überdachen einer Terrasse (BGH ZWE 2014, 178); Treppenanbau (KG ZMR 2009, 790); Einbau eines Treppenlifts (OLG München NZM 2008, 848); Aufschüttungen für eine neue Terrasse (OLG Celle ZWE 2002, 371); Umgestaltung des Grundstücks (BayObLG NZM 2003, 242); Installation einer Videoanlage (BGH ZWE 2011, 259); Verlegen einer Versorgungsleitung (OLG München NZM 2008, 320); Entfernung einer Videoanlage (BGH ZWE 2013, 363).

7. Die Abs. 2 und 3 begründen jeweils einen Individualanspruch des einzelnen Wohnungseigentümers auf Fassung eines Beschlusses nach Abs. 1. Dabei gilt Abs. 2 für bestimmte **privilegierte Maßnahmen** (Gebrauch durch Menschen mit Behinderung, Laden elektrisch betriebener Fahrzeuge, Einbruchsschutz, Anschluss an ein leistungsfähiges Telekommunikationsnetz). Abs. 3 bezieht sich auf Maßnahmen **ohne relevante Beeinträchtigung** anderer Wohnungseigentümer. Um einen solchen Anspruch durchzusetzen, muss der Wohnungseigentümer die Voraussetzungen der Abs. 2 und 3 darlegen und beweisen; notfalls muss er eine **Beschlussersetzungsklage** nach § 44 Abs. 1 Satz 2 erheben.

8. **Jede** bauliche Veränderung des gemeinschaftlichen Eigentums braucht einen legitimierenden **Beschluss**, auch wenn kein Wohnungseigentümer in rechtlich relevanter Weise beeinträchtigt wird (vgl. Abs. 3). Auf diese Weise werden die Wohnungseigentümer in der Versammlung über alle baulichen Veränderungen des gemeinschaftlichen Eigentums **informiert**. Der Bauwillige erlangt durch einen bestandskräftigen Beschluss Rechtssicherheit für seine Maßnahme.

9. **Abs. 2 Satz 1** begründet den **Anspruch** eines Wohnungseigentümers auf Durchführung der in den Nummern 1 bis 4 genannten privile-

§ 20 WEG Bauliche Veränderungen

gierten baulichen Veränderungen. Dieser Anspruch bezieht sich aber nur auf die generelle **Gestattung** der Maßnahme. Über die Art der Ausführung entscheiden die Wohnungseigentümer im Rahmen ordnungsmäßiger Verwaltung mit einem eigenen Ermessensspielraum (Abs. 2 Satz 2). Die durchzuführende Maßnahme muss **angemessen** sein. Danach können objektiv unangemessene Forderungen zurückgewiesen werden. Ein Entscheidungsermessen oder Einschätzungsspielraum hinsichtlich der generellen Gewährung besteht für die Gemeinschaft aber nicht. Für die Kostentragung gilt § 21 Abs. 1.

10. Das **Verlangen** nach einer privilegierten Maßnahme muss gegenüber der Gemeinschaft geäußert werden. Es bietet sich an, diesbezüglich den Verwalter zu bitten, einen entsprechenden Beschlussvorschlag auf die Tagesordnung der nächsten Versammlung zu setzen. Daneben ist gerade in kleineren Gemeinschaften denkbar, dass ein Umlaufbeschluss gefasst wird (§ 23 Abs. 3).

11. **Verweigert** die Gemeinschaft eine Beschlussfassung, muss der Bauwillige eine Beschlusersetzungsklage nach § 44 Abs. 1 Satz 2 erheben. Liegen die Voraussetzungen des Abs. 2 Satz 1 vor, gestattet das Gericht dem Bauwilligen die Maßnahme. Macht die Gemeinschaft von ihrem **Auswahlermessen** für den Fall der Bewilligung der Maßnahme keinen Gebrauch, ersetzt das Gericht dieses ebenfalls. Diesbezüglich sollte dem Gericht im Klageantrag oder zumindest in der Begründung der Klage die tatsächliche Grundlage mitgeteilt werden, damit es für die konkrete Art und Weise der Durchführung der baulichen Veränderung sein Ermessen korrekt ausüben kann.

12. Dem Gebrauch durch **Menschen mit Behinderung (Abs. 2 Satz 1 Nr. 1)** dienen alle baulichen Veränderungen, die für die Nutzung durch körperlich oder geistig eingeschränkte Personen erforderlich oder auch nur förderlich sind, worunter z. B. auch der nachträgliche Einbau eines Aufzugs oder eines Treppenlifts fällt. Ob und in welchem Umfang der bauwillige Wohnungseigentümer oder einer seiner Angehörigen bzw. Mieter oder sonstige Nutzer auf die Maßnahme angewiesen sind, spielt keine Rolle. Insofern ist die konkrete Eignung für den Einzelfall nicht zu prüfen. Es kommt allein darauf an, ob die bauliche Veränderung die Gebrauchsmöglichkeit der Anlage durch Menschen mit Behinderungen generell fördert. Diese Vorschrift bezieht sich sowohl auf das gemeinschaft-

liche Eigentum, das sich im Bereich der Wohnung des Wohnungseigentümers befindet, als auch auf das übrige gemeinschaftliche Eigentum. Über § 13 Abs. 2 gilt die Vorschrift zudem für das Sondereigentum.

Dem **Laden elektrisch betriebener Fahrzeuge** (Abs. 2 Satz 1 Nr. 2) dienen alle baulichen Veränderungen, die es ermöglichen, die Batterie eines Fahrzeugs zu laden oder den Ladevorgang zu verbessern. Der Anspruch beschränkt sich nicht nur auf das Anbringen einer Ladestation an der Wand (sog. Wallbox), sondern betrifft auch das Verlegen der Leitungen und die Eingriffe in die Stromversorgung oder Telekommunikationsinfrastruktur, die dafür notwendig sind, dass die Lademöglichkeit sinnvoll genutzt werden kann. Veränderungen an der Ladeinfrastruktur, der Einbau und Betrieb von notwendigen Mess- und Steuereinrichtungen oder das Verbinden der Ladeeinrichtung mit einem intelligenten Messsystem sind davon ebenfalls umfasst. Der Begriff des **Ladens** ist unabhängig von der technischen Entwicklung der jeweiligen Geräte zu verstehen. Ein elektrisch betriebenes Fahrzeug kann auch ein **Zweirad** oder ein **Elektromobil** für Menschen mit einer Gehbehinderung sein. 13.

Ist eine Ladestation für elektrisch betriebene Fahrzeuge bereits **vorhanden**, steht dem Eigentümer zunächst nur das Recht auf Mitgebrauch nach § 16 Abs. 1 Satz 3 zu. Ein Anspruch auf **Erweiterung** der Anlage besteht erst, soweit ein Mitgebrauch durch alle interessierten Wohnungseigentümer technisch nicht mehr sinnvoll möglich ist. Kapazitätsprobleme sind zunächst über einen Beschluss zu Zeiten und Umfang des Gebrauchs zu regeln, wobei alle Interessierten unabhängig von der bisherigen Nutzungsdauer gleich zu behandeln sind. Ist eine sinnvolle Verteilung der Lademöglichkeiten nicht mehr möglich, weil z. B. mehrere Eigentümer zu denselben Zeiten laden müssen, haben alle Nutzer gemeinsam aufzurüsten und die hierfür erforderlichen Kosten auch gemeinsam zu tragen (§ 21 Abs. 1 Satz 1). 14.

Der Anspruch besteht mangels Angemessenheit hingegen **nicht**, wenn der Wohnungseigentümer weder die tatsächliche noch die rechtliche Möglichkeit hat, sein Fahrzeug zum Laden **abzustellen**. Eine Möglichkeit zum Abstellen müsste sich für den Nutzungswilligen aus seinem Sondereigentum, einem Sondernutzungsrecht oder 15.

§ 20 WEG Bauliche Veränderungen

zumindest dem Recht zum Mitgebrauch einer gemeinschaftlichen Abstellfläche ergeben.

16. Dem **Einbruchsschutz** (**Abs. 2 Satz 1 Nr. 3**) dienen bauliche Veränderungen, wenn sie geeignet sind, den widerrechtlichen Zutritt zu einzelnen Wohnungen oder zu der Wohnanlage insgesamt zu verhindern, zu erschweren oder auch nur unwahrscheinlicher zu machen. Hierbei kommt es auf die objektive Möglichkeit einer Verbesserung des zu erreichenden Standards an und nicht auf ein subjektives Sicherheitsbedürfnis Einzelner.

17. Dem Anschluss an ein **Telekommunikationsnetz** mit sehr hoher Kapazität (**Abs. 2 Satz 1 Nr. 4**) dienen bauliche Veränderungen, wenn sie dem Wohnungseigentümer in seinem Sondereigentum die Nutzung eines Telekommunikationsnetzes eröffnen, das entweder komplett aus Glasfaserkomponenten zumindest bis zum Verteilerpunkt am Ort der Nutzung besteht oder das zu üblichen Spitzenlastzeiten eine ähnliche Netzleistung in Bezug auf die verfügbare Downlink- und Uplink-Bandbreite, Ausfallsicherheit, fehlerbezogene Parameter, Latenz und Latenzschwankung bieten kann. Zu den baulichen Veränderungen gehören insbesondere das Verlegen von Glasfaserkomponenten bis in das Sondereigentum des Wohnungseigentümers, aber auch alle Maßnahmen am gemeinschaftlichen Eigentum, die dafür notwendig sind. Die Versorgungsleitungen stehen zwingend im Gemeinschaftseigentum, soweit sie durch dieses verlaufen, selbst wenn damit ausschließlich eine einzelne Wohnung versorgt wird (BGH NJW 2013, 1154). Die das Sondereigentum vom Gemeinschaftseigentum trennenden Absperreinrichtungen der Leitungen stehen ebenfalls noch im Gemeinschaftseigentum (AG Bremen-Blumenthal ZMR 2018, 370).

18. **Abs. 2 Satz 2** eröffnet den Wohnungseigentümern die Möglichkeit, über die Durchführung der baulichen Maßnahme im Rahmen ordnungsmäßiger Verwaltung (§ 18 Abs. 2), also dem Interesse der Gesamtheit der Wohnungseigentümer nach billigem Ermessen entsprechend, zu **beschließen**. Der die Maßnahme nach Satz 1 verlangende Wohnungseigentümer hat gegen die Gemeinschaft keinen Anspruch auf eine bestimme Art der Ausführung der baulichen Veränderung. Der Begriff der **Durchführung** bezieht sich sowohl auf die baulichen Details als auch auf die Frage, wer die Baumaßnahme durchführt (vgl. die Kostentragungsregel aus § 21 Abs. 1). Die Ge-

meinschaft kann deshalb im Rahmen ihres Ermessensspielraums **Vorgaben** zur Art und Weise der baulichen Durchführung machen. Hierdurch kann z. B. ein einheitliches Erscheinungsbild sichergestellt werden. Möglich ist auch ein Beschluss, die Baumaßnahme durch die Gemeinschaft auszuführen.

Nach **Abs. 3** besteht ein **Anspruch** eines Wohnungseigentümers auf Gestattung einer baulichen Veränderung, wenn kein anderer Wohnungseigentümer durch die bauliche Veränderung in rechtlich relevanter Weise beeinträchtigt wird. Eine Beeinträchtigung ist rechtlich nicht relevant, wenn sie nicht über das bei einem geordneten Zusammenleben unvermeidliche Maß hinausgeht (vgl. § 14 Abs. 1 Nr. 2, dort Anm. 7) oder die über dieses Maß hinaus beeinträchtigten Wohnungseigentümer einverstanden (siehe Anm. 22) sind. **19.**

Eine nicht die Rechte der anderen Wohnungseigentümer über das bei einem geordneten Zusammenleben unvermeidliche Maß hinausgehende **Beeinträchtigung** liegt vor, wenn den anderen Eigentümern durch die Maßnahme kein nach der Verkehrsanschauung vermeidbarer nicht ganz unerheblicher objektiver und konkreter Nachteil entsteht (BGH NJW 1992 978, 979). Eine **Abwägung** zwischen den Vor- und Nachteilen einzelner Wohnungseigentümer findet nicht statt, sodass selbst dann ein Nachteil vorliegen kann, wenn der Vorteil überwiegt (BayObLG NJW-RR 1993, 337, 338). Da keine Güterabwägung stattfindet, reicht jeder über die Schwelle der Unerheblichkeit hinausgehende Nachteil aus (BayObLG NJW-RR 1990, 209). Es ist dabei für jeden Wohnungseigentümer stets gesondert zu prüfen, ob für diesen ein nicht nur unwesentlicher Nachteil vorliegt. Eine Beeinträchtigung kann sich allerdings **nicht** aus den **Kosten** einer baulichen Veränderung oder deren Folgekosten ergeben, da diese nach § 21 Abs. 1 der bauwillige Wohnungseigentümer zu tragen hat. **20.**

Solche **Beeinträchtigungen** können sich aus Immissionen (z. B. einer Mobilfunkantenne) ergeben (BGH NJW 2014, 1233). Darunter kann auch die Beeinträchtigung der Stabilität, Sicherheit oder Unversehrtheit des Gebäudes fallen (BGH NJW 2001, 1212), wie z. B. eine erhöhte Wartungs- oder Reparaturanfälligkeit (OLG Hamm FGPrax 2004, 105) oder eine nicht auszuschließende Gefahr zukünftiger Schäden. Eine Beeinträchtigung wegen intensiverer Nutzung der Anlage durch eine bauliche Maßnahme geht auch **21.**

über das unvermeidbare Maß hinaus (BGH NJW 2010, 446). Auch eine Beeinträchtigung durch den mindestens teilweisen Entzug des Gemeinschaftseigentums ist möglich (BayObLG NZM 1998, 336). Eine nicht ganz unerhebliche Änderung des optischen Gesamteindrucks fällt ebenso darunter (BGH NZM 2013, 618). Die gesamte Gemeinschaft ist z. B. betroffen, wenn zumindest der optische Eindruck der Gesamtanlage wesentlich beeinträchtigt wird, was beispielsweise für den Anbau einer Parabolantenne zu prüfen wäre (BGH NJW 2004, 937). Dies setzt aber stets eine Sichtbarkeit für die Wohnungseigentümer oder Dritte voraus (BGH a. a. O.). **Keine** rechtserhebliche **Beeinträchtigung** liegt z. B. bei Aufhebung der Abgeschlossenheit infolge tatsächlicher Verbindung von rechtlich selbständigen Sondereigentumseinheiten vor (BGH NJW 2001, 1212). Bei der Installation einer Gasheizung besteht in der Regel keine Explosionsgefahr (OLG München NZM 2008, 321).

22. Für bauliche Veränderungen, die eine Beeinträchtigung anderer Wohnungseigentümer mit sich bringen, kommt es auf deren **Einverständnis** mit der jeweiligen Maßnahme an, um einen Gestattungsbeschluss zu fassen. Damit ist nicht die Abgabe einer Willenserklärung im Sinne einer Zustimmung erforderlich, sondern nur eine generelle Übereinstimmung mit der beabsichtigten Maßnahme. Eine ausdrückliche Erklärung ist daher nicht notwendig. Das Einverständnis kann dabei zwar konkludent, muss aber bewusst erteilt werden (OLG Bremen NZM 1998, 871). Eine bloße Duldung reicht nicht aus (BayObLG NJW-RR 2003, 952). Zu der baulichen Veränderung kann auch im Nachhinein das Einverständnis erteilt werden (Palandt-*Wicke* WEG § 22 Rz. 6). Da aber im Zweifel der Bauwillige das Einverständnis der Betroffenen zu beweisen hat und die Gemeinschaft dieses für einen Gestattungsbeschluss auch überprüfen muss, bietet es sich an, das Einverständnis vorab **schriftlich** einzuholen, schon um Missverständnisse zu vermeiden. Spätestens in der Versammlung sollte es zu Protokoll genommen werden. Ein fehlendes Einverständnis macht den Beschluss nicht nichtig, sondern nur anfechtbar (BGH NJW-RR 2018, 1165).

23. Der Bauwillige muss vor **jeder Maßnahme**, auch vor solchen, die keinen anderen beeinträchtigen, einen **Gestattungsbeschluss** der Gemeinschaft nach Abs. 1 einholen. Sofern seine Maßnahme nicht die Interessen der anderen Wohnungseigentümer beeinträchtigt, be-

steht ein gebundener Anspruch des Bauwilligen auf einen solchen Beschluss der Gemeinschaft. Die Gemeinschaft hat dann auch kein Ermessen, über die Art und Weise der Durchführung der Maßnahme zu entscheiden, da die Rechte der anderen Wohnungseigentümer nicht beeinträchtigt werden. Der Anspruch kann im Wege einer Beschlussersetzungsklage durchgesetzt werden (§ 44 Abs. 1 Satz 2). Der Klageantrag muss sich dabei auf eine konkrete bauliche Veränderung samt der Art ihrer Durchführung beziehen. Ein Ermessen des Gerichts hinsichtlich der Durchführung besteht genauso wenig wie ein Ermessen der Wohnungseigentümer.

24. Ist ein Anspruch sowohl nach Abs. 2 als auch nach Abs. 3 durchsetzbar, bietet es sich an, einen Beschluss der Gemeinschaft nach Abs. 3 zu erwirken, da auf diese Weise der Wohnungseigentümer frei über die **Art und Weise** der Durchführung der Maßnahme entscheiden kann.

25. **Abs. 4** enthält zwei allgemeine **Veränderungssperren**, die einer ordnungsmäßigen Beschlussfassung in jedem Fall entgegenstehen: das Verbot, die Anlage grundlegend umzugestalten und das Verbot, einen Wohnungseigentümer ohne sein Einverständnis gegenüber anderen unbillig zu benachteiligen. Als **Rechtsfolge** können bauliche Veränderungen, die gegen Abs. 4 verstoßen, nicht verlangt oder beschlossen werden, auch wenn grundsätzlich ein Anspruch auf Durchführung nach Abs. 2 oder 3 bestünde. Ein dennoch ergangener Beschluss ist allerdings nicht nichtig, sondern nur auf eine Anfechtungsklage hin aufhebbar. In Ausnahmefällen kommt statt einer Beseitigung oder Wiederherstellung auch eine Anordnung anderer geeigneter Maßnahmen in Betracht (BayObLG WEM 1982, 3/109).

26. Ob eine bauliche Veränderung die Wohnanlage **grundlegend umgestaltet**, ist auf die konkrete Anlage bezogen zu beurteilen. Nicht jede bauliche Veränderung, die die Eigenart der Wohnanlage ändert, führt zu einer grundlegenden Umgestaltung. Eine grundlegende Umgestaltung wird deshalb nur im Ausnahmefall und bei den nach Abs. 2 privilegierten Maßnahmen zumindest typischerweise gar nicht anzunehmen sein. Eine Grenze ist erreicht, wenn der Charakter der gesamten Anlage geändert werden soll. Dies ist z. B. der Fall, wenn eine Anlage von einer rein gewerblichen Nutzung in eine reine Wohnnutzung umgewandelt werden soll. Auch dürfte die

§ 20 WEG Bauliche Veränderungen

Grenze in der Regel überschritten sein, wenn auf die Anlage ein neues Geschoss gesetzt werden soll oder Teile der Anlage abgerissen werden sollen.

27. Ein **Verstoß** gegen das Verbot, einen Wohnungseigentümer gegenüber anderen unbillig zu **benachteiligen**, setzt zunächst voraus, dass einem Wohnungseigentümer Nachteile zugemutet werden, die nicht durch die mit der baulichen Veränderung verfolgten Vorteile ausgeglichen werden. Darüber hinaus muss die bauliche Veränderung zu einer treuwidrigen Ungleichbehandlung der Wohnungseigentümer führen, indem die Nachteile einem oder mehreren Wohnungseigentümern in größerem Umfang zugemutet werden als den übrigen. Dafür reicht es anders als bei Abs. 3 nicht bereits aus, wenn sich ein verständiger Durchschnittseigentümer nach der Verkehrsanschauung nachvollziehbar beeinträchtigt fühlen kann. **Unbillig** sind nur Nachteile, die bei wertender Betrachtung und in Abwägung mit den mit der Baumaßnahme verfolgten Vorteilen einem verständigen Wohnungseigentümer zumutbarerweise nicht abverlangt werden dürfen und damit treuwidrig sind (BGH NJW 2011, 1221). Die Errichtung eines Geräteschuppens auf einem weiträumigen Grundstück stellt z. B. regelmäßig keine unbillige Beeinträchtigung dar (LG Frankfurt WuM 2019, 49). Auch eine gegenüber anderen Eigentümern der Anlage unbillige Beeinträchtigung ist zu berücksichtigen (Palandt-*Wicke* WEG § 22 Rz. 19). Darunter fällt z. B., wenn ein Wohnungseigentümer wegen der für die Baumaßnahme nach § 21 Abs. 2 zu tragenden Kosten gezwungen wäre, sein Wohnungseigentum zu veräußern.

28. Ferner dürfen die angestrebten baulichen Veränderungen nicht gegen die Grundsätze der **ordnungsmäßigen Verwaltung** verstoßen, wobei diese an den Grundsätzen des Abs. 4 auszurichten ist. Bauliche Maßnahmen, die die Grenze der grundlegenden Umgestaltung nicht überschreiten, sind von der überstimmten Minderheit der Wohnungseigentümer daher grundsätzlich hinzunehmen, insbesondere bei Beeinträchtigungen des optischen Gesamteindrucks. Gleiches gilt für die unbillige Benachteiligung. Insbesondere kann der Ausschluss einzelner Wohnungseigentümer von den Nutzungen der baulichen Veränderungen nicht zur Ordnungswidrigkeit führen, denn diese Folge trifft alle Wohnungseigentümer, die die Kosten der baulichen Veränderung nicht zu tragen haben (vgl. § 21 Abs. 3 Satz 2).

Bauliche Veränderungen, die **ohne** einen **Beschluss** nach Abs. 1 **29.**
durchgeführt worden sind, müssen grundsätzlich wieder **beseitigt**
werden (zu Ausnahmen siehe Anm. 31). Der Anspruch besteht
gegen den Wohnungseigentümer, der die bauliche Veränderung
vorgenommen hat (OLG Düsseldorf WE 1997, 149). Ferner bestehen gegebenenfalls Unterlassungs- und Schadensersatzansprüche
(§§ 823 Abs. 1, 823 Abs. 2 i. V. m. 1004, 280 Abs. 1 BGB) sowie
Herausgabeansprüche aus §§ 861, 985 BGB bei Besitzverlust am
Gemeinschaftseigentum (OLG München NJW-RR 2008, 247). Der
Anspruch richtet sich gegen den Wohnungsinhaber als Handlungsstörer, wenn er selbst oder sein Nutzer die nicht genehmigte bauliche Veränderung vorgenommen hat oder gegen den Wohnungsinhaber als Zustandsstörer. Der Nutzer ist zur Duldung der Beseitigung
verpflichtet (BGH NJW 2007, 432). Ein Sondernachfolger ist zur Duldung der Beseitigung unter Kostenbeteiligung verpflichtet (OLG
Düsseldorf ZWE 2008, 290), nicht aber zur Beseitigung auf eigene
Kosten (BGH NJW 2015, 2027). Die **Gemeinschaft** ist für das Beseitigungsverlangen zuständig (§ 18 Abs. 1). Sie kann eine allumfassende Rückgängigmachung nebst Herstellung des ursprünglichen
Zustands geltend machen. Dem einzelnen Wohnungseigentümer
steht nur ein Anspruch zu, wenn sein Sondereigentum durch die
nicht genehmigte bauliche Veränderung beeinträchtigt worden ist.

Nicht mehr geltend gemacht werden kann ein Beseitigungsanspruch, wenn er **verjährt** ist (§§ 195, 199 BGB). Nach Ablauf der **30.**
Verjährungsfrist kann eine Beseitigung daher verweigert werden
(BGH ZMR 2010, 622). Die Frist beginnt am Schluss des Jahres der
Vornahme der baulichen Veränderung und der Kenntnis der den
Anspruch begründenden Umstände und der Person des Schuldners
bzw. deren grob fahrlässigen Unkenntnis zu laufen (§ 199 Abs. 1
und 2 BGB). Dies ist regelmäßig mit dem Ende des Jahres, in dem
die bauliche Veränderung ausgeführt wurde, der Fall. Der Verwalter
müsste nämlich auf Grund seiner Pflicht zur regelmäßigen Überprüfung des Gemeinschaftseigentums die bauliche Veränderung bemerken. Somit läge zumindest eine Unkenntnis auf Grund grober Fahrlässigkeit des Verwalters vor, die sich die Gemeinschaft zurechnen
lassen muss (AG Wiesbaden ZMR 2012, 406). Unabhängig von der
Kenntnis tritt die Verjährung für den Beseitigungsanspruch (§ 22
Abs. 1 i. V. m. § 1004 Abs. 1 BGB) spätestens zehn Jahre nach der
baulichen Veränderung ein (§ 199 Abs. 4 BGB). Gleiches gilt für

den Wiederherstellungsanspruch (§§ 823 Abs. 1, 249, 199 Abs. 3 Nr. 1 BGB).

31. Ein solches Beseitigungsverlangen ist nur **ausgeschlossen**, wenn Gründe vorliegen, nach denen dieses nicht geltend gemacht werden darf. Dies ist der Fall, wenn entweder nachträglich ein Beschluss nach Abs. 1 gefasst wird oder zwar kein Beschluss gefasst wurde, aber ein Gestattungsanspruch vorliegt (BGH NJW-RR 2018, 1165). Die Verweigerung eines solchen Beschlusses und das Begehren einer Beseitigung würde einen Verstoß gegen Treu und Glauben (§ 242 BGB) darstellen (BGH NJW 2012, 239). Gleiches gilt, wenn eine Beseitigung nur verlangt wird, um dem anderen einen Schaden zuzufügen (§ 226 BGB). Ausgeschlossen ist ein Beseitigungsanspruch auch, wenn er rechtsmissbräuchlich erhoben wird, wenn z. B. eine optische Beeinträchtigung äußerst gering ist (BayObLG WuM 1996, 790), wenn ein entgegenstehender Wille der Berechtigten nicht bewusst missachtet wurde (OLG Frankfurt FGPrax 1997, 54), wenn nur eine Disziplinierung der anderen Miteigentümer angestrebt wird (BayObLG NZM 1998, 336) oder wenn ähnliche Änderungen von anderen Eigentümern bereits vorliegen (OLG Köln NZM 2005, 790). Ebenso ausgeschlossen ist ein Beseitigungsanspruch, wenn er unverhältnismäßig wäre, weil z. B. der in Anspruch Genommene ihm nur unter unverhältnismäßig hohen und nicht zumutbaren Aufwendungen nachkommen könnte (BGH NJW 2004, 1798) oder wenn die Beseitigungskosten außer Verhältnis zum Beseitigungsinteresse stehen (OLG Düsseldorf NZM 2007, 446).

§ 21 WEG
Nutzungen und Kosten bei baulichen Veränderungen

(1) ¹Die Kosten einer baulichen Veränderung, die einem Wohnungseigentümer gestattet oder die auf sein Verlangen nach § 20 Absatz 2 durch die Gemeinschaft der Wohnungseigentümer durchgeführt wurde, hat dieser Wohnungseigentümer zu tragen. ²Nur ihm gebühren die Nutzungen.

(2) ¹Vorbehaltlich Absatz 1 haben alle Wohnungseigentümer die Kosten einer baulichen Veränderung nach dem Verhältnis ihrer Anteile (§ 16 Absatz 1 Satz 2) zu tragen,

§ 21 WEG Nutzungen und Kosten bei baulichen Veränderungen

1. die mit mehr als zwei Dritteln der abgegebenen Stimmen und der Hälfte aller Miteigentumsanteile beschlossen wurde, es sei denn, die bauliche Veränderung ist mit unverhältnismäßigen Kosten verbunden, oder

2. deren Kosten sich innerhalb eines angemessenen Zeitraums amortisieren.

²Für die Nutzungen gilt § 16 Absatz 1.

(3) ¹Die Kosten anderer als der in den Absätzen 1 und 2 bezeichneten baulichen Veränderungen haben die Wohnungseigentümer, die sie beschlossen haben, nach dem Verhältnis ihrer Anteile (§ 16 Absatz 1 Satz 2) zu tragen. ²Ihnen gebühren die Nutzungen entsprechend § 16 Absatz 1.

(4) ¹Ein Wohnungseigentümer, der nicht berechtigt ist, Nutzungen zu ziehen, kann verlangen, dass ihm dies nach billigem Ermessen gegen angemessenen Ausgleich gestattet wird. ²Für seine Beteiligung an den Nutzungen und Kosten gilt Absatz 3 entsprechend.

(5) ¹Die Wohnungseigentümer können eine abweichende Verteilung der Kosten und Nutzungen beschließen. ²Durch einen solchen Beschluss dürfen einem Wohnungseigentümer, der nach den vorstehenden Absätzen Kosten nicht zu tragen hat, keine Kosten auferlegt werden.

Anmerkungen:

1. Diese Vorschrift regelt die Verteilung von Kosten und Nutzungen bei baulichen Veränderungen des gemeinschaftlichen Eigentums. Grundsätzlich hat derjenige die Kosten zu tragen, der die Maßnahme veranlasst hat (Abs. 1). Diese Regelung dient dem Schutz derjenigen Wohnungseigentümer, die eine bauliche Veränderung ablehnen, da die Minderheit grundsätzlich eine solche nicht verhindern kann (§ 20). Ausnahmsweise haben alle Eigentümer im Verhältnis ihrer Miteigentumsanteile die Kosten einer Maßnahme zu tragen, wenn diese von mehr als zwei Dritteln der Abstimmenden und mehr als der Hälfte der Miteigentumsanteile beschlossen wurden oder ihre Kosten sich in einem angemessenen Zeitraum amortisieren (Abs. 2). Die Kosten sonstiger baulicher Veränderungen haben diejenigen zu tragen, die sie beschlossen haben (Abs. 3). Den Wohnungseigentümern steht es aber frei, eine andere Kostenverteilung zu vereinbaren, soweit die nicht zur Kostentragung Verpflichteten außen vor bleiben (Abs. 5). Die Nutzungen des baulich veränderten gemeinschaftlichen Eigentums gebühren grundsätzlich nur denjenigen Wohnungseigentümern, die auch die Kosten der bauli-

chen Veränderung getragen haben, soweit eine exklusive Nutzung überhaupt möglich ist. Sollte ein Wohnungseigentümer sich nicht an den Kosten einer baulichen Maßnahme beteiligt haben, kann er dennoch deren Nutzung gegen einen angemessenen Ausgleich begehren (Abs. 4).

2. Nach **Abs. 1 Satz 1** hat ein Wohnungseigentümer die **Kosten** einer baulichen Veränderung zu tragen, die ihm nach § 20 Abs. 1 Alt. 2 gestattet wurde oder die er nach § 20 Abs. 2 verlangt und die Gemeinschaft für ihn durchgeführt hat. Dies gilt für alle Kosten, die auf der baulichen Veränderung des Gemeinschaftseigentums beruhen, also nicht nur für die **Baukosten**, sondern insbesondere auch für die **Folgekosten** des Gebrauchs und der Erhaltung (§ 19 Abs. 2 Nr. 2). Um Missverständnisse zu einem Beschluss nach Abs. 3 zu vermeiden, sollte die Gemeinschaft in den **Gestattungsbeschluss** ausdrücklich aufnehmen, dass die Durchführung der baulichen Veränderungen nach Abs. 1 auf Kosten des Bauwilligen durchgeführt wird. Die durch die Maßnahme angefallenen Kosten kann die Gemeinschaft dem Bauwilligen im Rahmen des Beschlusses über die Jahresabrechnung auferlegen (§ 28 Abs. 2 Satz 1) oder mittels einer Sonderumlage sogleich von ihm erstattet verlangen. Die Kosten für bauliche Maßnahmen am **Sondereigentum** trägt der jeweilige Wohnungseigentümer ohne Beschluss der Gemeinschaft ohnehin alleine.

3. Nach **Abs. 1 Satz 2** dürfen nur diejenigen die Nutzungen aus der baulichen Veränderung ziehen, die auch deren Kosten getragen haben. **Nutzungen** sind die Früchte einer Sache oder eines Rechts sowie deren Gebrauchsvorteile (§ 100 BGB). Die **Früchte** sind im Wesentlichen die Miet- oder Pachtzins aus der Gebrauchsüberlassung von im Gemeinschaftseigentum stehenden Räumen oder Freiflächen. Ein **Gebrauchsvorteil** ist das Recht zur Benutzung. Dies setzt allerdings voraus, dass ein exklusiver Gebrauch des baulich veränderten gemeinschaftlichen Eigentums überhaupt möglich ist. Ist dies nicht der Fall, etwa wenn ein Miteigentümer die Kosten für eine Luxussanierung des Treppenhauses nicht mitgetragen hat, darf dieser es dennoch nutzen und ist trotzdem nicht verpflichtet, im Nachhinein die Kosten der Maßnahme zu tragen.

4. Führen **mehrere** Wohnungseigentümer die Maßnahme aus, sind grundsätzlich die jeweiligen Miteigentumsanteile für die Verteilung

der Kosten und Nutzungen maßgeblich. Ist eine bauliche Veränderung zur gemeinschaftlichen Nutzung geschaffen, dürfen alle die Kosten tragenden Miteigentümer unabhängig von der Verteilung ihrer Miteigentumsanteile sie gemeinschaftlich nutzen. Werden aus der baulichen Veränderung allerdings Früchte gewonnen, stehen diese den Beteiligten nur nach Maßgabe ihrer Miteigentumsanteile zu. Die Eigentümer können aber nach Abs. 5 auch anderes beschließen.

5. **Abs. 2** bestimmt, in welchen Fällen **alle** Eigentümer die Kosten der baulichen Veränderung zu tragen haben. Die Kostentragungspflicht gilt für alle Kosten, die auf der baulichen Veränderung beruhen, also nicht nur für die Baukosten, sondern insbesondere auch für die Folgekosten des Gebrauchs und der Erhaltung. Abs. 2 findet allerdings auf eine bauliche Veränderung **keine** Anwendung, die einem Wohnungseigentümer nach § 20 Abs. 1 Alt. 2 gestattet wurde oder die er nach § 20 Abs. 2 verlangt hat und die für ihn von der Gemeinschaft durchgeführt wurde.

6. Nach **Abs. 2 Satz 1 Nr. 1** sind die Kosten für bauliche Veränderungen grundsätzlich von allen Wohnungseigentümern zu tragen, wenn sie diese mit mehr als **zwei Dritteln** der abgegebenen **Stimmen** und mehr als der **Hälfte** aller **Miteigentumsanteile** beschließen. Liegt eine solch breite Mehrheit bei der Beschlussfassung vor, ist es angemessen, wenn sich alle Eigentümer an den Kosten beteiligen.

7. Diese Vermutung kann aber **widerlegt** werden. Ist die bauliche Veränderung mit **unverhältnismäßigen** Kosten verbunden, scheidet eine Kostentragung der überstimmten Minderheit aus. Die Kosten wären sodann nach Abs. 3 zu verteilen. Maßgeblich hierfür sind nicht nur die kalkulierten **Baukosten**, sondern auch die zu erwartenden **Folgekosten** für Gebrauch und Erhaltung. Diese Kosten sind in das Verhältnis zu den Vorteilen zu setzen, die die bauliche Veränderung verspricht. Bei der Abwägung ist ein objektiver und auf die konkrete Anlage bezogener Maßstab anzulegen. Entscheidend sind nicht die Bedürfnisse und finanziellen Möglichkeiten des einzelnen überstimmten Wohnungseigentümers, sondern der Charakter der Anlage und die Alters- und Sozialstruktur aller Wohnungseigentümer. Sind sämtliche Wohnungseigentümer finanziell in der Lage, die erwarteten Kosten zu tragen, können auch sehr hohe Kosten

nicht unverhältnismäßig sein. Eine Grenze wäre überschritten, wenn ein Wohnungseigentümer wegen der zu erwartenden Kosten sein Eigentum veräußern müsste. Maßgeblich ist der Zeitpunkt der Beschlussfassung. Die später entstandenen tatsächlichen Kosten spielen bei einer Überprüfung keine Rolle. Die Unverhältnismäßigkeit hat derjenige zu **beweisen**, der sie behauptet.

8. Steht vor der Abstimmung nicht fest, ob das **Quorum** nach Abs. 2 Satz 1 Nr. 1 erreicht wird, sollte im Beschlussvorschlag klar formuliert werden, dass zunächst eine Abstimmung nach Abs. 2 und im Falle des Scheiterns nach Abs. 3 **getrennt** erfolgen soll. Anderenfalls wäre es für die mit Ja Stimmenden zum Zeitpunkt der Abstimmung nicht klar, ob die Kosten der Maßnahme von allen oder nur von einigen zu tragen wären. Dies könnte aber für die Entscheidung über das jeweilige Stimmverhalten von Bedeutung sein. Daneben wäre es auch möglich, den Beschluss über die bauliche Veränderung unter die **Bedingung** einer entsprechenden Kostentragung zu stellen. Auch in diesem Fall wäre die Höhe der zu tragenden Kosten bereits zum Zeitpunkt der Abstimmung transparent.

9. Nach **Abs. 2 Satz 1 Nr. 2** sollen alle Wohnungseigentümer diejenigen Kosten tragen, die in einem angemessenen Zeitraum amortisiert werden. Als angemessen zur **Amortisierung** der Kosten ist in der Regel ein Zeitraum von **10 Jahren** anzusehen (vgl. BGH MDR 2013, 263, 265). Der Zeitraum kann aber in Abhängigkeit von der konkreten Maßnahme auch überschritten werden, etwa um sinnvolle Maßnahmen der energetischen Sanierung auf Kosten aller Wohnungseigentümer zu ermöglichen. Amortisieren müssen sich von vornherein nur die Aufwendungen, die anderenfalls nicht anfallen würden. Maßgeblich ist die Beurteilung zum Zeitpunkt der Beschlussfassung. Ob die Amortisierung später tatsächlich eintritt, spielt keine Rolle. Tritt eine bauliche Veränderung an die Stelle einer sonst notwendigen Erhaltungsmaßnahme, müssen sich also nur die durch die bauliche Veränderung entstehenden Mehrkosten amortisieren. Die Kosten einer **modernisierenden Instandsetzung** sind von allen Wohnungseigentümern zu tragen, wenn sie sich in einem angemessenen Zeitraum amortisieren.

10. Für die **Nutzungen** ordnet **Abs. 2 Satz 2** die entsprechende Anwendung von § 16 Abs. 1 an. Die **Früchte** stehen also ebenfalls allen

§ 21 WEG Nutzungen und Kosten bei baulichen Veränderungen

Wohnungseigentümern im Verhältnis ihrer Miteigentumsanteile zu (§ 16 Abs. 1 Satz 1 und 2). Die Miteigentümer sind zugleich zum Mitgebrauch berechtigt (§ 16 Abs. 1 Satz 3).

Abs. 3 Satz 1 verteilt die Kosten von **sonstigen** baulichen Veränderungen, die nicht von Abs. 1 und 2 erfasst sind. Diese haben nur diejenigen Wohnungseigentümer nach dem Verhältnis ihrer Miteigentumsanteile zu tragen, die bei der Abstimmung über sie mit „Ja" gestimmt haben. Diejenigen, die nicht zugestimmt haben, sind auch nicht zu beteiligen. Ein nicht in der Versammlung anwesender Wohnungseigentümer gibt ebenfalls keine Zustimmung ab (BGH NJW 2012, 603). Die Kostenbefreiung wirkt auch gegenüber dem Rechtsnachfolger des Nichtzustimmenden (BGH NJW 1992, 979, 980). Von daher sollte bei der Abstimmung über solche Maßnahmen zwingend darauf geachtet werden, dass die zustimmenden Wohnungseigentümer in das **Protokoll** aufgenommen werden, sodass dauerhaft erkennbar ist, wer für die Kosten aufzukommen hat. **11.**

Erfolgt die Zustimmung eines Wohnungseigentümers zu einer baulichen Veränderung nur unter Festlegung einer **Höchstgrenze** der Kosten, kann er nicht gegen seinen Willen an Kosten beteiligt werden, die über die festgelegte Höchstgrenze hinausgehen; insoweit ist er wie ein Nichtzustimmender zu behandeln (*Sauren* § 16 Rz. 44). Gleiches gilt, wenn die Zustimmung unter gänzlicher **Verwahrung** gegen die Kostenlast erteilt wird (OLG Düsseldorf NZM 2006, 109). Da sämtliche baulichen Veränderungen nur mit der Mehrheit der abgegebenen Stimmen beschlossen werden können, dürfte es daher vorkommen, dass für eine Mehrheit auch die Stimmen von Eigentümern erforderlich werden, die keinen Nutzen aus der Maßnahme ziehen möchten. In diesen Fällen bietet es sich an, eine Beschlussfassung nach Abs. 3 sogleich mit einer abweichenden Kostenverteilung nach Abs. 5 zu verbinden. **12.**

Die Kostentragungspflicht gilt für **alle** Kosten, die auf der baulichen Veränderung beruhen, also nicht nur für die **Baukosten**, sondern auch für die **Folgekosten** für Gebrauch und Erhaltung (§ 19 Abs. 2 Nr. 2). Fallen die Kosten anteilsmäßig unter die Abs. 1 oder 2 und auch unter 3, sind sie ihren Anteilen entsprechend zu verteilen. **13.**

Nach **Abs. 3 Satz 2** sind die **Nutzungen** entsprechend § 16 Abs. 1 nach dem gleichen Verhältnis wie die Kosten zu verteilen. Die **14.**

Früchte stehen also den zur Kostentragung verpflichteten Wohnungseigentümern im Verhältnis ihrer Miteigentumsanteile zu; nur diese Wohnungseigentümer sind zum Mitgebrauch berechtigt. Von den Nichtzustimmenden kann die Unterlassung der Teilnahme verlangt werden (OLG Düsseldorf NJW-RR 2006, 956). Dies ist allerdings nur zulässig, wenn eine Nichtnutzung überhaupt möglich ist.

15. Nach **Abs. 4 Satz 1** kann jeder Wohnungseigentümer **verlangen**, dass ihm nach billigem Ermessen gestattet wird, **Nutzungen** zu ziehen, die ihm nach den gesetzlichen Vorschriften nicht gebühren. Das gilt unabhängig davon, ob der Wohnungseigentümer kraft Gesetzes (nach den Abs. 1 oder 3) oder durch Beschluss (nach Abs. 5) von der Nutzung ausgeschlossen ist. Der Anspruch erlaubt es insbesondere einem Wohnungseigentümer, der einer baulichen Veränderung zunächst nicht zugestimmt hat, seine Meinung nachträglich zu ändern. Auf diese Weise können die Vorteile baulicher Veränderungen auch denjenigen Wohnungseigentümern oder ihren Rechtsnachfolgern zugutekommen, die zunächst, etwa aus finanziellen Gründen, gegen sie gestimmt haben.

16. Der Anspruch besteht nur mit der Einschränkung, dass eine Teilhabe an den Nutzungen, insbesondere dem Gebrauch, **billigem Ermessen** entsprechen muss. Besondere Umstände des Einzelfalls können den Anspruch deshalb auch ausschließen. Die Billigkeit verlangt aber eine Gleichbehandlung der Wohnungseigentümer. So kann der Nachzügler nicht allein aus Kapazitätsgründen ausgeschlossen werden, da es um den Gebrauch des gemeinschaftlichen Eigentums geht. Bestehen **Kapazitätsprobleme**, müssen diese gemeinschaftlich geregelt werden, etwa durch einen Beschluss, der bestimmte Nutzungszeiten regelt.

17. Der **Anspruch** ist auf die Fassung eines Beschlusses gerichtet, der dem Wohnungseigentümer die Teilhabe an den Nutzungen gegen einen angemessenen **finanziellen Ausgleich** gestattet. Abs. 4 Satz 1 enthält zugleich die dafür notwendige Beschlusskompetenz. Der Beschluss ist durch alle Wohnungseigentümer zu fassen, da er das gemeinschaftliche Eigentum betrifft, nicht etwa nur durch die Wohnungseigentümer, die schon nutzungsberechtigt sind. Prozessual kann der Anspruch im Wege einer Beschlussersetzungsklage verfolgt werden (§ 44 Abs. 1 Satz 2).

18. Nach der Beschlussfassung darf der begünstigte Wohnungseigentümer an den Nutzungen **teilhaben**. Er ist also zum Mitgebrauch berechtigt und kann wie die anderen Früchte ziehen. Im Gegenzug hat er einen angemessenen **Ausgleich** zu leisten. Der genaue Betrag ist im Beschluss festzuhalten. Hierbei sind nur die bis zur Beschlussfassung anfallenden Kosten zu berücksichtigen, da für die zukünftigen Kosten Abs. 3 Satz 1 gilt. Es sind sowohl die Bau- als auch die Betriebs- und Erhaltungskosten auszugleichen. Der Maßstab der **Angemessenheit** gebietet es aber regelmäßig, den Wohnungseigentümer nur an solchen Kosten aus der Vergangenheit zu beteiligen, die sich zumindest mittelbar auch auf seine zukünftigen Nutzungen der baulichen Veränderung auswirken. Laufende Betriebskosten sind daher nicht auszugleichen, da der Antragsteller diese mangels Nutzung nicht verursacht hat. Aus demselben Grund sind auch zwischenzeitliche Verschlechterungen der baulichen Veränderungen bei der Bestimmung der auszugleichenden Herstellungskosten zu berücksichtigen. Der Ausgleich ist anteilig an diejenigen Wohnungseigentümer zu zahlen, die ursprünglich die Kosten getragen haben, da sich deren Kostenlast gemindert hätte, hätte sich der nun Nutzungswillige sogleich beteiligt. Dies kann sogleich oder über die Jahresabrechnung (§ 28 Abs. 2 Satz 1) geschehen.

19. Letztlich muss sich der neu hinzutretende Wohnungseigentümer an den **Kosten beteiligen**, die ab der Beschlussfassung anfallen. Dafür gilt nach **Abs. 4 Satz 2** die Vorschrift des Abs. 3 Satz 1 entsprechend. Maßgeblich ist also das Verhältnis seines Anteils zu den Anteilen der übrigen kostentragungspflichtigen Wohnungseigentümer. Davon abgesehen bleibt es den beteiligten Wohnungseigentümern unbenommen, nach Abs. 5 eine abweichende Kostentragung zu beschließen.

20. Nach **Abs. 5 Satz 1** dürfen die **Kosten** unter den kostentragungspflichtigen Wohnungseigentümern nach einem **anderen** als dem gesetzlichen **Schlüssel** verteilt werden. Die Wohnungseigentümer können auch über die Kostenverteilung für bestimmte **Kostenarten** bei einer baulichen Veränderung gesondert beschließen. Bei einer Verteilung nach Wohn-/Nutzfläche ist die in der Teilungserklärung angegebene Fläche maßgebend (OLG Frankfurt NZM 2007, 490). Ein anderer Verteilungsmaßstab kann sich z. B. aus der Verursachung der Kosten, der Fläche des Sondereigentums, der Anzahl der Nut-

§ 21 WEG Nutzungen und Kosten bei baulichen Veränderungen

zer, der Anzahl der Wohnungen, der Anzahl der Anschlüsse (z. B. für das Glasfasernetz) oder der Lage des Wohneigentums (z. B. beim Einbau eines Aufzugs) ergeben. Möglich ist es aber auch, jedem Eigentümer die Kosten seiner Balkonsanierung aufzuerlegen (BGH NJW 2010, 2129) oder die Kosten nur denjenigen aufzuerlegen, die auch einen Balkon bauen (AG Hannover ZMR 2011, 334), einen Fenstereinbau bei gleichzeitiger Auferlegung der Einbaukosten und der Kosten der zukünftigen Instandhaltung zu genehmigen (LG Itzehoe ZMR 2012, 219) oder die Kosten nach der Anzahl der installierten Rauchwarnmelder zu verteilen (AG Rendsburg ZMR 2009, 239). Nicht möglich ist es hingegen z. B., einem Eigentümer oder einer kleinen Gruppe die Kosten für die Dachsanierung aufzuerlegen (BGH NJW 2010, 2513). Gleiches gilt für die Auferlegung der Kosten für die Sanierung der Dachflächenfenster auf die Eigentümer der Bodenräume (AG Wennigsen ZMR 2010, 489).

21. Ist eine abweichende Kostenverteilung in einem Einzelfall beschlossen worden, kann kein Wohnungseigentümer daraus einen Anspruch gegenüber den anderen Wohnungseigentümern auf **Gleichbehandlung** ableiten, in einem künftigen Fall einen Beschluss hinsichtlich der Kosten zu seinen Gunsten zu fassen. Unerheblich ist dabei auch, aus welchem Absatz die grundsätzliche Kostentragungspflicht folgt.

22. Eine abweichende Regelung des **Kostenverteilungsschlüssels** muss aus dem Beschluss **ausdrücklich** hervorgehen und so gestaltet werden, dass sie einem verständigen und unbefangenen Leser bei der Durchsicht der Beschluss-Sammlung ohne weiteres einleuchten muss (BGH NJW 2010, 2654). Die Kostenverteilung und die Möglichkeit der Nutzung müssen dabei grundsätzlich miteinander korrespondieren. Ein bestimmter Verteilungsschlüssel kann nur verlangt werden, wenn eine Ermessensreduzierung auf Null vorliegt, weil alle anderen in Betracht kommenden Maßnahmen unbillig wären (BGH NJW 2003, 3476).

23. Nach **Abs. 5 Satz 2** dürfen einem Wohnungseigentümer, der grundsätzlich keine Kosten zu tragen hat, durch einen Kostenverteilungsbeschluss auch keine auferlegt werden. Ein **Verstoß** gegen Abs. 5 Satz 2 führt aber nicht zur Nichtigkeit des Beschlusses, sondern nur zu dessen Anfechtbarkeit.

Ob ein Beschluss über die Kostenverteilung generell erfolgreich **anfechtbar** ist, hängt davon ab, ob er die allgemeinen Vorgaben der ordnungsmäßigen Verwaltung wahrt, insbesondere dem billigen Ermessen entspricht (vgl. § 18 Abs. 2). Es ist der Gebrauch bzw. die Möglichkeit des Gebrauchs der konkreten Maßnahme zu berücksichtigen. Hierbei dürfen das „Ob" einer abweichenden Kostenverteilung, also die Frage der grundsätzlichen Berechtigung zur Änderung, und das „Wie", also die Art des Verteilerschlüssels, nicht willkürlich sein (BGH NJW 2011, 2202). Bei der Verteilung der Kosten und Möglichkeiten zur Nutzung haben die Wohnungseigentümer ein nur eingeschränkt überprüfbares **Gestaltungsermessen**; sie müssen deshalb den Gebrauch oder die Möglichkeiten des Gebrauchs nicht exakt wiedergeben, sondern können auch andere Kriterien einfließen lassen (BGH NJW 2010, 2513). 24.

Über eine abweichende Verteilung nach Abs. 5 können zwar alle Eigentümer **abstimmen**. Sollten Nichtbetroffene allerdings ohne Grund dagegenstimmen, kann eine Beschlussersetzungsklage (§ 44 Abs. 1 Satz 2) erhoben werden. 25.

§ 22 WEG
Wiederaufbau

Ist das Gebäude zu mehr als der Hälfte seines Wertes zerstört und ist der Schaden nicht durch eine Versicherung oder in anderer Weise gedeckt, so kann der Wiederaufbau nicht beschlossen oder verlangt werden.

Anmerkungen:

Ist das Gebäude der Gemeinschaft zerstört worden, richtet sich die **Pflicht** zum Wiederaufbau aus der ordnungsmäßigen Verwaltung im Sinne des § 18 Abs. 2 Nr. 2. Eine solche kann sich bereits aus der Instandsetzungspflicht ergeben und kann daher durch Beschluss festgelegt werden. 1.

Aus dieser Vorschrift ergibt sich aber eine Einschränkung der Verpflichtung zum Wiederaufbau. Diese **entfällt**, wenn der Schaden nicht durch eine Versicherung oder auf andere Weise gedeckt ist, wie z. B. durch Rücklagen oder Schadensersatzansprüche. Ist der Schaden nur teilweise gedeckt, kommt es darauf an, ob mehr als die **Hälfte** des Wertes des Gebäudes abgesichert ist. Ist dies nicht 2.

§ 22 WEG Wiederaufbau

der Fall, besteht keine Wiederaufbaupflicht im Rahmen der ordnungsmäßigen Verwaltung. Nicht realisierbare Schadensersatzansprüche sind nicht in die Berechnung aufzunehmen.

3. Wird der Schaden nicht anderweitig ersetzt, muss daher ermittelt werden, ob das Gebäude mehr als zur Hälfte seines Wertes, bestehend aus Gemeinschaftseigentum und Sondereigentum, zerstört worden ist. Hierzu muss der Wert des Gebäudes (in der Regel durch einen Gutachter) vor und nach der Zerstörung **geschätzt** und miteinander verglichen werden (*Sauren* § 22 Rz. 72).

4. Ist das Gebäude zu mehr als der Hälfte seines Wertes zerstört und ist der Schaden nicht durch eine Versicherung oder in anderer Weise gedeckt, kann der Wiederaufbau nicht verlangt und nicht mehrheitlich beschlossen werden. Ein Wiederaufbau ist daher ausgeschlossen, wenn auch nur ein Wohnungseigentümer **widerspricht**. Dadurch soll eine wirtschaftliche Überforderung der Wohnungseigentümer vermieden werden. Eine Vereinbarung zum Wiederaufbau bleibt aber möglich.

5. Es kommt nicht darauf an, auf welchem **Grund** der Wertverlust beruht. Dieser kann durch Brand oder Explosion, eine Naturkatastrophe oder auch durch Überalterung eintreten (Palandt-*Wicke* WEG § 22 Rz. 39).

6. Wird wieder aufgebaut, **organisiert** dies der Verwalter im Rahmen der ordnungsmäßigen Verwaltung. Ein die ursprüngliche Substanz wesentlich verändernder Wiederaufbau ist nicht mehr von § 22 gedeckt. Technische **Neuerungen** sind indes bei angemessenen Kosten zu berücksichtigen. Die Wiederaufbaupflicht erstreckt sich allerdings nur auf das Gemeinschaftseigentum. Für sein Sondereigentum ist jeder Wohnungseigentümer selbst verantwortlich.

7. Ist das Gebäude zu **weniger** als der Hälfte seines Wertes zerstört, kann der Wiederaufbau durch einfache Mehrheit beschlossen werden, soweit dies ordnungsmäßiger Verwaltung entspricht. Bei einer Mehrhausanlage kommt es auf den Wert der einzelnen Häuser an. Lehnt die Mehrheit den Wiederaufbau eines Hauses ab, kann diesen nur ein Gericht bestimmen, sofern der Wiederaufbau der ordnungsmäßigen Verwaltung entspricht (*Sauren* § 22 Rz. 74).

Unterbleibt der Wiederaufbau, kann nach §§ 11 Abs. 1 Satz 3, 4 Abs. 1, 9 Abs. 1 Nr. 1 die **Auflösung** der Gemeinschaft und das Schließen der Wohnungsgrundbücher verlangt werden, wenn eine **Vereinbarung** der Wohnungseigentümer dies vorsieht. Fehlt eine solche Vereinbarung, kann die Auflösung nicht ohne Einstimmigkeit beschlossen werden. Eine Verpflichtung zur Zustimmung kann sich aber aus Treu und Glauben (§ 242 BGB) ergeben (Staudinger-*Bub* WEG § 22 Rz. 272). Anderenfalls bleibt die Gemeinschaft bestehen. **8.**

Die Vorschrift ist **abdingbar** (*Sauren* § 22 Rz. 76). Es kann z. B. eine Wiederaufbaupflicht unabhängig vom Zerstörungsgrad vereinbart, gänzlich ausgeschlossen oder einer qualifizierten Mehrheit unterstellt werden. Auch eine Ausweitung auf das Sondereigentum könnte vereinbart werden. **9.**

§ 23 WEG
Wohnungseigentümerversammlung

(1) ¹Angelegenheiten, über die nach diesem Gesetz oder nach einer Vereinbarung der Wohnungseigentümer die Wohnungseigentümer durch Beschluss entscheiden können, werden durch Beschlussfassung in einer Versammlung der Wohnungseigentümer geordnet. ²Die Wohnungseigentümer können beschließen, dass Wohnungseigentümer an der Versammlung auch ohne Anwesenheit an deren Ort teilnehmen und sämtliche oder einzelne ihrer Rechte ganz oder teilweise im Wege elektronischer Kommunikation ausüben können.

(2) Zur Gültigkeit eines Beschlusses ist erforderlich, dass der Gegenstand bei der Einberufung bezeichnet ist.

(3) ¹Auch ohne Versammlung ist ein Beschluss gültig, wenn alle Wohnungseigentümer ihre Zustimmung zu diesem Beschluss in Textform erklären. ²Die Wohnungseigentümer können beschließen, dass für einen einzelnen Gegenstand die Mehrheit der abgegebenen Stimmen genügt.

(4) ¹Ein Beschluss, der gegen eine Rechtsvorschrift verstößt, auf deren Einhaltung rechtswirksam nicht verzichtet werden kann, ist nichtig. ²Im Übrigen ist ein Beschluss gültig, solange er nicht durch rechtskräftiges Urteil für ungültig erklärt ist.

§ 23 WEG Wohnungseigentümerversammlung

Anmerkungen:

1. Diese Vorschrift befasst sich mit der mindestens einmal jährlich stattfindenden Wohnungseigentümerversammlung (Abs. 1). Die Versammlung ist das wichtigste Organ der Gemeinschaft. In ihr entscheiden die Wohnungseigentümer über die Nutzung ihres Gemeinschaftseigentums und über dessen Verwaltung, Instandhaltung und Erneuerung. Die Diskussion in der Versammlung ist dabei ein wesentlicher Bestandteil der Meinungsbildung der Wohnungseigentümer. Von daher verlangt Abs. 2 auch, das Beschlussthema zuvor anzukündigen. Dem Versammlungsleiter obliegt es sodann, die Diskussion in geordnete Bahnen zu lenken und die Meinungsbildung mit einem Beschluss abzuschließen. Da dieser Prozess nur innerhalb der Versammlung so ablaufen kann, dürfen Beschlüsse außerhalb einer solchen nur einstimmig gefasst werden, es sei denn, die Gemeinschaft beschließt für einen einzelnen Gegenstand anderes (Abs. 3). Jenseits der Vorgaben der Abs. 1 und 3 dürfen keine Beschlüsse ergehen. So ist z. B. der Beschluss eines Teils der Wohnungseigentümer nach Versammlungsende unwirksam (BayObLG NZM 1998, 1010). Fehlerhafte Beschlüsse können gegen den Willen der Gemeinschaft nur durch ein Gericht aufgehoben werden (Abs. 4).

2. Ein **Beschluss** stellt den Willen der Gemeinschaft dar, eine Angelegenheit verbindlich für alle Wohnungseigentümer zu regeln. Davon sind bloße Anregungen, Hinweise, Empfehlungen, Anmerkungen oder Probeabstimmungen abzugrenzen, die lediglich einen unverbindlichen Charakter haben (*Sauren* § 23 Rz. 19). Im Gegensatz zu Vereinbarungen, die die (überdauernde) Grundordnung der Gemeinschaft regeln, betreffen Beschlüsse organisatorische Regelungen jeglicher Art der laufenden Verwaltung. Dies kann auch einen Beschluss umfassen, etwas nicht zu tun. Davon abzugrenzen ist der sog. **Negativbeschluss**. Dies ist die Ablehnung eines Beschlussantrags (BGH NZM 2001, 196). Auch dieser hat eine Regelungswirkung und ist für ungültig erklärbar (BGH NJW-RR 2013, 1034).

3. Die Erforderlichkeit eines Beschlusses kann durch das **Gesetz** (vgl. §§ 9b Abs. 2, 12 Abs. 4, 16 Abs. 2, 19 Abs. 1, 19 Abs. 3, 20 Abs. 1, 20 Abs. 2, 21 Abs. 5, 23 Abs. 1, 26 Abs. 1, 26 Abs. 2, 27 Abs. 2, 28 Abs. 1, 28 Abs. 2, 29 Abs. 1) oder durch **Vereinbarung** (vgl. §§ 5 Abs. 4, 10 Abs. 3) entstehen. Ob ein Beschluss gewollt ist, hängt

§ 23 WEG Wohnungseigentümerversammlung

davon ab, mit welcher Intention der Versammlungsleiter den Abstimmungsvorgang über den Meinungsbildungsprozess einleitet (KG NJW-RR 1992, 720).

4. Sog. **Geschäftsordnungsbeschlüsse** betreffen Verfahrensfragen der Versammlung. Sie brauchen nicht in der Einladung zur Versammlung angekündigt zu werden, da sie in der Regel über die Versammlung hinausgehend keine Wirkungen entfalten (OLG Düsseldorf DWE 1981, 25). Ein Geschäftsordnungsbeschluss ist nur isoliert anfechtbar, wenn er Wirkungen auf zukünftige Versammlungen haben soll (OLG Schleswig NJW-RR 2006, 1675). Mängel in einem Geschäftsordnungsbeschluss wirken sich aber auf den Sachbeschluss aus, wenn sie für diesen ursächlich geworden sind (Palandt-*Wicke* WEG § 23 Rz. 14). Geschäftsordnungsbeschlüsse können z. B. Verfahrensfragen der Abstimmung (BayObLG WuM 1986, 148), die Reihenfolge der Abstimmung oder die Frage, ob namentlich abgestimmt werden soll (BayObLG WuM 1988, 34), die Frage, ob in der Versammlung geraucht werden darf (OLG Köln NJW-RR 2001, 88), die Anwesenheit eines Beistandes in der Versammlung (LG Berlin ZWE 2013, 458), die Begrenzung der Redezeit (OLG Stuttgart ZMR 1986, 370), die Erweiterung der Tagesordnung (OLG München ZMR 2006, 68), den Ausschluss aus der Versammlung (LG Frankfurt ZWE 2012, 46) oder die Wahl des Versammlungsvorsitzenden (BGH NZM 2002, 992) zum Gegenstand haben.

5. Muss über eine Angelegenheit der Gemeinschaft ein **Beschluss** ergehen und ist kein schriftliches Verfahren möglich, kann im Sinne des **Abs. 1** nur innerhalb der **Versammlung** entschieden werden. Eine andere Art der Beschlussfassung, wie z. B. durch konkludente Zustimmung außerhalb der Versammlung, ist nicht möglich (BayObLG NZM 2008, 171).

6. Mit welchem **Inhalt** ein Beschluss zustande gekommen ist, hängt allein von der Feststellung des Versammlungsleiters ab und nicht von der Versammlungsniederschrift (BGH NJW 2001, 3339). Die **Feststellung** und die **Bekanntgabe** des Beschlussergebnisses sind die entscheidenden Voraussetzungen für das rechtswirksame Zustandekommen eines Beschlusses (BGH ZMR 2001, 809). Diese müssen nicht zwingend ausdrücklich in das Protokoll aufgenommen werden, sondern dies kann auch konkludent geschehen (OLG Hamm ZMR 2009, 58).

§ 23 WEG Wohnungseigentümerversammlung

7. Das Abhalten einer sog. **Teilversammlung** muss ausdrücklich durch eine Vereinbarung erlaubt sein (OLG Stuttgart FGPrax 1997, 17).

8. Nach **Abs. 1 Satz 2** ist es gestattet, durch einen Beschluss die Möglichkeit einer **Online-Teilnahme** von Eigentümern an der Versammlung der Wohnungseigentümer einzuführen. Damit ist allerdings nicht die Kompetenz verbunden, die Präsenzversammlung insgesamt abzuschaffen. Einzelnen Teilnehmern kann lediglich gestattet werden, mit Hilfe elektronischer Kommunikationsmittel an der Versammlung teilzunehmen und auf diese Weise ihre Rechte auszuüben. Die konkrete technische Ausgestaltung bleibt der Gemeinschaft selbst belassen. Diese muss wie gewöhnlich beschlossen werden. Die Grenze ist hier lediglich der Grundsatz ordnungsmäßiger Verwaltung. Der Gemeinschaft bleibt es belassen sicherzustellen, wie die Authentizität der online an der Versammlung teilnehmenden Wohnungseigentümer überprüft wird. Verbindungsprobleme gehen zulasten des online Teilnahmewilligen. Dieser muss gewährleisten, dass seine Teilnahme an der Versammlung störungsfrei möglich ist. Kann er dies nicht, muss er persönlich erscheinen.

9. Nach **Abs. 2** müssen die in der Versammlung zu besprechenden und beschließenden **Tagesordnungspunkte** im **Einladungsschreiben** benannt und ausgeführt werden. Erfolgt die Benennung später, muss auch die Beschreibung nachgeholt werden. Im Einladungsschreiben sind die vorgesehenen Beschlüsse so genau zu bezeichnen, dass die Wohnungseigentümer verstehen und überblicken können, was in tatsächlicher und rechtlicher Hinsicht erörtert und beschlossen werden soll und welche Auswirkungen der vorgesehene Beschluss auf die Gemeinschaft und sie selbst hat; eine schlagwortartige Bezeichnung reicht aber regelmäßig aus (*Sauren* § 23 Rz. 9). Aus diesem Informationsbedürfnis des Einzelnen ergibt sich, dass der Beschlussgegenstand umso genauer bezeichnet werden muss, je größer seine Bedeutung und je geringer der Wissensstand des einzelnen Eigentümers ist (OLG München NZM 2006, 934). Es ist aber nicht erforderlich, dass das Einladungsschreiben bereits alle Einzelheiten des Beschlussvorschlags enthält, wie z. B. dessen Inhalt oder konkrete Anträge (OLG Celle ZWE 2002, 474). Ein Verstoß gegen Abs. 2 macht den Beschluss anfechtbar, aber nicht nichtig (BGH NJW 2011, 3237).

§ 23 WEG Wohnungseigentümerversammlung

Unter dem TOP „**Verschiedenes**" ist eine Beschlussfassung nicht zulässig, da ein möglicher Beschlussgrund nicht hinreichend bezeichnet und damit eine Vorbereitung auf diesen nicht möglich ist (BayObLG WuM 1985, 101). **10.**

Da ohne die Benennung in der Einladung kein wirksamer Beschluss gefasst werden kann, haben die einzelnen Wohnungseigentümer einen **Anspruch** gegen den Einladenden, die von ihnen gewünschten Punkte auf die Tagesordnung zu setzen, wenn dies gesetzlich so bestimmt ist (§ 24 Abs. 2) oder ordnungsmäßiger Verwaltung entspricht (LG Hamburg ZMR 2013, 62). Widersetzt sich der Versammlungsleiter, kann der Wohnungseigentümer diesen mittels einstweiliger Verfügung zur Aufnahme verpflichten lassen (OLG Frankfurt NJW 2009, 300). Ferner besteht ein Recht auf Ergänzung der bereits an die anderen Wohnungseigentümer versandten Tagesordnung, wenn der Anspruch zur Aufnahme des TOPs ordnungsmäßiger Verwaltung entspricht (OLG Frankfurt DWE 1988, 105, 106). **11.**

Abs. 3 regelt die Möglichkeit, einen Beschluss **ohne** Versammlung zu fassen. Eine Beschlussfassung nach **Abs. 3 Satz 1** setzt dafür eine unmissverständliche Initiative zur **schriftlichen** Entscheidung voraus, damit für jeden Wohnungseigentümer erkennbar ist, dass eine **verbindliche** Entscheidung und nicht lediglich eine unverbindliche Meinungsäußerung herbeigeführt werden soll (OLG Celle NZM 2006, 784). Alle Mitglieder müssen beiden Zielen zustimmen. **12.**

Zur Beschlussfassung schreibt entweder der Verwalter oder ein Wohnungseigentümer alle Mitglieder der Gemeinschaft an und setzt ihnen eine **Frist** zur Abgabe ihrer Stimme. Die Zustimmung zum Beschluss muss in **Textform** erteilt werden. Dies kann im Sinne des § 126b BGB schriftlich, aber auch durch elektronische Kommunikation geschehen, sodass z. B. Umlaufbeschlüsse auch per **E-Mail**, über **Internetplattformen** oder **Apps** gefasst werden können. Hierzu hat die Gemeinschaft eigenständig etwaige Missbrauchsmöglichkeiten auszuschließen. Jeder Wohnungseigentümer könnte z. B. eine E-Mail-Adresse angeben, unter der er an den Abstimmungen teilnimmt. Eine eventuelle Stellvertretung muss schriftlich im Original (§ 174 BGB) nachgewiesen werden (*Sauren* § 23 Rz. 17). **13.**

Nach Fristablauf zählt der Initiator alle eingegangenen Stimmen aus. Sollte nicht der Verwalter selbst der Anschreibende sein, über- **14.**

gibt der Initiator diesem die Angelegenheit nach Stimmabgabe, damit der Verwalter als der formell Zuständige den Beschluss feststellt, verkündet und das Weitere veranlasst (*Sauren* § 23 Rz. 16a). Da die schriftliche Beschlussfassung nach Abs. 3 Satz 1 nur mit **Einstimmigkeit** möglich ist, muss die Zustimmung aller Wohnungseigentümer vorliegen. Bei nur einer Enthaltung kommt der Beschluss nicht zustande. Eine verspätete Stimmabgabe ist aber möglich (*Sauren* § 23 Rz. 17). Die einmal erteilte Zustimmung ist unwiderruflich (BGH NJW 2012, 3372).

15. Nach **Abs. 3 Satz 2** kann kann die Gemeinschaft beschließen, dass auch im Umlaufverfahren für einen **einzelnen** Gegenstand die **Mehrheit** der abgegebenen Stimmen für eine Beschlussfassung genügt. Diese Variante ist dafür gedacht, eine streitige Beschlussfassung im Umlaufverfahren nachzuholen, wenn in der Versammlung für die beabsichtigte Beschlussfassung noch nicht alle erforderlichen Informationen vorliegen. Eine solche Entscheidung über die Abweichung vom Einstimmigkeitserfordernis im Umlaufverfahren kann aber nur in der Versammlung selbst oder einstimmig im Umlaufverfahren getroffen werden. Hierzu reicht es aus, wenn in derselben Umfrage zunächst alle Eigentümer der schriftlichen Entscheidung zustimmen und sodann der Beschluss in der Sache mit Mehrheit gefasst wird.

16. Ein im Umlaufverfahren gefasster Beschluss kommt erst mit der **Feststellung** und einer an alle Wohnungseigentümer gerichteten **Mitteilung** des Beschlussergebnisses zustande (BGH NJW 2001, 3339). Die **Anfechtungsfrist** (§ 45 Abs. 1 Satz 1) läuft daher erst ab der letzten Verkündung des Ergebnisses des schriftlich gefassten Beschlusses an die Wohnungseigentümer (BGH NJW 2001, 3339). Aus diesem Grund empfiehlt es sich, den Eingang des Beschlusses von jedem Wohnungseigentümer quittieren zu lassen, sodass das letzte Datum das Verkündungsdatum des Beschlusses ist (*Sauren* § 23 Rz. 18).

17. **Abs. 4** beschäftigt sich mit **Fehlern** bei der Beschlussfassung. Bestehen diese in der Abfassung oder im Beschlussinhalt, kann der Beschluss entweder **nichtig** sein und dadurch überhaupt keine Wirkungen entfalten oder **rechtswidrig** und damit auf Anfechtung durch ein Gericht aufhebbar sein.

§ 23 WEG Wohnungseigentümerversammlung

Nach **Abs. 4 Satz 1** ist ein Beschluss, der gegen eine Rechtsvorschrift verstößt, auf deren Einhaltung rechtswirksam nicht verzichtet werden kann, nichtig. Ein **nichtiger** Beschluss hat überhaupt **keine Wirkungen** auf die Gemeinschaft oder die einzelnen Wohnungseigentümer. Im Streitfall dürfte es dennoch zweckmäßig sein, die Nichtigkeit des Beschlusses gerichtlich (§ 44 Abs. 1) feststellen zu lassen (OLG Schleswig NZM 2005, 669). Das Gericht prüft stets die Nichtigkeit eines Beschlusses, auch wenn nur dessen Ungültigkeit durch den Kläger begehrt wurde (BGH NJW 2003, 3550).

18.

Ein Beschluss kann aufgrund **formeller** Mängel nichtig sein, wie z. B. bei fehlender Beschlusskompetenz (BGH NJW 2009, 2129) oder bei Beschlusskompetenzüberschreitung einer Untereinheit (OLG Schleswig WuM 2000, 370). Aber auch **materielle** Mängel bei der Beschlussfassung können vorliegen, die zu dessen Nichtigkeit führen, z. B. Sittenwidrigkeit des Beschlussinhalts (§ 138 BGB); Verstoß gegen ein zwingendes gesetzliches Verbot (§ 134 BGB); Verletzung der unabdingbaren Regeln des WEG (BGH NJW 2009, 2129); absolute Unzuständigkeit der Gemeinschaft zur Beschlussfassung (BGH a. a. O.); Verpflichtung Dritter durch den Beschluss (Palandt-*Wicke* WEG § 23 Rz. 14); Widersprüchlichkeit, sachliche Undurchführbarkeit oder völlige Unbestimmbarkeit des Beschlussinhalts (OLG Düsseldorf WuM 2009, 63); rechtsmissbräuchliche Stimmabgabe eines sog. Mehrheitseigentümers (BGH ZMR 2012, 380); zu unbestimmter Beschluss über Arbeiten, der nicht festlegt, wann welche Arbeiten in welchem Umfang auszuführen sind (OLG Köln ZMR 2005, 229); absolutes Haustierhalteverbot (OLG Saarbrücken NJW 2007, 779); Vergabe von Instandsetzungsarbeiten an Schwarzarbeiter (BGH NJW 1983, 109); Beschluss über den Gegenstand eines Sondereigentums (OLG Stuttgart NJW-RR 1986, 815); Beschluss über ein absolutes Veräußerungsverbot (BGH NJW 2010, 3093).

19.

Nach **Abs. 4 Satz 2** ist im Übrigen ein Beschluss gültig, solange er nicht durch rechtskräftiges Urteil für ungültig erklärt ist. Daher bedarf es der erfolgreichen **Anfechtung** eines Beschlusses vor Gericht (§ 44 Abs. 1), damit er keine Wirkungen mehr entfaltet, wenn er nicht nichtig, sondern nur **rechtswidrig** ist. Dies muss innerhalb eines Monats nach der Beschlussfassung geschehen (§ 45 Abs. 1). Anderenfalls bindet auch ein rechtswidriger Beschluss die Gemeinschaft und die einzelnen Wohnungseigentümer sowie in der

20.

Regel deren Rechtsnachfolger (§ 10 Abs. 3). Die Anfechtung selbst hat keine aufschiebende Wirkung, sodass die beschlossenen Maßnahmen nicht allein damit gestoppt werden könnten (BayObLG NZM 1998, 337). Dies kann nur durch eine **einstweilige Verfügung** erreicht werden. Sind nur Teile des Beschlusses rechtswidrig, prüft das Gericht, ob der restliche Beschlussinhalt für sich genommen stehen bleiben kann. Ist dies nicht der Fall, hebt es den gesamten Beschluss auf (BGH NJW 2012, 2648).

21. Ein Beschluss kann aus **formellen** Gründen rechtswidrig sein. Dies können sämtliche Verfahrensmängel sein, z. B. fehlerhafte Einberufung, fehlende Feststellung und Verkündung des Beschlussergebnisses oder Mängel einer vereinbarten Form (BGH NJW 2012, 2512). Bei formellen Mängeln ist ein Beschluss nur für ungültig zu erklären, wenn diese auch **ursächlich** für das Beschlussergebnis geworden sind (Palandt-*Wicke* WEG § 23 Rz. 20). Dies gilt aber nicht, wenn ein schwerwiegender Verstoß gegen Teilnahme- und Mitwirkungsrechte vorliegt; dann ist der Beschluss stets für ungültig zu erklären (BGH NJW 2011, 679). Ein Beschluss kann aber auch **materiell** fehlerhaft sein, z. B. bei Verstößen gegen das WEG oder ein sonstiges Gesetz, ferner wenn dieser gegen eine Vereinbarung oder die Teilungserklärung oder den Grundsatz der ordnungsmäßigen Verwaltung verstößt (OLG Hamm OLGZ 1985, 147).

22. **Nicht-** oder **Scheinbeschlüsse** liegen vor, wenn die **wesentlichen** formellen Voraussetzungen einer Beschlussfassung fehlen. Dies kann z. B. bei fehlender Allstimmigkeit nach Abs. 3 Satz 1 sein, wenn keine Versammlung einberufen wurde oder ein Beschluss verkündet worden ist, ohne dass eine Abstimmung stattgefunden hat (Palandt-*Wicke* WEG § 23 Rz. 21). Diese Scheinbeschlüsse haben ebenso wie ein nichtiger Beschluss keine Wirkung. Zur Beseitigung des Rechtsscheins ist aber die gerichtliche Ungültigkeitserklärung zulässig (BayObLG ZWE 2001, 590).

23. Hat das Gericht einen Beschluss für ungültig erklärt, so ist er als **Rechtsfolge** so zu behandeln, als hätte er nie bestanden. Er verliert daher rückwirkend seine Wirksamkeit (BGH NJW 1989, 1089). Als **Ausnahme** bleibt die Verwalterbestellung bis zur rechtskräftigen Aufhebung bestehen (BayObLG ZMR 1988, 70). Daher bleiben auch die von dem Verwalter bis dahin abgeschlossenen Verträge wirksam (KG ZMR 1990, 62).

§ 24 WEG
Einberufung, Vorsitz, Niederschrift

(1) Die Versammlung der Wohnungseigentümer wird von dem Verwalter mindestens einmal im Jahr einberufen.

(2) Die Versammlung der Wohnungseigentümer muss von dem Verwalter in den durch Vereinbarung der Wohnungseigentümer bestimmten Fällen, im Übrigen dann einberufen werden, wenn dies in Textform unter Angabe des Zweckes und der Gründe von mehr als einem Viertel der Wohnungseigentümer verlangt wird.

(3) Fehlt ein Verwalter oder weigert er sich pflichtwidrig, die Versammlung der Wohnungseigentümer einzuberufen, so kann die Versammlung, auch durch den Vorsitzenden des Verwaltungsbeirats, dessen Vertreter oder einen durch Beschluss ermächtigten Wohnungseigentümer einberufen werden.

(4) [1]Die Einberufung erfolgt in Textform. [2]Die Frist der Einberufung soll, sofern nicht ein Fall besonderer Dringlichkeit vorliegt, mindestens drei Wochen betragen.

(5) Den Vorsitz in der Wohnungseigentümerversammlung führt, sofern diese nichts anderes beschließt, der Verwalter.

(6) [1]Über die in der Versammlung gefassten Beschlüsse ist unverzüglich eine Niederschrift aufzunehmen. [2]Die Niederschrift ist von dem Vorsitzenden und einem Wohnungseigentümer und, falls ein Verwaltungsbeirat bestellt ist, auch von dessen Vorsitzenden oder seinem Vertreter zu unterschreiben.

(7) [1]Es ist eine Beschluss-Sammlung zu führen. [2]Die Beschluss-Sammlung enthält nur den Wortlaut

1. der in der Versammlung der Wohnungseigentümer verkündeten Beschlüsse mit Angabe von Ort und Datum der Versammlung,

2. der schriftlichen Beschlüsse mit Angabe von Ort und Datum der Verkündung und

3. der Urteilsformeln der gerichtlichen Entscheidungen in einem Rechtsstreit gemäß § 43 mit Angabe

ihres Datums, des Gerichts und der Parteien,

soweit diese Beschlüsse und gerichtlichen Entscheidungen nach dem 1. Juli 2007 ergangen sind. [3]Die Beschlüsse und gerichtlichen Entscheidungen sind fortlaufend einzutragen und zu nummerieren. [4]Sind sie angefochten oder aufgehoben worden, so ist dies anzumerken. ⁵Im Falle einer Aufhebung kann von einer Anmerkung abgesehen und die Eintragung gelöscht werden. ⁶Eine Eintragung kann auch gelöscht werden, wenn sie aus einem anderen Grund für die Wohnungseigentümer keine Bedeutung mehr hat. ⁷Die Eintragungen, Vermerke und Löschungen gemäß den Sätzen 3 bis 6 sind unverzüglich zu erledigen und mit Datum zu versehen. ⁸Einem Wohnungseigentümer oder einem Dritten, den ein Wohnungseigentümer ermächtigt hat, ist auf sein Verlangen Einsicht in die Beschluss-Sammlung zu geben.

(8) ¹Die Beschluss-Sammlung ist von dem Verwalter zu führen. ²Fehlt ein Verwalter, so ist der Vorsitzende der Wohnungseigentümerversammlung verpflichtet, die Beschluss-Sammlung zu führen, sofern die Wohnungseigentümer durch Stimmenmehrheit keinen anderen für diese Aufgabe bestellt haben.

Anmerkungen:

1. Diese Vorschrift enthält Regelungen über die Einberufung, den Vorsitz und die Niederschrift der Eigentümerversammlung. Der Verwalter beruft die Versammlung mindestens einmal im Jahr ein (Abs. 1). Die Einladung erfolgt in Textform mit einer mindestens dreiwöchigen Frist (Abs. 4). Der Verwalter übernimmt in der Regel auch den Vorsitz als Versammlungsleiter (Abs. 5). Eine Einberufung kann auch erfolgen, wenn mehr als ein Viertel der Wohnungseigentümer dies begehrt (Abs. 2). Weigert sich der Verwalter, die Versammlung einzuberufen oder fehlt ein solcher, kann auch der Vorsitzende des Beirats, dessen Stellvertreter oder ein zuvor bestimmter Wohnungseigentümer die Versammlung einberufen (Abs. 3). Die in der Versammlung gefassten Beschlüsse sind zu protokollieren (Abs. 6). Sie sind in einer Beschluss-Sammlung zu verwahren (Abs. 7), die in der Regel vom Verwalter geführt wird (Abs. 8).

2. Dem **Verwalter** steht ein **jederzeitiges Einberufungsrecht** einer Versammlung zu (Palandt-*Wicke* WEG § 24 Rz. 2). Nach **Abs. 1** findet die Versammlung aber mindestens einmal im Jahr statt. Sie kann allerdings auch häufiger einberufen werden (vgl. Abs. 2). Dies kann z. B. der Fall sein, wenn der Verwalter eine zusätzliche Versammlung für erforderlich hält (OLG Hamm DWE 1987, 54). Allerdings empfiehlt sich kein längerer als der **Jahresturnus**, da der Verwalter die Jahresabrechnung und den Wirtschaftsplan zu erstellen hat. Die Vorschrift ist abdingbar (BayObLG WuM 1994, 227). Gänzlich abge-

schafft werden kann die Versammlung aber nicht (*Sauren* § 24 Rz. 3). Sein Einberufungsrecht kann der Verwalter auch auf Mitarbeiter delegieren (OLG Köln ZMR 2003, 380).

3. Die in einer durch einen **Nichtberechtigten** einberufenen Versammlung gefassten Beschlüsse sind nicht nichtig, sondern nur anfechtbar (LG Düsseldorf ZMR 2011, 898). Ist keine Relevanz der formell falschen Einberufung feststellbar, werden diese auch nicht aufgehoben (BayObLG NZM 2002, 346).

4. Hinsichtlich der **Versammlungszeit** sollte sich der Verwalter nach den Bedürfnissen der Wohnungseigentümer richten. Eine Versammlung sollte deshalb in der Regel werktags nicht vor 18.00 Uhr einberufen werden (LG München I NZM 2005, 591). Sie kann aber auch am Abend des Pfingstmontags stattfinden (LG Frankfurt ZWE 2020, 199). Der vom Verwalter gewählte **Versammlungsort** muss verkehrsüblich und zumutbar sein (BGH NJW 2002, 1651). Die Wohnung eines Eigentümers sollte nur gewählt werden, wenn alle Mitglieder damit einverstanden sind. Ein öffentlicher Raum, wie z. B. in einer Gaststätte mit anderen Gästen (OLG Frankfurt NJW 1995, 3395), ist unzulässig. Auch muss der Raum in der Nähe der Gemeinschaft liegen, nicht notwendigerweise aber im selben Stadtteil (BGH NJW 2002, 1651).

5. Nach **Abs. 2** können die Wohnungseigentümer **vereinbaren**, in welchen Fällen außerhalb des Abs. 1 eine Versammlung einberufen werden muss. Ferner kann mehr als ein Viertel der Wohnungseigentümer ein **Einberufungsverlangen** an den Verwalter richten, dem er auch nachzukommen hat. Das Minderheitenquorum zum Begehren der Einberufung muss nicht nur im Zeitpunkt seines Zugangs beim Verwalter, sondern auch noch bei der Durchführung der außerordentlichen Eigentümerversammlung vorliegen (LG Koblenz ZWE 2019, 46).

6. Das Einberufungsverlangen der Wohnungseigentümer gegenüber dem Verwalter muss in **Textform** im Sinne des § 126b BGB abgegeben werden, also zumindest per E-Mail oder in sonstiger Weise verschriftlicht. Die **Begründung** des Einberufungsverlangens hat der Verwalter nicht inhaltlich zu überprüfen. Sie dient lediglich der Information der anderen Wohnungseigentümer. Die Bestimmung des **Zeitpunkts** der Versammlung steht sodann im Ermessen des Ver-

walters. Dieser darf die Versammlung aber nicht unangemessen verzögern; insbesondere wenn es um seine Abberufung geht (BayObLG NZM 2003, 317).

7. Fehlt ein Verwalter (auch durch Krankheit) oder weigert er sich pflichtwidrig, die Versammlung der Wohnungseigentümer einzuberufen, kann nach **Abs. 3** der Vorsitzende des **Verwaltungsbeirats** oder dessen Stellvertreter zur Versammlung einladen. Ferner kann dies auch ein durch Beschluss ermächtigter **Wohnungseigentümer** machen. Eine solche Möglichkeit kann die Versammlung ohne konkreten Anlass beschließen. Das Einberufungsrecht durch einen Wohnungseigentümer kommt zuvorderst für kleine Gemeinschaften ohne Verwalter und Verwaltungsbeirat in Betracht. In einem solchen Fall können die Wohnungseigentümer auf der Versammlung entscheiden, wer von ihnen zur nächsten Versammlung einladen soll. Ferner kann auf diese Weise ein einzelner Wohnungseigentümer die Kompetenz erhalten, eine Versammlung einzuberufen, sollte dies der Verwalter pflichtwidrig unterlassen.

8. Eine **pflichtwidrige Weigerung** des Verwalters liegt vor, wenn er überhaupt nicht (OLG Köln NZM 2004, 305) oder zu spät einlädt (OLG Düsseldorf ZMR 2004, 692) oder er unangemessen lange untätig bleibt (LG Hamburg ZMR 2012, 384). Dem Verwalter steht aber hinsichtlich der Terminplanung ein gewisser Ermessensspielraum zu (BayObLG NZM 2003, 317).

9. Der Anspruch auf ordnungsmäßige Verwaltung (§ 18 Abs. 1 Nr. 1) gibt jedem Wohnungseigentümer das Recht auf einen **Ermächtigungsbeschluss** nach Abs. 3, um die Einberufung der Versammlung zu ermöglichen. Dieser Anspruch kann im Wege der Beschlussersetzungsklage (§ 44 Abs. 1 Satz 2) durchgesetzt werden.

10. Nach **Abs. 4** erfolgt die Einberufung in **Textform** im Sinne des § 126b BGB, also zumindest per E-Mail oder in sonstiger Weise verschriftlicht. Eine Unterschrift ist nicht erforderlich. Es genügt, wenn die Person des Erklärenden bezeichnet wird (AG Berlin-Mitte NJW-RR 2003, 1377). Die Übersendung per Messenger-Dienst reicht hierzu aus, wenn sie elektronisch dauerhaft abrufbar ist. Der Einladende kann die Versammlung auch wieder absagen oder zeitlich oder örtlich verlegen (BGH ZMR 2011, 892).

§ 24 WEG Einberufung, Vorsitz, Niederschrift

11. Die Einladung muss an **alle** Wohnungseigentümer gehen, die zum Zeitpunkt der Einladung im Grundbuch eingetragen sind. Jeder Wohnungseigentümer muss gesondert eingeladen werden (OLG Köln WE 1989, 30). Die Ladung muss den Eigentümern grundsätzlich auch **zugehen**. Hierfür reicht aber die Absendung an die letzte bekannte Adresse aus. (OLG Frankfurt OLGR 2005, 423). Der Betroffene kann sich nämlich nicht auf eine Nichteinladung berufen, wenn er seine Adressänderung nicht mitgeteilt hat (BGH NJW 2013, 3098) oder ein Eigentümerwechsel verschwiegen wurde (LG Hamburg ZWE 2013, 463).

12. Wird ein Wohnungseigentümer **nicht** oder zumindest nicht ordnungsgemäß **eingeladen**, sind die auf der Versammlung gefassten Beschlüsse **anfechtbar** (BGH NZM 2013, 653). Der Mangel führt zur Aufhebung der Beschlüsse, wenn als Folge der Nichteinladung die Möglichkeit zur Teilnahme an der Diskussion und Abstimmung konkret behindert wurde und dadurch das Ergebnis der Meinungsbildung beeinflusst worden sein könnte (BGH NJW 2002, 1651). Ein irrtümlicher Ausschluss eines Teilnahmeberechtigten führt daher zur Anfechtbarkeit der in der Versammlung gefassten Beschlüsse, es sei denn, es steht fest, dass sich der Mangel nicht auf das Abstimmungsergebnis ausgewirkt hat (BGH NJW 2012, 3571). Auch ein gezielter Ausschluss eines Wohnungseigentümers führt zur **Nichtigkeit** der in der Versammlung gefassten Beschlüsse (OLG Celle ZWE 2002, 276).

13. Die **Einladungsfrist** beträgt **drei Wochen**, es sei denn, es liegt ein Fall besonderer Dringlichkeit vor. Die Frist beginnt regelmäßig erst mit Zugang der Einladung beim letzten zu Ladenden zu laufen. Die Fristberechnung erfolgt nach den § 187 ff. BGB (KG WE 1989, 29). Ein Fall **besonderer Dringlichkeit**, in dem die Einladungsfrist abgekürzt werden kann, liegt vor, wenn die Regelfrist nicht abgewartet werden kann, weil sonst der Gemeinschaft ein Schaden entstehen würde (LG München I ZMR 2011, 839). Ist in der Gemeinschaftsordnung eine andere Frist festgehalten, gilt diese, da die Vorschrift **abdingbar** ist (OLG Dresden ZMR 2009, 301).

14. Das sog. **Ankündigungsrecht**, also das Recht, die Beschlussthemen zu benennen, steht dem Einladenden zu. Die Einladung muss die Beschlussgegenstände so genau beschreiben, dass eine Vorbereitung auf die Beschlussfassung möglich ist und die Folgen einer Nichtteil-

nahme erkennbar werden (Palandt-*Wicke* WEG § 24 Rz. 6). Auch kann es erforderlich sein, der Einladung Unterlagen beizufügen, wie den Wirtschaftsplan, die Jahresabrechnung oder einen Sanierungsplan (BGH NJW-RR 2012, 343). Nicht notwendig ist es, den ausformulierten Beschlussinhalt mit zu übersenden (OLG Celle ZWE 2002, 474). Bei einem Verstoß gegen das Ankündigungsrecht sind die gefassten Beschlüsse lediglich anfechtbar (BGH NJW 2011, 3237).

15. Nach **Abs. 5** führt der Verwalter in der **Versammlung** einschließlich der Abstimmungen den **Vorsitz**. Er ist damit für alle formellen Fragen verantwortlich. Die Versammlung kann aber auch anderes beschließen. Der Verwalter kann sich von einem Angestellten vertreten lassen, den Vorsitz aber nicht auf einen Dritten delegieren (OLG München NJW-RR 2005, 964).

16. **Teilnahmeberechtigt** ist grundsätzlich jeder im Grundbuch eingetragene **Wohnungseigentümer** bzw. sein gesetzlicher **Vertreter**, auch wenn dessen Stimmrecht ausgeschlossen ist (*Sauren* § 24 Rz. 22). Eine Teilnahmepflicht besteht indes nicht (AG Mettmann ZMR 2008, 847). Der Verwaltungsbeirat ist auch teilnahmeberechtigt (OLG Frankfurt ZMR 2007, 133). Das Teilnahmerecht des **Verwalters** erlischt, wenn er abberufen werden soll (LG Düsseldorf ZMR 2012, 384). **Bevollmächtigte** dürfen ebenfalls teilnehmen (vgl. § 25 Anm. 17).

17. Eine **Vertretung** des Wohnungseigentümers in der Versammlung durch Dritte ist grundsätzlich möglich. Hierzu ist eine **Vollmacht** im Sinne der §§ 164 ff. BGB erforderlich (BGH NJW 1987, 650). Diese bedarf zu ihrer Gültigkeit der **Textform** (§ 25 Abs. 3). Die erteilte Vollmacht braucht nicht auf die Versammlung beschränkt zu sein (OLG Zweibrücken ZMR 1986, 369). Es kann sich auch um eine Generalvollmacht handeln. Ist eine **Schriftform** vereinbart, ist die Vollmacht im Original bei jeder Versammlung vorzulegen, auch bei einer sog. Dauervollmacht (LG Mainz ZMR 2012, 41). Wird die Vollmacht bei Stimmabgabe nicht beanstandet, so ist sie auch ohne Nachweis wirksam (OLG Hamm WE 1990, 104). Die Vollmacht kann intern **beschränkt** werden, indem die Stimmabgabe zu einzelnen TOPs vorgegeben wird. Eine weisungswidrige Abgabe der Stimme begründet aber keinen Mangel bei der Abstimmung selbst (KG ZMR 1998, 658).

18. Steht ein Wohnungseigentum mehreren zu, kann nur **einheitlich** abgestimmt werden (§ 25 Abs. 2 Satz 2). Vertritt ein Wohnungseigentümer in der Versammlung **mehrere** Eigentümer, gibt er mit seiner Stimme gleichzeitig die Stimmen der anderen mit ab. Möchte er für die Vertretenen unterschiedlich abstimmen, muss er dies kenntlich machen.

19. Das Vertretungsrecht kann nur durch Vereinbarung, nicht aber durch Beschluss **beschränkt** werden (BGH NJW 1993, 1329). Eine Vertretung des Wohnungseigentümers ist dann z. B. nur durch den Ehegatten, den Verwalter, Kinder, nahe Angehörige oder den Lebenspartner möglich. Eine solche Begrenzung ist regelmäßig dahin ergänzend auszulegen, dass sie auch für juristische Personen gilt und dass diese sich nicht nur durch ihre organschaftlichen Vertreter, sondern auch durch einen ihrer Mitarbeiter vertreten lassen können (BGH ZWE 2020, 40).

20. Inhaber des Zulassungs- und **Zurückweisungsrechts** hinsichtlich des Vertreters des Sondereigentümers sind die anderen **Miteigentümer** und nicht der Verwalter (LG Bremen ZMR 2018, 614). Ein Ausschluss hindert nicht nur an der Stimmabgabe in der Versammlung, sondern an jeder aktiven Beteiligung (BGH NJW 1993, 1329). Ein solcher Vertretungsausschluss kann gegen Treu und Glauben verstoßen (§ 242 BGB), wenn z. B. der Wohnungseigentümer durch Krankheit an der Teilnahme gehindert ist (OLG Düsseldorf ZMR 1999, 195).

21. Ist die Vollmacht **unwirksam** oder fehlt sie vollkommen, ist die darauf beruhende Stimmabgabe nichtig (§ 180 S. 1 BGB), bei Nichtzurückweisung bis zur Genehmigung aber genehmigungsfähig (§ 180 BGB). Die fehlende Berechtigung führt zur **Anfechtbarkeit**, wenn sich dadurch die Mehrheitsverhältnisse ändern (*Sauren* § 24 Rz. 30a).

22. Die Versammlung ist **nicht öffentlich**, sodass Wohnungseigentümer grundsätzlich Dritte nicht dulden müssen (BGH NJW 1993, 1329). Die Wohnungseigentümer sollen ihre Meinung ungestört mitteilen und Außenstehende nicht auf deren Meinungsbildung Einfluss nehmen dürfen (OLG Hamm ZMR 2007, 134). Wird die Anwesenheit anderer rügelos geduldet, liegt darin ein stillschweigender Verzicht

auf die Einhaltung der Nichtöffentlichkeit (OLG Hamburg ZMR 2007, 550).

23. Einem **Berater**, Dolmetscher oder Beistand (z. B. Rechtsanwalt) kann die Teilnahme nur gestattet werden, wenn auf Seiten des Wohnungseigentümers ein **berechtigtes Interesse** besteht (z. B. Gebrechlichkeit, fehlende Sprachkenntnisse oder Schwierigkeit des Beratungsgegenstandes), das das Interesse an der Nichtöffentlichkeit überwiegt (OLG Köln 2009, 3245). Der Verwalter hat aber keine Verpflichtung, die Anwesenheitsberechtigung der Teilnehmer der Versammlung zu überprüfen. Dies muss er erst machen, wenn ein Wohnungseigentümer der Teilnahme eines Anwesenden widerspricht bzw. diese rügt (Jennißen-*Schultzky* § 24 Rz. 85). In streitigen Fällen entscheidet der Vorsitzende im Rahmen seines Leitungsrechts, anderenfalls hat die Gemeinschaft einen Geschäftsordnungsbeschluss über die Teilnahme der strittigen Person zu fassen (BayObLG NZM 2004, 338).

24. Die **Redezeit** der Teilnehmer kann durch Beschluss beschränkt werden, das grundsätzliche Rederecht nicht (OLG Stuttgart NJW-RR 1986, 1277). Eine Beschränkung des **Rederechts** von Eigentümern auf der Versammlung muss aber unter Wahrung des Verhältnismäßigkeitsgrundsatzes so schonend wie möglich erfolgen (LG Frankfurt ZMR 2018, 854). Der Ausschluss vom **Stimmrecht** ist nur nach § 25 Abs. 4 möglich (vgl. § 25 Anm. 20). Ein **Ausschluss** aus der Versammlung kommt erst als letztes Mittel in Betracht. Zuvor müssen die milderen Mittel der Begrenzung des Rederechts oder des Wortentzugs, auch eine Abmahnung zum Ausschluss, versucht worden sein (BGH NJW 2011, 679).

25. Eine **Unterbrechung** der Versammlung ist zulässig, wenn dies ordnungsmäßiger Verwaltung entspricht und die ungefähre Dauer der Unterbrechung zuvor bestimmt wurde (Palandt-*Wicke* WEG § 24 Rz. 20).

26. Die **TOPs** müssen in der Reihenfolge der Einladung behandelt werden. Ein Beschluss ist nämlich ungültig, wenn ein Wohnungseigentümer die Versammlung vor Abstimmung in der Annahme verlässt, es werde keine Abstimmung mehr zu dem TOP erfolgen, später dennoch ein Beschluss gefasst wird (BayObLG ZMR 1999, 570).

§ 24 WEG Einberufung, Vorsitz, Niederschrift

Letztlich ist es die Aufgabe des Verwalters, die Versammlung förmlich zu **schließen** und den Zeitpunkt des Schlusses im Protokoll festzuhalten (*Sauren* § 24 Rz. 39). **27.**

Gemäß **Abs. 6** ist über die in der Versammlung gefassten Beschlüsse unverzüglich eine **Niederschrift** (Protokoll) aufzunehmen. Damit wird gewährleistet, dass insbesondere Wohnungseigentümer, die bei der Versammlung nicht anwesend waren, die Möglichkeit haben, sich rasch über die gefassten Beschlüsse zu informieren. In der Niederschrift ist auch das Abstimmungs- und **Beschlussergebnis** mit aufzunehmen. Die Niederschrift ist zu **unterschreiben**. Dies dürfen nur diejenigen tun, die auch bei der Versammlung anwesend waren. Das Protokoll ist mit der Zeichnung des letzten zur Unterschrift Verpflichteten entstanden. Der Verwalter hat die Beschlussprotokolle aufzubewahren. Die Bedingungen über die Niederschrift sind durch Vereinbarung abdingbar (BayObLG ZMR 2004, 443). **28.**

Als **Mindestinhalt** muss das Protokoll die Anträge, die dazu abgegebenen Erklärungen, den Beschlussinhalt und das Abstimmungsergebnis enthalten (BayObLGZ 1974, 86, 89). Ansonsten wäre ein Beschluss unklar. Die Versammlungsniederschrift sollte darüber hinaus enthalten: Ort, Tag und Zeit der Versammlung, Feststellung der ordnungsgemäßen Ladung, Präsenz, d. h. Anzahl der anwesenden und vertretenen Mitglieder, Feststellung der Beschlussfähigkeit, TOPs mit kurzer Darlegung der vorgetragenen Argumente, Beschlussinhalt mit Abstimmungs- und Beschlussergebnis (mit Zahl der Ja- und Neinstimmen und Enthaltungen) und Verkündung des Beschlusses, sowie Unterschrift des Verwalters, des Beiratsvorsitzenden und eines Wohnungsinhabers nach Abs. 6 Satz 2 (*Sauren* § 24 Rz. 40). **29.**

Die inhaltliche **Gestaltung** des Protokolls oberliegt dem Verwalter in eigener Ermessensausübung (OLG Hamm WE 1989, 174). Der Persönlichkeitsschutz der Wohnungseigentümer gebietet es, dass die Niederschrift keine sachlich nicht gebotenen Wertungen, Schärfen, Bloßstellungen und Diskriminierungen enthält (BayObLG ZWE 2005, 345). Da die Niederschrift zur Information über das Zustandekommen der Beschlüsse und damit der Vorbereitung einer eventuellen Anfechtung dient, ist ein **Ergebnisprotokoll** zwar möglich, jedoch nicht sonderlich zweckdienlich (BayObLGZ 1982, 445). **30.**

Gerade bei Beschlüssen, die Kosten auslösen, sollte darauf geachtet werden, die Zustimmenden ins Protokoll aufzunehmen, um Streitigkeiten über eine spätere Beteiligung an den Kosten, z. B. nach § 21 Abs. 3, zu vermeiden (vgl. auch § 21 Anm. 11).

31. Das Protokoll muss **unverzüglich** (ohne schuldhaftes Zögern) fertiggestellt sein, um den Wohnungseigentümern eine hinreichende Zeit zur Prüfung zu ermöglichen, ob sie die auf der Versammlung gefassten Beschlüsse anfechten möchten. Auf den Ablauf der Anfechtungsfrist nach § 45 Abs. 1 hat die Erstellung des Protokolls allerdings keinen Einfluss (BayObLG DNotZ 1980, 751). Kann ein Beschluss aufgrund eines verspätet erstellten Protokolls nicht mehr angefochten werden, können allerdings Schadensersatzansprüche gegen den Protokollverfasser entstehen. Das Protokoll sollte den Wohnungseigentümern **übersandt** werden, zumal dies per E-Mail unproblematisch möglich ist. Das Original des Protokolls darf nach § 18 Abs. 4 von jedem Wohnungseigentümer eingesehen werden.

32. Formelle oder inhaltliche **Fehler** des Protokolls machen die getroffenen Beschlüsse nicht anfechtbar und begründen schon gar nicht deren Nichtigkeit. Sie beeinträchtigen lediglich den Beweiswert hinsichtlich der Richtigkeit und Vollständigkeit der Niederschrift (BGH NJW 1997, 2956). Eine gesetzliche **Beweiskraft** kommt dem Protokoll als Privaturkunde im Sinne des § 416 ZPO aber ohnehin nicht zu (BayObLG WE 1991, 81, 82). Die Bekanntgabe des Beschlussergebnisses löst zwar die Anfechtungsfrist nach § 45 Abs. 1 aus, aber auch diesbezüglich kommt dem Protokoll keine Beweiskraft zu (BGH ZMR 2001, 812).

33. Eine **Protokollberichtigung** ist möglich, wenn Fehler oder Unrichtigkeiten im Protokoll vorhanden sind, so wie z. B. ein falsches Abstimmungsergebnis, und hierfür ein Rechtsschutzbedürfnis besteht. Aber auch bei der Frage der Protokollberichtigung steht dem Verwalter ein weiter Ermessensspielraum zu (LG Dessau NZM 2012, 467). Wegen Bagatellen können Korrekturen der Niederschrift nicht verlangt werden (KG WuM 1989, 347).

34. **Abs. 7** enthält Vorgaben für die **Aufbewahrung** von Niederschriften über in der Versammlung gefasste Beschlüsse (§ 24 Abs. 6) oder Umlaufbeschlüsse (§ 23 Abs. 3) und Abschriften von Urteilen in Verfahren nach § 44 Abs. 1 über Anfechtungs-, Nichtigkeits- und

Beschlussersetzungsklagen (**Beschluss-Sammlung**). Hierunter fallen auch **Negativbeschlüsse**, also Beschlüsse, die einen Antrag aufgrund der fehlenden Mehrheit ablehnen (BGH NJW 2001, 3339), **einstweilige Verfügungen** und **Prozessvergleiche**. Durch eine Vereinbarung kann die Führung einer Beschluss-Sammlung gänzlich ausgeschlossen oder modifiziert werden (Palandt-*Wicke* WEG § 24 Rz. 26). Die Beschluss-Sammlung gehört zum Verwaltungsvermögen und soll den Eigentümern und dem Verwalter eine Übersicht über die für die Gemeinschaft relevanten Beschlüsse und Gerichtsentscheidungen geben (Palandt-*Wicke* WEG § 24 Rz. 26). Dies gilt insbesondere für potentielle Käufer von Wohnungseigentum. Darüber hinaus müssen nach § 5 Abs. 4 Satz 1 i. V. m. § 10 Abs. 3 für Erwerber bedeutsame Beschlüsse in das **Grundbuch** eingetragen werden, sodass sie daraus zusätzlich ersichtlich sind (vgl. § 10 Anm. 29).

35. Nach **Abs. 7 Satz 1** ist es grundsätzlich **geboten**, eine Beschluss-Sammlung zu führen. Dadurch wird sichergestellt, dass die in der Gemeinschaft geltenden Regeln auf Dauer dokumentiert werden. Die Beschlüsse müssen verkündet sein, um in die Beschluss-Sammlung aufgenommen zu werden. Eine Bestandskraft der Beschlüsse oder Rechtskraft der Urteile ist nicht erforderlich. **Geschäftsordnungsbeschlüsse** sind nicht aufzunehmen, da diese keine über die konkrete Versammlung hinausgehende Wirkung entfalten. Gerichtsentscheidungen, die keinen Bezug zum Gemeinschaftsverhältnis haben, wie die Verurteilung eines Eigentümers auf Schadensersatz oder zur Leistung von Wohngeld, müssen nicht aufgenommen werden.

36. Eine besondere **Form**, wie die Beschluss-Sammlung zu führen ist, gibt das Gesetz nicht vor. Die Beschlüsse und Urteile sind daher in Papierform oder elektronisch aufzubewahren, so wie es die Gemeinschaft beschließt. Eine **Chronologie** muss gewahrt werden, da sich die Eigentümer oder Erwerbsinteressierten anderenfalls nicht über den aktuellen Stand der Regeln der Gemeinschaft informieren können. Das oberste Gebot zur Führung der Beschluss-Sammlung ist **Verständlichkeit**. Um diese zu gewährleisten, kann die Aufnahme von Anlagen geboten sein (BGH NJW-RR 2016, 985). Bei einem ablehnenden Beschluss kann es erforderlich werden, den Antrag mit in die Sammlung aufzunehmen, um zu dokumentieren, was abgelehnt wurde. Geht aus einer gerichtlichen Urteilsformel nicht

hervor, worum es in dem Rechtsstreit gegangen ist (z. B. „Die Klage wird abgewiesen"), sollten in die Beschluss-Sammlung weitere Informationen aufgenommen werden, die den Inhalt des Rechtsstreits verdeutlichen (*Sauren* § 24 Rz. 58). Zur besseren Auffindbarkeit bietet es sich zudem an, ein **Inhaltsverzeichnis** zu führen. Hat die Sammlung inhaltliche Fehler, indem etwa Beschlüsse fehlen, müssen diese korrigiert werden, da jeder Eigentümer einen Anspruch auf eine fehlerfreie Sammlung hat.

37. Nach **Abs. 7 Satz 2** enthält die Beschluss-Sammlung nur den **Wortlaut** der verkündeten Beschlüsse nebst **Ort** und **Datum** und **Urteilsformeln** der gerichtlichen Entscheidungen nebst Datum, Gericht und Parteien, die nach dem 1. Juli 2007 ergangen sind. Hierzu zählen auch Vollstreckungsbescheide und gerichtliche Vergleiche. Die Gemeinschaft kann beschließen, auch ältere Dokumente in die Beschluss-Sammlung aufzunehmen. Lediglich die Versammlungsniederschrift in die Beschluss-Sammlung aufzunehmen, widerspricht aber dem Übersichtlichkeitsgebot, da in dieser auch unbedeutende Informationen enthalten sind (Palandt-*Wicke* WEG § 24 Rz. 29). Die Beschluss-Sammlung ist nicht zu unterschreiben (Palandt-*Wicke* WEG § 24 Rz. 29; a. A. *Sauren* § 24 Rz. 53c).

38. Gemäß **Abs. 7 Satz 3** sind die Beschlüsse und gerichtlichen Entscheidungen fortlaufend einzutragen und zu **nummerieren**. Dies schließt nicht aus, dass sie thematisch geordnet werden (z. B. in Vermögensverwaltung, Organisation, bauliche Maßnahmen, Kostenbeschlüsse), soweit dort eine Nummerierung vorgenommen wird.

39. Eine **Bestandskraft** der in die Beschluss-Sammlung aufzunehmenden Beschlüsse und gerichtlichen Entscheidungen ist nicht erforderlich. Nach **Abs. 7 Satz 4** ist lediglich **anzumerken**, wenn diese angefochten oder aufgehoben worden sind. Der aufhebende Beschluss oder das Urteil sind ebenfalls einzutragen.

40. Im Falle einer Aufhebung der Entscheidung kann nach **Abs. 7 Satz 5** aber auch von einer Anmerkung abgesehen und die Eintragung **gelöscht** werden. Die fortlaufende Nummer muss indes bestehen bleiben und bei ihr ist die Löschung zu vermerken. Eine Löschung ist aber nicht zwingend. Insbesondere aus Gründen der Verständlichkeit sollte daher von ihr in der Regel abgesehen werden.

§ 24 WEG Einberufung, Vorsitz, Niederschrift

Gemäß **Abs. 7 Satz 6** können **bedeutungslos** gewordene Beschlüsse und Urteile der Beschluss-Sammlung wieder entnommen werden. Hierunter fallen Regelungsgegenstände, die sich durch Zeitablauf (z. B. Beendigung der Bestellung des Verwalters) oder eine Überholung der Ereignisse (z. B. der im Beschluss aufgeführte Geräteschuppen existiert nicht mehr) erledigt haben. Da darüber Streit entstehen könnte, was noch notwendig erscheint, dürfte es sich anbieten, von der Möglichkeit zur Löschung nur sparsam und in Übereinstimmung aller Gebrauch zu machen. 41.

Nach **Abs. 7 Satz 7** sind die Eintragungen **unverzüglich** (§ 121 BGB) vorzunehmen und mit Datum zu versehen. Die Unverzüglichkeit ist noch gewahrt, wenn die Eintragung innerhalb von sieben Tagen vorgenommen worden ist (LG Berlin ZWE 2010, 224). Jedenfalls ist die Bestandskraft der Beschlüsse bzw. Rechtskraft der gerichtlichen Entscheidungen nicht abzuwarten (Palandt-*Wicke* WEG § 24 Rz. 34). 42.

Das jederzeitige **Einsichtsrecht** in die Beschluss-Sammlung ergibt sich aus **Abs. 7 Satz 8**. Jeder Wohnungseigentümer, gesetzliche Vertreter eines solchen oder Verwaltungsbefugter verfügt über ein solches Einsichtsrecht. Ein Wohnungseigentümer kann dieses für seinen Kaufinteressenten geltend machen bzw. diesen selbst zur Einsicht ermächtigen. Das Einsichtsrecht ist am Verwaltungssitz auszuüben (Palandt-*Wicke* WEG § 24 Rz. 35). Es umfasst die Befugnis, auf eigene Kosten Ablichtungen vorzunehmen (KG ZWE 2000, 224). Ein Recht auf Übersendung der Beschluss-Sammlung besteht nicht (AG Viersen ZWE 2013, 394). Die Grenze zum Missbrauch des Einsichtsrechts ist überschritten, wenn eine ständige Einsichtnahme ohne erkennbaren Anlass oder Sinn erfolgt (BGH NJW 2011, 1137). Dann darf sie verweigert werden. Eine Klage auf Einsicht ist gegen den die Beschluss-Sammlung Führenden zu richten (AG Hamburg ZMR 2010, 236). 43.

Nach **Abs. 8 Satz 1** obliegt die Pflicht zur **Führung** und Aufbewahrung der Beschluss-Sammlung dem **Verwalter** während seiner Amtszeit. Diese Aufgabe darf nicht auf jemand anderen delegiert werden (*Sauren* § 24 Rz 54a). Eine Sondervergütung darf für die Führung der Beschluss-Sammlung nicht vereinbart werden, da dies eine originäre Verwalteraufgabe ist. Ein neuer Verwalter ist nicht verpflichtet, die Sammlung zu vervollständigen, da seine Pflicht zur Führung erst ab Übernahme seines Amtes beginnt. 44.

45. Fehlt ein Verwalter, führt nach **Abs. 8 Satz 2** der **Vorsitzende** der Wohnungseigentümerversammlung die Beschluss-Sammlung oder die Gemeinschaft überträgt diese Aufgabe einem **Wohnungseigentümer** durch Beschluss. Ist jemand nur für eine Versammlung als Leiter bestellt, wirkt die Führungspflicht solange fort, bis die Versammlung einen neuen Verwalter berufen oder einen neuen Versammlungsleiter bestellt hat. Um einen ständigen Wechsel bei den mit der Führung der Sammlung Betrauten zu vermeiden, kann die Gemeinschaft eine feststehende Person zur Führung der Beschluss-Sammlung bestimmen, die nicht identisch mit dem Versammlungsleiter sein muss (*Sauren* § 24 Rz. 54b).

46. Gegenüber dem zur Führung der Beschluss-Sammlung Verpflichteten kann die **Berichtigung** einer fehlerhaften Eintragung verlangt werden. Auf sie besteht ein Anspruch, wenn dies ordnungsmäßiger Verwaltung entspricht (Palandt-*Wicke* WEG § 24 Rz. 36).

47. Die Führungspflicht besteht nur gegenüber den zum Zeitpunkt der Führungshandlung aktuellen Eigentümern. Nur diesen gegenüber kann sich der Führungspflichtige nach § 280 BGB bei einer Pflichtverletzung **schadensersatzpflichtig** machen (Palandt-*Wicke* WEG § 24 Rz. 26).

§ 25 WEG
Beschlussfassung

(1) Bei der Beschlussfassung entscheidet die Mehrheit der abgegebenen Stimmen.

(2) ¹Jeder Wohnungseigentümer hat eine Stimme. ²Steht ein Wohnungseigentum mehreren gemeinschaftlich zu, so können sie das Stimmrecht nur einheitlich ausüben.

(3) Vollmachten bedürfen zu ihrer Gültigkeit der Textform.

(4) Ein Wohnungseigentümer ist nicht stimmberechtigt, wenn die Beschlussfassung die Vornahme eines auf die Verwaltung des gemeinschaftlichen Eigentums bezüglichen Rechtsgeschäfts mit ihm oder die Einleitung oder Erledigung eines Rechtsstreits gegen ihn betrifft oder wenn er nach § 17 rechtskräftig verurteilt ist.

§ 25 WEG Beschlussfassung

Anmerkungen:

1. Diese Vorschrift bestimmt die formellen Voraussetzungen der Beschlussfassung, nämlich das Stimmrecht (Abs. 2) und die Berechnung der Mehrheit, die zur Beschlussfassung erforderlich ist (Abs. 1). Materielle Voraussetzungen oder die Rechtsfolgen eines Beschlusses werden hingegen an dieser Stelle nicht geregelt. Ein Beschluss ist immer dann möglich, wenn das WEG oder eine in einer Vereinbarung vorgesehene Öffnungsklausel der Gemeinschaft eine Beschlusskompetenz einräumt (BGH NJW 2000, 3500). Nimmt ein Bevollmächtigter an der Versammlung teil, hat er seine Bevollmächtigung in Textform vorzulegen (Abs. 3). Ferner werden die Voraussetzungen eines Stimmrechtsausschlusses (Abs. 4) geregelt.

2. Der Versammlungsleiter hat die **Art und Weise** der Abstimmung festzulegen, soweit hierzu nicht eine Vereinbarung oder ein Beschluss existieren. Hierbei sollte die Frage nach der Zustimmung, Enthaltung oder Ablehnung und die Art der Abstimmung (offen oder geheim) geklärt werden (*Sauren* § 25 Rz. 3). Gibt es über die Entscheidung des Versammlungsleiters Unstimmigkeiten, hat er einen Geschäftsordnungsbeschluss herbeizuführen, wie abgestimmt werden soll (BGH NJW 2002, 3629).

3. Das **Stimmrecht** eines jeden Wohnungseigentümers stellt den Kernbereich seiner Mitgliedschaftsrechte dar (BGH NJW 2011, 679). Die Eigentümerstellung bestimmt sich nach dem Eintrag im Grundbuch (BGH NJW 1989, 1087). Findet ein Eigentümerwechsel statt, der grundbuchrechtlich aber noch nicht vollzogen ist, kann der Käufer die Stimme für den bisherigen Eigentümer abgeben (KG NJW-RR 1995, 147).

4. **Gesetzliche Vertreter** des Wohnungseigentümers, wie Testamentsvollstrecker, Nachlass- oder Insolvenzverwalter, üben dessen Stimmrecht aus (BGH NJW 2012, 316). Ist für einen Eigentümer eine rechtliche Betreuung angeordnet und der Betreuer für einen entsprechenden Aufgabenkreis bestellt, ist dies auch der Fall; es sind aber beide zu laden (AG Essen WuM 1995, 673). **Nutzungsberechtigte**, wie z. B. Mieter, Pächter und Nießbraucher, haben kein Stimmrecht (Palandt-*Wicke* WEG § 1 Rz. 2).

5. Das Stimmrecht kann nicht übertragen, aber durch einen **Bevollmächtigten** ausgeübt werden (vgl. Abs. 3). Es ist erlaubt, diesem vor-

§ 25 WEG Beschlussfassung

zugeben, wie er abzustimmen hat; allerdings ist diese Beschränkung im Innenverhältnis ohne Einfluss auf die Wirksamkeit einer der Vorgabe entgegenstehenden abgegebenen Stimme (sog. Stimmrechtsbindung, Palandt-*Wicke* WEG § 24 Rz. 8).

6. Es kann **vereinbart** werden, dass einzelne Wohnungseigentümer **nicht stimmberechtigt** sind, wenn die Maßnahme sie nicht betrifft (OLG Celle NJW 2007, 2781). Davon abgesehen ist das Stimmrecht auf diejenigen **beschränkt**, die von der Angelegenheit betroffen sind, wenn es sich hierbei um eine klar abgrenzbare Gruppe der Wohnungseigentümer handelt und die übrigen von dem Beschlussgegenstand in keiner Weise berührt werden (BayObLG NZM 2000, 1021). Die Möglichkeit der Betroffenheit ist allerdings weit auszulegen. So reichen dafür bereits eine Kostenbelastung der Gemeinschaft oder eine Veränderung des äußeren Erscheinungsbildes der Anlage aus (OLG Köln WE 1998, 190, 191). Stimmrechtsausschlüsse werden in Abs. 4 geregelt.

7. Hat eine nicht stimmberechtigte Person mitgestimmt, ist der Beschluss **anfechtbar**, soweit sich durch die unberechtigte Stimmabgabe die Mehrheitsverhältnisse ändern (BayObLG WE 1992, 26).

8. Die **Stimmabgabe** ist Voraussetzung für die Wirksamkeit eines Beschlusses und auch dann erforderlich, wenn an der Versammlung nur ein Stimmberechtigter teilnimmt (OLG München ZMR 2008, 409). Sie ist eine einseitige empfangsbedürftige Willenserklärung des Stimmberechtigten, auf die die allgemeinen zivilrechtlichen Regeln Anwendung finden (BGH NJW 2012, 3372). Der Stimmberechtigte muss geschäftsfähig sein (BayObLG ZMR 2004, 209) und die Stimmabgabe muss unbedingt erfolgen (OLG Düsseldorf NZM 2002, 527). Die in der Versammlung abgegebene Stimme wird daher wirksam, wenn der Versammlungsleiter sie zur Ermittlung des Abstimmungsergebnisses zur Kenntnis nimmt; ein Widerruf der abgegebenen Stimme ist nicht möglich (BGH NJW 2012, 3372). Eine **Blockabstimmung** über mehrere Kandidaten oder Punkte ist möglich, wenn ihr keiner widerspricht (OLG Hamburg ZMR 2005, 395).

9. Im Falle eines Irrtums oder einer arglistigen Täuschung ist die Stimmabgabe nach §§ 119, 123 BGB **anfechtbar** (BGH NJW 2002, 3629). Bei erfolgreicher Anfechtung ist die abgegebene Stimme

ungültig. Eine Stimmabgabe kann aber auch ungültig sein, wenn sie gegen Treu und Glauben (§ 242 BGB) verstößt. Dies ist z. B. der Fall, wenn sich ein Wohnungseigentümer vertraglich an eine bestimmte Stimmabgabe gebunden hat und sich nicht daran hält (OLG Frankfurt OLGR 2005, 423). Hat aufgrund der erfolgreich angefochtenen Stimme der Beschluss keine Mehrheit mehr, kann dieser ebenfalls erfolgreich angefochten werden (BGH NJW 2002, 3629).

Abs. 1 bestimmt, dass für eine Beschlussfassung die **einfache Mehrheit** der abgegebenen Stimmen genügt. Ein erhöhtes Quorum ist nur bei § 21 Abs. 2 Nr. 1 vorgesehen. Die Feststellung der Mehrheit muss einen konkreten Antrag betreffen und der Vorsitzende muss das Abstimmungsergebnis feststellen und verkünden; dies ist für das Zustandekommen eines Beschlusses konstitutiv (BGH NJW 2001, 3339). Stellt der Vorsitzende den Beschluss fälschlich fest, ist dieser binnen eines Monats anfechtbar (BGH ZMR 2011, 809). Liegt lediglich eine falsche Protokollierung vor, ist der Beschluss indes rechtmäßig festgestellt und verkündet worden, so ist dieser wirksam (OLG Düsseldorf FGPrax 2000, 140). Der Vorsitzende muss auch einen nach seiner Ansicht nicht ordnungsgemäß zustande gekommenen Beschluss verkünden, da ein fehlerhafter Beschluss nicht nichtig, sondern nur anfechtbar ist (Palandt-*Wicke* WEG § 24 Rz. 1b). Ein Beschlussergebnis kann nicht unter der **Bedingung** festgestellt werden, dass kein Wohnungseigentümer innerhalb einer bestimmten Frist widerspricht; geschieht dies dennoch, ist ein Beschluss nicht zustande gekommen (BGH ZWE 2019, 139). 10.

Für die **Berechnung** der Mehrheit kommt es (mit Ausnahme des § 21 Abs. 1 Nr. 1) allein auf die **abgegebenen Stimmen** der stimmberechtigten Mitglieder an. Es müssen mehr Ja- als Nein-Stimmen vorliegen. **Enthaltungen** werden nicht mitgezählt, da die sich Enthaltenden von ihrem Stimmrecht keinen Gebrauch machen (BGH NJW 1989, 1090). Gleiches gilt für ungültige Stimmen. Soll hinsichtlich der Enthaltungen etwas anderes gelten, ist es in einer Vereinbarung zu regeln (BayObLG NJW-RR 1992, 83). Eine **relative Mehrheit**, insbesondere bei mehreren Angeboten von Bauausführungen oder Alternativen der Ausführung bestimmter Maßnahmen, reicht nicht aus (BayObLG NZM 2003, 444). Bei zwei Wohnungseigentümern ist Einstimmigkeit erforderlich, soweit sich der zweite nicht enthält. 11.

12. Trifft die Wohnungseigentümer ausnahmsweise eine **Mitwirkungspflicht**, ihr Stimmrecht dergestalt auszuüben, dass die erforderlichen Maßnahmen der Instandsetzung des Gemeinschaftseigentums beschlossen werden, haften sie bei deren Verletzung nach § 280 Abs. 1 BGB (BGH NJW 2018, 2550). Für eine Haftung wegen eines pflichtwidrigen Abstimmungsverhaltens muss aber bewiesen werden, dass gerade dieses für das Beschlussergebnis **kausal** geworden ist (LG Hamburg ZWE 2020, 244).

13. Jede Versammlung ist **beschlussfähig**, egal wie viele Wohnungseigentümer daran teilnehmen. Ein Eigentümer oder dessen Vertreter bzw. Bevollmächtigter reicht aus.

14. Nach **Abs. 2 Satz 1** gilt bei der Abstimmung das sog. **Kopfprinzip**, da jedem nur eine Stimme zukommt. Dies gilt ungeachtet der Größe, des Umfanges oder des Wertes seines Miteigentumsanteils und unabhängig von der Anzahl der ihm gehörenden Wohneinheiten (BGH NJW 2012, 2434). Daher kann sich die Stimmenanzahl ändern, wenn ein Wohnungseigentümer mehrere ihm gehörende Wohneinheiten verkauft oder andere kauft (OLG München ZMR 2006, 950). Es bestehen so viele Stimmanteile, wie Wohnungen mit verschiedenen Eigentümern vorhanden sind (BGH NJW 2012, 2434). Durch Vereinbarung können andere Mehrheiten festgelegt werden, wie z. B. eine qualifizierte Mehrheit, die Zustimmung bestimmter Wohnungseigentümer oder Einstimmigkeit (OLG Oldenburg NJW-RR 1997, 775).

15. Nach **Abs. 2 Satz 2** kann das Stimmrecht nur **einheitlich** ausgeübt werden, wenn ein Wohnungseigentum mehreren gemeinschaftlich zusteht, wie z. B. als Gesamthandsgemeinschaft oder als Bruchteilsgemeinschaft. Hält z. B. ein Ehepaar zwei Wohneinheiten mit einer identischen Eigentumsverteilung, steht ihm dennoch nur eine Stimme zu (AG Hamburg ZMR 2006, 81). Falls unterschiedliche Eigentumsverhältnisse für die verschiedenen Wohneinheiten bestehen, steht jedem Ehegatten eine Stimme zu (OLG Frankfurt ZMR 1997, 156). Erscheint nur ein Miteigentümer bei der Versammlung, ist davon auszugehen, dass dieser stimmberechtigt ist. Der Versammlungsleiter hat dies nur zu überprüfen, wenn daran Zweifel bestehen (OLG Düsseldorf ZMR 2004, 53). Erfolgt die Stimmabgabe uneinheitlich, gilt dies als Enthaltung (OLG Köln NJW-RR 1986, 698).

16. Oftmals ist eine gleichmäßige Verteilung der Wohneinheiten nicht gegeben, wenn z. B. nur eine Einheit in einem Mehrparteienmiethaus zu Wohnungseigentum umgewandelt wird. Deshalb wird sehr häufig von der **Abdingbarkeit** durch Vereinbarung Gebrauch gemacht und das Stimmrecht anhand der Miteigentumsanteile oder der Anzahl der Wohnungen (sog **Objektstimmrecht**) bestimmt (*Sauren* § 25 Rz. 17). Auch kann ein **Vetorecht** eines Wohnungseigentümers hinsichtlich der Beschlussfassung vereinbart werden (BayObLG NJW-RR 1997, 1315). Gerade die Verteilung nach Miteigentumsanteilen wird oft gewählt, weil sie den wirtschaftlichen Verhältnissen und Interessen der Wohnungseigentümer am Bestand und an der Erhaltung des Gebäudes am nächsten kommt (*Sauren* a. a. O.). Auf diese Weise ist eine sog. Majorisierung, die strukturelle Mehrheit eines Wohnungseigentümers, möglich (BayObLG NJW 1986, 1692). Eine Ausnahme besteht dort, wo das Kopfstimmrecht zwingend vorgeschrieben ist.

17. Abs. 3 bestimmt, dass **Vollmachten** die **Textform** im Sinne des § 126b BGB benötigen. Dies dient dazu, unklare Vertretungsverhältnisse in der Versammlung erst gar nicht entstehen zu lassen. Eine solche Vollmacht kann noch während der Versammlung erteilt werden, so z. B. über Fax, E-Mail oder per Nachricht eines Messenger-Dienstes, wenn bei diesem die Nachricht dauerhaft abrufbar bleibt. Die Vollmachtsurkunde muss in der Versammlung vorgelegt werden. Eine Zurückweisung einer solchen Vollmacht nach § 174 Abs. 1 BGB ist nicht möglich, da Abs. 3 als Sondervorschrift vorgeht. Einer Textform bedarf es nicht, wenn die Vollmacht allen Anwesenden bekannt ist und niemand Widerspruch erhebt.

18. Bei einem **gesetzlichen Vertreter** ist der Nachweis auf andere Weise zu führen, z. B. bei rechtlichen Betreuern durch Vorlage der Bestallungsurkunde oder bei gesetzlichen Vertretern einer Handelsgesellschaft durch einen Handelsregisterauszug. Bei **Amtswaltern** (Insolvenzverwalter, Testamentsvollstrecker) findet Abs. 3 keine Anwendung, da diese im eigenen Namen handeln.

19. Liegt **keine Vollmacht** in Textform bei der Abstimmung vor und wird dies gerügt, ist die abgegebene Stimme **unwirksam** (OLG München NJW 2006, 730). Ein Beschluss wird anfechtbar, wenn die ungültige Stimme für sein Zustandekommen entscheidend war.

§ 25 WEG Beschlussfassung

Wird der Vertreter nicht zurückgewiesen, so ist seine Abstimmung nicht deswegen unwirksam, weil kein schriftlicher Nachweis der Vertretungsmacht vorlag (BayObLG MDR 1984, 495).

20. Da das Stimmrecht ein wesentliches Mittel zur Mitgestaltung der Gemeinschaftsangelegenheiten bildet, darf es nur ausnahmsweise und lediglich unter eng begrenzten Voraussetzungen eingeschränkt werden (BGH NJW 2012, 72). Besteht aber eine schwerwiegende **Interessenkollision** bei einem Wohnungseigentümer aus einer Angelegenheit zwischen ihm und der Verwaltung oder der Gemeinschaft, die nicht mehr hinnehmbar erscheint, ist dieser nach **Abs. 4** in seinem Stimmrecht in dieser Sache **ausgeschlossen**. Sein Recht auf Anwesenheit bei der Abstimmung, auf Antragstellung, sein Rederecht und das Recht auf Anfechtung des Beschlusses bleiben davon unberührt (LG Frankfurt NJW 2012, 399). Wird ein Verwalter vom Stimmrecht ausgeschlossen, darf er auch nicht mehr in Vollmacht für andere Wohnungseigentümer abstimmen (LG Berlin ZMR 2013, 738).

21. Da Abs. 4 **eng auszulegen** ist, soll ein Stimmrechtsausschluss nur bei der Verfolgung privater Sonderinteressen zum Zuge kommen und nicht, wenn der Schwerpunkt der Angelegenheit in der Wahrnehmung mitgliedschaftlicher Interessen liegt (BGH NJW 2012, 72). Deshalb besteht kein allgemeines Stimmverbot, wenn grundsätzlich Sonderinteressen vorliegen, wie z. B. bei der Frage, ob Wohnungseigentum zu beruflichen Zwecken genutzt werden kann (BayObLG ZMR 1999, 186). Auch besteht kein Ausschlussgrund, wenn zunächst nur über mitgliedschaftliche Angelegenheiten abgestimmt wird, wie z. B. über die generelle Frage der Errichtung von Abstellplätzen (OLG Stuttgart NJW 1974, 2137). Gleiches gilt für die eigene Beiratswahl (OLG Köln MietRB 2006, 322) oder die eigene Wahl zum Verwalter (BGH NJW 2002, 3704). Eine persönliche Verbundenheit, wie die Ehe, reicht ebenfalls nicht aus (OLG Saarbrücken FGPrax 1998, 18). Sind mehrere Angelegenheiten zu einem Beschluss zusammengefasst, kommt es auf den **Schwerpunkt** des Beschlusses an, ob ein Stimmrechtsausschluss besteht (BGH NJW 2002, 3704).

22. In folgenden Fällen liegen z. B. **Ausschlussgründe** vor: Der zu fassende Beschluss ist auf ein Rechtsgeschäft mit dem Eigentümer

§ 25 WEG Beschlussfassung

gerichtet (Abs. 4 1. Alt.); die Beschlussfassung ist auf die Erledigung oder Einleitung eines Rechtsstreits der Gemeinschaft gegen den Betroffenen gerichtet (Abs. 4 2. Alt.); der Wohnungseigentümer ist zur Veräußerung seines Wohnungseigentums verurteilt worden, diese wurde aber noch nicht vollzogen (Abs. 4 3. Alt.); eigene bauliche Veränderungen (BayObLG WuM 2004, 729); eigene Gebrauchsregelungen (BayObLG ZMR 2005, 561); eigene Entlastung als Verwalter (OLG Karlsruhe ZMR 2008, 408); eigene Entlastung als Beirat (OLG Zweibrücken ZWE 2002, 283); eigene Abberufung als Verwalter aus wichtigem Grund (BGH ZWE 2003, 64); Abgrenzung des eigenen Sondereigentums zum Gemeinschaftseigentum (OLG Düsseldorf NZM 1998, 523); die eigene Kostentragung (AG Saarbrücken ZMR 2012, 308); enge wirtschaftliche Verbundenheit mit dem Begünstigten, wie z. B. dem Geschäftsführer und Gesellschafter der begünstigten GmbH (OLG Düsseldorf NZM 1998, 36); bei einem Stimmrechtsmissbrauch (§ 242 BGB), insbesondere bei der Majorisierung der Minderheit (BGH ZWE 2003, 64); beim Missbrauch der strukturellen Mehrheit, um sich unangemessene Vorteile zu verschaffen (OLG Düsseldorf ZWE 2002, 418).

Als **Rechtsfolge** zählt die abgegebene Stimme des Betroffenen nicht mit. Er darf auch keine (weisungsfreien) Bevollmächtigten für sich handeln lassen (BGH NZM 2014, 275). Der Ausschluss gilt aber nicht für seinen Insolvenz- oder Zwangsverwalter (BayObLG NZM 1999, 77). Unberührt bleiben die Anwesenheits-, Rede- und Anfechtungsrechte des Betroffenen (BayObLG NJW 1993, 603). Durch den Entzug eines Stimmrechts ändern sich auch die Anforderungen an die Mehrheitsverhältnisse. **23.**

Die Vorschrift ist durch Vereinbarung **abdingbar** (OLG Düsseldorf NZM 1998, 523). Eine Einschränkung bis zur Streichung ist jederzeit möglich, eine Erweiterung hingegen nicht ohne weiteres, da das Gesetz den Wohnungseigentümern nicht das Recht zuweist, einem Mitglied sein Stimmrecht gänzlich zu entziehen (BGH NJW 2011, 679). Ein Beschluss, der unter Verstoß des Abs. 4 zustande kommt, ist lediglich **anfechtbar**, wenn bei dem Wegfall der missbräuchlichen Stimmen keine Mehrheit mehr vorhanden wäre (BGH ZMR 2012, 380). **24.**

§ 26 WEG
Bestellung und Abberufung des Verwalters

(1) Über die Bestellung und Abberufung des Verwalters beschließen die Wohnungseigentümer.

(2) ¹Die Bestellung kann auf höchstens fünf Jahre vorgenommen werden, im Fall der ersten Bestellung nach der Begründung von Wohnungseigentum aber auf höchstens drei Jahre. ²Die wiederholte Bestellung ist zulässig; sie bedarf eines erneuten Beschlusses der Wohnungseigentümer, der frühestens ein Jahr vor Ablauf der Bestellungszeit gefasst werden kann.

(3) ¹Der Verwalter kann jederzeit abberufen werden. ²Ein Vertrag mit dem Verwalter endet spätestens sechs Monate nach dessen Abberufung.

(4) Soweit die Verwaltereigenschaft durch eine öffentlich beglaubigte Urkunde nachgewiesen werden muss, genügt die Vorlage einer Niederschrift über den Bestellungsbeschluss, bei der die Unterschriften der in § 24 Absatz 6 bezeichneten Personen öffentlich beglaubigt sind.

(5) Abweichungen von den Absätzen 1 bis 3 sind nicht zulässig.

Anmerkungen:

1. Diese Vorschrift regelt die Bestellung und Abberufung des Verwalters, die jederzeit möglich ist. Hinsichtlich dessen **Eignung** oder Qualifikation macht das Gesetz in § 26a Vorgaben. In kleineren Gemeinschaften kann auch ein Wohnungseigentümer die Verwalteraufgabe übernehmen (§ 19 Abs. 2 Nr. 6). Eine juristische Person kann ebenfalls als Verwalter bestellt werden (KG NJW 1956, 1679). Nicht möglich ist es, mehrere Personen zum Verwalter zu bestellen, da das Gesetz von einer Einzelperson ausgeht (BGH NJW 2012, 3232). Das Verwalteramt ist personenbezogen und kann deshalb nicht einseitig übertragen oder vollständig delegiert werden, denn der Vertrag als Dienstvertrag (§§ 613, 664 BGB) ist grundsätzlich höchstpersönlicher Natur (BGH NJW 2014, 1447). Im Ergebnis muss jede Gemeinschaft den für sie passenden Verwalter auswählen, wofür abhängig von deren Größe oder besonderen Anforderung ganz unterschiedliche Kriterien anzulegen sind.

2. Bei der **Neuwahl** eines Verwalters sind zur besseren Einschätzung Konkurrenzangebote einzuholen und allen Wohnungseigentümern zugänglich zu machen, damit eine qualifizierte Entscheidung über

die Bestellung getroffen werden kann (LG Köln ZMR 2013, 379). Vergaberechtliche Aspekte sind dabei aber nicht zu berücksichtigen (LG München I ZWE 2020, 100). Möchte der Verwalter seine Tätigkeit gewerbsmäßig ausüben, braucht er hierfür nach § 34c Abs. 1 Nr. 4 GewO eine **Erlaubnis**. Ebenso ist in der Regel eine Zertifizierung nach § 26a erforderlich.

3. Da der bloße Abschluss eines Vertrages mit dem Verwalter nicht ausreicht, für die Gemeinschaft tätig zu werden, ist unabhängig davon dessen Bestellung durchzuführen (BGH NJW 1997, 2106, 2107). Nach **Abs. 1** beschließen daher die Wohnungseigentümer die **Bestellung** des Verwalters. Dies geschieht mit der Mehrheit der abgegebenen Stimmen. Eine relative Mehrheit bei mehreren Kandidaten reicht nicht aus (Palandt-*Wicke* WEG § 26 Rz. 5). Werden mehrere Bewerber um das Amt des Verwalters zur Wahl gestellt, muss über jeden Kandidaten abgestimmt werden, sofern nicht ein Bewerber die absolute Mehrheit erreicht und die Wohnungseigentümer nur eine Ja-Stimme abgeben können (BGH NZM 2019, 639). Im Zweifel entscheidet eine Stichwahl zwischen den beiden Kandidaten mit den meisten Stimmen. Ferner kann die Bestellung durch Vereinbarung oder Urteil im Falle eines gerichtlichen Verfahrens erfolgen.

4. Der **Bestellungsakt** kann einen konkreten Rahmen hinsichtlich der Laufzeit der Verwaltertätigkeit, der Vergütung und des Umfangs der Tätigkeiten des Verwalters vorgeben, die dann der Verwaltervertrag zu konkretisieren hat. Der Bestellungsbeschluss sollte eine **Bevollmächtigung** zum Abschluss des Vertrages mit dem Verwalter enthalten, z. B. für den Beiratsvorsitzenden oder den alten Verwalter, da ansonsten alle Wohnungseigentümer zusammen den Vertrag mit dem Verwalter abschließen müssten. Bei einer bloßen Ermächtigung zur Vertragsunterzeichnung hat ein Bevollmächtigter allerdings keine eigene Gestaltungsbefugnis bei der Vertragsverhandlung (OLG Frankfurt ZWE 2009, 470).

5. Die **Amtszeit** des Verwalters **beginnt** nach der vertraglichen Vereinbarung. Existiert eine solche nicht, beginnt sie mit Bestellung und Vertragsabschluss (§ 271 BGB). Mit dem Einverständnis des Verwalters und dem Bestellungsbeschluss kommt bis zum Abschluss des eigentlichen Vertrages bereits ein konkludenter Vertrag zwischen der Gemeinschaft und dem Verwalter zustande (BGH NJW 1997, 2107). Fehlt es an einer wirksamen Bestellung oder einem wirksa-

§ 26 WEG Bestellung und Abberufung des Verwalters

men Vertragsschluss, richtet sich die Rechtsbeziehung zum Verwalter nach den Vorschriften über die Geschäftsführung ohne Auftrag (§§ 677 ff. BGB).

6. Ein Bestellungsbeschluss ist für **ungültig** zu erklären, wenn er gegen die Grundsätze der ordnungsmäßigen Verwaltung verstößt (OLG München NZM 2007, 804). Dies ist z. B. der Fall, wenn bei der Beschlussfassung die wesentlichen Vertragsdaten (die Vertragsdauer und die Vergütung) nicht bekannt sind (LG Düsseldorf ZWE 2012, 327), der Kandidat über keine ausreichende Sicherheit für den Haftungsfall verfügt (OLG Schleswig ZMR 2003, 295) oder wenn nicht mehrere Angebote zur Neubestellung eingeholt wurden (LG Köln ZMR 2013, 379). Allerdings ist die Anzahl der Kandidaten nicht vorgeschrieben, sodass der Einzelfall entscheidet (OLG Hamm DWE 2008, 60). Auf die Einholung mehrerer Angebote kann jedenfalls bei einer Wiederbestellung eines bewährten Verwalters zu normalen Konditionen verzichtet werden (BGH NZM 2011, 515). Eine etwaige Ungültigkeit des Verwaltervertrages beeinflusst nicht notwendig die Gültigkeit des Bestellungsbeschlusses (LG Köln ZMR 2019, 218). Die Bestellung nur für einen Teilbereich (z. B. eine Untergemeinschaft) ist nichtig (LG Düsseldorf NZM 2010, 288).

7. Neben den Gesetzen, insbesondere dem WEG, regelt der **Verwaltervertrag** die **Rechte und Pflichten** des Verwalters. Dieser kommt unabhängig von dem jeweiligen Mitgliederbestand zwischen der Gemeinschaft (§ 18 Abs. 1) und dem Verwalter zustande und regelt ausschließlich deren Verhältnis untereinander. Rechtlich handelt es sich um einen **Geschäftsbesorgungsvertrag** mit Dienstleistungs- und Werkvertragselementen. **Leistungsstörungen** werden dem jeweiligen Rechtsgebiet zugeordnet, in dem sie anfallen. Der Vertrag kann eine automatische **Verlängerungsklausel** enthalten. Er **endet** aber spätestens nach den gesetzlichen Höchstfristen des Abs. 2 (BayObLG WuM 1996, 651).

8. Der Verwalter muss sein Amt **neutral** ausüben (BayObLG ZMR 2001, 722). Aus seinem Vertrag mit der Gemeinschaft bestehen daher für den Verwalter auch **Schutzpflichten** zugunsten der einzelnen Wohnungseigentümer, sodass der Verwalter diesen Ersatz leisten muss, wenn er gegen seine Pflichten aus dem Verwaltervertrag verstößt und einem Wohnungseigentümer daraus ein Schaden entsteht (BGH NJW 2012, 2955).

Der Verwaltervertrag bestimmt in der Regel die **Aufgaben**, die der Verwalter für die Gemeinschaft auszuführen hat. Ergänzend ergeben sich diese aus dem Gesetz, wie z. B. seine Pflicht zur Auskunft (§§ 675, 666 BGB), zur Herausgabe (§§ 675, 667 BGB), zur gerichtlichen und außergerichtlichen Vertretung der Gemeinschaft (§ 9b Abs. 1), zur Einberufung und Durchführung der Wohnungseigentümerversammlung (§ 24), zur Führung der gewöhnlichen Verwaltung (§ 27), zur Führung der Beschluss-Sammlung (§ 24 Abs. 8) und zur Erstellung des Wirtschaftsplans (§ 28 Abs. 1 Satz 2), der Jahresabrechnung (§ 28 Abs. 2 Satz 2) oder des Vermögensberichts (§ 28 Abs. 3 Satz 1). Der Verwaltungsgegenstand ist das gesamte Gemeinschaftseigentum (Palandt-*Wicke* WEG § 26 Rz. 1). **9.**

Die Tätigkeit des Verwalters ist in der Regel entgeltlich, es sei denn, es ist etwas Abweichendes vereinbart (BayObLG ZMR 2000, 850). Die **Vergütung** des Verwalters ist frei verhandelbar. Sie wird in der Regel nach der Anzahl der Einheiten bemessen, die der Verwalter zu betreuen hat. Den Grundsätzen ordnungsmäßiger Verwaltung entspricht die Verwaltervergütung nach Höhe und Ausgestaltung, wenn sie dem Gebot der Wirtschaftlichkeit genügt. Dieses ist nicht bereits dann verletzt, wenn die vorgesehene Verwaltervergütung über den üblichen Sätzen liegt. Eine deutliche Überschreitung der üblichen Verwaltervergütung entspricht den Grundsätzen ordnungsmäßiger Verwaltung regelmäßig aber nur, wenn sie auf Sachgründen beruht, deren Gewicht den Umfang der Überschreitung rechtfertigt (BGH ZWE 2020, 83). Die Besonderheiten der Gemeinschaft müssen dann darin einfließen. Überschreitungen von 40 % der Vergleichsangebote (OLG München ZMR 2007, 1000) oder 140 % der ortsüblichen Vergütung eines Mietshausverwalters (OLG Oldenburg ZMR 2002, 782) wurden bereits aufgehoben. **10.**

Die Vergütung umfasst **sämtliche Tätigkeiten** und Aufwendungen des Verwalters. Besondere Ausgaben (für Kontoführung, Erstellung von Abrechnungen, Durchführung der Versammlung, Besprechungen, Rechnungsprüfung, Führung der Beschluss-Sammlung usw.) kann er nur geltend machen, wenn dies ausdrücklich vertraglich vereinbart worden ist (BGH NJW 1993, 1925). Von der grundsätzlichen Vergütung ausgenommen sind nur Aufwendungen für Tätigkeiten, die nicht üblicherweise im Tätigkeitsbereich eines Verwalters liegen. Der Anspruch auf eine Sondervergütung muss aber vor **11.**

Beschlussfassung den Wohnungseigentümern bekannt sein (OLG Hamm NZM 2001, 49, 52). Eine solche **Sondervergütung** kann z. B. eine außerordentliche Eigentümerversammlung (OLG Hamm NZM 2001, 49), die Geltendmachung von Ansprüchen (BGH MDR 1993, 865), eigene Architektenleistungen (OLG Hamm ZWE 2001, 81), eine aufwändige Baubetreuung (AG Düsseldorf ZMR 2017, 96), die Zustimmung zum Eigentümerwechsel (KG ZMR 1997, 66) oder den Aufwand für Mahnungen (OLG Düsseldorf ZMR 1999, 192) umfassen.

12. Nach **Abs. 2 Satz 1** kann die Gemeinschaft den Verwalter beim ersten Mal höchstens für **drei**, danach für höchstens **fünf** Jahre bestellen. Da die Vorschrift die Beschlusskompetenz der Gemeinschaft begrenzt, führt ein Verstoß gegen Abs. 2 Satz 1 zur zumindest teilweisen Nichtigkeit des Bestellungsbeschlusses (Staudinger-*Jacoby* WEG § 26 Rz. 9). Die Frist beginnt mit der Aufnahme der Verwaltertätigkeit zu laufen.

13. **Abs. 2 Satz 2** bestimmt, dass eine **Wiederbestellung** durch Beschluss zulässig ist, aber höchstens ein Jahr vor Ablauf der Bestellungszeit erfolgen kann. Ein nicht diese Frist einhaltender Beschluss der Gemeinschaft ist nichtig (OLG Zweibrücken ZMR 2005, 908). Diesem Gesetzeszweck steht es aber nicht entgegen, wenn die erneute Bestellung zwar zeitlich mehr als ein Jahr vor Ablauf der Bestellungszeit erfolgt, indes mit sofortiger Wirkung beschlossen wird und so eine Bindung der Wohnungseigentümer über die gesetzliche Höchstdauer hinaus nach Beschlussfassung nicht eintritt (BGH NJW-RR 1995, 780).

14. Nach **Abs. 3 Satz 1** ist die **Abberufung** des Verwalters jederzeit möglich. Die Wohnungseigentümer können sich von ihrem Verwalter trennen, wenn sie das Vertrauen in ihn verloren haben. Mit dem bestandskräftigen **Abberufungsbeschluss** endet die Verwalterstellung (BGH NJW 2002, 3230). Dadurch erlöschen auch seine Vollmachten für die Gemeinschaft zu handeln (§ 168 Satz 2 BGB). Ein Abberufungsbeschluss erfolgt in der Regel zeitgleich mit dem Bestellungsbeschluss des neuen Verwalters. Wird ein Abberufungsbeschluss vom Gericht für ungültig erklärt, führt dies automatisch zur Nichtigkeit der Bestellung des neuen Verwalters, da eine Gemeinschaft nicht gleichzeitig zwei Verwalter haben kann (BayObLG ZMR 2000, 321).

§ 26 WEG Bestellung und Abberufung des Verwalters

Ein von einem Wohnungseigentümer erstrittenes **Gerichtsurteil** zur Abberufung des Verwalters ersetzt die Beschlussfassung der Gemeinschaft (BGH NJW 2012, 1207). Für ein gerichtliches Verfahren besteht aber nur ein Rechtsschutzbedürfnis, wenn zuvor der Versuch, einen Beschluss über die Abberufung zu erzielen, gescheitert ist (BayObLG NJW-RR 1997, 1443). Der Erfolg der Klage setzt voraus, dass die Abberufung des Verwalters ordnungsmäßiger Verwaltung entspricht, also ein **wichtiger Grund** zur Abberufung vorliegt (BGH NJW 2012, 1884). Ein solcher zwingender Grund zur Abberufung durch gerichtliches Urteil ist erforderlich, da sich die Mehrheit der Gemeinschaft gegen eine Abberufung ausgesprochen hat.

15.

Dem Verwalter steht kein Anfechtungsrecht gegen seine Abberufung zu. Er kann aber auf Feststellung der (formellen) Unwirksamkeit der damit verbundenen Kündigung des Verwaltervertrages bzw. dessen **Fortbestehen** oder auf Fortsetzung der Vergütung klagen (Palandt-*Wicke* WEG § 26 Rz. 15).

16.

Abs. 3 Satz 2 sieht vor, dass der Verwaltervertrag spätestens **sechs Monate** nach der Abberufung des Verwalters **endet**. Diese Wirkung tritt kraft Gesetzes ein. Einer Kündigung bedarf es unabhängig von den vertraglichen Vereinbarungen zwischen der Gemeinschaft und dem Verwalter nicht. Die gesetzlich bestimmte 6-Monats-Frist schützt die Gemeinschaft vor der faktischen Aushebelung ihres Abberufungsrechts durch (vertraglich zugesicherte) Schadensersatzansprüche des Verwalters über die restliche Laufzeit seines Vertrages.

17.

Eine noch **frühere Beendigung** des Vertrages kommt zuvorderst bei einer entsprechenden vertraglichen Vereinbarung oder beim Ablauf seiner Laufzeit in Betracht. Die Möglichkeit, den Verwaltervertrag aus einem **wichtigen Grund** mit kürzerer Frist zu kündigen bleibt ebenfalls unberührt, da nach Abs. 5 nur eine Abweichung von der Höchstfrist unzulässig ist. Eine ordentliche Kündigung (§§ 620, 621 BGB) ohne Schadensersatzpflicht ist grundsätzlich nicht möglich (OLG Hamm WE 1997, 28). Der **Vergütungsanspruch** des Verwalters besteht nämlich unabhängig von der Abberufung durch die Gemeinschaft bis zur gesetzlich zulässigen Höchstfrist von sechs Monaten weiter.

18.

Um Ersatzforderungen des Verwalters für den Zeitraum von bis zu sechs Monaten nach seiner Abberufung zu entgehen, bedarf es eines

19.

wichtigen Grundes zur Kündigung. Ein solcher liegt vor, wenn das Vertrauensverhältnis zwischen der Gemeinschaft und dem Verwalter unter Berücksichtigung aller Umstände zerstört ist und der Gemeinschaft deshalb nach Treu und Glauben ein Festhalten an der Zusammenarbeit mit dem Verwalter nicht mehr zugemutet werden kann (BGH NJW 2014, 1447). Liegt ein wichtiger Grund vor, muss die Gemeinschaft innerhalb einer **angemessenen Frist** die Kündigung erklären (OLG Schleswig ZMR 2007, 727).

20. **Wichtige Gründe** können z. B. sein: schikanöse Behandlung einzelner Wohnungseigentümer, z. B. mit einer haltlosen Strafanzeige (OLG Hamm ZWE 2002, 234); fehlende berufliche Qualifikation (LG Hamburg ZWE 2012, 328); eigenmächtige Befriedigung angeblich eigener Ansprüche des Verwalters aus Gemeinschaftsgeldern (OLG Düsseldorf DWE 1981, 25); Führen der WEG-Gelder auf dem eigenen Konto (OLG Rostock ZMR 2010, 223); wesentliche Verstöße gegen die Grundsätze der ordnungsgemäßen Abrechnung (LG Düsseldorf ZWE 2011, 49); Verurteilung wegen einer Vermögensstraftat (LG Mönchengladbach WE 2008, 57); übermäßig hohe Vergütung (OLG München ZWE 2008, 34); Missbrauch der Vollmacht (OLG Düsseldorf WuM 1997, 572).

21. Der **Verwalter** kann jederzeit sein Amt **niederlegen** (BayObLG NZM 2000, 48). Dies muss er gegenüber der Gemeinschaft erklären; eine Mitteilung an einen einzelnen Wohnungseigentümer reicht nicht aus (OLG Frankfurt OLGZ 1986, 432). Mit der Niederlegung endet die Verwalterstellung. Der Vertrag zwischen dem Verwalter und der Gemeinschaft bleibt davon aber zunächst unbetroffen. Allerdings wird in der Regel die Niederlegung des Amtes aus einem „wichtigen Grund" die außerordentliche Kündigung des Verwaltervertrages mit enthalten (BayObLG NZM 2000, 48). Die Verwalterstellung durch Niederlegung endet auch, wenn kein Grund für die Niederlegung besteht, diese zur Unzeit erfolgt oder die Kündigung unwirksam ist (Palandt-*Wicke* WEG § 26 Rz. 16). Legt der Verwalter ohne einen solchen wichtigen Grund sein Amt ohne die Einhaltung von Fristen nieder, kann er sich gegenüber der Gemeinschaft **schadensersatzpflichtig** machen (BayObLG NZM 2000, 49).

22. **Endet** sein Amt, hat der Verwalter zur **Vertragsabwicklung** der Gemeinschaft **alles** im Original **herauszugeben**, was er im Zusam-

menhang mit seiner Verwaltertätigkeit angelegt oder erhalten hat (OLG Hamburg ZMR 2008, 148). Dies umfasst sämtliche Unterlagen, Gegenstände (z. B. Schlüssel) oder der Gemeinschaft gehörendes Geld. Ferner muss der Verwalter noch unerledigte Aufgaben erfüllen, z. B. noch nicht erteilte Abrechnungen erstellen oder Rechnung legen und Gerichtsverfahren fortsetzen (*Sauren* § 26 Rz. 44). Eine verspätete Rückgabe kann eine **Schadensersatzpflicht** begründen (LG Mainz MietRB 2006, 46). Ein **Zurückbehaltungsrecht** steht dem Verwalter nicht zu, da er weiter ein Einsichtsrecht in die Unterlagen hat und von diesen Fotokopien für eigene Zwecke fertigen darf (BayObLG WE 1993, 288). Zahlungsansprüche der Gemeinschaft kann er mit eigenen Vergütungsansprüchen **aufrechnen** (OLG Stuttgart ZMR 1983, 422). Hat der Verwalter noch Zahlungen für die Gemeinschaft getätigt, steht ihm ihr gegenüber ein **Aufwendungsersatzanspruch** zu (BGH NJW-RR 1993, 1227).

Abs. 4 bestimmt die **Legitimation** des Verwalters, wie er also den Nachweis der Verwaltereigenschaft führt, wenn diese durch eine öffentlich beglaubigte Urkunde nachgewiesen werden muss, z. B. im grundbuchrechtlichen Verkehr (§ 29 GBO). Der häufigste Anwendungsfall dürfte die Zustimmung des Verwalters zur Veräußerung nach § 12 sein. Bei einer Verwalterbestellung durch Beschluss reicht die Vorlage der Niederschrift nebst einer Unterschriftsbeglaubigung aus. Im Falle der Bestellung in einer öffentlich beglaubigten Teilungserklärung oder durch ein Urteil genügen diese (OLG Oldenburg DNotZ 1979, 33). Der Fortbestand der Bestellung ist nur bei begründeten Zweifeln nachzuweisen (BayObLG NJW-RR 1991, 978). 23.

Nach **Abs. 5** sind **Abweichungen** von den Abs. 1 bis 3 nicht zulässig. Dies betrifft sowohl Abweichungen in einem Beschluss als auch solche in einer Vereinbarung (OLG Hamm WuM 1991, 220). Erfasst sind z. B. Beschränkungen auf einen bestimmten Personenkreis (BayObLG NJW-RR 1995, 271), auf bestimmte Mehrheitsverhältnisse zur Bestellung (OLG München ZMR 1985, 210), die Bestellung durch nur einen Wohnungseigentümer (BayObLG MDR 1994, 798) oder durch den Beirat (LG Lübeck Rpfleger 1985, 232). Auch kann die Abberufung eines Verwalters nicht auf das Vorliegen eines wichtigen Grundes beschränkt werden. Ebenso ist eine Verlängerung der Höchstbestellungsfrist oder eine Abkürzung der Frist nach Abs. 2 Satz 2 nicht zulässig. 24.

§ 26a WEG
Zertifizierter Verwalter

(1) Als zertifizierter Verwalter darf sich bezeichnen, wer vor einer Industrie- und Handelskammer durch eine Prüfung nachgewiesen hat, dass er über die für die Tätigkeit als Verwalter notwendigen rechtlichen, kaufmännischen und technischen Kenntnisse verfügt.

(2) ¹Das Bundesministerium der Justiz und für Verbraucherschutz wird ermächtigt, durch Rechtsverordnung nähere Bestimmungen über die Prüfung zum zertifizierten Verwalter zu erlassen. ²In der Rechtsverordnung nach Satz 1 können insbesondere festgelegt werden:

1. nähere Bestimmungen zu Inhalt und Verfahren der Prüfung;
2. Bestimmungen über das zu erteilende Zertifikat;
3. Voraussetzungen, unter denen sich juristische Personen und Personengesellschaften als zertifizierte Verwalter bezeichnen dürfen;
4. Bestimmungen, wonach Personen aufgrund anderweitiger Qualifikationen von der Prüfung befreit sind, insbesondere weil sie die Befähigung zum Richteramt, einen Hochschulabschluss mit immobilienwirtschaftlichem Schwerpunkt, eine abgeschlossene Berufsausbildung zum Immobilienkaufmann oder zur Immobilienkauffrau oder einen vergleichbaren Berufsabschluss besitzen.

Anmerkungen:

1. Diese Vorschrift regelt die Voraussetzungen, unter denen sich eine Person als **zertifizierter Verwalter** bezeichnen darf. Nach § 19 Abs. 2 Nr. 6 gehört die Bestellung eines zertifizierten Verwalters zur ordnungsmäßigen Verwaltung des gemeinschaftlichen Eigentums.

2. Nach **Abs. 1** muss der zertifizierte Verwalter vor einer Industrie- und Handelskammer durch eine **Prüfung** nachgewiesen haben, dass er über die für die Tätigkeit als Verwalter notwendigen rechtlichen, kaufmännischen und technischen Kenntnisse verfügt.

3. Das Bundesministerium der Justiz und für Verbraucherschutz wird von Abs. 2 ermächtigt, durch eine Rechtsverordnung nähere Bestimmungen über die Prüfung zum zertifizierten Verwalter zu erlassen. Nach **Nr. 1** werden hierfür insbesondere das Verfahren

und die Schwerpunkte der Prüfungsinhalte festgelegt. Nach **Nr. 2** können die Anforderungen an das zu erteilende Zertifikat näher bestimmt werden. Außerdem kann bestimmt werden, unter welchen Voraussetzungen sich juristische Personen und Personengesellschaften als zertifizierte Verwalter bezeichnen dürfen (**Nr. 3**). Hierfür ist auf die Personen abzustellen, die unmittelbar bei der Verwaltungstätigkeit mitwirken und nicht nur untergeordnete Tätigkeiten ausführen (Sekretärin oder Hausmeister). Nach **Nr. 4** sind Befreiungen für bestimmte Personengruppen möglich, die über eine vergleichbare Berufsausbildung verfügen.

§ 27 WEG
Aufgaben und Befugnisse des Verwalters

(1) Der Verwalter ist gegenüber der Gemeinschaft der Wohnungseigentümer berechtigt und verpflichtet, alle Maßnahmen ordnungsgemäßer Verwaltung zu treffen, die

1. **untergeordnete Bedeutung haben und nicht zu erheblichen Verpflichtungen führen oder**

2. **zur Wahrung einer Frist oder zur Abwendung eines Nachteils erforderlich sind.**

(2) Die Wohnungseigentümer können die Rechte und Pflichten nach Absatz 1 durch Beschluss einschränken oder erweitern.

Anmerkungen:

1. Diese Vorschrift regelt die grundlegenden Aufgaben, Pflichten und Befugnisse des Verwalters gegenüber der Gemeinschaft im Innenverhältnis. Die Eigentümerversammlung ist das oberste Organ zur Verwaltung der Gemeinschaft und der Verwalter hat für die Durchführung der Verwaltung zu sorgen. Er ist das Vertretungsorgan der Gemeinschaft und vertritt sowohl die Mitberechtigten am Gemeinschaftseigentum als auch die Gemeinschaft nach außen. Die einzelnen Aufgaben und Befugnisse des Verwalters sind nicht abschließend geregelt, da diese nicht losgelöst von der konkreten Wohnungseigentumsanlage gesehen werden können. Der Verwalter ist daher generell für Maßnahmen von untergeordneter Bedeutung (Abs. 1 Nr. 1) und die dringlichen Maßnahmen (Abs. 1 Nr. 2) zuständig. Die Wohnungseigentümer können diese Kompetenzen des

Verwalters erweitern und einschränken (Abs. 2). Über diese generellen Befugnisse des Verwalters hinausgehende Maßnahmen entscheiden die Eigentümer durch Beschluss (vgl. § 19 Abs. 1). Die Entscheidungen der Gemeinschaft hat der Verwalter dann umzusetzen. Er kann aber auch Weisungen der Gemeinschaft einholen, soweit er ernstliche Zweifel an der Ausführung seiner Aufgaben hat (BGH NJW 1996, 1216). Der Verwalter ist im Ergebnis der Treuhänder der Gemeinschaft.

2. Nach **Abs. 1** ist der Verwalter ohne Beschluss der Gemeinschaft für Maßnahmen ordnungsgemäßer Verwaltung, die eine untergeordnete Bedeutung haben und nicht zu erheblichen Verpflichtungen führen (Nr. 1), und für dringliche Maßnahmen (Nr. 2) zuständig.

3. Eine Maßnahme ist von **untergeordneter Bedeutung** und führt **nicht zu erheblichen Verpflichtungen** im Sinne von **Abs. 1 Nr. 1**, wenn aus Sicht eines durchschnittlichen Wohnungseigentümers eine Entscheidung durch die Versammlung aufgrund ihrer geringen Bedeutung für die Gemeinschaft nicht erforderlich ist. Hierbei richtet sich der anzulegende Maßstab nach der konkreten Wohnungseigentumsanlage. Maßgeblich ist deshalb nicht die absolute Höhe der finanziellen Verpflichtung, sondern, ob derjenige Teil der Verpflichtung, für den der einzelne Wohnungseigentümer nach § 9a Abs. 4 einzustehen hat, so bedeutsam ist, dass eine vorherige Beschlussfassung geboten ist. Je größer die Anlage ist, desto mehr Aufgaben wird der Verwalter wahrnehmen können und müssen. Je nach Größe der Anlage und Art der regelmäßig anfallenden Maßnahmen kann z. B. auch die Erledigung von kleineren Reparaturen bis zum Abschluss von Versorgungs- oder Dienstleistungsverträgen hierzu gehören. Z. B. dürfte es für den Austausch defekter Leuchtelemente im Gemeinschaftseigentum, für die Instandsetzung eines Fensterglases oder die Graffitientfernung keiner Beschlussfassung bedürfen. Bei kostenträchtigen Sanierungsmaßnahmen ist hingegen stets ein Beschluss der Wohnungseigentümer notwendig.

4. Zumindest geringfügige Arbeiten, die keinen Nachteil darstellen und den Interessen der Gesamtheit dienen (**Bagatellreparaturen**), kann der Verwalter in jeder Anlage ausführen lassen. Ferner fallen unter diese Vorschrift die **Überwachung** von gewöhnlichen Instandhaltungs- und Instandsetzungsmaßnahmen (BGH NJW 2018, 2550).

§ 27 WEG Aufgaben und Befugnisse des Verwalters

Der Verwalter ist in diesem Rahmen auch zur Abnahme von Werken (§ 640 BGB) berechtigt (OLG München NZM 2011, 283). Entdeckt er bei seiner regelmäßigen Überwachung Mängel, hat er die Gemeinschaft darüber zu unterrichten, auf den Ablauf von Gewährleistungsfristen hinzuweisen und eine Entscheidung in der Versammlung über das weitere Vorgehen herbeizuführen (OLG Frankfurt ZMR 2009, 861). Ebenso hat der Verwalter **Mängelrügen** zu erheben und alles Erforderliche zu veranlassen (z. B. eine Frist zu setzen oder Beweise zu sichern), damit die Wohnungseigentümer über die Durchsetzung ihrer Rechte entscheiden können (BayObLG WE 1988, 31). Weist die Gemeinschaft dem Verwalter die Behebung der Mängel zu, hat er eine Fachfirma ordnungsgemäß auszuwählen und zu beauftragen (BayObLG NJW-RR 1992, 1102). Der Verwalter muss ferner die Einhaltung der Sicherheitsvorschriften überwachen und hierzu auch die Anlage in regelmäßigen Abständen **begehen** (KG ZWE 2010, 185). Sind Schäden aufgetreten, ist es seine Aufgabe, diesen auf den Grund zu gehen und bei Schäden im Sondereigentum **abzuklären**, ob deren Ursache im Gemeinschaftseigentum liegt (OLG München ZMR 2006, 716). Eine wertgleiche **Ersatzbeschaffung** von Geräten, die dem Verschleiß unterliegen, ist ebenfalls möglich (BayObLG Rpfleger 1975, 349).

5. Der Verwalter ist auch ohne besondere Zuweisung durch die Gemeinschaft berechtigt, die gemeinschaftlichen **Lasten** und **Kosten** in Empfang zu nehmen und weiterzuleiten. Hierunter fallen alle Wohngeldbeträge im Sinne des § 28 (*Sauren* § 27 Rz. 41). Diese Kompetenz umfasst auch deren gerichtliche Durchsetzung (OLG Zweibrücken NJW-RR 1991, 1302). Rücklagen oder Zahlungen auf (Sonder-)Umlagen oder zur Erfüllung von Verbindlichkeiten kann er entgegennehmen. Das Bewirken von Zahlungen steht ihm ebenfalls zu, wie für öffentliche Gebühren, Entsorgungs- und Versorgungskosten, laufende Personalkosten, Sachkosten wie Putzmittel oder für die Raummiete der Eigentümerversammlung (Palandt-*Wicke* WEG § 27 Rz. 9). Die **Geldverwaltung** obliegt gleichfalls dem Verwalter. Dies sind alle zum Zweck der Verwaltung des Gemeinschaftseigentums eingenommenen Gelder (Palandt-*Wicke* WEG § 27 Rz. 10). Einzig das offene **Fremdkonto** ist hierfür zulässig (OLG München NZM 2000, 1023).

§ 27 WEG Aufgaben und Befugnisse des Verwalters

6. Es besteht **keine** generelle Befugnis des Verwalters zu **Verfügungen** ohne Ermächtigung der Gemeinschaft, wie Erlass, Verzicht, Anerkenntnis, Rücktritt, Vergleich oder Zurückbehaltungsrecht (*Sauren* § 27 Rz. 43). Auch ist ihm ohne Ermächtigung der Gemeinschaft keine Kreditaufnahme zur Ermöglichung einer Zahlung oder der Abschluss eines Grundstückskaufvertrages erlaubt (§ 9b Abs. 1 Satz 1). Der Abschluss von Versicherungsverträgen obliegt ebenfalls der Entscheidung der Gemeinschaft.

7. Der Verwalter hat ferner keine Befugnis zum Handeln gegen den Eigentümerwillen (BayObLG ZMR 2004, 601). Von daher ist er an die **Beschlüsse** der Gemeinschaft gebunden. Dies gilt auch für einen fehlerhaft zustande gekommenen Beschluss. Der Verwalter muss diesen **ausführen**, soweit er nicht ungültig bzw. nichtig ist oder seine Ausführung durch eine einstweilige Verfügung untersagt wurde (BGH NJW 2012, 2955). Der Beschluss muss aber **durchführungsreif** sein. Daran fehlt es z. B. bei einem Instandsetzungsbeschluss vor Beschlussfassung über die Ausführungsart und die Kosten (BayObLG ZWE 2005, 81). Nicht tätig werden darf der Verwalter ferner, wenn die erforderlichen finanziellen Mittel fehlen und ihm keine Kreditaufnahme gestattet worden ist (BGH NJW-RR 2011, 1093).

8. **Abs. 1 Nr. 2** erfasst die Maßnahmen, über die zwar grundsätzlich eine Beschlussfassung im Sinne von Nr. 1 erforderlich ist, die aber eine rasche Entscheidung verlangen, um einen Nachteil zu verhindern. Dies ist dann der Fall, wenn die Maßnahme **notwendig** ist und die Erhaltung des Gemeinschaftseigentums **nicht mehr gesichert** wäre, soweit der Verwalter erst eine Versammlung einberufen würde (BayObLG NZM 2004, 390). Eine unmittelbar drohende Gefahr ist nicht erforderlich (Palandt-*Wicke* WEG § 27 Rz. 7). Der **Nachteil** kann ein rechtlicher oder ein tatsächlicher sein. Als **tatsächliche** Nachteile kommen z. B. ein Heizungsausfall (BayObLG ZMR 1997, 326) oder ein Wasserrohrbruch (OLG Hamm NJW-RR 1989, 331) in Betracht. **Rechtliche** Nachteile können z. B. ein selbständiges Beweisverfahren (§§ 485 ff. ZPO) für das Gemeinschaftseigentum (BayObLG ZMR 1977, 345), einstweilige Verfügungen gegen den Altverwalter auf Herausgabe (AG Wiesloch NZM 2012, 122) oder vorläufiger Rechtsschutz im verwaltungsgerichtlichen Verfahren nach § 80 Abs. 5 VwGO (OVG Lüneburg ZfBR 1986, 196) sein.

§ 27 WEG Aufgaben und Befugnisse des Verwalters

Die Wahrung einer **Frist** ist als häufigster Fall der Abwendung eines (Rechts-)Nachteils zu verstehen. Hierunter fallen Verjährungsfristen (z. B. Gewährleistung), Rechtsmittelfristen (Beschwerde, Berufung, Revision, Einspruch), Rechtsbehelfsfristen zur Klageerhebung, auch in Verwaltungssachen, Klagefristen oder Mängelfristen bzw. Anfechtungsfristen (*Sauren* § 27 Rz. 62). Abs. 1 Nr. 2 erfasst damit insbesondere auch die Führung eines **Rechtsstreits** für die Gemeinschaft, soweit eine Befassung der Versammlung der Wohnungseigentümer aufgrund der einzuhaltenden Fristen nicht möglich ist. Davon ist auch die Beauftragung eines Anwalts umfasst, soweit hierfür kein Beschluss mehr ergehen kann (OLG Düsseldorf ZMR 1994, 520).

9.

Dieses **Notgeschäftsführungsrecht** des Verwalters berechtigt ihn aber nur zu den Maßnahmen, die die Gefahrenlage beseitigen, jedoch nicht zur Beauftragung solcher Arbeiten, die einer dauerhaften Beseitigung der Schadensursache dienen (BGH NZM 2011, 331). Die Maßnahme muss sich mithin auf die Gefahrenabwehr beschränken (BGH NZM 2001, 1310). Das Notgeschäftsführungsrecht verschafft dem Verwalter keine Berechtigung, die Maßnahmen selbst durchzuführen und auch nicht zum Einsatz eigener Finanzmittel, wenn die Gemeinschaft ihm keine zur Verfügung gestellt hat (Palandt-*Wicke* WEG § 27 Rz. 7). Er ist auch in einem solchen Falle nicht zur Kreditaufnahme im Namen der Gemeinschaft berechtigt (OLG Celle ZWE 2006, 300).

10.

Nach **Abs. 2** können die Wohnungseigentümer die Befugnisse des Verwalters **erweitern** oder **beschränken**. Hierzu können sie einzelne **Maßnahmen** bestimmen, die in die Verantwortung des Verwalters gelegt werden sollen, oder **Wertgrenzen** einziehen, bis zu deren Erreichen ein Handeln des Verwalters ohne Beschlussfassung der Gemeinschaft möglich ist. Die Gemeinschaft kann z. B. dem Verwalter übertragen, die Einhaltung der Hausordnung zu überwachen (BayObLG MDR 1981, 937). Sie kann auch beschließen, bestimmte Verfügungen oder über einen Betrag hinausgehende Verfügungen von der Zustimmung eines oder mehrerer Eigentümer abhängig zu machen (*Sauren* § 27 Rz. 48). Da nach § 9b Abs. 1 Satz 3 die Vertretungsmacht des Verwalters nach außen unbeschränkbar ist, gilt diese Vorschrift nur im **Innenverhältnis** zwischen Verwalter und Gemeinschaft (vgl. § 9b Anm. 7). Verletzt er seine Vorgaben, kann dies **Schadensersatzansprüche** der Gemeinschaft auslösen.

11.

12. Eine **Haftung** des Verwalters bei einer **schuldhaften Pflichtverletzung** oder einer unerlaubten Handlung besteht sowohl gegenüber der Gemeinschaft als auch gegenüber den einzelnen Wohnungseigentümern, wenn deren Sondereigentum betroffen ist, oder gegenüber außenstehenden Dritten. Der Gemeinschaft können Schadensersatzansprüche aus dem Vertrag mit dem Verwalter zustehen (§ 280 BGB), soweit nicht nur einzelne Wohnungseigentümer betroffen sind (OLG Düsseldorf NZM 2007, 136). Auch ein Anspruch aus unerlaubter Handlung (§ 823 BGB) ist möglich, wenn der Verwalter z. B. schuldhaft etwas beschädigt. Pflichtverletzungen des Verwalters, die sich auf die **Durchführung** von Beschlüssen beziehen, begründen keine Schadensersatzansprüche einzelner Wohnungseigentümer gegen die Wohnungseigentümergemeinschaft, sondern allein gegen den Verwalter (BGH NJW 2018, 3305). Da der Verwaltervertrag als Vertrag mit Schutzwirkung zugunsten der Wohnungseigentümer einzuordnen ist (BGH NJW 2019, 3446), kann beim Vorliegen der entsprechenden Voraussetzungen ein geschädigter Wohnungseigentümer nach diesem Rechtsinstitut **vertraglichen Schadensersatz** vom Verwalter verlangen.

13. Es ist allerdings nicht Aufgabe des Verwalters, **rechtswidrige Beschlüsse** zu verhindern. Den Verwalter als Versammlungsleiter treffen nämlich keine materiellen Prüfungspflichten (LG Karlsruhe ZMR 2019, 990). Den Verwalter trifft vielmehr die Pflicht zur Durchführung von Beschlüssen der Wohnungseigentümer (vgl. Anm. 7).

14. Den Verwalter kann auch eine Haftung wegen der Verletzung einer Verkehrssicherungspflicht treffen. Die originäre **Verkehrssicherungspflicht** verbleibt bei den Wohnungseigentümern (BGH NJW 1985, 484). Sie kann aber in einigen Bereichen auf den Verwalter delegiert werden (OLG Frankfurt WuM 2002, 619). Die den Verwalter treffenden Pflichten zur Verkehrssicherung können sich aus dem Gesetz, vorwiegend dem WEG, oder auch aus den vertraglichen Vereinbarungen mit der Gemeinschaft ergeben.

15. Der Verwalter hat **Vorsatz** und **Fahrlässigkeit** mit der Sorgfalt eines durchschnittlichen und gewissenhaften Verwalters zu vertreten (BayObLG WE 1998, 31). Er hat seine Pflichten mit der Sorgfalt eines ordentlichen Kaufmanns mit besonderer Fachkunde auf seinem Gebiet zu erfüllen und haftet nach § 278 BGB auch, soweit er sich dafür der Hilfe Dritter bedient (BGH NJW 1996, 1216). Haftungsbe-

schränkungen sind aber zulässig (Palandt-*Wicke* WEG § 27 Rz. 2). Die Pflichtverletzung muss **kausal** für den konkreten Schaden geworden sein (OLG Düsseldorf ZMR 2002, 857).

Typische Pflichtverletzungen sind z. B.: nicht rechtzeitige Vorlage einer Abrechnung (BayObLG NJW-RR 1998, 1164); falscher Hinweis über eine angeblich nicht notwendige Zustimmung zu einer baulichen Veränderung (BGH MDR 1992, 257); unterlassene Feststellung vorhandener Baumängel (BGH GE 2011, 1317); Unterlassen einer Ortsbegehung zur Schadensfeststellung (OLG München ZMR 2006, 716); Verletzung der Pflicht geordneter und nachvollziehbarer Buchführung (BayObLG ZMR 1985, 212); Verwendung ungeeichter Zähler (OLG München ZWE 2011, 126); Nichthinweisen auf Baumängel vor Ablauf der Gewährleistungsfrist (BGH MDR 2020, 23); wenn der Verwalter keine Mieten und Zinsen zieht (LG Köln ZMR 2003, 67); voreilige Begleichung einer Rechnung über eine mangelhafte Handwerkerleistung (KG WuM 1993, 306); Unterlassen der erforderlichen Maßnahmen zur Schadensfeststellung (OLG München ZWE 2007, 100); Unterlassen einer erforderlichen Reparatur bei Schimmelbildung (BayObLG FGPrax 1996, 20); Nichtuntersuchen eines Wasserschadens (BayObLG NZM 1998, 583); Auftragsvergabe ohne Konkurrenzangebot (BayObLG ZWE 2002, 466); Nichteinberufung einer Eigentümerversammlung (BayObLG NZM 1998, 634); Aufstellen eines unzureichenden Wirtschaftsplans (AG Waiblingen WuM 1996, 115); Unterlassen des Einzugs von Wohngeld (BGH ZMR 1989, 182).

16.

§ 28 WEG
Wirtschaftsplan, Jahresabrechnung, Vermögensbericht

(1) ¹Die Wohnungseigentümer beschließen über die Vorschüsse zur Kostentragung und zu den nach § 19 Absatz 2 Nummer 4 oder durch Beschluss vorgesehenen Rücklagen. ²Zu diesem Zweck hat der Verwalter jeweils für ein Kalenderjahr einen Wirtschaftsplan aufzustellen, der darüber hinaus die voraussichtlichen Einnahmen und Ausgaben enthält.

(2) ¹Nach Ablauf des Kalenderjahres beschließen die Wohnungseigentümer über die Einforderung von Nachschüssen oder die Anpassung der beschlossenen Vorschüsse. ²Zu diesem Zweck hat der Verwalter eine Abrechnung über den Wirtschaftsplan (Jahresabrechnung) aufzustellen, die darüber hinaus die Einnahmen und Ausgaben enthält.

§ 28 WEG Wirtschaftsplan, Jahresabrechnung, Vermögensbericht

(3) Die Wohnungseigentümer können beschließen, wann Forderungen fällig werden und wie sie zu erfüllen sind.

(4) ¹Der Verwalter hat nach Ablauf eines Kalenderjahres einen Vermögensbericht zu erstellen, der den Stand der in Absatz 1 Satz 1 bezeichneten Rücklagen und eine Aufstellung des wesentlichen Gemeinschaftsvermögens enthält. ²Der Vermögensbericht ist jedem Wohnungseigentümer zur Verfügung zu stellen.

Anmerkungen:

1. Diese Vorschrift regelt die Vorauszahlungspflicht (Abs. 1 Satz 1) und Zahlungspflicht nach Abrechnung (Abs. 2 Satz 1) der Wohnungseigentümer gegenüber der Gemeinschaft. Gleichzeitig begründet sie das Informationsrecht der Wohnungseigentümer im Hinblick auf die Planung der Gemeinschaft für die Zukunft im Wirtschaftsplan (Abs. 1 Satz 2), die Abrechnung für die Vergangenheit im Rahmen der Jahresabrechnung (Abs. 2 Satz 2) und den Überblick über die wirtschaftliche Situation der Gemeinschaft durch den Vermögensbericht (Abs. 4) und stellt damit den Kern der Rechnungslegungspflicht des Verwalters dar. Ferner können die Wohnungseigentümer die Art der Erfüllbarkeit und die Fälligkeit von Forderungen regeln (Abs. 3). Die Regelungen dieser Vorschrift sind grundsätzlich durch Vereinbarung abdingbar (BayObLG NZM 2006, 62).

2. Sind **Untergemeinschaften** bezüglich ihrer Lasten und Kosten selbständig zu verwalten, so sind für sie eigenständige Wirtschaftspläne, Jahresabrechnungen und Vermögensberichte zu erstellen und von ihren Mitgliedern in eigenen Beschlüssen nach Abs. 1 Satz 1 und Abs. 2 Satz 1 treffen zu lassen (vgl. Palandt-*Wicke* WEG § 28 Rz. 21). Solche Beschlüsse sind allerdings nichtig, soweit sie auch Positionen enthalten, die nicht ausschließlich die Untergemeinschaft betreffen (BGH NJW-RR 2012, 1291). Die Untergemeinschaft als solche ist weder rechts- noch parteifähig (OLG Brandenburg ZWE 2020, 202).

3. Da der Verwalter nach dieser Vorschrift verpflichtet ist, über seine mit Einnahmen und Ausgaben verbundene Verwaltung **Rechenschaft** abzulegen, muss er nach § 259 Abs. 1 BGB eine geordnete Rechnung der Einnahmen und der Ausgaben zusammenstellen und die erforderlichen Belege vorlegen. Daher muss das Buchführungs-

system des Verwalters den **Grundsätzen der ordnungsmäßigen Buchführung** entsprechen (BayObLG WE 1991, 164). Die Buchführung muss alle Geldbewegungen erfassen sowie eine einfache und lückenlose Kontrolle der Tätigkeit des Verwalters ermöglichen; dabei gilt der allgemeine Grundsatz „keine Buchung ohne Beleg" (*Sauren* § 28 Rz. 4).

Die **Buchführung** muss also lückenlos, zeitnah und aussagekräftig sein und die Sammlung und Aufbewahrung der Belege umfassen (BayObLG WuM 1996, 661). **Zeitnah** meint, dass während des laufenden Jahres die Arbeiten durchgeführt werden und keinesfalls im März des darauffolgenden Jahres noch nicht abgeschlossen sein dürfen (AG Pinneberg ZMR 2003, 613). Der Verwalter ist verpflichtet, alle Unterlagen inklusive der für die Buchführung erforderlichen Belege zu sammeln und **aufzubewahren** (BayObLG WE 1997, 117). Die **Belege** sollten den konkreten Geschäftsvorfall, den Bezug zu der betroffenen Wohnanlage sowie die Höhe der jeweiligen Forderung einschließlich der zu ihrer Nachvollziehbarkeit erforderlichen Angaben enthalten (OLG Oldenburg ZMR 2008, 238). Der Verwalter hat die Verpflichtung, die Buchführung so einzurichten, dass die Wohnungseigentümer in der Lage sind, ihre Prüfungsbefugnisse selbst auszuüben (BGH NJW 2010, 2127). 4.

Verpflichtet zur Erstellung der Abrechnung ist vorbehaltlich einer anderen Vereinbarung der am Beginn des Wirtschaftsjahres amtierende Verwalter (Palandt-*Wicke* WEG § 28 Rz. 1) Scheidet dieser im Laufe des Wirtschaftsjahres aus seinem Amt aus, schuldet er – vorbehaltlich einer abweichenden Vereinbarung – die Jahresabrechnung für das abgelaufene Wirtschaftsjahr unabhängig davon, ob im Zeitpunkt seines Ausscheidens die Abrechnung bereits fällig war (BGH NJW 2018, 1969). Ein über die Anspruchsgrundlagen dieser Vorschrift hinausgehender **genereller Anspruch** auf Rechnungslegung durch den Verwalter besteht grundsätzlich nicht. Jeder Wohnungseigentümer hat jedoch eigene Ansprüche auf Erstellung des konkreten Wirtschaftsplans nach Abs. 1 Satz 2 und der konkreten Jahresabrechnung nach Abs. 2 Satz 2, die er im Falle der Säumnis des Verwalters mit einer Leistungsklage gerichtlich durchsetzen kann. 5.

Die Gemeinschaft **beschließt** nach Abs. 1 Satz 1 über **Zahlungspflichten**, die sich hinsichtlich der Vorschüsse zur Kostentragung 6.

§ 28 WEG Wirtschaftsplan, Jahresabrechnung, Vermögensbericht

und zu den nach § 19 Abs. 2 Nr. 4 oder durch Beschluss vorgesehenen Rücklagen ergeben. Die diesbezügliche Berechnungsmethode oder das zugrundeliegende Zahlenwerk sind nicht Gegenstand des Beschlusses, sondern dienen nur zu dessen Vorbereitung. Da das Gesetz keinen Bezug auf einen konkreten Zeitraum nimmt, können von einem solchen Beschluss sowohl wiederkehrende Leistungen als auch einmalige Sonderumlagen umfasst sein, die als Nachtrag zum Wirtschaftsplan beschlossen werden. Der Beschluss ist regelmäßig für das **Kalenderjahr** zu fassen. Die Zahlungsansprüche gegen die einzelnen Wohnungseigentümer begründen sich dann auch nur für dieses Kalenderjahr. Für eine Fortgeltung über dieses hinaus bedarf es eines Beschlusses der Wohnungseigentümer (BayObLG NZM 2004, 711). Die Gemeinschaft sollte die konkrete Dauer daher genau bezeichnen.

7. Als **Rücklagen** können neben der gesetzlich vorgesehenen Erhaltungsrücklage auch weitere Rückstellungen beschlossen werden (§ 19 Abs. 1). Diese können gebildet werden, um Liquiditätsengpässe bei dem geltenden auf den Abrechnungsstichtag bezogenen System zu vermeiden. Am Anfang des Jahres wird nämlich ein erheblicher Teil der Kosten des gesamten Jahres fällig (z. B. Versicherungsprämien, Abgaben, Beiträge). Die üblichen monatlichen Vorschüsse auf den Wirtschaftsplan genügen zu deren Deckung in der Regel nicht. Daher kann die Gemeinschaft beschließen, eine Liquiditätsreserve aufzubauen, um diese kurzfristigen Engpässe ausgleichen zu können (vgl. § 19 Anm. 14).

8. Aufgrund der von der Gemeinschaft beschlossenen Zahlungspflichten sind die Wohnungseigentümer verpflichtet, **Vorschüsse** zu leisten. Diese werden nicht mit dem Beschluss nach Abs. 1 Satz 1 fällig, sondern monatlich (OLG Köln ZMR 2008, 988). Die Wohnungseigentümer können aber auch einen anderen Zahlungsturnus beschließen.

9. Es ist zweckmäßig, die Zahlungspflichten aus dem Wirtschaftsplan zu **Beginn** des Abrechnungsjahrs zu beschließen, spätestens in dessen ersten Monaten (BayObLG NJW-RR 1990, 659). Zu dessen Grundlage muss der Verwalter den Wirtschaftsplan spätestens zwei Wochen vor der Beschlussfassung **übersenden** (LG Aachen ZMR 1997, 326). Kommt der Verwalter seiner vorbereitenden Verpflich-

tung zur Erstellung eines Wirtschaftsplans nicht nach, kann dies gerichtlich erzwungen werden (KG NJW-RR 1986, 644).

10. Bis die Gemeinschaft einen (neuen) Wirtschaftsplan beschlossen hat, kann das Wohngeld nur nach einem vorerst geschätzten Ausgaberahmen als **Pauschalbetrag** beschlossen werden (BayObLG WE 1997, 436).

11. Die **Zahlungspflicht** aus einem Beschluss nach Abs. 1 Satz 1 entfällt auch nicht mit dem Beschluss über die Jahresabrechnung nach Abs. 2 Satz 1, da die Gemeinschaft nach Abs. 2 nur über die Reduzierung von zukünftigen Vorschüssen entscheidet und nicht über die Rückzahlung bislang geleisteter Beträge. Auch nach einem Eigentümerwechsel bleibt die Zahlungspflicht des (Alt-)Eigentümers mithin für nach Abs. 1 Satz 1 beschlossene Zahlungen noch bestehen.

12. Der Zahlungsanspruch der Gemeinschaft nach Abs. 1 Satz 1 gegenüber seinen Mitgliedern **verjährt** gemäß § 195 BGB nach drei Jahren (BGH NJW 2012, 2797). Die Verjährungsfrist beginnt mit dem Schluss des Jahres zu laufen, in dem der jeweilige Vorschuss fällig geworden ist.

13. Die Gemeinschaft muss über die sich aus sämtlichen voraussichtlichen Einnahmen oder Ausgaben ergebende Vorschusspflicht beschließen, anderenfalls ist der Beschluss **anfechtbar**. Dies ist aber noch nicht der Fall, wenn der zur Vorbereitung eines Beschlusses nach Abs. 1 Satz 2 erstellte Wirtschaftsplan fehlerhaft ist bzw. ein solcher gar nicht vorliegt. Erst wenn sich ein Fehler im Wirtschaftsplan **kausal** auf die Zahlungspflicht der Wohnungseigentümer auswirkt, kann dessen Rechenwerk zum Gegenstand einer Anfechtung gemacht werden. In allen anderen Fällen kann vom Verwalter lediglich eine **Berichtigung** des Wirtschaftsplans verlangt werden. Vor der Beschlussfassung nach Abs. 1 Satz 1 muss der Wirtschaftsplan deshalb allen Eigentümern zur Verfügung gestellt werden (LG Frankfurt NZM 2018, 757).

14. Jeder Wohnungseigentümer hat gegenüber der Gemeinschaft einen **Anspruch** auf einen Beschluss nach Abs. 1 Satz 1, da ein solcher den Grundsätzen der ordnungsmäßigen Verwaltung entspricht (§ 18 Abs. 2 Nr. 1). Der Anspruch erlischt mit Ablauf des Abrech-

nungsjahres, da dann eine konkrete Abrechnung möglich ist (BGH NJW 2016, 3536).

15. Um einen Beschluss nach Abs. 1 Satz 1 fassen zu können, besteht für den Verwalter nach **Abs. 1 Satz 2** die Pflicht, zu dessen Vorbereitung einen **Wirtschaftsplan** aufzustellen. Dieser muss ausdrücklich auf das **Kalenderjahr** bezogen aufgestellt werden, auch wenn er für mehrere Jahre gelten soll. Die Gemeinschaft soll nämlich anhand des Wirtschaftsplans darüber befinden können, ob es erforderlich wird, einen neuen Beschluss zu fassen oder einen bestehenden abzuändern. Auf eine unzulässige Abweichung vom Kalenderjahr kann sich ein Wohnungseigentümer nicht berufen, wenn diese schon eine jahrelange Übung darstellt und er noch niemals eine ernsthafte Änderung begehrt hat und keine Nachteile durch die Abweichung drohen. Der Wohnungseigentümer kann dann lediglich eine zukünftige Umstellung auf das Kalenderjahr verlangen (OLG München ZMR 2009, 630).

16. Bei dem **Wirtschaftsplan** handelt es sich um eine geordnete Zusammenstellung der relevanten wirtschaftlichen Positionen zur Verwaltung einer Gemeinschaft, die rechnerisch aus sich heraus nachvollziehbar und für jeden Wohnungseigentümer bei der Anwendung einer zumutbaren Sorgfalt ohne Sachverständigenhilfe verständlich und nachprüfbar sein muss (BGH NJW 2010, 2127). Der Wirtschaftsplan ist vom Verwalter aufzustellen und dient als Grundlage für die von den Wohnungseigentümern zu entrichtenden Vorschüsse. Er sollte auch eine Empfehlung über die Rücklage enthalten, die die Eigentümer als Liquiditätsreserve nach Abs. 1 Satz 1 beschließen können.

17. Der Wirtschaftsplan muss die nach Abs. 1 Satz 1 zu beschließenden **Zahlungsverpflichtungen** umfassen, also die zu zahlenden Vorschüsse und Rücklagen. Darüber hinaus muss er die voraussichtlichen Einnahmen und Ausgaben enthalten. Eine bestimmte Darstellung oder Aufgliederung ist nicht vorgegeben (OLG Frankfurt WuM 2003, 647). **Einnahmen** sind alle Zuflüsse zum Vermögen der Gemeinschaft, die die Vorschusspflicht der Eigentümer mindern, wie Wohngeld, Mieten oder Zinsen (BGH NZM 2013, 650). **Ausgaben** können z. B. die Beträge für Strom, Wasser, Heizung, Müllabfuhr, Versicherung, Hausmeister, Verwalterhonorar oder Grundsteuern umfassen (BayObLG WE 1988, 204). Forderungen oder

Verbindlichkeiten sind nur anzusetzen, wenn mit deren Erfüllung ernsthaft zu rechnen ist (BGH NJW 2005, 2061).

18. Stehen die Einnahmen oder Ausgaben für das kommende Jahr noch nicht sicher fest, muss der Verwalter diese **schätzen**. Dabei steht dem Verwalter ein gewisser Ermessensspielraum zu, um Nachforderungen bei der Jahresabrechnung zu vermeiden. Eine Erhöhung um 5 % ist ohne Veränderung der zugrundeliegenden Parameter möglich (BayObLG NZM 1999, 869).

19. Es bietet sich an, den Wirtschaftsplan nach dem gleichen Schema wie die Jahresabrechnung aufzubauen, um eine Vergleichbarkeit zu gewährleisten. Er ist als **Gesamtwirtschaftsplan** in der Form einer Einnahmen- und Ausgabenüberschussrechnung (BGH NZM 2013, 650) aufzustellen, die sämtliche Zahlungsverpflichtungen und Einnahmen der Gemeinschaft als Finanzierungsbedarf sowie die **Einzelwirtschaftspläne** für die jeweiligen Eigentümer enthält. Für Letztere sind die Ausgaben des Gesamtwirtschaftsplans und die Einnahmen (bis auf die Wohngelder) mit dem aufgrund der Teilungserklärung festgelegten jeweiligen **Kostenverteilungsschlüssel** zu verteilen. Der sich aus der so ermittelten Summe ergebende Betrag (Saldo) beziffert die Höhe des Vorschusses, den jeder Wohnungseigentümer aufgrund des Beschlusses nach Abs. 1 Satz 1 auf das Konto der Wohnungseigentümergemeinschaft zu zahlen hat (vgl. *Sauren* § 28 Rz. 14).

20. Nach **Abs. 2 Satz 1** beschließen die Wohnungseigentümer nach Ablauf des Kalenderjahres die Einforderung von **Nachschüssen** oder die **Anpassung** der beschlossenen Vorschüsse. Gegenstand des Beschlusses sind also nur Zahlungspflichten, die zum Ausgleich einer Über- oder Unterdeckung aus dem Beschluss nach Abs. 1 Satz 1 erforderlich werden und nicht die Jahresabrechnung selbst. Bestimmt die Gemeinschaft nichts anderes, werden die Nachzahlungen sofort fällig (§ 271 BGB). Eine **Auszahlung** zu viel gezahlter Vorschüsse findet nicht statt. Die Gemeinschaft ist in ihrem Beschluss nicht an die in der Jahresabrechnung ermittelten Zahlen gebunden (KG ZMR 2001, 846). Möchte die Gemeinschaft aber davon abweichen, muss sie dies für jeden Wohnungseigentümer verständlich begründen.

21. Ein **Verstoß** gegen die in Abs. 2 Satz 2 statuierte Vorbereitungspflicht des Verwalters in Form der Verpflichtung zur Erstellung einer Jahresabrechnung macht einen Beschluss nach Abs. 2 Satz 1 noch nicht fehlerhaft und damit **anfechtbar**. Das den Nachforderungen oder der Anpassung der Vorschüsse zugrundeliegende Rechenwerk der Jahresabrechnung wird nämlich nicht Gegenstand des Beschlusses. Vom Verwalter kann aber eine Berichtigung der Jahresabrechnung verlangt werden. Da die Beschlussfassung nach Abs. 2 Satz 1 zur ordnungsmäßigen Verwaltung (§ 18 Abs. 2 Nr. 1) gehört, hat jeder Wohnungseigentümer einen Anspruch auf diese (BGH NJW 1985, 912). Ein Anspruch auf eine **Zwischenabrechnung** beim Ausscheiden eines Wohnungseigentümers besteht nicht (KG NZM 2000, 830).

22. Ein **Nachschuss** wird im Falle der **Unterdeckung** erforderlich. Ein diesbezüglicher Beschluss wirkt nur hinsichtlich des auf den einzelnen Wohnungseigentümer entfallenden Betrages anspruchsbegründend, soweit dieser die nach Abs. 1 Satz 1 beschlossenen Vorschüsse übersteigt (sog. **Abrechnungsspitze**, vgl. BGH MDR 2012, 1023). Die Abrechnungsspitze ist jeweils auf den einzelnen Wohnungseigentümer bezogen die Differenz zwischen dem Ergebnis der Jahresabrechnung und dem Ansatz des Beschlusses nach Abs. 1 Satz 1. Unerheblich ist, ob der Wohnungseigentümer mit seinen Zahlungen auf die in dem Beschluss nach Abs. 1 Satz 1 festgelegten Vorschüsse im Verzug ist oder nicht. Die Abrechnungsspitze begründet neben der weiter bestehenden Zahlungspflicht aus dem Wirtschaftsplan eine zusätzliche Zahlungspflicht des Wohnungseigentümers (BGH NZM 2014, 436). Liegt eine **Überdeckung** vor (sog. negative Abrechnungsspitze), ist diese nicht auszukehren, sondern die zukünftigen **Vorschüsse** sind an diese anzupassen.

23. Im Falle eines **Eigentümerwechsels** schuldet der Alteigentümer, der den Beschluss nach Abs. 1 Satz 1 mit gefasst hat, die darauf entfallenden Zahlungen, solange diese fällig geworden sind, als er noch Eigentümer war. Der Neueigentümer schuldet die Zahlungen, die ab dem Zeitpunkt fällig werden, ab dem er Eigentümer ist. Allein der Neueigentümer schuldet im Außenverhältnis die Abrechnungsspitze; die Verteilung im Innenverhältnis (vgl. § 446 BGB) müssen der Alt- und Neueigentümer untereinander regeln. Dies wird insbesondere für den Fall relevant, in dem der Veräußerer die Vorschüsse

§ 28 WEG Wirtschaftsplan, Jahresabrechnung, Vermögensbericht

nicht gezahlt hat. Findet ein Eigentümerwechsel statt, sollte daher der Kaufvertrag eine Regelung über eventuelle Rückerstattungen an den Alteigentümer im Falle eines Überschusses aus den Vorauszahlungen oder eine Nachzahlungsverpflichtung enthalten.

Zur Vorbereitung des Beschlusses nach Abs. 2 Satz 1 hat der Verwalter nach **Abs. 2 Satz 2** eine **Jahresabrechnung** zu erstellen, die neben den eventuell einzufordernden Nachschüssen auch die Einnahmen und Ausgaben enthält. Das ist eine Einnahmen-Ausgaben-Rechnung als Gesamtabrechnung für den Abrechnungszeitraum mit den Einzelabrechnungen für die jeweiligen Wohnungseigentümer (BGH NJW 2010, 2127). Ein bestimmtes Formerfordernis zur Aufstellung besteht nicht (OLG Frankfurt WuM 2003, 647). Ein entsprechender Anspruch der Wohnungseigentümer zur Vorbereitung ihres Beschlusses nach Abs. 2 Satz 1 entsteht ohne besondere Aufforderung und wird nach Ablauf einer angemessenen Frist für die Aufstellung **fällig**, in der Regel innerhalb der ersten drei Monate nach der Beendigung der Wirtschaftsperiode (*Sauren* § 28 Rz. 17). 24.

Der Verwalter muss die Jahresabrechnung mindestens zwei Wochen vor der Versammlung **übersenden** (LG Aachen ZMR 1997, 128). Die Belege müssen der Abrechnung nicht beigefügt werden, aber bei dem Beschluss nach Abs. 2 Satz 1 zur Einsichtnahme bereitliegen (OLG Frankfurt OLGZ 1984, 334). Die Jahresabrechnung hat eine Gesamtabrechnung der Gemeinschaft und Einzelabrechnungen hinsichtlich der einzelnen Wohnungseigentümer zu enthalten. 25.

Die **Gesamtabrechnung** enthält eine gegliederte und ohne weiteres nachvollziehbare Zusammenstellung aller tatsächlichen Einnahmen und Ausgaben der gesamten Anlage nach dem **Zufluss- und Abflussprinzip** über den Abrechnungszeitraum inklusive der Wohngelder, Ausgleichszahlungen aus einer Vorjahresabrechnung, einer eventuell vorhandenen (Hauswart)Kasse, Waschmaschinenerträge, Schwimmbadzahlungen, Saunaerträge und/oder sonstiger Erträge der Gemeinschaftseinrichtungen sowie der Miet- und Pachterlöse des Gemeinschaftseigentums und Betriebskosten, Versicherungsbeiträge, Grundbesitzabgaben, Heizkosten, Kosten der Verwaltung und aller sonstigen mit der Verwaltung zusammenhängenden Zahlungen (*Sauren* § 28 Rz. 20). In die Gesamtabrechnung sind nur die geleisteten Zahlungen und Ausgaben aufzunehmen (Ist-Beträge) und 26.

nicht auch die ausstehenden Verbindlichkeiten als Soll-Beträge (BGH NJW 2010, 2127). Zahlungen sind in die Abrechnung des Jahres aufzunehmen, in dem sie geleistet wurden und nicht in diejenige für das Jahr, in dem sie fällig geworden sind (BGH NJW 2014, 145). Die Heiz-/Warmwasserkosten in der Abrechnung sind nach der HeizkostenV zu erstellen (siehe § 16 Anm. 7), die eine verbrauchsabhängige Verteilung der Heiz- und Warmwasserkosten vorsieht und deshalb eine Ausnahme vom Abflussprinzip darstellt (BGH NJW 2012, 1434). Ebenso aufzunehmen sind die **Erhaltungsrücklage** (§ 19 Abs. 2 Nr. 4) oder nach § 28 Abs. 1 sonstige beschlossene **Rücklagen** (BGH NJW 2010, 2127). Rückstände, z. B. Forderungen oder Wohngeldrückstände früherer Jahre, sind nicht aufzunehmen (BayObLG ZMR 2003, 761). Bei den Ausgaben dürfen keine Kostenpositionen zusammengefasst oder zusammengerechnet werden (OLG Düsseldorf WE 1991, 331). Bei jeder einzelnen Ausgabenposition ist zudem der vereinbarte Verteilungsschlüssel auf die einzelnen Wohnungseigentümer mit anzugeben (*Sauren* § 28 Rz. 25).

27. In der **Einzelabrechnung** erfolgt die wohnungsbezogene Aufteilung der Einnahmen und Ausgaben der Gesamtabrechnung mittels der in der Teilungsvereinbarung festgelegten Verteilungsschlüssel auf die einzelnen Einheiten (OLG Hamm DWE 1997, 36). Nur Beträge aus der Gesamtabrechnung können den einzelnen Wohnungseigentümern in der jeweiligen Einzelabrechnung zugewiesen werden (BayObLG NJW-RR 1992, 1169). Dies ist jedoch nicht schematisch möglich, da insbesondere Heizkosten nach tatsächlichem Verbrauch zu verteilen sind (§ 6 HeizkostenV) und deshalb Abgrenzungsposten notwendig werden. Bei der **Erhaltungsrücklage** sind der Anteil des Wohnungseigentümers an der Soll-Zuführung und seine Ist-Zahlungen sowie der Saldo aus seinen gegenüber dem Beschluss nach Abs. 1 Satz 1 geschuldeten Rückständen aufzunehmen (Palandt-*Wicke* WEG § 28 Rz. 12). **Ausgaben**, die nur eine einzelne Einheit betreffen und von deren Wohnungseigentümer zu tragen sind, sind nur dort aufzunehmen (BGH NJW 2011, 1346). Dem gegenübergestellt werden die nach Abs. 1 Satz 1 zu zahlenden Beträge des Wohnungseigentümers (und nicht die tatsächlichen Zahlungen). Dies ergibt den nach Abs. 2 Satz 1 noch zu zahlenden Betrag aus der Jahresabrechnung (sog. Abrechnungsspitze).

Sollten **Rückstände** aus den zu leistenden Vorschüssen bestehen, kann die Gemeinschaft diese nach Abs. 1 Satz 1 gegenüber dem Wohnungseigentümer geltend machen. Die Rückstände sollten daher nur **informatorisch** in die Jahresabrechnung mit aufgenommen werden (Palandt-*Wicke* WEG § 28 Rz. 11). Ebenso informatorisch können Rückstände aus einer vorausgegangenen Jahresabrechnung aufgenommen werden. Die Gemeinschaft kann nämlich über beide Posten nicht erneut nach Abs. 2 Satz 1 beschließen, da diesbezüglich bereits (rechtskräftige) Beschlüsse bestehen.

28.

Nach **Abs. 3** können die Wohnungseigentümer beschließen, wann Geldforderungen fällig werden und wie sie zu erfüllen sind; sie verfügen mithin über eine Beschlusskompetenz in **Geldangelegenheiten**. Damit ist im Wesentlichen der Zahlungsverkehr mit der Gemeinschaft gemeint. Hiernach kann insbesondere die Einführung des **Lastschriftverfahrens** beschlossen werden, aber auch die unbare Zahlung, ein Dauerauftrag oder die Einzugsermächtigung (Palandt-*Wicke* WEG § 21 Rz. 21). Im Rahmen ihrer Beschlusskompetenz können die Wohnungseigentümer bezüglich der Zahlung der Wohngelder Sammelüberweisungen verbieten und Einzelüberweisungen unter Angabe der Wohnung, für welche die Zahlung geleistet wird, verlangen (OLG Düsseldorf ZMR 2011, 723). Zusatzkosten des Verwalters wegen Nichtteilnahme eines Sondereigentümers am Lastschriftverfahren können dem Verursacher auferlegt werden (AG Duisburg-Ruhrort ZMR 2020, 53). Auch besteht die Möglichkeit, über die Verrechnung von Guthaben mit künftigen Vorschüssen oder anderen Zahlungspflichten zu entscheiden (OLG Hamm ZMR 2011, 656). Trifft die Gemeinschaft keine abweichende Bestimmung, werden wiederkehrende Zahlungen an die Gemeinschaft am dritten Werktag des Monats **fällig**. Es können aber auch davon abweichende Fälligkeiten geregelt werden, wie eine Vorfälligkeit, ein Verfall oder die Tilgungsreihenfolge auf künftige Zahlungen (Palandt-*Wicke* WEG § 21 Rz. 22).

29.

Abs. 4 Satz 1 befasst sich mit dem vom Verwalter zu erstellenden **Vermögensbericht**. Dieser befriedigt den Informationsanspruch eines jeden Wohnungseigentümers gegenüber der Gemeinschaft. Durch diesen sollen die Wohnungseigentümer ein möglichst genaues Bild über die wirtschaftliche Lage der Gemeinschaft erhalten. Viele Informationen für den Vermögensbericht lassen sich

30.

bereits der jährlichen Abrechnung entnehmen, wie z. B. die Höhe der Erhaltungsrücklage.

31. Der Vermögensbericht muss den Stand der **Erhaltungsrücklage** (§ 19 Abs. 2 Nr. 4) und etwaige durch Beschluss vorgesehene **Rücklagen** (Abs. 1 Satz 1) inklusive der Zinserträge, Ausgaben und Zuführungen enthalten. Um deutlich zu machen, dass es sich um tatsächlich vorhandenes Vermögen und nicht nur um einen bilanziellen Posten handelt, ist der Ist-Stand des tatsächlich vorhandenen Vermögens, das für die Erhaltung bzw. andere Zwecke reserviert ist, und der Stand der Rücklagen anzugeben. Offene Forderungen oder zur Liquiditätssicherung umgewidmete Mittel brauchen daher nicht genannt zu werden. Eine Aufteilung des Endbestandes auf die einzelnen Wohnungseigentümer muss nicht vorgenommen werden, da der Vermögensbericht das Verwaltungsvermögen der Gemeinschaft auflistet, das nicht den Wohnungseigentümern zusteht. Nach dem Anfangsbestand ist der Gesamtbetrag der Ist-Zuführungen und der Abgänge darzustellen, der dann den Saldo und gleichzeitig den Endbestand bedeutet. Der Anfangsbestand muss mit dem Endbestand des Vorjahres übereinstimmen, wie der Endstand den Anfangsbestand des Folgejahres darstellt (*Sauren* § 28 Rz. 27a). Die von den Wohnungseigentümern geleisteten tatsächlichen Zahlungen auf die Rücklage sind als Einnahmen darzustellen und zusätzlich sind auch die geschuldeten Zahlungen (Soll-Zuführung) anzugeben (BGH NJW 2010, 2127).

32. Daneben muss der Vermögensbericht eine **Aufstellung** des wesentlichen **Gemeinschaftsvermögens** enthalten. Dies sind insbesondere alle Forderungen der Gemeinschaft gegen einzelne Wohnungseigentümer oder Dritte (insb. Wohngeldschulden), alle Verbindlichkeiten (insb. Bankdarlehen) und sonstige Vermögensgegenstände. In der Darstellung der Rückstellungen, Forderungen und Verbindlichkeiten sind ausgehend vom Bestand am Anfang des Wirtschaftsjahres die Gesamtbeträge der Ist-Zuführungen und der Abgänge sowie der Saldo zum Ende des vergangenen Wirtschaftsjahres anzugeben und Kredite dabei gesondert auszuweisen (Palandt-*Wicke* WEG § 28 Rz. 12). Diese Darstellung soll in Verbindung mit den vorhandenen Rücklagen und der Jahresabrechnung den Wohnungseigentümern einen Überblick über den Stand ihrer Geldanlagen geben und sie in die Lage versetzen, bei notwendig werdenden Reparaturen schon zu einem möglichst frühen Zeitpunkt zu überlegen, ob die vorhandenen Gelder ausreichen oder möglicherweise besondere Umlagen erhoben werden müssen. Außerdem soll sie den Wohnungseigentümern eine Überprüfung dahin ermöglichen, ob die als Rücklagen dienenden Gelder möglichst gewinnbringend angelegt sind (OLG Düsseldorf WE 1997, 313).

In der Aufstellung sind nur die **wesentlichen Vermögensgegenstände** aufzuführen. Unwesentlich sind Gegenstände, die für die wirtschaftliche Lage der Gemeinschaft unerheblich sind (z. B. Rasenmäher, Verbrauchsmittel, Werkzeuge). Die Grenze zur Unerheblichkeit hängt dabei von der Größe der Gemeinschaft ab. Die Vermögensgegenstände sind nur zu benennen, sie müssen nicht bewertet werden. **Geldforderungen** sind hingegen betragsmäßig aufzulisten. Fehlen Angaben oder sind diese zu ergänzen, kann dies jederzeit nachgeholt werden. Diesbezüglich besteht lediglich ein Ergänzungsanspruch (LG Bonn ZMR 2004, 302). Der **Stichtag** zur Erstellung ist der Ablauf des Kalenderjahres. 33.

Aus **Abs. 4 Satz 2** leitet sich ein Individualanspruch eines jeden Wohnungseigentümers gegen die Gemeinschaft auf **Überlassung** des **Vermögensberichts** ab. Wie dies konkret geschieht, bleibt der Gemeinschaft überlassen. Falls der Anspruch nicht erfüllt wird, kann er eingeklagt werden. Die Beschlüsse über den Wirtschaftsplan oder die Jahresabrechnung würden in einem solchen Fall aber nicht fehlerhaft. 34.

Ohne eine **Anfechtung** werden die Beschlüsse über die Vorschüsse (Abs. 1 Satz 1) und die Einforderung von Nachschüssen oder die Anpassung der beschlossenen Vorschüsse (Abs. 2 Satz 1) **bestandskräftig**, sodass alle materiellen Fehler, wie z. B. ein falscher Verteilungsschlüssel, die Einstellung nicht bestehender Forderungen oder die Berücksichtigung nicht erbrachter Zahlungen bzw. die Nichtberücksichtigung erbrachter Zahlungen nicht mehr überprüfbar sind, soweit diese die Abrechnung betreffen (KG ZMR 2005, 22). Der Vermögensbericht kann nicht angefochten werden, da sich daraus keine Rechtsfolgen ableiten lassen. Diesbezüglich ist nur eine Korrektur möglich. 35.

§ 29 WEG
Verwaltungsbeirat

(1) ¹Wohnungseigentümer können durch Beschluss zum Mitglied des Verwaltungsbeirats bestellt werden. ²Hat der Verwaltungsbeirat mehrere Mitglieder, ist ein Vorsitzender und ein Stellvertreter zu bestimmen. ³Der Verwaltungsbeirat wird von dem Vorsitzenden nach Bedarf einberufen.

(2) ¹Der Verwaltungsbeirat unterstützt und überwacht den Verwalter bei der Durchführung seiner Aufgaben. ²Der Wirtschaftsplan und die Jahresabrechnung sollen, bevor die Beschlüsse nach § 28 Absatz 1 Satz 1 und Absatz 2 Satz 1 gefasst werden, vom Verwaltungsbeirat geprüft und mit dessen Stellungnahme versehen werden.

(3) Sind Mitglieder des Verwaltungsbeirats unentgeltlich tätig, haben sie nur Vorsatz und grobe Fahrlässigkeit zu vertreten.

Anmerkungen:

1. Diese Vorschrift ermöglicht die Einrichtung eines Verwaltungsbeirats durch Vereinbarung oder Beschluss (§ 25 Abs. 1); gesetzlich vorgeschrieben ist ein solcher indes nicht. Dem Verwaltungsbeirat kommt keine Rechtsmacht zu, er hat jedoch oftmals eine wichtige beratende Rolle für die Gemeinschaft, sodass viele Gemeinschaften einen Beirat eingerichtet haben. Der Verwaltungsbeirat hat keine eigene Rechtspersönlichkeit (OLG Düsseldorf NZM 1998, 36). Die Bestellung eines Beirates kann sogar durch Vereinbarung ausgeschlossen werden; ein bloßes Streichen der Bestimmung zum Verwaltungsbeirat in einem Formular für die Teilungserklärung genügt allerdings nicht (BayObLG WuM 1994, 45). Wurde dieser ausgeschlossen, bedarf es für die Einsetzung eines Beirats der Änderung der Gemeinschaftsordnung (BGH NJW 2000, 3500). Für **Untergemeinschaften** kann ein eigener Beirat vorgesehen werden (Palandt-*Wicke* WEG § 29 Rz. 1).

2. Die **Mitglieder** des Verwaltungsbeirates sind von der Gemeinschaft bestellt und auch nur dieser verpflichtet. Das Amt des Verwaltungsbeirats setzt keine besonderen Kenntnisse oder Qualifikationen voraus. Da gesetzlich nur Wohnungseigentümer als Mitglieder des Verwaltungsbeirats vorgesehen sind, kann die Möglichkeit der Bestellung **Außenstehender** nur durch Vereinbarung begründet werden (KG ZMR 2009, 550). Sieht die Gemeinschaftsordnung eine

abweichende Bestellung durch qualifizierte Mehrheit vor (sog. Öffnungsklausel), kann dies auch durch Beschluss geschehen (BayObLG NZM 1998, 961). Der Verwalter kann nicht Mitglied des Beirats sein, da der Beirat dessen Handeln kontrollieren soll (OLG Zweibrücken OLGZ 1983, 438, 440).

Die Bestimmung der Mitglieder erfolgt entweder durch Beschluss oder durch eine originäre **Wahl**; eine gesonderte Bestellung ist nicht nötig (BayObLG WuM 2000, 148). Ein **Anspruch**, in den Beirat bestellt zu werden, besteht nicht (OLG Düsseldorf NJW-RR 1991, 594, 595). Der zu wählende Beirat hat ein eigenes Stimmrecht bei seiner Wahl (OLG Köln MietRB 2006, 322). Da die Rechtsprechung vereinzelt eine Blockwahl für unzulässig hält (z. B. LG Düsseldorf NJW-RR 2004, 1310), sollte in Zweifelsfällen eine Einzelwahl oder ein allstimmiger Beschluss erfolgen. Nach der Wahl ist noch eine **Annahmeerklärung** des Gewählten erforderlich, da niemand gezwungen werden kann, im Beirat tätig zu werden. Es ist möglich, einem Wohnungseigentümer die Aufgaben eines Beirates auch nur teilweise zu übertragen, ohne dass er sogleich zum Beirat bestellt wird (BayObLG NJW-RR 1994, 338). 3.

Die Bestellung zum Mitglied des Beirates muss den Grundsätzen der ordnungsmäßigen Verwaltung entsprechen. Sie ist auf Anfechtung für **ungültig** zu erklären, soweit ein **wichtiger Grund** hierfür vorliegt (BayObLG WE 1991, 226). Dies ist z. B. der Fall, wenn unter Berücksichtigung aller Umstände eine Zusammenarbeit mit dem gewählten Mitglied oder dem Vorsitzenden des Beirats unzumutbar und das erforderliche Vertrauensverhältnis von vornherein nicht zu erwarten ist (BayObLG ZMR 2003, 438). Ein Beschluss über die Wiederbestellung eines Verwaltungsbeirats ist für ungültig zu erklären, wenn unter Berücksichtigung aller, nicht notwendig vom Verwaltungsbeirat verschuldeter, Umstände nach Treu und Glauben eine weitere Zusammenarbeit mit ihm unzumutbar und das erforderliche Vertrauensverhältnis von Anfang an nicht gegeben ist (LG Frankfurt ZWE 2020, 49). 4.

Nach **Abs. 1** ist die **Anzahl** der Mitglieder des Verwaltungsbeirats nicht festgelegt. Die Gemeinschaft kann diese flexibel nach ihren Bedürfnissen durch **Beschluss** bestimmen. Es kann auch nur ein Wohnungseigentümer zum Verwaltungsbeirat bestellt werden. Er 5.

ist dann zugleich dessen Vorsitzender. Besteht der Beirat aus mehreren Mitgliedern, sind der Vorsitzende und dessen Stellvertreter zu bestimmen (**Abs. 1 Satz 2**). Da das Gesetz die Art und Weise der Bestimmung nicht festlegt, kann dies durch Beschluss der Gemeinschaft oder durch Bestimmung der Mitglieder des Verwaltungsbeirats erfolgen. Hat die Gemeinschaft einen Vorsitzenden bestimmt, ist für eine abweichende Festlegung durch den Verwaltungsbeirat selbst kein Raum mehr. Anderenfalls bestimmt dieser seinen Vorsitzenden durch eine Wahl.

6. Die Vorschrift macht keine Vorgaben zur **Amtszeit** eines Beirats. Diese ist daher grundsätzlich unbestimmt (BGH NJW-RR 2019, 589) und kann durch die Gemeinschaft frei festgelegt werden. Im Falle einer Bestellung auf unbestimmte Zeit endet das Amt durch Niederlegung, Abberufung oder Ausscheiden aus der Gemeinschaft. Ansonsten endet es mit Zeitablauf. Ist ein entgeltlicher Geschäftsbesorgungsvertrag vereinbart worden, sind die Kündigungsfristen gemäß §§ 620 ff. BGB einzuhalten. Eine zeitliche Begrenzung der Amtszeit dürfte sinnvoll sein, um die Attraktivität der Mitarbeit im Beirat zu steigern. In diesem Fall bietet es sich an, die Mitglieder zeitversetzt zu bestellen, damit ein Wissenstransfer gewährleistet bleibt. Nach Ablauf seiner Amtszeit muss der Verwaltungsbeirat seine und sonstige Unterlagen an seinen Nachfolger oder den Verwalter herausgeben (OLG Hamm NJW-RR 1997, 1233).

7. Nach **Abs. 1 Satz 3** wird der Verwaltungsbeirat vom Vorsitzenden nach Bedarf einberufen. Dies dürfte regelmäßig mindestens **einmal** im Jahr erforderlich werden. Es ist auch möglich, Entscheidungen im Umlaufverfahren zu treffen (Palandt-*Wicke* WEG § 29 Rz. 3). Mangels entgegenstehender Vorschriften ist auch eine Online-Sitzung des Beirats jederzeit möglich. Weigert sich der Vorsitzende regelwidrig, eine Sitzung anzusetzen, hat jedes Mitglied des Beirats das Recht, eine solche anzuberaumen oder einen Tagesordnungspunkt zu bestimmen (*Sauren* § 29 Rz. 33). Eine Zweiwochenfrist zur **Einberufung** sollte beachtet werden, genauso die damit verbundene Übersendung der Tagesordnung. Gesetzlich vorgegeben ist dies aber nicht. Einem Dritten kann bei der Sitzung die Anwesenheit gestattet werden (*Sauren* § 29 Rz. 33a).

8. Der Beirat ist **beschlussfähig**, wenn mehr als die Hälfte seiner Mitglieder anwesend ist; eine Vertretung ist zulässig (*Sauren* § 29 Rz. 33b). Beschlüsse werden mit **einfacher Mehrheit** der Mitglieder gefasst, wobei jedes Mitglied eine Stimme (Kopfstimmrecht) hat (OLG Zweibrücken NJW-RR 1987, 1367). Ein Beschluss sollte zumindest vom Vorsitzenden **unterschrieben** und jedem Mitglied ausgehändigt werden. Da die Entscheidungen des Beirats keine Außenwirkung haben, können sie nicht angefochten werden.

9. Der Verwaltungsbeirat soll nach **Abs. 2 Satz 1** den Verwalter bei der Durchführung seiner Aufgaben **unterstützen** und **überwachen**. Die Hauptpflicht der Beiratsmitglieder besteht dabei in der sorgfältigen und gewissenhaften Besorgung des übernommenen Geschäfts. Gegenstand, Art und Weise richten sich nach dem Inhalt des erteilten Auftrages und den erhaltenen Weisungen (OLG Düsseldorf ZMR 1998, 104). Dies kann sich auf die Vorbereitung der Versammlung, Mithilfe bei der Ausführung von Beschlüssen, Durchführung der Hausordnung, Angebotseinholung, bis zur Information der Wohnungseigentümer erstrecken (*Sauren* § 29 Rz. 16). Auch die Überwachungspflicht des Verwalters richtet sich nach dem dem Beirat konkret erteilten Auftrag und beschränkt sich im Wesentlichen auf eine Schlüssigkeitsprüfung der ihm vorgelegten Abrechnungen und Aufstellungen. Der Beirat kann eine Rechenschaftspflicht des Verwalters entweder anlassbezogen für ein konkretes Projekt oder turnusmäßig bestimmen, um seiner Überwachungspflicht Genüge zu tun. Hierbei sind für den Verwalter Wirtschaftlichkeitsgesichtspunkte und der zeitliche Umfang der Prüftätigkeit für den Beirat mit zu berücksichtigen.

10. Der Verwalter hat gegenüber dem Verwaltungsbeirat jederzeit **Auskunft** und **Einsicht** in seine Bücher zu geben, damit dieser seine Prüfungs- und Überwachungsaufgaben wahrnehmen kann. Einen Anspruch auf Überlassung der Originalunterlagen hat der Verwaltungsbeirat aber nicht (Jennißen-*Hogenschurz* § 29 Rz. 20).

11. Nach **Abs. 2 Satz 2 prüft** der Verwaltungsbeirat den Wirtschaftsplan (vgl. § 28 Anm. 15) und die Jahresabrechnung (vgl. § 28 Anm. 20) vor der Beschlussfassung und versieht diese mit seiner **Stellungnahme**. Dabei gelten die allgemeinen Prüfungsgrundsätze, also rechnerische und sachliche Prüfung, Prüfung der Kostenverteilung, des

Vermögensstatus und der Kostenvoranschläge. Bei seiner Prüfung geht es (lediglich) um die rechnerische Richtigkeit; es müssen z. B. die Zahlen in der Abrechnung rechnerisch richtig sein und mit denen der dieser zugrundeliegenden Belege übereinstimmen (*Sauren* § 29 Rz. 17). Auch eine Prüfung der rechnerischen Schlüssigkeit der Abrechnung und eine stichprobenhafte Überprüfung der sachlichen Richtigkeit unter zugrundliegender Prüfung der Belege gehört dazu (OLG Düsseldorf ZMR 1998, 107). Rechnungslegungen oder Kostenanschläge muss der Beirat hingegen nicht überprüfen. Dies würde dessen zeitlichen Kapazitäten übersteigen. Es besteht auch kein Anspruch der Gemeinschaft auf Erstellung eines Prüfberichts (KG ZMR 1997, 544).

12. Dem Verwaltungsbeirat können auch die **weiteren Aufgaben** zukommen, so z. B. in Ausnahmefällen zur Versammlung der Wohnungseigentümer einzuladen (§ 24 Abs. 3) und das Versammlungsprotokoll mit zu unterzeichnen (§ 24 Abs. 6). Soweit die Gemeinschaft nichts anderes bestimmt, vertritt der Vorsitzende des Beirats diese gegenüber dem Verwalter (§ 9b Abs. 2).

13. Der Beirat ist kein Hilfsorgan des Verwalters und unterliegt nicht seinen **Weisungen**. Der Verwalter wird auch nicht durch die Weisungen des Beirats entlastet (Palandt-*Wicke* WEG § 29 Rz. 3). Der Beirat vertritt nicht die Wohnungseigentümer gegenüber dem Verwalter (OLG Koblenz WuM 1999, 429).

14. Im Rahmen der Wohnungseigentümerversammlung ist der Verwaltungsbeirat verpflichtet, über seine Tätigkeit **Auskunft** zu erteilen (BayObLG NJW-RR 1992, 1377). Ein einzelnes Mitglied kann einen Auskunftsanspruch allenfalls aus Treu und Glauben (§ 242 BGB) geltend machen (Bärmann-*Becker* § 29 Rz. 104). Jeder Wohnungseigentümer hat allerdings stets das Recht auf Einsicht in die Beschlüsse des Beirats (*Sauren* § 29 Rz. 21). Sollte der Verwaltungsbeirat **Unregelmäßigkeiten** feststellen, die eine Kündigung des Verwaltervertrages rechtfertigen könnten, liegt es in seiner Verantwortung, die Gemeinschaft darüber in angemessener Zeit zu **informieren**.

15. Der Gemeinschaft ist es möglich, durch Beschluss die Aufgaben des Verwaltungsbeirats zu **erweitern**, soweit dies den zwingenden Regeln nicht entgegensteht (OLG Düsseldorf ZMR 1998, 104). Die

§ 29 WEG Verwaltungsbeirat

Grenze ist hierbei die unzulässige Beschneidung der Rechte und Pflichten des Verwalters (§ 27 Abs. 2). Zusätzliche Aufgaben können z. B. das Aushandeln eines Verwaltervertrages (OLG Köln NJW 1991, 1302, 1303) oder Verhandlungen mit dem Verwalter über Schadensersatz (OLG Hamm ZMR 1997, 433) sein. Der Beirat kann aber nicht ermächtigt werden, den Verwaltervertrag eigenständig auszuhandeln und abzuschließen; die Eigentümerversammlung hat ihm die wesentlichen Vertragsbedingungen vorzugeben (LG Dortmund ZMR 2017, 993).

Es bleibt den Wohnungseigentümern auch belassen, durch Beschluss Teile der Aufgaben des Beirats oder andere Aufgaben (z. B. Bauausschuss) auf einzelne Wohnungseigentümer zu übertragen (sog. **Sonderausschüsse**), ohne dass es sich um einen eigentlichen Beirat handelt (BGH ZWE 2010, 216). **16.**

Ohne eine besondere **Ermächtigung** durch die Gemeinschaft steht es dem Verwaltungsbeirat nicht zu, den Verwalter auszuwählen, zu bestellen oder zu kündigen (LG Lübeck DWE 1986, 64). Auch kann er den Verwalter nicht entlasten (BayObLG WE 1988, 207) oder den Vertrag mit diesem ändern (BayObLG NJW 1965, 821), Reparaturen selbständig vergeben (OLG Düsseldorf WE 1998, 32), einen Wirtschaftsplan aufstellen (BGH NJW 2000, 3500) oder Beschlüsse der Gemeinschaft aufheben oder ändern (BayObLG Rpfleger 1980, 23). **17.**

Ein Mitglied des Verwaltungsbeirats hat aus den allgemeinen Vorschriften einen Anspruch gegen die Gemeinschaft auf **Aufwendungsersatz**. Eine pauschale Aufwandsentschädigung ist möglich, die angemessen sein muss (OLG Schleswig NZM 2005, 588). Die Tätigkeit selbst ist regelmäßig unentgeltlich (LG Hannover ZMR 2006, 399). Daher handelt es sich in der Regel um einen Auftrag (§ 662 BGB), wenn hingegen ein Entgelt gezahlt wird um einen Geschäftsbesorgungsvertrag (§ 675 Abs. 1 BGB). Ferner steht es im Belieben der Wohnungseigentümer, auf deren Kosten eine **Versicherung** für den Verwaltungsbeirat abzuschließen (vgl. § 19 Anm. 10). Eine Entlohnung und die Aufwendungen des Verwaltungsbeirats, wie Schreibauslagen, Getränke oder Fortbildungskosten, sind Verwaltungskosten (BayObLG NZM 1999, 862). **18.**

Die Gemeinschaft hat darüber zu entscheiden, dem Verwaltungsbeirat für seine Tätigkeit eine **Entlastung** zu erteilen. Dies hat den Ver- **19.**

zicht auf bis dahin erkennbar entstandene Schadensersatzansprüche zur Folge (BayObLG NJW-RR 1991, 1360). Hat der Verwalter eine Veruntreuung begangen und der Verwaltungsbeirat seine diesbezüglichen Pflichten verletzt, gilt dies aber nicht (OLG Düsseldorf ZMR 1998, 107). Ein Beschluss zur Entlastung des Beirats entspricht nicht ordnungsmäßiger Verwaltung, wenn ein Ersatzanspruch gegen die Beiräte möglich erscheint (OLG München ZMR 2008, 905). Dies gilt nicht für nur geringfügige Mängel (AG Traunstein ZMR 2012, 63).

20. Eine **Haftung** des Beirats, z. B. wegen einer Verletzung der ihm nach Abs. 2 Satz 1 obliegenden Überwachungspflicht des Verwalters, besteht nur hinsichtlich der Gemeinschaft, nicht gegenüber den einzelnen Wohnungseigentümern, sodass der Anspruch auch nur von der Gemeinschaft geltend gemacht werden kann (*Sauren* § 29 Rz. 28). Daneben ist eine Haftung der Beiratsmitglieder aus unerlaubter Handlung (§ 823 Abs. 1 BGB) möglich. Die Beiräte haften als einzelne Mitglieder und ggf. als Gesamtschuldner (OLG Düsseldorf ZMR 1998, 105).

21. **Abs. 3** sieht eine **Haftungsbeschränkung** für die Mitglieder des Verwaltungsbeirats auf Vorsatz und grobe Fahrlässigkeit vor, wenn sie unentgeltlich tätig geworden sind. Dies gilt allerdings nur, soweit das Beiratsmitglied den Schaden in Erfüllung seiner Aufgaben verursacht hat. **Grob fahrlässig** handelt jemand, wenn er die im Verkehr erforderliche Sorgfalt in besonders schwerem Maße verletzt hat, z. B. die Prüfung der Jahresabrechnung ohne die Einsicht in die Belege vorzunehmen (OLG Düsseldorf ZMR 1998, 107). Eine der Unentgeltlichkeit entgegenstehende **Vergütung** sind alle Geld- oder Sachleistungen sowie die Gewährung geldwerter Vorteile. Der Ersatz von Aufwendungen bzw. die Aufwandspauschale, die das Beiratsmitglied zur Erledigung seiner Aufgaben bekommt (vgl. Anm. 18), ist kein Entgelt (Palandt-*Ellenberger* BGB § 31a Rz. 2). Diese Haftungsbeschränkung gilt nicht nur gegenüber der Gemeinschaft, sondern auch gegenüber den übrigen Wohnungseigentümern. Im Außenverhältnis wirkt sich die Haftungsbeschränkung dahingehend aus, dass dem betroffenen Mitglied des Verwaltungsbeirats ein Anspruch gegen die Gemeinschaft auf **Freistellung** zusteht.

Abschnitt 5
Wohnungserbbaurecht

§ 30 WEG
Wohnungserbbaurecht

(1) Steht ein Erbbaurecht mehreren gemeinschaftlich nach Bruchteilen zu, so können die Anteile in der Weise beschränkt werden, dass jedem der Mitberechtigten das Sondereigentum an einer bestimmten Wohnung oder an nicht zu Wohnzwecken dienenden bestimmten Räumen in einem auf Grund des Erbbaurechts errichteten oder zu errichtenden Gebäude eingeräumt wird (Wohnungserbbaurecht, Teilerbbaurecht).

(2) Ein Erbbauberechtigter kann das Erbbaurecht in entsprechender Anwendung des § 8 teilen.

(3) ¹Für jeden Anteil wird von Amts wegen ein besonderes Erbbaugrundbuchblatt angelegt (Wohnungserbbaugrundbuch, Teilerbbaugrundbuch). ²Im Übrigen gelten für das Wohnungserbbaurecht (Teilerbbaurecht) die Vorschriften über das Wohnungseigentum (Teileigentum) entsprechend.

Anmerkungen:

1. Das Wohnungserbbaurecht kann durch Teilungsvereinbarung (Abs. 1) oder durch Teilung des Erbbaurechts (Abs. 2) begründet werden. Abs. 3 Satz 1 bestimmt, dass für jeden Anteil von Amts wegen ein besonderes Erbbaugrundbuchblatt anzulegen ist. Abs. 3 Satz 2 verweist für Wohnungs- und Teilerbbaurechte im Übrigen auf die Vorschriften über das Wohnungs- und Teileigentum.

2. Das **Erbbaurecht** ist ein grundstücksgleiches Recht mit eigentumsähnlichem Charakter. Es ist das veräußerliche und vererbliche Recht, auf oder unter der Oberfläche eines Grundstücks ein Bauwerk zu haben (§ 1 ErbbauRG). Damit steht ein nach dem Erbbaurecht errichtetes oder bestehende Gebäude in Abweichung von §§ 93, 94 BGB nicht im Eigentum des Grundstückseigentümers.

3. Das **Wohnungserbbaurecht** besteht gemäß § 30 regelmäßig aus einer Mitberechtigung von Bruchteilen am Erbbaurecht (vgl. § 30 Abs. 3 Satz 2 i. V. m. § 1 Abs. 5), verbunden mit dem Sondereigentum an einer bestimmten Wohnung in einem aufgrund des Erbbaurechts errichteten oder noch zu errichtenden Gebäude (vgl. § 30 Abs. 3

Satz 2 i. V. m. § 5 Abs. 1, 3). Der Bruchteil am Erbbaurecht ist also verbunden mit dem Sondereigentum einerseits und der Beteiligung am gemeinschaftlichen Eigentum andererseits (Staudinger-*Rapp* WEG § 30 Rz. 3). Hinsichtlich des Wohnungserbbaurechts sind dieselben Vereinbarungen im gleichen Umfang möglich wie beim Wohnungseigentum.

4. Nach **Abs. 1** kann ein Wohnungs- bzw. Teilerbbaurecht durch Vertrag gemäß § 30 Abs. 3 Satz 2 i. V. m. § 3 begründet werden, indem bestehendes Bruchteilseigentum an einem Erbbaurecht in Sondereigentum umgewandelt wird. Ein **Wohnungserbbaurecht** kommt im Fall von Wohnungen in Betracht, ein **Teilerbbaurecht** bei Räumen, die nicht zu Wohnzwecken bestimmt sind. Das Wohnungserbbaurecht entspricht dem Wohnungseigentum und das Teilerbbaurecht dem Teileigentum. Eine **Gesamthandsgemeinschaft** muss vor der Teilung in eine Bruchteilsgemeinschaft überführt werden (Staudinger-*Rapp* WEG § 30 Rz. 15).

5. Der Erbbauberechtigte kann das Erbbaurecht auch nach **Abs. 2** in entsprechender Anwendung des § 8 **teilen**. Ein Gesamterbbaurecht über mehrere Grundstücke kann ebenso aufgeteilt werden, weil es eine einheitliche Berechtigung darstellt (Palandt-*Wicke* WEG § 30 Rz. 1).

6. Nach **Abs. 3 Satz 1** muss für jeden Anteil ein besonderes **Wohnungs-** oder **Teilerbbaugrundbuchblatt** angelegt werden. Diese Vorschrift entspricht § 7 Abs. 1 Satz 1. Mit der Anlegung des Wohnungs- oder Teilerbbaugrundbuches entsteht das Wohnungs- oder Teilerbbaurecht (Staudinger-*Rapp* WEG § 30 Rz. 19). Nach **Abs. 3 Satz 2** richtet sich das Rechtsverhältnis der Wohnungserbbauberechtigten untereinander nach den §§ 10 bis 29. Für die Einräumung und die Aufhebung des Wohnungserbbaurechts gilt Satz 2 i. V. m. § 4.

7. **Erlischt** das Erbbaurecht durch Aufhebung oder Zeitablauf (§§ 26 ff. ErbbauRG), fällt automatisch auch das Wohnungserbbaurecht weg (BayObLG MDR 1990, 53). Dem Wohnungserbbauberechtigten steht stattdessen ein Anteil an der Entschädigungsforderung zu (Staudinger-*Rapp* WEG § 30 Rz. 8a). Beim Heimfall (§ 36) bleibt es indes bestehen (Bärmann-*Schneider* § 30 Rz. 155).

Teil 2 Dauerwohnrecht

§ 31 WEG
Begriffsbestimmungen

(1) ¹Ein Grundstück kann in der Weise belastet werden, dass derjenige, zu dessen Gunsten die Belastung erfolgt, berechtigt ist, unter Ausschluss des Eigentümers eine bestimmte Wohnung in einem auf dem Grundstück errichteten oder zu errichtenden Gebäude zu bewohnen oder in anderer Weise zu nutzen (Dauerwohnrecht). ²Das Dauerwohnrecht kann auf einen außerhalb des Gebäudes liegenden Teil des Grundstücks erstreckt werden, sofern die Wohnung wirtschaftlich die Hauptsache bleibt.

(2) Ein Grundstück kann in der Weise belastet werden, dass derjenige, zu dessen Gunsten die Belastung erfolgt, berechtigt ist, unter Ausschluss des Eigentümers nicht zu Wohnzwecken dienende bestimmte Räume in einem auf dem Grundstück errichteten oder zu errichtenden Gebäude zu nutzen (Dauernutzungsrecht).

(3) Für das Dauernutzungsrecht gelten die Vorschriften über das Dauerwohnrecht entsprechend.

Anmerkungen:

1. Das **Dauerwohnrecht** und das **Dauernutzungsrecht** sind beschränkte persönliche Dienstbarkeiten, die auch auf Zeit begründbar sind. Der Berechtigte kann die ihm übertragenen Räumlichkeiten unter Ausschluss des Eigentümers nutzen. In Abgrenzung zum Wohnungseigentum steht es dem Berechtigten allerdings nicht zu, Veränderungen am Gebäude vorzunehmen. Auch fehlt im Gegensatz zur Wohnungseigentümergemeinschaft eine organisierte Gemeinschaft der Berechtigten.

2. Die §§ 31 ff. regeln die dingliche Seite der Rechte. Die **schuldrechtliche Ausgestaltung** bleibt den Vertragsparteien überlassen. Liegen keine hinreichenden Vereinbarungen vor, sind die Regelungen zu den Dienstbarkeiten und zum Nießbrauch heranzuziehen. In Abgrenzung vom Wohnrecht (§ 1093 BGB) ist das Dauerwohnrecht vererbbar und veräußerbar. Ferner darf der Dauerwohnberechtigte die betroffenen Räume auch vermieten oder verpachten oder sie gewerblich nutzen. Das Dauerwohnrecht ist also nicht höchstpersönlich. Es kann auch auf außerhalb des Gebäudes liegende Teile

§ 31 WEG Begriffsbestimmungen

des Grundstücks erstreckt werden (Abs. 1 Satz 2). Dies muss aber von der ausdrücklichen Einigung der Parteien mit umfasst sein.

3. **Streitigkeiten** zwischen dem Grundstückseigentümer und dem Dauerwohnberechtigten werden nach den Vorschriften der ZPO und nicht des WEG ausgetragen.

4. Wird das Dauerwohnrecht **auf Zeit** bestellt, ist es im Ergebnis ein dinglich gesichertes Mietrecht. Hat der Berechtigte einen Baukostenzuschuss geleistet, kann er diesen unter Ausgestaltung eines Dauerwohnrechts wieder abwohnen. Ist das Dauerwohnrecht **auf Dauer** angelegt, kommt es einem Eigentumsrecht nahe. Der Berechtigte dürfte im Rahmen der Vereinbarung dann auch seinen Teil an den Grundstückskosten und -lasten beizutragen haben.

5. Mit einem Dauerwohnrecht **belastet** werden können ein Grundstück, das Wohneigentum, ein Erbbaurecht sowie ein Wohnungs- und Teilerbbaurecht. Diese Rechte sind zumindest grundstücksgleiche Rechte und können Gebäudeteile oder Räume aufweisen, die es ermöglichen, als Gegenstand des Dauerwohnrechts zu dienen. An einem gewöhnlichen Miteigentumsanteil, einem Nießbrauch sowie an einem Sondernutzungsrecht kann es hingegen nicht bestellt werden, da diese nicht abgrenzbare grundstücksgleiche Rechte sind. Ist nichts anderes vereinbart, wird das gesamte Grundstück mit dem Dauerwohnrecht belastet. Es kann sich auch auf mehrere Grundstücke beziehen, wenn die darauf befindlichen Räume eine Einheit bilden (Bärmann-*Schneider* § 31 Rz. 54). Das Dauerwohnrecht kann auch an dem ganzen Grundstück bestellt werden oder an nicht zusammenhängenden Räumen, soweit diese in sich abgeschlossen sind (§ 32 Abs. 1). Es kann sowohl zugunsten von natürlichen als auch von juristischen Personen bestellt werden. Eine Personenmehrheit ist möglich.

6. Ein **Gebäude** im Sinne der Vorschrift ist jedes Bauwerk, das Räume enthält, die einer Nutzung gemäß § 31 zugänglich gemacht werden können. Das Dauerwohnrecht kann an allen Räumen eines Gebäudes, aber auch nur an einem Raum bestellt werden und auch auf die Nutzung von Teilen des Grundstückes außerhalb des Gebäudes erstreckt werden (Staudinger-*Schlegelberger* WEG § 31 Rz. 31). Dies ist auch an einem noch zu errichtenden Gebäude möglich. In einem solchen Fall müssen aber die mit dem Dauerwohnrecht zu belasten-

den Räume bereits feststehen. **Ausschluss des Eigentümers** im Sinne von § 31 bedeutet, dass der Eigentümer die dem Dauerwohnberechtigten übertragenen Räumlichkeiten selbst nicht mehr gebrauchen darf, solange das Dauerwohnrecht besteht. Es handelt sich insoweit um die dingliche Preisgabe eines Teilrechts auf Zeit oder Dauer; schuldrechtliche Vereinbarungen über eine Mitbenutzung der vom Dauerwohnrecht erfassten Räume durch den Eigentümer sind unschädlich (Staudinger-*Schlegelberger* WEG § 31 Rz. 34).

Der notwendige und fakultative **Inhalt** des Dauerwohnrechts ist in **Abs. 1 und 2** und in den §§ 33, 35, 36 und § 40 Abs. 2 beschrieben. Nach Abs. 1 und 2 darf der Berechtigte in bestimmten Räumen in einem errichteten oder noch zu errichtenden Gebäude auf dem belasteten Grundstück unter Ausschluss des Eigentümers wohnen bzw. diese nutzen. Ihm steht das Recht zur Fruchtziehung zu, insbesondere das Recht, die Rechtsfrüchte zu ziehen, also zu vermieten und zu verpachten. Allerdings kann das Recht zur Vermietung und Verpachtung im Hinblick auf § 33 Abs. 4 Nr. 1 eingeschränkt oder ausgeschlossen werden (Staudinger-*Schlegelberger* WEG § 31 Rz. 29). 7.

Das Dauerwohnrecht **endet** durch Zeitablauf, Aufgabe des Berechtigten nach § 875 BGB, Verjährung des dinglichen Rechtsanspruchs (§ 901 BGB), Enteignung des Dauerwohnberechtigten und des Grundstückseigentümers, Erlöschen des Erbbaurechts im Fall des § 42, Zerstörung des Gebäudes, wenn die Wiederherstellungsverpflichtung ausgeschlossen ist und durch Zuschlag in der Zwangsversteigerung des Grundstücks, soweit es nicht nach § 39 bestehen bleibt oder nach § 91 Abs. 2 ZVG vereinbart ist, dass das Dauerwohnrecht in das geringste Gebot fällt. Eine **Kündigung** des Dauerwohnrechts ist nicht möglich, da es sich um ein dingliches Recht handelt (OLG Frankfurt NZM 2000, 877). 8.

§ 32 WEG
Voraussetzungen der Eintragung

(1) Das Dauerwohnrecht soll nur bestellt werden, wenn die Wohnung in sich abgeschlossen ist.

(2) ¹Zur näheren Bezeichnung des Gegenstands und des Inhalts des Dauerwohnrechts kann auf die Eintragungsbewilligung Bezug genommen werden. ²Der Eintragungsbewilligung sind als Anlagen beizufügen:

1. eine von der Baubehörde mit Unterschrift und Siegel oder Stempel versehene Bauzeichnung, aus der die Aufteilung des Gebäudes sowie die Lage und Größe der dem Dauerwohnrecht unterliegenden Gebäude- und Grundstücksteile ersichtlich ist (Aufteilungsplan); alle zu demselben Dauerwohnrecht gehörenden Einzelräume sind mit der jeweils gleichen Nummer zu kennzeichnen;

2. eine Bescheinigung der Baubehörde, dass die Voraussetzungen des Absatzes 1 vorliegen.

³Wenn in der Eintragungsbewilligung für die einzelnen Dauerwohnrechte Nummern angegeben werden, sollen sie mit denen des Aufteilungsplans übereinstimmen.

(3) Das Grundbuchamt soll die Eintragung des Dauerwohnrechts ablehnen, wenn über die in § 33 Abs. 4 Nr. 1 bis 4 bezeichneten Angelegenheiten, über die Voraussetzungen des Heimfallanspruchs (§ 36 Abs. 1) und über die Entschädigung beim Heimfall (§ 36 Abs. 4) keine Vereinbarungen getroffen sind.

Anmerkungen:

1. Die Vorschrift bestimmt die grundbuchrechtlichen Anforderungen an die **Eintragung** eines Dauerwohn- oder Dauernutzungsrechts. Das dazugehörige schuldrechtliche Verpflichtungsgeschäft bedarf keiner Form (BGH NJW 1958, 1289). § 311b Abs. 1 BGB (notarielle Beurkundung) ist nicht anwendbar. Auch die Einigung zwischen dem Grundstückseigentümer und dem Dauerwohnberechtigten ist formlos wirksam, da eine dem § 925 BGB entsprechende Vorschrift nicht existiert.

2. Nach **Abs. 1** soll die Wohnung aufgrund der sachenrechtlichen Ausgestaltung des Dauerwohnrechts **abgeschlossen** sein, damit das Recht klar und dauerhaft gegenüber anderen Rechten abgrenzbar ist. Da die Vorschrift nur als Soll-Vorschrift ausgestaltet ist, kann die Wirksamkeit des Dauerwohnrechts nicht aufgrund einer fehlenden Abgeschlossenheit der Wohnung angezweifelt werden. Nach Nr. 5 lit. a) der *Allgemeinen Verwaltungsvorschrift für die Ausstellung von Bescheinigungen gemäß § 7 Abs. 4 Nr. 2 und § 32 Abs. 2 Nr. 2 des Wohnungseigentumsgesetzes (Abgeschlossenheitsbescheinigung) – AVA –* sind abgeschlossene Wohnungen solche Wohnungen, die baulich vollkommen von fremden Wohnungen und Räu-

§ 32 WEG Voraussetzungen der Eintragung

men abgeschlossen sind, z. B. durch Wände und Decken, die den Anforderungen der Bauaufsichtsbehörden (Baupolizei) an Wohnungstrennwände und Wohnungstrenndecken entsprechen und einen eigenen abschließbaren Zugang unmittelbar vom Freien, von einem Treppenhaus oder einem Vorraum haben. Zu abgeschlossenen Wohnungen können zusätzliche Räume außerhalb des Wohnungsabschlusses gehören. Wasserversorgung, Ausguss und WC müssen innerhalb der Wohnung liegen. Nach Nr. 5 lit. b) gelten diese Erfordernisse bei „nicht zu Wohnzwecken dienenden Räumen" sinngemäß. Befinden sich auf dem Grundstück mehrere Gebäude, ist ein Aufteilungsplan nur für die Gebäude- und Grundstücksteile erforderlich, die dem Dauerwohnrecht unterliegen sollen (BayObLG NJW-RR 1997, 1233 f.).

Nach **Abs. 2** sind grundbuchrechtliche Vorschriften zu beachten. Zunächst muss ein Eintragungsantrag (§ 13 GBO) sowie die Eintragungsbewilligung des Betroffenen (§ 19 GBO) in der Form des § 29 GBO (Beurkundung oder Beglaubigung durch Gericht oder Notar) vorliegen. Ferner muss eine Voreintragung des Eigentümers (§ 39 GBO) bestehen. Das Recht ist als Dauerwohnrecht (§ 31 Abs. 1 Satz 1) oder Dauernutzungsrecht (§ 31 Abs. 2) zu bezeichnen und im Grundbuch einzutragen. Rechtliche Unterschiede bestehen aber zwischen beiden Rechten nicht. Eine gemischte Nutzung ist daher zulässig. **3.**

Nach **Abs. 2 Satz 1** kann zur näheren Bezeichnung des Gegenstands und des Inhalts des Dauerwohnrechts auf die Eintragungsbewilligung Bezug genommen werden. Das hat zur Folge, dass die in Bezug genommenen Urkunden ebenfalls zum Grundbuchinhalt werden und am guten Glauben teilnehmen. Nach **Abs. 2 Satz 2 Nr. 1** sind ein **Aufteilungsplan** (vgl. § 7 Anm. 13) und nach **Abs. 2 Satz 2 Nr. 2** eine **Abgeschlossenheitsbescheinigung** (vgl. § 7 Anm. 16) dem Antrag beizufügen. Für das Dauerwohnrecht an einer Wohnung muss der Aufteilungsplan zumindest die Lage und Größe der zum Dauerwohnrecht gehörenden Gebäude- und Grundstücksteile im betreffenden Stockwerk enthalten. Nur wenn sich das Dauerwohnrecht auf Grundstücks- oder Gebäudeteile außerhalb der Wohnung erstreckt, sind diese ebenfalls anzugeben. Für eine bloße Mitbenutzung, z. B. des Gartens, ist dies nicht erforderlich. **4.**

5. Nach **Abs. 3** sollen die Vereinbarungen über den Inhalt des Dauerwohnrechts (§ 33 Abs. 4) und über das Heimfallrecht (§ 36 Abs. 1 und 4) mit in die Eintragungsbewilligung aufgenommen werden. Sind in den genannten Fällen keine Vereinbarungen getroffen worden, soll das Grundbuchamt eine Eintragung ablehnen. Wird sie dennoch vorgenommen, bleibt diese aufgrund des Soll-Charakters der Vorschrift wirksam. Das Grundbuchamt hat kein auf die dort genannten Angelegenheiten erweitertes materielles Prüfungsrecht (Bärmann-*Schneider* § 32 Rz. 17 m. w. N.; a. A. OLG Düsseldorf DNotZ 1978, 354).

§ 33 WEG
Inhalt des Dauerwohnrechts

(1) ¹Das Dauerwohnrecht ist veräußerlich und vererblich. ²Es kann nicht unter einer Bedingung bestellt werden.

(2) Auf das Dauerwohnrecht sind, soweit nicht etwas anderes vereinbart ist, die Vorschriften des § 14 entsprechend anzuwenden.

(3) Der Berechtigte kann die zum gemeinschaftlichen Gebrauch bestimmten Teile, Anlagen und Einrichtungen des Gebäudes und Grundstücks mitbenutzen, soweit nichts anderes vereinbart ist.

(4) Als Inhalt des Dauerwohnrechts können Vereinbarungen getroffen werden über:

1. Art und Umfang der Nutzungen;

2. Instandhaltung und Instandsetzung der dem Dauerwohnrecht unterliegenden Gebäudeteile;

3. die Pflicht des Berechtigten zur Tragung öffentlicher oder privatrechtlicher Lasten des Grundstücks;

4. die Versicherung des Gebäudes und seinen Wiederaufbau im Falle der Zerstörung;

5. das Recht des Eigentümers, bei Vorliegen bestimmter Voraussetzungen Sicherheitsleistung zu verlangen.

Anmerkungen:

1. § 33 liefert eine Ergänzung und Erweiterung des § 31 hinsichtlich des gesetzlichen Inhalts (Abs. 1) sowie eine abschließende Beschrei-

§ 33 WEG Inhalt des Dauerwohnrechts

bung des mit dinglicher Wirkung zu vereinbarenden Inhalts (Abs. 4). In Abs. 2 und 3 werden die Pflichten des Dauerwohnrechtsinhabers sowie sein Mitbenutzungsrecht an den zum gemeinschaftlichen Gebrauch bestimmten Anlagen, Teilen und Einrichtungen klargestellt.

Nach **Abs. 1 Satz 1** ist das Dauerwohnrecht veräußerlich und vererblich. Diese Eigenschaften sind nicht abdingbar. Die **Veräußerung** des Dauerwohnrechts erfolgt gemäß § 873 BGB durch Einigung und Eintragung in das Grundbuch. Nach § 38 Abs. 1 tritt der neue Inhaber des Rechts mit allen Rechten und Pflichten gegenüber dem Grundstückseigentümer in das Rechtsverhältnis mit diesem ein. Der Eintritt in ein bestehendes Mietverhältnis richtet sich nach § 37. Im Sinne des § 35 können aber **Veräußerungsbeschränkungen** vereinbart werden, z. B. das Zustimmungserfordernis des Eigentümers. Die **Zwangsvollstreckung** in das Dauerwohnrecht ist nach § 857 ZPO möglich. In diesem Fall ist der Grundstückseigentümer der Drittschuldner. Das Dauerwohnrecht ist auch **vererbbar**, selbst wenn es nur auf Lebzeiten bestellt worden ist (siehe Satz 1). Will der Eigentümer eine Vererbbarkeit vermeiden, kann er dies nur durch einen Heimfallanspruch nach § 36 mit dem Dauerwohnberechtigten vereinbaren. 2.

Nach **Abs. 1 Satz 2** kann das Dauerwohnrecht **nicht** unter einer **Bedingung** bestellt werden. Eine solche wäre nichtig und nicht eintragungsfähig. Dies gilt allerdings nur für die **Bestellung**. Eine bedingte Übertragung oder Belastung ist hingegen möglich (OLG Celle MDR 2014, 520, 521), eine Befristung nicht, wie es sich bereits aus § 41 Abs. 1 ergibt. Die Aufhebung des Dauerwohnrechts kann von einer Bedingung abhängig gemacht werden (Staudinger-*Spiegelberger* WEG § 33 Rz. 17). 3.

Gemäß **Abs. 2** bestimmen sich die **Pflichten** aus dem Dauerwohnrecht nach § 14. Abweichende Vereinbarungen sind hierzu aber möglich. Nach § 14 Abs. 1 ist der Dauerwohnberechtigte verpflichtet, die sich aus dem WEG ergebenden Bestimmungen sowie die Vereinbarungen und Beschlüsse der Wohnungseigentümergemeinschaft einzuhalten und der Gemeinschaft bestimmte Betretensrechte einzuräumen. Nach § 14 Abs. 2 ist er zudem den anderen Wohnungseigentümern gegenüber verpflichtet, deren Sondereigentum nicht übermäßig zu beeinträchtigen. 4.

§ 33 WEG Inhalt des Dauerwohnrechts

5. Der Berechtigte kann nach **Abs. 3** die zum gemeinschaftlichen Gebrauch bestimmten Teile, Anlagen und Einrichtungen des Gebäudes und Grundstücks **mitbenutzen**, soweit nichts anderes vereinbart ist. Hierunter können eine Sammelheizung, das Treppenhaus, ein Fahrstuhl oder Strom- und Wasserleitungen fallen. Die Parteien können aber auch davon abweichende Vereinbarungen treffen. Ist nichts anderes vereinbart, sind hierbei die Grundsätze über den Mitbesitz nach § 866 BGB und die gebotene Rücksichtnahme im nachbarschaftlichen Gemeinschaftsverhältnis (§ 242 BGB) zu berücksichtigen.

6. Aus dem Mitbenutzungsrecht nach Abs. 3 folgt der Anspruch eines jeden Mitberechtigten gegen den Eigentümer, dass dieser seiner Verpflichtung zur **Instandhaltung** und **Instandsetzung** nachkommt, wenn keine Vereinbarung hierüber getroffen ist (Staudinger-*Spiegelberger* WEG § 33 Rz. 44). Auf Modernisierungsmaßnahmen besteht indes kein Anspruch (*Spiegelberger* a. a. O.).

7. Das Dauerwohnrecht kann weitgehend durch Parteivereinbarung ausgestaltet werden, da gesetzliche Bestimmungen nur im geringen Maße vorhanden sind. Solche Vereinbarungen (vgl. § 32 Abs. 3) erlangen aber nur dann eine **dingliche** Wirkung, wenn das Gesetz sie zulässt, sie in die Eintragungsbewilligung mit aufgenommen worden sind und das Grundbuch darauf Bezug nimmt. Alle anderen Vereinbarungen haben lediglich eine schuldrechtliche Wirkung zwischen den Vertragsparteien.

8. § 32 Abs. 3 bestimmt, welche nach **Abs. 4** möglichen Vereinbarungen **zwingend** zu treffen sind. Die Aufzählung möchte jedem Interessenten eine zuverlässige Auskunft im Grundbuch darüber verschaffen, welchen Inhalt und welche Tragweite das Dauerwohnrecht hat. Nach **Nr. 1** muss eine Vereinbarung über Art und Umfang der **Nutzungen** getroffen werden. So kann z. B. vereinbart werden, ob die Räume gewerblich oder zum Wohnen genutzt werden sollen. Der Ausschluss von Vermietung oder Verpachtung kann bestimmt werden. Nach **Nr. 2** sind Regelungen über die **Instandhaltung** und **Instandsetzung** zu treffen. Es kann frei vereinbart werden, wer in welchem Umfang die entsprechenden Pflichten zu erfüllen hat. Es sollte auch eine Regelung hinsichtlich der zum gemeinschaftlichen Gebrauch bestimmten Einrichtungen getroffen werden, da der

Dauerwohnberechtigte diese ebenfalls mitbenutzen darf (§ 33 Abs. 2). Auch eine **Schiedsgutachterklausel** kann mit dinglicher Wirkung im Rahmen von Nr. 2 vereinbart werden (Bärmann-*Schneider* § 33 Rz. 137). Nach **Nr. 3** müssen sich die Parteien über das Tragen von privaten oder öffentlichen **Lasten** einigen. Zwar haftet der Grundstückseigentümer für öffentliche Lasten; er kann diese aber im Innenverhältnis als Schuldübernahme dem Dauerwohnberechtigen auferlegen. Nach **Nr. 4** müssen die Parteien eine Regelung über die **Versicherung** des Gebäudes und den Wiederaufbau im Falle der Zerstörung treffen. Besteht keine Regelung, ist der Eigentümer nicht zum **Wiederaufbau** verpflichtet. Auch Versicherungen anderer Art, wie gegen Wasserleitungs- und Elementarschäden, sollen geregelt werden. Hinsichtlich des Heimfalls (§ 36 Abs. 1) und dessen Entschädigungsverpflichtung (§ 36 Abs. 4) sind Vereinbarungen zu treffen, wenn ein solches Recht begründet werden soll. Eine Pflicht, insoweit eine Regelung zu treffen, besteht indes nicht.

Weitere Vereinbarungen **können** mit dinglicher Wirkung getroffen werden. Nach **Nr. 5** kann eine bestimmte **Sicherheitsleistung** verlangt werden. Wird keine Vereinbarung darüber getroffen, kann der Eigentümer bei Vorliegen der Voraussetzungen des § 1051 BGB noch nachträglich eine Sicherheitsleistung verlangen. Ferner sind möglich: Veräußerungsbeschränkungen nach § 35; das Bestehenbleiben des Dauerwohnrechts in der Zwangsversteigerung (§ 39); Verfügungen über den Anspruch auf das Entgelt nach § 40 Abs. 2; Abweichungen von § 33 Abs. 2 und 3 sowie von § 41 Abs. 2. 9.

§ 34 WEG
Ansprüche des Eigentümers und der Dauerwohnberechtigten

(1) Auf die Ersatzansprüche des Eigentümers wegen Veränderungen oder Verschlechterungen sowie auf die Ansprüche der Dauerwohnberechtigten auf Ersatz von Verwendungen oder auf Gestattung der Wegnahme einer Einrichtung sind die §§ 1049, 1057 des Bürgerlichen Gesetzbuchs entsprechend anzuwenden.

(2) Wird das Dauerwohnrecht beeinträchtigt, so sind auf die Ansprüche des Berechtigten die für die Ansprüche aus dem Eigentum geltenden Vorschriften entsprechend anzuwenden.

§ 34 WEG Ansprüche des Eigentümers und der Dauerwohnberechtigten

Anmerkungen:

1. Der gesetzliche Inhalt des Dauerwohnrechts wird durch den Verweis auf die Vorschriften zum **Nießbrauch** ergänzt. Im Zweifel kann daher auf die dort getroffenen Regelungen zurückgegriffen werden.

2. **Ersatzansprüche** des **Eigentümers** im Sinne des **Abs. 1** können sich aus den allgemeinen Vorschriften der §§ 280 ff. BGB oder aus dem eigentumsrechtlichen Anspruch des § 985 BGB ergeben. Ein vertraglicher Anspruch ist ebenso möglich. Über § 1050 BGB gilt der Grundsatz, dass der Dauerwohnberechtigte diejenigen Veränderungen oder Verschlechterungen nicht zu ersetzen braucht, die er nicht zu vertreten hat oder die auf einer ordnungsgemäßen Ausübung seiner Rechte beruhen. Daher muss er die ihm überlassenen Grundstücksteile grundsätzlich in dem Zustand zurückgeben, wie er sie erhalten hat. Ein normaler Verschleiß ist von Gesetzes wegen nicht auszugleichen. Der Dauerwohnberechtigte muss aber seinen Instandsetzungs- und Instandhaltungspflichten nachkommen (so § 33 Abs. 4 Nr. 2). Verschlechterungen, die sich aufgrund einer diesbezüglichen Pflichtverletzung ergeben, hat der Dauerwohnberechtigte verschuldensabhängig nach § 280 Abs. 1 BGB zu ersetzen.

3. Der **Dauerwohnberechtigte** ist im Sinne des Abs. 1 nach §§ 1049 Abs. 2, 258 BGB berechtigt, eine Einrichtung, die er in die dem Wohnrecht unterliegenden Räumlichkeiten eingebracht hat, wieder **wegzunehmen**. Dieses Recht steht ihm auch zu, wenn die Einrichtung ein wesentlicher Bestandteil des Gebäudes geworden ist (§ 951 Abs. 2 Satz 1 BGB). Die Beteiligten können aber auch vereinbaren, dass der Dauerwohnberechtigte stattdessen nach Beendigung seines Dauerwohnrechts im Sinne des § 41 Abs. 3 eine angemessene Entschädigung erhält.

4. Macht der Dauerwohnberechtigte im Rahmen seines Rechts **Verwendungen**, zu denen er nicht verpflichtet ist, kann er über den Verweis auf § 1049 BGB vom Eigentümer **Ersatz** nach den Vorschriften über die Geschäftsführung ohne Auftrag verlangen. Liegt eine berechtigte Geschäftsführung ohne Auftrag vor, besteht ein Ersatzanspruch nach §§ 683, 679, 684 Satz 2 BGB. Im Falle einer unberechtigten Geschäftsführung ohne Auftrag kann der Dauerwohnberechtigte zumindest einen Anspruch auf Herausgabe des Erlangten

nach den Vorschriften der ungerechtfertigten Bereicherung (§ 684 Satz 1 BGB) geltend machen. Ein sich hieraus ergebender Anspruch kann bereits vor Beendigung des Dauerwohnrechts geltend gemacht werden.

5. Nach §§ 1057, 548 BGB **verjähren** die Ansprüche nach **sechs** Monaten, um eine alsbaldige Klärung der Verhältnisse herbeizuführen. Hierunter fallen sowohl schuldrechtliche als auch deliktische Ansprüche (Palandt-*Wicke* WEG § 34 Rz. 1). Die Verjährungsfrist der Ansprüche des Dauerwohnberechtigten beginnt nach §§ 1057 Satz 2, 548 Abs. 2 BGB mit der Beendigung des Dauerwohnrechts zu laufen. Hinsichtlich des Eigentümers beginnt die Frist nach §§ 1057 Satz 2, 548 Abs. 1 Satz 2 BGB, wenn er die dem Dauerwohnrecht unterliegenden Räume zurückerhält. Nach § 902 BGB verjährt der Anspruch auf Rückgabe nicht.

6. Nach **Abs. 2** kann der Dauerwohnberechtigte **Abwehransprüche** gegenüber einem Dritten wie ein Eigentümer geltend machen. Hauptanwendungsfall dürften hier der Unterlassungsanspruch nach § 1004 BGB und der Herausgabeanspruch nach § 985 BGB sein. Eine Besitzschutzklage nach §§ 861, 1007 BGB ist ebenfalls möglich. Auch hier gilt die kurze Verjährungsfrist von sechs Monaten (Staudinger-*Spiegelberger* WEG § 34 Rz. 8).

§ 35 WEG
Veräußerungsbeschränkung

¹Als Inhalt des Dauerwohnrechts kann vereinbart werden, dass der Berechtigte zur Veräußerung des Dauerwohnrechts der Zustimmung des Eigentümers oder eines Dritten bedarf. ²Die Vorschriften des § 12 gelten in diesem Fall entsprechend.

Anmerkungen:

1. In Abweichung zu § 137 BGB kann die Veräußerung des Dauerwohnrechts entsprechend § 12 von der **Zustimmung** des Eigentümers oder eines Dritten abhängig gemacht werden (**Satz 1**). Der Eigentümer kann sich daher gegen eine freie Veräußerbarkeit des Dauerwohnrechts schützen. Eine Zustimmung darf aber nach § 12 nur aus wichtigem Grund verweigert werden, sofern die Veräuße-

rung den Eigentümer konkret und unmittelbar gefährdet (Staudinger-*Spiegelberger* WEG § 35 Rz. 5).

2. Es kann vereinbart werden, dass der Dauerwohnberechtigte vor einer Veräußerung die **Genehmigung** des Grundstückseigentümers oder eines Dritten einzuholen hat. Eine Vereinbarung, dass das Dauerwohnrecht gar nicht veräußert werden darf, ist wegen § 33 Abs. 1 Satz 1 nicht möglich. Eine Vererbbarkeit oder Belastbarkeit des Rechts wird damit aber nicht eingeschränkt. Für die Ausgestaltung einer solchen Veräußerungsbeschränkung (**Satz 2**) siehe § 12 Anm. 2.

3. Die **dingliche Wirkung** einer Veräußerungsbeschränkung tritt erst mit der Eintragung ins Grundbuch ein. Sie muss im Eintragungsvermerk ausdrücklich erwähnt werden (a. A. Bärmann-*Schneider* § 35 Rz. 4), damit der Rechtsverkehr auch ohne die Grundbuchakten auf die Verfügungsbeschränkung hingewiesen wird. Die dingliche Wirkung hat zur Folge, dass jede ohne Zustimmung getroffene Verfügung solange schwebend unwirksam und widerruflich ist, bis die Zustimmung gegenüber dem Grundbuchamt in der Form des § 29 GBO (Beurkundung oder Beglaubigung durch Gericht oder Notar) nachgewiesen wurde.

§ 36 WEG
Heimfallanspruch

(1) ¹Als Inhalt des Dauerwohnrechts kann vereinbart werden, dass der Berechtigte verpflichtet ist, das Dauerwohnrecht beim Eintritt bestimmter Voraussetzungen auf den Grundstückseigentümer oder einen von diesem zu bezeichnenden Dritten zu übertragen (Heimfallanspruch). ²Der Heimfallanspruch kann nicht von dem Eigentum an dem Grundstück getrennt werden.

(2) Bezieht sich das Dauerwohnrecht auf Räume, die dem Mieterschutz unterliegen, so kann der Eigentümer von dem Heimfallanspruch nur Gebrauch machen, wenn ein Grund vorliegt, aus dem ein Vermieter die Aufhebung des Mietverhältnisses verlangen oder kündigen kann.

(3) Der Heimfallanspruch verjährt in sechs Monaten von dem Zeitpunkt an, in dem der Eigentümer von dem Eintritt der Voraussetzungen Kenntnis erlangt, ohne Rücksicht auf diese Kenntnis in zwei Jahren von dem Eintritt der Voraussetzungen an.

(4) ¹Als Inhalt des Dauerwohnrechts kann vereinbart werden, dass der Eigentümer dem Berechtigten eine Entschädigung zu gewähren hat, wenn er von dem Heimfallanspruch Gebrauch macht. ²Als Inhalt des Dauerwohnrechts können Vereinbarungen über die Berechnung oder Höhe der Entschädigung oder die Art ihrer Zahlung getroffen werden.

Anmerkungen:

1. Der Dauerwohnberechtigte kann mit dem Grundstückseigentümer vereinbaren, dass unter bestimmten Voraussetzungen das Dauerwohnrecht an diesen oder einen von ihm bestimmten Dritten zurückfällt (**Heimfallanspruch**).

2. Der Heimfallanspruch wird in **Abs. 1 Satz 1** legaldefiniert. Liegen die vereinbarten Voraussetzungen vor, geht das Dauerwohnrecht aber nicht automatisch auf den Grundstückseigentümer über. Weigert sich der Dauerwohnberechtigte, sein Wohnrecht aufzugeben, muss der Eigentümer daher notfalls seinen Anspruch **einklagen**. Mit der Eintragung, die durch die Bezugnahme auf die Eintragungsbewilligung ersetzt werden kann (§ 874 BGB), wird der Heimfallanspruch **wesentlicher Bestandteil** des Grundstückseigentums (§ 96 BGB). Daher kann über ihn nach **Abs. 1 Satz 2** nicht selbständig verfügt und dieser nicht abgetreten oder verpfändet werden. Bei der Übertragung des Eigentums an dem Grundstück geht der Heimfallanspruch mit über.

3. Ein Heimfallanspruch muss bei Begründung eines Dauerwohnrechts nicht vereinbart werden. Das Grundbuchamt hat daher nach § 33 Abs. 4 lediglich bei dessen Vereinbarung zu prüfen, ob zu den in § 33 Abs. 4 Nr. 1 bis 4 bezeichneten Angelegenheiten über die Voraussetzungen des Heimfallanspruchs (Abs. 1) und über die Entschädigung beim Heimfall (Abs. 4) Vereinbarungen getroffen sind. Nicht erforderlich ist hingegen eine Vereinbarung darüber, ob überhaupt ein Heimfallanspruch begründet werden soll.

4. Die **Voraussetzungen**, unter denen der Heimfallanspruch entstehen soll, sind frei vereinbar. Sie müssen lediglich hinreichend bestimmt sein. Eine Bedingung kann z. B. der Tod eines der Beteiligten sein oder eine bestimmte Vertragsverletzung des Dauerwohnberechtigten, wie die Verletzung der Instandhaltungspflicht oder der Verpflichtung zur Lastentragung. Auf ein Verschulden muss nicht abge-

§ 36 WEG Heimfallanspruch

stellt werden (Staudinger-*Spiegelberger* WEG § 36 Rz. 5). Nicht vereinbar ist indes das jederzeitige Verlangen des Eigentümers zur Rückgabe (Palandt-*Wicke* WEG § 36 Rz. 2). Auch die sonstigen Grenzen der Lauterkeit (§§ 134, 138 BGB) sind einzuhalten. Ferner muss § 35 beachtet werden. Ein Heimfallanspruch im Falle der Veräußerung des Dauerwohnrechts kann nur dann vereinbart werden, wenn ein wichtiger Grund zur Verweigerung der Zustimmung nach den §§ 35, 12 vorliegt. Solange der Heimfallanspruch noch nicht im Grundbuch eingetragen ist, besteht für den Grundstücksinhaber nur ein schuldrechtlicher Anspruch gegen den Dauerwohnberechtigten.

5. Der Heimfallanspruch kann **formfrei** geltend gemacht werden. Wird der Heimfallanspruch **erfüllt**, erwirbt der Eigentümer ein „Eigentümer-Dauerwohnrecht" (Palandt-*Wicke* WEG § 36 Rz. 2). Der Eigentümer verfügt damit über ein Recht in eigener Sache (§ 899 BGB). Verlangt der Eigentümer eine Übertragung an einen Dritten, wird dieser mit der Eintragung im Grundbuch der Rechtsnachfolger des ursprünglich Berechtigten. Im Falle einer Verweigerung der Übertragung gelten für die gerichtliche Geltendmachung die allgemeinen Bestimmungen der ZPO, nicht die speziellen Verfahrensvorschriften des WEG.

6. Der Dauerwohnberechtigte soll nicht schlechter gestellt werden als ein Mieter. Daher bestimmt **Abs. 2**, dass der Eigentümer seinen Heimfallanspruch nur geltend machen darf, wenn ein Grund vorliegt, nach dem ein Vermieter die Aufhebung des Mietverhältnisses verlangen oder dieses kündigen können, soweit die Räume dem **Mieterschutz** unterfallen (§ 573 ff. BGB). Anderenfalls bestünde die Gefahr der Umgehung von mietrechtlichen Vorschriften durch die Bestellung von Dauerwohnverhältnissen. Von daher sind die Regelungen zur Kündigung eines Mietverhältnisses (§§ 568 ff. BGB) entsprechend anwendbar (Palandt-*Wicke* WEG § 36 Rz. 2). So ist gegebenenfalls ein berechtigtes Interesse zur Kündigung (§ 574 BGB) erforderlich. Die mietrechtlichen Vorschriften sind allerdings nicht generell anwendbar, sondern nur, wenn ein Heimfallrecht vereinbart wurde. Von ihnen kann allenfalls zugunsten des Dauerwohnberechtigten abgewichen werden.

7. Ein **außerordentlicher** Heimfallanspruch ohne vertragliche Grundlage ist gesetzlich nicht vorgesehen. Dieser liegt daher nur unter ganz engen Voraussetzungen vor, wie bei der Unzumutbarkeit lang-

fristiger Bindungen oder wenn selbst das Wohnungseigentum entzogen werden könnte (Staudinger-*Spiegelberger* WEG § 36 Rz. 12).

Abs. 3 regelt die **Verjährung**. Hat der Eigentümer Kenntnis vom Eintritt der Voraussetzungen des Heimfallanspruchs, verjährt dieser in **sechs Monaten**; eine Erkennbarkeit genügt nicht. Unabhängig von einer Kenntnis beträgt die Frist **zwei Jahre** vom Eintritt der Voraussetzungen an. Dies ist eine Ausnahme von § 902 Abs. 1 Satz 1 BGB, wonach Ansprüche aus eingetragenen Rechten nicht der Verjährung unterliegen. Eine Verkürzung der Verjährungsfrist ist möglich. 8.

Nach **Abs. 4** kann ein **Entschädigungsanspruch** für den Fall vereinbart werden, dass der Grundstückseigentümer von seinem Heimfallanspruch Gebrauch macht. In diesem Rahmen ist eine Vereinbarung über die Höhe, die Berechnung und die Zahlungsart der Entschädigung möglich. Ist ein langfristiges Dauerwohnrecht vereinbart worden, muss der Eigentümer von Gesetzes wegen sogar eine Entschädigung zahlen (§ 41 Abs. 3). Wird ein Heimfallanspruch vereinbart, müssen die Vertragsparteien sich zwingend auch über die Frage der Entschädigung einigen (§ 32 Abs. 3), damit dieser Anspruch überhaupt eingetragen werden darf. Hierbei ist es auch möglich, eine Vereinbarung zu treffen, nach der keine Entschädigung gezahlt werden soll. Fehlt eine Vereinbarung über die Höhe, ist eine **angemessene** Entschädigung zu zahlen (Palandt-*Wicke* WEG § 36 Rz. 3). 9.

§ 37 WEG
Vermietung

(1) Hat der Dauerwohnberechtigte die dem Dauerwohnrecht unterliegenden Gebäude- oder Grundstücksteile vermietet oder verpachtet, so erlischt das Miet- oder Pachtverhältnis, wenn das Dauerwohnrecht erlischt.

(2) Macht der Eigentümer von seinem Heimfallanspruch Gebrauch, so tritt er oder derjenige, auf den das Dauerwohnrecht zu übertragen ist, in das Miet- oder Pachtverhältnis ein; die Vorschriften der §§ 566 bis 566e des Bürgerlichen Gesetzbuchs gelten entsprechend.

(3) ¹Absatz 2 gilt entsprechend, wenn das Dauerwohnrecht veräußert wird. ²Wird das Dauerwohnrecht im Wege der Zwangsvollstreckung veräußert, so steht dem Erwerber ein Kündigungsrecht in entsprechender Anwendung des § 57a des Gesetzes über die Zwangsversteigerung und die Zwangsverwaltung zu.

§ 37 WEG Vermietung

Anmerkungen:

1. Die Vorschrift bestimmt den Umgang mit Miet- oder Pachtverhältnissen, die von einem Dauerwohnberechtigten als Vermieter geschlossen worden sind, bei einem Wegfall (Abs. 1), Heimfall (Abs. 2) oder bei der Veräußerung bzw. Zwangsversteigerung (Abs. 3) des Dauerwohnrechts. § 37 gilt nicht, wenn die Räume bereits bei Begründung des Dauerwohnverhältnisses vermietet oder verpachtet gewesen sind.

2. Ein vom Dauerwohnberechtigten begründetes Miet- oder Pachtverhältnis **erlischt** nach **Abs. 1**, wenn das Dauerwohnverhältnis erlischt, da es dann seine Rechtsgrundlage verloren hat. Der Grund des Erlöschens ist unbeachtlich (Palandt-*Wicke* WEG § 37 Rz. 2). Dem Eigentümer steht sodann ein **Herausgabeanspruch** nach § 985 BGB zu. Der Dauerwohnberechtigte kann gegenüber dem Mieter in einem solchen Fall nach den Grundsätzen der Rechtsmängelhaftung (§ 536 Abs. 3 BGB) haften. Wirken Eigentümer und Dauerwohnberechtigter kollusiv zusammen, kann dem Mieter sogar ein Anspruch nach § 826 BGB zustehen. Eine Beendigung des Mietverhältnisses tritt indes nicht ein, wenn der Eigentümer den Mietvertrag geschlossen und sodann das Dauerwohnverhältnis begründet hat. In einem solchen Fall tritt der Dauerwohnberechtigte nach §§ 567, 581 Abs. 2 BGB in das Vertragsverhältnis ein.

3. Wird der **Heimfallanspruch** (§ 36) geltend gemacht (**Abs. 2**), tritt der Eigentümer oder ein von ihm bestimmter Dritter in das Miet- oder Pachtverhältnis ein. Da der Eigentümer nunmehr über ein Eigentümerdauerwohnrecht verfügt, kann er das Mietverhältnis nach Abs. 1 zum Erlöschen bringen, indem er das Dauerwohnrecht aufhebt. Daraus würden aber nach § 536 Abs. 3 BGB Schadensersatzansprüche des Mieters oder Pächters erwachsen.

4. Wird das Dauerwohnrecht **veräußert**, tritt der Erwerber nach **Abs. 3 Satz 1** in die Rechte und Pflichten des bislang Dauerwohnberechtigten aus dem Miet- oder Pachtverhältnisses ein. Hierzu müssen die Miet- oder Pachträume bereits überlassen gewesen sein (§ 37 Abs. 2 i. V. m. § 566 Abs. 1 BGB). Selbst im Fall der **Zwangsversteigerung** tritt der Erwerber nach **Abs. 3 Satz 2** in die Rechte und Pflichten aus dem Miet- oder Pachtverhältnis ein. In diesem Fall steht dem Erwerber ein außerordentliches Kündigungsrecht nach § 57a ZVG zu. Dieses kann er zum nächstmöglichen Termin ausüben.

§ 38 WEG
Eintritt in das Rechtsverhältnis

(1) Wird das Dauerwohnrecht veräußert, so tritt der Erwerber an Stelle des Veräußerers in die sich während der Dauer seiner Berechtigung aus dem Rechtsverhältnis zu dem Eigentümer ergebenden Verpflichtungen ein.

(2) ¹Wird das Grundstück veräußert, so tritt der Erwerber an Stelle des Veräußerers in die sich während der Dauer seines Eigentums aus dem Rechtsverhältnis zu dem Dauerwohnberechtigten ergebenden Rechte ein. ²Das gleiche gilt für den Erwerb auf Grund Zuschlages in der Zwangsversteigerung, wenn das Dauerwohnrecht durch den Zuschlag nicht erlischt.

Anmerkungen:

1. Die Vorschrift regelt die Folgen eines **Personenwechsels** bei einer rechtsgeschäftlichen Veräußerung. Der jeweilige Rechtsnachfolger tritt in die Rechtsstellung des Rechtsvorgängers ein. Insbesondere besteht die Pflicht des Erwerbers des Dauerwohnrechts zur Zahlung des Entgelts und das Recht des neuen Eigentümers, dieses entgegenzunehmen. Auf die Kenntnis des Erwerbers kommt es nicht an. Da im Falle der Universalsukzession (Erbschaft) die schuldrechtlichen und dinglichen Positionen ohnehin auf den Rechtsnachfolger übergehen, ist hierfür eine gesonderte gesetzliche Regelung entbehrlich.

2. Sind bestimmte Rechte und Pflichten bereits durch Eintragung dem Dauerwohnrecht dinglich zugeordnet, erstreckt sich deren Wirkung ohne weiteres auf den **Rechtsnachfolger**. § 38 erweitert diese Erstreckung auch auf schuldrechtliche Vereinbarungen. Dies gilt ebenfalls für schuldrechtliche Vereinbarungen, die durch Eintragung ins Grundbuch hätten verdinglicht werden können (so auch Staudinger-*Spiegelberger* WEG § 38 Az. 16; a. A. Palandt-*Wicke* WEG § 38 Rz. 1). Allerdings werden vom Gutglaubensschutz nur Vereinbarungen umfasst, die aus dem Grundbuch bzw. der in Bezug genommenen Eintragungsbewilligung ersichtlich sind (§ 892 BGB). Dieser Schutz umfasst dann auch nur den jeweiligen Inhaber des Dauerwohnrechts und den Eigentümer des Grundstücks; er wirkt mithin nicht gegenüber Dritten (Staudinger-*Spiegelberger* WEG § 38 Rz. 4).

3. Nach **Abs. 1** tritt der Erwerber des Dauerwohnrechts in die Verpflichtungen aus dem Dauerwohnrecht ein, wie z. B. in die Übernahme von Zahlungsverpflichtungen. Obwohl dies nicht im Wort-

laut erwähnt wird, gehen naturgemäß ebenfalls die Rechte aus dem Dauerwohnrecht mit über (Palandt-*Wicke* WEG § 38 Rz. 2). Für Rückstände haftet der Erwerber nicht. Diese fallen weiterhin dem Veräußerer zur Last. Nach den allgemeinen Grundsätzen muss die Veräußerung zur Vollendung des Rechtserwerbs ins Grundbuch eingetragen werden.

4. Der Grundstückserwerber kann nach **Abs. 2** ab dem Wirksamwerden der Veräußerung die Zahlungen an sich verlangen. Korrespondierend zu Abs. 1 stehen die Rückstände dem Alteigentümer zu. Obwohl **Abs. 2 Satz 1** nur von Rechten spricht, tritt der Erwerber ebenso in die Pflichten seines Rechtsvorgängers ein (Palandt-*Wicke* WEG § 38 Rz. 2). Die Eintrittswirkungen gelten auch bei Übertragung des Grundstücks im Wege der Zwangsversteigerung bei Nichterlöschen des Dauerwohnrechts (**Abs. 2 Satz 2**). Dies ist der Fall, wenn der Gläubiger im Rang nach dem Dauerwohnrecht steht, eine Vereinbarung nach § 39 getroffen wurde oder eine Abweichung von den Bestimmungen des geringsten Gebots vorliegt (§§ 44, 59, 91 ZVG). Da § 57a ZVG nicht anwendbar ist, steht dem Erwerber kein Kündigungsrecht zu.

§ 39 WEG
Zwangsversteigerung

(1) Als Inhalt des Dauerwohnrechts kann vereinbart werden, dass das Dauerwohnrecht im Falle der Zwangsversteigerung des Grundstücks abweichend von § 44 des Gesetzes über die Zwangsversteigerung und die Zwangsverwaltung auch dann bestehen bleiben soll, wenn der Gläubiger einer dem Dauerwohnrecht im Range vorgehenden oder gleichstehenden Hypothek, Grundschuld, Rentenschuld oder Reallast die Zwangsversteigerung in das Grundstück betreibt.

(2) Eine Vereinbarung gemäß Absatz 1 bedarf zu ihrer Wirksamkeit der Zustimmung derjenigen, denen eine dem Dauerwohnrecht im Range vorgehende oder gleichstehende Hypothek, Grundschuld, Rentenschuld oder Reallast zusteht.

(3) Eine Vereinbarung gemäß Absatz 1 ist nur wirksam für den Fall, dass der Dauerwohnberechtigte im Zeitpunkt der Feststellung der Versteigerungsbedingungen seine fälligen Zahlungsverpflichtungen gegenüber dem Eigentümer erfüllt hat; in Ergänzung einer Vereinbarung nach Absatz 1 kann verein-

bart werden, dass das Fortbestehen des Dauerwohnrechts vom Vorliegen weiterer Voraussetzungen abhängig ist.

Anmerkungen:

1. Bei dem Dauerwohnrecht handelt es sich um eine Belastung des Grundstücks im Rangverhältnis (§ 879 BGB). Damit fällt es nicht in das geringste Gebot, wenn ein im Rang vorgehender oder gleichstehender Gläubiger die Zwangsversteigerung betreibt (§ 44 Abs. 1 ZVG). Nicht in das geringste Gebot fallende Rechte erlöschen mit dem Zuschlag (§§ 52, 91 ZVG). Aus diesem Grund erlischt das Dauerwohnrecht bei einem Zuschlag im Zwangsversteigerungsverfahren und hat damit einen schlechteren Schutz als ein Mietvertrag, dessen Kündigungsrecht nach § 57a ZVG durch den Kündigungsschutz des Mieters weitgehend ins Leere läuft. Um diese Ungleichbehandlung zu vermeiden, können der Eigentümer und der Inhaber des Dauerwohnrechts für den Fall der Zwangsversteigerung oder Zwangsverwaltung vereinbaren, dass das Dauerwohnrecht auch dann bestehen bleibt, wenn es eigentlich nach den Vorschriften des ZVG erlöschen würde.

2. Nach **Abs. 1** können der Grundstücksinhaber und der Dauerwohnberechtigte **formfrei** vereinbaren, dass das Dauerwohnrecht im Falle der Zwangsversteigerung des Grundstücks im Rang eines vorgehenden oder gleichstehenden Rechts **bestehen bleibt**. Eine solche Vereinbarung wirkt aber nicht gegenüber den Gläubigern der Rangklassen 1 bis 3 des § 10 ZVG, wie z. B. gegenüber den öffentlichen Lasten. Zum Erhalt seines Dauerwohnrechts steht dem Inhaber diesen gegenüber lediglich das Ablösungsrecht nach § 268 BGB zu. Die Vereinbarung hat zur Folge, dass das geringste Gebot nach § 59 ZVG unter Bestehenlassen des Dauerwohnrechts festgesetzt wird. Das Rangverhältnis selbst wird dadurch nicht berührt.

3. Da das Dauerwohnrecht das Objekt weniger attraktiv macht und sich der daraus folgende geringere Ersteigerungserlös negativ für die dinglichen Gläubiger auswirkt, bedarf die Vereinbarung des Dauerwohnrechts nach **Abs. 2** der **Zustimmung** aller im Rang vorhergehenden Grundpfand- oder Reallastgläubiger. Ebenso zustimmungspflichtig sind diejenigen, denen Rechte an diesen Grundpfandrechten oder Reallasten zustehen, etwa Pfandgläubiger oder Nießbraucher (Staudinger-*Spiegelberger* WEG § 39 Rz. 7). Dritte,

die lediglich Rechte am Dauerwohnrecht haben, wie z. B. Pfandgläubiger oder Nießbraucher, brauchen nicht zuzustimmen, da deren Rechte nicht berührt werden. Die Vereinbarung erhält erst eine dingliche Wirkung, wenn sie ins Grundbuch **eingetragen** ist. Liegen alle Voraussetzungen vor, ist das Dauerwohnrecht im geringsten Gebot als bestehenbleibendes Recht im Zwangsversteigerungsverfahren aufzunehmen.

4. Nach **Abs. 3** ist die Vereinbarung über das Fortbestehen nur wirksam, wenn der Dauerwohnberechtigte im Versteigerungstermin (§ 66 Abs. 1 ZVG) sämtliche fälligen Zahlungsverpflichtungen gegenüber dem Grundstückseigentümer **erfüllt** hat. Diese Voraussetzung hat das Versteigerungsgericht von Amts wegen zu prüfen, da es sich um eine unaufschiebbare gesetzliche Bedingung handelt. Der Grundstückseigentümer und der Dauerwohnberechtigte können auch noch weitere Voraussetzungen vereinbaren, sodass z. B. im Zeitpunkt der Versteigerung kein Heimfallanspruch gegen den Dauerwohnberechtigten entsteht oder das Entgelt für die Zukunft erhöht wird.

§ 40 WEG
Haftung des Entgelts

(1) ¹Hypotheken, Grundschulden, Rentenschulden und Reallasten, die dem Dauerwohnrecht im Range vorgehen oder gleichstehen, sowie öffentliche Lasten, die in wiederkehrenden Leistungen bestehen, erstrecken sich auf den Anspruch auf das Entgelt für das Dauerwohnrecht in gleicher Weise wie auf eine Mietforderung, soweit nicht in Absatz 2 etwas Abweichendes bestimmt ist. ²Im übrigen sind die für Mietforderungen geltenden Vorschriften nicht entsprechend anzuwenden.

(2) ¹Als Inhalt des Dauerwohnrechts kann vereinbart werden, dass Verfügungen über den Anspruch auf das Entgelt, wenn es in wiederkehrenden Leistungen ausbedungen ist, gegenüber dem Gläubiger einer dem Dauerwohnrecht im Range vorgehenden oder gleichstehenden Hypothek, Grundschuld, Rentenschuld oder Reallast wirksam sind. ²Für eine solche Vereinbarung gilt § 39 Abs. 2 entsprechend.

Anmerkungen:

1. Der Anspruch auf das **Entgelt** für das Dauerwohnrecht steht einem Mietzins gleich, wenn es auf wiederkehrenden Leistungen beruht. Da es sich bei dem Entgelt für das Dauerwohnrecht aber nicht um

§ 40 WEG Haftung des Entgelts

einen Miet- oder Pachtzins handelt, bedarf es zu seiner Ausgestaltung dieser Vorschrift. Anderenfalls wäre die Wirksamkeit von Verfügungen über den Mietzinsanspruch weitgehend eingeschränkt (siehe nur §§ 566b, 566c, 1123, 1124 BGB, §§ 57, 57b, 148, 21 ZVG, §§ 110, 111 InsO).

2. Nach **Abs. 1 Satz 2** wirkt die Zahlung des Dauerwohnberechtigten an den Eigentümer in der Regel gegenüber Grundstückserwerbern, Erstehern in der Zwangsvollstreckung und dem Insolvenzverwalter **befreiend**. Der Anspruch auf Entgelt wird nämlich hinsichtlich der Haftung für Grundpfandrechte oder Reallasten, die dem Dauerwohnrecht im Range gleichstehen oder vorgehen, sowie hinsichtlich wiederkehrender öffentlicher Lasten nicht wie eine Mietforderung behandelt. Ebenso sind Abtretungen, Pfändungen oder sonstige Verfügungen über den Entgeltanspruch wirksam, sodass sie der Rechtsnachfolger im Eigentum gegen sich gelten lassen muss. Abs. 1 Satz 2 ist abdingbar; es kann mithin vereinbart werden, dass Vorauszahlungen in gewissen Fällen und in bestimmtem Umfang unwirksam sein sollen.

3. Als **Ausnahme** erstrecken sich nach **Abs. 1 Satz 1** Grundpfandrechte und Reallasten in gleicher Weise wie auf eine Mietforderung auf den Anspruch auf das Entgelt für das Dauerwohnrecht, wenn sie im Range vor dem Dauerwohnrecht stehen oder diesem **gleichstehen**. Den Grundpfandrechten gleichgestellt sind wiederkehrende öffentliche Lasten. Hier spielt der Rang keine Rolle, sie gehen stets vor. Folglich finden §§ 1123, 1124 BGB Anwendung, selbst bei einem einmaligen Zahlungsanspruch. Die aus diesen Rechten nach § 865 ZPO i. V. m. §§ 148, 21 ZVG betriebene Zwangsverwaltung erfasst deshalb auch diesen Anspruch. Das gilt auch, wenn das Entgelt nicht in wiederkehrenden Leistungen besteht. Die Vorschrift ist jedoch abdingbar (§ 40 Abs. 2). Ein Grundpfandrechtsgläubiger muss Vorauszahlungen des Dauerwohnrechtsinhabers an den Eigentümer gegen sich gelten lassen, solange er diese nicht beschlagnahmt hat.

4. **Abs. 2** eröffnet die Möglichkeit, im Rahmen einer dinglich wirkenden Vereinbarung festzulegen, dass **Vorausverfügungen** über das Entgelt entgegen § 1124 BGB wirksam sind. Eine solche Vereinbarung muss zwingend enthalten, dass das Entgelt aus wiederkehrenden Leistungen besteht, die Vereinbarung nur den Gläubiger eines

Grundpfandrechts bzw. einer Reallast betrifft, welche dem Dauerwohnrecht im Rang vorgeht und die Zustimmung des betroffenen Gläubigers vorliegt (Abs. 2 Satz 2 i. V. m. § 39 Abs. 2). Eine dingliche Wirkung erlangt die Vereinbarung erst durch Eintragung. Für öffentliche Lasten ist Abs. 2 unanwendbar. **Entgelt** ist hierbei alles, was der Berechtigte für die Einräumung und Ausübung seines Dauerwohnrechts zahlen muss. Es fallen daher ebenfalls übernommene Lasten und Steuern sowie Instandhaltungs- und Instandsetzungsbeiträge darunter, auch soweit diese nach § 33 Abs. 4 Nr. 2, 3 verdinglicht sind (Staudinger-*Spiegelberger* WEG § 40 Rz. 13).

§ 41 WEG
Besondere Vorschriften für langfristige Dauerwohnrechte

(1) Für Dauerwohnrechte, die zeitlich unbegrenzt oder für einen Zeitraum von mehr als zehn Jahren eingeräumt sind, gelten die besonderen Vorschriften der Absätze 2 und 3.

(2) Der Eigentümer ist, sofern nicht etwas anderes vereinbart ist, dem Dauerwohnberechtigten gegenüber verpflichtet, eine dem Dauerwohnrecht im Range vorgehende oder gleichstehende Hypothek löschen zu lassen für den Fall, dass sie sich mit dem Eigentum in einer Person vereinigt, und die Eintragung einer entsprechenden Löschungsvormerkung in das Grundbuch zu bewilligen.

(3) Der Eigentümer ist verpflichtet, dem Dauerwohnberechtigten eine angemessene Entschädigung zu gewähren, wenn er von dem Heimfallanspruch Gebrauch macht.

Anmerkungen:

1. Nach dieser Vorschrift werden **Sondervorschriften** für über mindestens zehn Jahre geltende oder unbefristete Dauerwohnrechte aufgestellt. Solche lang geltenden Dauerwohnrechte werden in der Regel vereinbart, wenn der Begünstigte erheblich zur Finanzierung des Baus beigetragen hat bzw. sich finanziell an dessen Bewirtschaftung beteiligt. In einer solchen Konstellation kommt dem Dauerwohnrecht ein eigentumsähnlicher Charakter zu. Ein Dauerwohnrecht mit weniger als zehn Jahren Dauer wird in der Praxis eher selten vereinbart, da für diese Fälle ein Miet- oder Pachtvertrag das passendere Rechtsverhältnis sein dürfte.

§ 41 WEG Besondere Vorschriften für langfristige Dauerwohnrechte

Nach **Abs. 1** muss es sich um ein zumindest für **zehn Jahre** bestelltes Dauerwohnrecht handeln. Dies ergibt sich bereits aus dem Grundbucheintrag, da die Befristung eingetragen werden muss. Die Zehnjahresfrist wird ab Bestellung des Dauerwohnrechts oder bei dessen Verlängerung ab Eintragung ins Grundbuch berechnet. Daran ändert auch ein zwischenzeitlicher Heimfallanspruch (§ 36) nichts (Bärmann-*Schneider* § 41 Rz. 4).

2.

Sofern der Dauerwohnberechtigte regelmäßig Tilgungsleistungen auf das aufgenommene Fremdkapital leistet, entspricht es seiner Interessenlage, ihm die Vorteile der Tilgung zugutekommen zu lassen. Daher bestimmt **Abs. 2**, dass er gegenüber dem Eigentümer einen Anspruch auf **Löschung** entgegenstehender Eigentümergrundschulden hat, soweit diese seinem Recht vorgehen oder gleichstehen. Obwohl im Gesetzestext nur von einer Hypothek die Rede ist, gilt nach dem Sinn und Zweck der Vorschrift die Löschungsverpflichtung auch für Grund- oder Rentenschulden, wenn sich diese mit dem Eigentum aufgrund der Ablösung vereinigen (Bärmann-*Schneider* § 41 Rz. 12).

3.

Voraussetzung für einen Löschungsanspruch ist, dass es Fremdgrundpfandrechte sind, die sich durch Ablösung in Eigentümergrundpfandrechte wandeln. Bei originären Eigentümergrundschulden (§ 1196 BGB) oder Eigentümerhypotheken (§§ 1143, 1173, 1177 Abs. 2 BGB) besteht ein solcher Anspruch nicht. Gehen folglich Grundpfandrechte, z. B. durch Erlöschen der Forderung (§ 1163 Abs. 1 Satz 2 BGB), durch Gläubigerverzicht (§ 1168 Abs. 1 BGB) oder durch Gläubigerausschluss (§§ 1170 Abs. 2 Satz 1, 1171 Abs. 2 Satz 1 BGB) auf den Eigentümer über, besteht hingegen die Löschungspflicht. Der Löschungsanspruch kann abbedungen werden. Auf die Eintragung einer Löschungsvormerkung hat der Berechtigte einen gesetzlichen Anspruch.

4.

Die Löschungsvormerkung (vgl. § 1179 BGB) **wirkt** nur zwischen dem Dauerwohnberechtigten und dem Eigentümer bzw. deren jeweiligen Rechtsnachfolgern. Sie entfaltet gegenüber den Erwerbern der Eigentümergrundschulden keine Wirkung. Die Vormerkung schützt mithin den Dauerwohnberechtigten nur gegenüber den Verfügungen des Eigentümers hinsichtlich der Eigentümergrundschuld. Sie ist löschungsreif, wenn das von ihr betroffene Grundpfandrecht gelöscht ist.

5.

6. Der Dauerwohnberechtigte hat gegenüber dem Eigentümer bei einem unabdingbaren Heimfall (§ 36) einen **Entschädigungsanspruch (Abs. 3)**. Möglich sind nur Vereinbarungen über die Höhe der Entschädigung und Art der Zahlung. Die **Höhe** der Entschädigung bemisst sich nach dem vom Berechtigten entrichteten Entgelt und der Art seiner geleisteten Aufwendungen, wie z. B. einem Beitrag zur Tilgung der Belastungen. Davon abzuziehen wäre eine **Abnutzungsentschädigung**. Die Abnutzungsentschädigung orientiert sich an der Abschreibung für die gewöhnliche Nutzungsdauer. Hierbei kann der Sachwert der geschaffenen Räume herangezogen und hiervon das kapitalisierte Nutzungsentgelt abgezogen werden. Entspricht das Entgelt einer angemessenen Miete, kann die Entschädigung auch bei Null liegen.

§ 42 WEG
Belastung eines Erbbaurechts

(1) Die Vorschriften der §§ 31 bis 41 gelten für die Belastung eines Erbbaurechts mit einem Dauerwohnrecht entsprechend.

(2) Beim Heimfall des Erbbaurechts bleibt das Dauerwohnrecht bestehen.

Anmerkungen:

1. Das Erbbaurecht kann als grundstücksgleiches Recht mit einem Dauerwohnrecht oder einem Dauernutzungsrecht belastet werden. Nach **Abs. 1** gelten die **gleichen Regeln** für ein Dauerwohnrecht am Erbbaurecht wie für ein Dauerwohnrecht am Grundstück. Dies gilt ebenso für ein Dauerwohnrecht an einem Teilerbbaurecht. Voraussetzung für die Bestellung eines Dauerwohnrechts an einem Erbbaurecht sind die Abgeschlossenheit der betroffenen Gebäudeteile sowie die Vorlage eines Aufteilungsplans und einer Bescheinigung der Baubehörde über die Abgeschlossenheit. Für den Inhalt eines solchen Dauerwohnrechts gelten die Vorschriften der §§ 33 ff. entsprechend.

2. Nach § 33 Abs. 1 Satz 3 ErbbauRG erlöschen die mit Ausnahme der in § 33 Abs. 1 Satz 1 und 2 ErbbauRG genannten Rechte bei einem Heimfall des Erbbaurechts. **Abs. 2** bestimmt, dass das Dauerwohnrecht ebenfalls **nicht erlischt**. Der Grundstückseigentümer oder der berechtigte Dritte tritt nach dem Heimfall in alle Rechte und Pflichten gegenüber dem Dauerwohnberechtigten ein. Abs. 2 ist abdingbar. Das Erlöschen des Dauerwohnrechts bei einem Heimfall kann auch vereinbart werden (§ 36). Erlischt das Erbbaurecht selbst (z. B. durch Zeitablauf), verliert das Dauerwohnrecht seine Rechtsgrundlage und erlischt ebenfalls.

Teil 3 Verfahrensvorschriften

§ 43 WEG
Zuständigkeit

(1) ¹Die Gemeinschaft der Wohnungseigentümer hat ihren allgemeinen Gerichtsstand bei dem Gericht, in dessen Bezirk das Grundstück liegt. ²Bei diesem Gericht kann auch die Klage gegen Wohnungseigentümer im Fall des § 9a Absatz 4 Satz 1 erhoben werden.

(2) Das Gericht, in dessen Bezirk das Grundstück liegt, ist ausschließlich zuständig für

1. Streitigkeiten über die Rechte und Pflichten der Wohnungseigentümer untereinander,

2. Streitigkeiten über die Rechte und Pflichten zwischen der Gemeinschaft der Wohnungseigentümer und Wohnungseigentümern,

3. Streitigkeiten über die Rechte und Pflichten des Verwalters einschließlich solcher über Ansprüche eines Wohnungseigentümers gegen den Verwalter sowie

4. Beschlussklagen gemäß § 44.

Anmerkungen:

1. Diese Vorschrift legt den allgemeinen Gerichtsstand der Wohnungseigentümergemeinschaft fest (Abs. 1). Zudem bestimmt sie für bestimmte Konstellationen diesen als ausschließlichen Gerichtsstand (Abs. 2).

2. Nach **Abs. 1** begründet sich der **allgemeine Gerichtsstand** der Gemeinschaft. Hierneben kann sich noch ein weiterer (besonderer) Gerichtsstand ergeben, an dem ebenfalls geklagt werden darf (§ 35 ZPO) und für den eine Gerichtsstandsvereinbarung zulässig ist. Die gerichtliche **Zuständigkeit** richtet sich streitwertabhängig nach §§ 23 Nr. 1, 71 Abs. 1 GVG.

3. **Abs. 1 Satz 1** bestimmt als allgemeinen Gerichtsstand der Gemeinschaft das Gericht, in dessen Bezirk das **Grundstück** liegt. Dies ist erforderlich, da nach § 17 ZPO sich der allgemeine Gerichtsstand juristischer Personen nach dem Ort der Verwaltung bestimmt, was die Frage aufwerfen könnte, ob dies das Grundstück oder die Geschäftsräume des Verwalters meint.

4. **Abs. 1 Satz 2** betrifft die Zuständigkeit für eine auf § 9a Abs. 4 Satz 1 gestützte **Haftungsklage** gegen einzelne Wohnungseigentümer für Verbindlichkeiten der Gemeinschaft. Danach ist als **besonderer Gerichtsstand** der Ort des Gerichtsstands der Gemeinschaft bestimmt. Damit kann eine einheitliche Klage gegen die Gemeinschaft und sämtliche Wohnungseigentümer am Ort des Grundstücks erhoben werden.

5. Eine Zuständigkeit nach **Abs. 2** ist weit auszulegen und erfasst auch **Annexstreitigkeiten**, wie z. B. eine Vollstreckungsabwehrklage nach § 767 ZPO (Palandt-*Wicke* WEG § 43 Rz. 2). Bei den Binnenstreitigkeiten nach Abs. 2 geht es nämlich häufig um die örtlichen Gegebenheiten, die das Gericht, in dessen Bezirk das Grundstück liegt, am einfachsten in Augenschein nehmen kann, sowie im Zweifel um Zeugen, die vor Ort wohnen (Staudinger-*Lehmann-Richter* WEG § 43 Rz. 8). Für Klagen nach Abs. 2 ist als Gericht des 1. Rechtszuges das **Amtsgericht** ausschließlich sachlich zuständig (§ 23 Nr. 2c GVG). Für den Rechtsmittelzug gilt die **Konzentration** nach § 72 Abs. 2 GVG.

6. **Abs. 2 Nr. 1** begründet die Zuständigkeit für Streitigkeiten, die aus der Gemeinschaft und deren sich **untereinander** ergebenden Rechte und Pflichten entstehen, unabhängig davon, ob diese aus dem Gesetz (§§ 9a bis 29) oder der Gemeinschaftsordnung begründet werden. Maßgeblich ist, ob die Rechte und Pflichten nach den vorgetragenen Tatsachen im **inneren Zusammenhang** mit einer Gemeinschaftsangelegenheit stehen (BGH WuM 2010, 107). So fallen z. B. Streitigkeiten über die Abgrenzung von Sondereigentum zu Gemeinschaftseigentum, die Hausordnung oder Sondernutzungsrechte hierunter. **Nicht** davon umfasst sind Streitigkeiten zwischen Wohnungseigentümern und Mietern anderer Wohnungseigentümer, Streit zwischen einem Wohnungseigentümer und der Versicherung eines anderen Wohnungseigentümers oder Streitigkeiten wegen Kör-

perverletzung, Diebstahls oder ehrverletzender Äußerungen. Die Zuständigkeit in diesen Streitigkeiten ergibt sich nach den allgemeinen Regeln.

7. Jeder Wohnungseigentümer ist **klageberechtigt**. Fehlt ihm aber das Stimmrecht, weil z. B. sein Haus in einer Mehrhausanlage nicht betroffen ist, so fehlt ihm auch das **Rechtsschutzbedürfnis** für eine Klage (*Sauren* § 43 Rz. 4). Steht das Wohnungseigentum mehreren gemeinschaftlich zu (z. B. Erbengemeinschaft, Grundstücksgemeinschaft oder Gesellschaft), ist jeder von ihnen antragsberechtigt (*Sauren* § 43 Rz. 4).

8. Unter Abs. 2 Nr. 1 fallen auch Streitigkeiten zwischen Wohnungseigentümern aus dem **sachenrechtlichen Grundverhältnis**. Bei diesen Streitigkeiten spricht die Prozessökonomie für eine Verhandlung und Entscheidung am Ort des Grundstücks. Zudem geht es bei diesen Streitigkeiten auch typischerweise um wohnungseigentumsrechtliche Rechtsfragen. Dies führt in der Berufungsinstanz dazu, dass diese Streitigkeiten durch das gemäß § 72 Abs. 2 GVG zuständige Landgericht entschieden werden. Nach § 9b Abs. 1 Satz 1 vertritt der Verwalter die Gemeinschaft in solchen Streitigkeiten.

9. Nach § 9a Abs. 1 kann die Gemeinschaft Rechte erwerben und Verbindlichkeiten eingehen sowie vor Gericht klagen und verklagt werden. **Abs. 2 Nr. 2** bestimmt daher die ausschließliche Zuständigkeit für Streitigkeiten zwischen der **Gemeinschaft** und den **Eigentümern**. Hierunter fallen alle Verfahren der Gemeinschaft (*Sauren* § 43 Rz. 10). Dies sind z. B. Ansprüche aus der Jahresabrechnung oder Sonderumlagen, Gestattungs- oder Schadensersatzansprüche oder Ansprüche der Gemeinschaft gegen einzelne Wohnungseigentümer auf ordnungsmäßige Verwaltung durch Beschlussfassung über Sonderumlagen. Nach § 9b Abs. 1 Satz 1 vertritt der Verwalter dabei die Gemeinschaft gerichtlich und außergerichtlich. Der einzelne Eigentümer ist klageberechtigt, soweit er Ansprüche gegen die Gemeinschaft geltend macht, wie z. B. auf Erstattung von Aufwendungen aus einer Notgeschäftsführung oder auf Regulierung von Schäden am Sondereigentum des Klagenden (*Sauren* § 43 Rz. 11).

10. Unter diese Vorschrift fallen **keine** Streitigkeiten zwischen der Gemeinschaft und einem Wohnungseigentümer aus einem selbständigen Rechtsverhältnis zwischen der Gemeinschaft und einem Dritten

(BGH NJW 2015, 2968). Es reicht nämlich nicht aus, dass die Rechte oder Pflichten lediglich einem Wohnungseigentümer zustehen bzw. ihn treffen, sondern die Rechte oder Pflichten müssen ihm gerade in seiner Eigenschaft als Wohnungseigentümer zugeordnet sein (Staudinger-*Lehmann-Richter* WEG § 43 Rz. 39).

11. **Abs. 2 Nr. 3** betrifft die Streitigkeiten über die Rechte und Pflichten des Verwalters bei der **Verwaltung** des gemeinschaftlichen Eigentums. Dies gilt auch für Streitigkeiten über Ansprüche der Wohnungseigentümer gegen den Verwalter, insbesondere für Schadensersatzansprüche eines Wohnungseigentümers, der in den Schutzbereich des Verwaltervertrags einbezogen ist. Die Zuständigkeit bestimmt sich unabhängig von der Rechtsgrundlage. Es kommt nicht darauf an, ob sich die behaupteten Ansprüche aus dem WEG oder einer sonstigen gesetzlichen Grundlage oder dem Verwaltervertrag ergeben (*Sauren* § 43 Rz. 12). Es ist auch unerheblich, ob das Verwalteramt bereits beendet ist, solange für oder gegen den Verwalter Ansprüche behauptet werden. Dies betrifft sowohl die Ansprüche der Gemeinschaft gegen den Verwalter als auch Ansprüche von einzelnen Wohnungseigentümern diesem gegenüber, z. B. aus § 24 Abs. 2 (Palandt-*Wicke* WEG § 43 Rz. 7). Die Hauptkonflikte sind der Streit über die Verwaltungsführung und das Bestehen des Verwalterverhältnisses sowie die sich daraus ergebenden Ansprüche.

12. Da normalerweise nach § 9b Abs. 1 Satz 1 der Verwalter die Gemeinschaft nach außen vertritt, müssen die Wohnungseigentümer bei einer Streitigkeit mit dem Verwalter (z. B. einer Vergütungsklage) nach § 9b Abs. 2 die **Vertretung** der Gemeinschaft gegenüber dem Verwalter durch Beschluss regeln, z. B. einen Wohnungseigentümer zur Vertretung ermächtigen. Anderenfalls vertreten alle Wohnungseigentümer nach § 9b Abs. 1 Satz 2 die Gemeinschaft zusammen gegenüber dem Verwalter. Streiten hingegen die Wohnungseigentümer untereinander oder mit der Gemeinschaft über das Pflichtenprogramm des Verwalters, fallen diese Verfahren unter die insoweit spezielleren Abs. 2 Nr. 1 oder Nr. 2 (Staudinger-*Lehmann-Richter* WEG § 43 Rz. 45). Bei Streitigkeiten von Wohnungseigentümern mit dem Verwalter wegen ehrverletzender Äußerungen ist Abs. 2 Nr. 3 einschlägig, wenn es um Behauptungen im Zusammenhang mit der Verwaltertätigkeit geht (OLG München ZMR 2008, 735). Nicht hierunter fallen Streitigkeiten aus einer Sonderrechtsbe-

ziehung zwischen dem Verwalter und den Wohnungseigentümern oder der Gemeinschaft, etwa aus einem Vertrag über die Verwaltung von Sondereigentum (BayObLG WuM 1995, 672).

Streitigkeiten nach **Abs. 2 Nr. 4** betreffen die **Gültigkeit** eines **Beschlusses** (§§ 23 Abs. 4 Satz 2, 44), aber auch die Feststellung seiner Nichtigkeit oder seines Nichtzustandekommens oder die Feststellung seines Inhalts bei unterlassener Verkündung und bei Verkündung mit unklarem Inhalt (Palandt-*Wicke* WEG § 43 Rz. 9). Hauptanwendungsfall ist die in § 44 Abs. 1 Satz 1 geregelte Anfechtungsklage. In der Regel führen einzelne Wohnungseigentümer Klagen nach Abs. 2 Nr. 4. Auch der Verwalter kann gegen Beschlüsse der Gemeinschaft vorgehen, soweit diese seine Rechte betreffen (*Sauren* § 43 Rz. 17). Die Gemeinschaft ist hingegen nicht berechtigt, eine Beschlussklage zu erheben. Ihre Rechte sind hinreichend durch Abs. 2 Nr. 2 und 3 gesichert (*Sauren* § 43 Rz. 20). Nicht unter Abs. 2 Nr. 4 fallen Klagen, in denen die Gültigkeit eines Beschlusses lediglich eine Vorfrage ist, z. B. wenn der Streitgegenstand eine vertragliche Pflicht der Gemeinschaft betrifft, für deren Bestand ein wirksamer Beschluss über den Abschluss des in Rede stehenden Vertrags erforderlich ist (Staudinger-*Lehmann-Richter* WEG § 43 Rz. 53). Gleiches gilt, wenn aufgrund des Streitgegenstandes erst ein Beschluss gefasst werden soll (sog. Beschlussergebnisklage).

13.

§ 44 WEG
Beschlussklagen

(1) ¹Das Gericht kann auf Klage eines Wohnungseigentümers einen Beschluss für ungültig erklären (Anfechtungsklage) oder seine Nichtigkeit feststellen (Nichtigkeitsklage). ²Unterbleibt eine notwendige Beschlussfassung, kann das Gericht auf Klage eines Wohnungseigentümers den Beschluss fassen (Beschlussersetzungsklage).

(2) ¹Die Klagen sind gegen die Gemeinschaft der Wohnungseigentümer zu richten. ²Der Verwalter hat den Wohnungseigentümern die Erhebung einer Klage unverzüglich bekannt zu machen. ³Mehrere Prozesse sind zur gleichzeitigen Verhandlung und Entscheidung zu verbinden.

(3) Das Urteil wirkt für und gegen alle Wohnungseigentümer, auch wenn sie nicht Partei sind.

§ 44 WEG Beschlussklagen

(4) Die durch eine Nebenintervention verursachten Kosten gelten nur dann als notwendig zur zweckentsprechenden Rechtsverteidigung im Sinne des § 91 der Zivilprozessordnung, wenn die Nebenintervention geboten war.

Anmerkungen:

1. Diese Vorschrift benennt die wichtigsten Klagearten im Wohnungseigentumsrecht (Abs. 1). Ferner stellt sie klar, dass die Klagen nicht gegen die einzelnen Wohnungseigentümer, sondern gegen die Gemeinschaft zu richten sind (Abs. 2 Satz 1). Als Ausgleich sind die Wohnungseigentümer über einen Prozess zu unterrichten (Abs. 2 Satz 2). Denn eine Entscheidung wirkt sich auf jeden Fall für und gegen sie aus (Abs. 3). Zur Vermeidung widerstreitender Entscheidungen sind mehrere Prozesse zu verbinden (Abs. 2 Satz 3). Um nicht Kläger in eine Kostenfalle zu treiben und dadurch von einer möglichen Klage abzuhalten, ist die Kostenübernahme bei erfolgreichen Nebeninterventionen auf die notwendigen beschränkt (Abs. 4).

2. **Abs. 1 Satz 1** enthält die **Legaldefinition** der Anfechtungs- und Nichtigkeitsklage.

3. Die **Anfechtungsklage** in **Abs. 1 Satz 1 1. Alt.** ist darauf gerichtet, einen Beschluss der Gemeinschaft für ungültig zu erklären (§ 23 Abs. 4 Satz 2). **Klageberechtigt** ist jeder einzelne **Wohnungseigentümer** (auch Bruchteilseigentümer oder BGB-Gesellschafter), der diese Rechtsposition zum Zeitpunkt der Klageerhebung innehat, auch derjenige, der einem Stimmrechtsausschluss unterliegt. Persönliche Nachteile sind nicht erforderlich (*Sauren* § 46 Rz. 3). Der **Verwalter** ist nicht klageberechtigt. Eines Klagerechts bedarf der Verwalter auch nicht gegen Beschlüsse, durch deren Ausführung er eine strafbare Handlung oder eine Ordnungswidrigkeit beginge oder sich ersatzpflichtig machte, da er in diesen Fällen bereits aus materiell-rechtlichen Gründen nicht zur Beschlussausführung verpflichtet wäre (vgl. §§ 134, 242, 275 BGB). Auch **sonstige** Personen sind aufgrund des eindeutigen Wortlauts nicht klageberechtigt. **Klagegegner** ist die Gemeinschaft (§ 9a Abs. 1 Satz 1). Diese wird durch den Verwalter vertreten (§ 9b Abs. 1 Satz 1). Für die Beurteilung der Ordnungsmäßigkeit einer Verwaltungsmaßnahme im Rahmen einer Anfechtungsklage ist auf die im Zeitpunkt der Beschlussfassung zugrundeliegenden Verhältnisse abzustellen. Maßgebend ist dabei

der Kenntnisstand, den ein besonnener Wohnungseigentümer unter Ausschöpfung aller zu diesem Zeitpunkt zugänglichen Erkenntnisquellen ermittelt haben kann (LG Itzehoe NZM 2016, 899).

4. Das materielle Recht unterscheidet in § 23 Abs. 4 zwischen nichtigen Beschlüssen und solchen, die durch rechtskräftiges Urteil für ungültig zu erklären sind (vgl. § 23 Anm. 17). Folgerichtig wird auch auf prozessrechtlicher Seite eine Unterscheidung zur Anfechtungsklage getroffen: Auf Klage eines Wohnungseigentümers kann das Gericht die Nichtigkeit eines Beschlusses nach **Abs. 1 Satz 1 2. Alt.** feststellen (**Nichtigkeitsklage**). Die Unterscheidung zwischen Anfechtungs- und Nichtigkeitsklage beruht darin, dass das Gericht auf eine Anfechtungsklage einen anfechtbaren Beschluss der Gemeinschaft für ungültig erklärt und damit das Urteil zwischen den Wohnungseigentümern rechtsgestaltende Wirkung entfaltet. Ist ein Beschluss nichtig, entfaltet er per se keine Wirkungen zwischen den Wohnungseigentümern, sodass das Gericht nur noch dessen Nichtigkeit festzustellen hat. Die Nichtigkeitsklage ist also eine Form der **Feststellungsklage**. Die Klagevoraussetzungen sind zur Anfechtungsklage identisch, die Streitgegenstände ebenso (Staudinger-*Lehmann-Richter* WEG § 46 Rz. 4). Auch hier steht dem Verwalter kein Klagerecht zu.

5. **Abs. 1 Satz 2** regelt die **Beschlussersetzungsklage**. Diese ist **statthaft**, wenn der Kläger begehrt, dass das Gericht anstelle der Wohnungseigentümer einen Beschluss fasst. Mithin ist zunächst zu prüfen, ob für das Begehr des Klägers ein Beschluss notwendig ist. Ergibt sich die konkrete Maßnahme bereits aus dem Regelwerk der Gemeinschaft, ist für eine Beschlussersetzungsklage kein Raum mehr (*Sauren* § 21 Rz. 20). Ferner muss sich die Gemeinschaft bereits mit dem Thema befasst, eine Beschlussfassung aber abgelehnt haben (BGH NJW 2010, 2130). Eine Ausnahme gilt nur, wenn es sich um eine eilbedürftige Angelegenheit handelt (AG Landsberg ZMR 2009, 486). Die Beschlussersetzungsklage ist **begründet**, wenn ein Anspruch auf den begehrten Beschluss besteht. Das Gestaltungsrecht muss zum Zeitpunkt der letzten mündlichen Verhandlung bestehen (BGH NJW-RR 2018, 522). Der zugrundeliegende Anspruch kann sich aus der allgemeinen Vorschrift des § 18 Abs. 2 oder aus einer speziellen Vorschrift (z. B. § 20 Abs. 2 oder 3) erge-

ben. Ausgangspunkt für das Gericht ist das Regelwerk der Gemeinschaft, selbst wenn es unzweckmäßig oder unbillig ist.

6. Die Maßnahme muss von der Gemeinschaft mit Mehrheit **beschließbar** sein, es darf also keine Vereinbarung erforderlich sein. Der Klagantrag muss ferner die zu beschließende Maßnahme genau bezeichnen und darf sich nicht darin erschöpfen, dass die Gemeinschaft (lediglich) über die begehrte Maßnahme zu beschließen habe (*Sauren* § 21 Rz. 21). Eine gerichtliche Entscheidung kommt nur in Betracht, wenn eine Maßnahmenanordnung auch **notwendig** ist. Eine Entscheidung der Wohnungseigentümer, keine Anordnung zu treffen, muss respektiert werden, wenn dies **ordnungsmäßiger Verwaltung** entspricht (Jennißen-*Heinemann* § 21 Rz. 141). Ein bestimmtes **Ermessen** zur Entscheidung gibt die Norm dem Gericht nicht vor, da ein solches sich stets aus der konkreten Norm ableitet. Aber auch im Bereich der Ermessensentscheidungen hat das Gericht das **Selbstorganisationsrecht** der Gemeinschaft zu beachten (Bärmann-*Merle* § 21 Rz. 205).

7. Ein Anspruch auf Abschluss einer **Vereinbarung** (etwa nach § 10 Abs. 2) besteht aufgrund des Selbstorganisationsrechts der Gemeinschaft nur in seltenen Fällen und wäre im Wege einer **Leistungsklage** zu verfolgen.

8. Nach **Abs. 2 Satz 1** sind die **Klagen** nicht gegen die einzelnen Wohnungseigentümer, sondern gegen die **Gemeinschaft** zu richten, da dieser die Verwaltung des gemeinschaftlichen Eigentums zusteht (§ 18 Abs. 1) und sie vor Gericht verklagt werden kann (§ 9a Abs. 1 Satz 1). Hieraus ergibt sich gerade bei größeren Gemeinschaften der Vorteil, die Klage nicht gegen jeden Wohnungseigentümer einzeln richten zu müssen.

9. Nach **Abs. 2 Satz 2** muss der **Verwalter** die Erhebung einer Beschlussklage allen Eigentümern unverzüglich **bekannt machen**. Die einzelnen Eigentümer müssen die Gelegenheit erhalten, sich im Prozess als **Nebenintervenienten** zu beteiligen, da die Klage nach Abs. 3 auch gegenüber allen wirkt. Vom Sinn und Zweck der Vorschrift sind alle sonstigen Verfahren, z. B. finanzgerichtliche oder verwaltungsgerichtliche, ebenfalls hiervon umfasst. Des Weiteren fallen einstweilige Verfügungs-, Mahn- und Beweissicherungsverfahren sowie Streitverkündungen hierunter, weil auch hier die Woh-

nungseigentümer genauso eine Möglichkeit haben müssen, ihre Rechte aktiv wahrnehmen zu können (*Sauren* § 27 Rz. 51). **Unverzüglich** bedeutet ohne schuldhaftes Zögern (vgl. § 121 Abs. 1 BGB). Dies beinhaltet eine angemessene Prüfungs- und Überlegungsfrist (BGH NJW 2005, 1869).

10. Eine spezielle Art der Bekanntmachung ist nicht vorgesehen. Daher darf der Verwalter die **üblichen Kommunikationswege** mit der Gemeinschaft nutzen, wie Brief, E-Mail, Kommunikationsplattformen oder Messengerdienste. Es bietet sich die Übersendung der jeweiligen vom Verwalter in Empfang genommenen Abschriften an, damit sich die Wohnungseigentümer ein eigenes Bild über die Möglichkeiten ihrer Prozessführung machen können. Der Verwalter muss den Wohnungseigentümern im Ergebnis aber die Möglichkeit eröffnen, von der Klageerhebung mit hinreichender Sicherheit Kenntnis zu nehmen, sodass sie von ihren prozessualen Rechten Gebrauch machen können. Fehlt ein Verwalter, obliegt die Informationspflicht dem Gericht als neutralem Organ. Die Pflicht, die Namen und Adressen der Wohnungseigentümer für die gerichtliche Information zur Verfügung zu stellen, obliegt dem Kläger.

11. **Abs. 2 Satz 3** ordnet von Amts wegen die (zwingende) **Verbindung** mehrerer Verfahren über Beschlussklagen zur gleichzeitigen Verhandlung und Entscheidung an. Nur Verfahren mit demselben Streitgegenstand müssen miteinander verbunden werden. Die Vorschrift soll der Gefahr widersprechender Entscheidungen über denselben Lebenssachverhalt entgegenwirken (Staudinger-*Lehmann-Richter* WEG § 47 Rz. 4). Der wichtigste Fall ist die Anfechtung eines Beschlusses durch mehrere Wohnungseigentümer. Auch die Verbindung von einer Nichtigkeitsklage oder einer Beschlussersetzungsklage mit einer Anfechtungsklage ist möglich.

12. Die separaten Verfahren sind zu einem einzigen Prozess zu verbinden mit der Folge, dass die Kläger **notwendige Streitgenossen** (§§ 59 bis 63 ZPO) sind (*Sauren* § 47 Rz. 3). Ein Versäumnisurteil kann dann nicht mehr ergehen, sofern auch nur ein Kläger nicht säumig ist. Die Rücknahme der Klage von einzelnen Klägern hat keine Auswirkung auf den Prozess, da das Vorbringen jedes einzelnen isoliert zu betrachten ist. Dies kann dazu führen, dass die Klaganträge einzelner Kläger abgewiesen werden und dennoch der angefochtene Beschluss für ungültig erklärt wird (*Sauren* § 47 Rz. 4).

13. Die **Verbindung** erfolgt gemäß § 147 ZPO (allerdings ohne richterliches Ermessen) durch einen unanfechtbaren **Beschluss** (Staudinger-*Lehmann-Richter* WEG § 47 Rz. 27). Unterlässt das Gericht (rechtswidrig) eine Verbindung, führt das erste rechtskräftige Urteil zu einer Unzulässigkeit der Klagen in den anderen Verfahren (BGH NJW 2013, 65). In einem solchen Fall müssen die Kläger darauf achten, in jedem Verfahren identische Argumente vorzubringen, damit keines am Ende untergeht (*Sauren* § 47 Rz. 5). Ist die Verbindung in der Vorinstanz unterblieben, ist sie in der nächsten Instanz nachzuholen und hat sogar instanzübergreifend zu erfolgen (BGH NJW 2013, 65).

14. **Abs. 3** erstreckt die **subjektive Rechtskraft** der Urteile in **Beschlussklageverfahren** auf alle Wohnungseigentümer und damit auch auf deren Sondernachfolger. Dies dient der Rechtssicherheit und dem Rechtsfrieden innerhalb der Gemeinschaft. Abs. 3 setzt tatbestandlich ein rechtskräftiges Urteil voraus; gemeint ist die formelle Rechtskraft (§ 705 ZPO). Ein wirksam geschlossener **Prozessvergleich** hat nach dem Sinn und Zweck der Vorschrift die gleichen Wirkungen. § 10 Abs. 3 bliebt aber davon unberührt. Daher bedürfen Beschlüsse aufgrund einer Vereinbarung zu ihrer Wirkung gegen **Sondernachfolger** auch dann der Eintragung in das Grundbuch, wenn sie durch das Gericht gefasst werden. Die Gestaltungswirkung des Urteils beschränkt sich nämlich auf den Moment der Rechtskraft. Eine spätere Veränderung dieser Wirkung durch das materielle Recht wird dadurch nicht ausgeschlossen. Urteile in anderen Verfahren als in Beschlussklageverfahren wirken dagegen nur nach den **allgemeinen** zivilprozessualen Regeln für und gegen nicht an dem Prozess beteiligte Dritte.

15. **Abs. 4** beschränkt für Beschlussklagen den **Kostenerstattungsanspruch** auf gebotene **Nebeninterventionen**. Anderenfalls wäre ein Kläger in größeren Gemeinschaften einem erheblichen Kostenrisiko ausgesetzt, das ihn von einer Klage abhalten könnte. Würden nämlich sämtliche Wohnungseigentümer auf Seiten der Gemeinschaft dem Prozess beitreten, wären auch deren Kosten nach den allgemeinen Regeln der ZPO im Falle des Obsiegens der Gemeinschaft dem Kläger aufzuerlegen. Daher sind die Kosten einer Nebenintervention nur dann zu erstatten, wenn diese geboten war. **Geboten** ist eine Nebenintervention auf Beklagtenseite, wenn die Rechtsverteidigung

aus Sicht eines verständigen Wohnungseigentümers nicht der Gemeinschaft alleine überlassen werden kann. Dies kann z. B. der Fall sein, wenn zwischen den Zielen der Gemeinschaft und denjenigen einzelner Wohnungseigentümer auf Beklagtenseite ein **Interessenkonflikt** besteht. Auch kann eine Einzelvertretung geboten sein, wenn ein oder mehrere Streitgegenstände nur **einzelne** Wohnungseigentümer und nicht Gemeinschaftsinteressen auf Beklagtenseite betreffen, sodass für diese eine besondere Vertretung erforderlich wird. Ist dies der Fall, ist weiter zu prüfen, ob die Vertretung durch mehrere Anwälte erforderlich ist. Allerdings betrifft diese Vorschrift nur die Nebenintervention auf Beklagtenseite, sodass für die Klägerseite diese den allgemeinen Regeln folgt.

§ 45 WEG
Fristen der Anfechtungsklage

¹Die Anfechtungsklage muss innerhalb eines Monats nach der Beschlussfassung erhoben und innerhalb zweier Monate nach der Beschlussfassung begründet werden. ²Die §§ 233 bis 238 der Zivilprozessordnung gelten entsprechend.

Anmerkungen:

Nach **Satz 1 1. HS** ist die Anfechtungsklage innerhalb eines Monats zu erheben. Dies ist eine nicht verlängerbare materiell-rechtliche **Ausschlussfrist** (BGH NJW 2011, 2050). Wird die Frist überschritten, ist die Klage **unbegründet**. Dies ist von Amts wegen zu prüfen. Die Frist kann weder durch Vereinbarung noch durch Beschluss verlängert werden; die Parteien können auch nicht darauf verzichten, den Verstoß gegen die Frist zu rügen (*Sauren* § 43 Rz. 29). Nach Ablauf der Frist können nur noch Nichtigkeitsgründe geltend macht werden (*Sauren* § 43 Rz. 33).

1.

Unabhängig von der persönlichen Teilnahme an der Versammlung oder der Kenntnis vom Beschluss **beginnt** die Frist mit Beschlussfassung (Palandt-*Wicke* WEG § 36 Rz. 4). Die Frist wird durch die Rechtshängigkeit der Klage (§§ 253, 261 Abs. 1 ZPO) gewahrt. Zur Fristberechnung sind §§ 222 ZPO, 188 ff. BGB heranzuziehen. Die Frist **endet** mit dem Ablauf des Tages, der im folgenden Kalendermonat seiner Zahl nach dem Datum der Beschlussfassung entspricht

2.

(§ 188 Abs. 2 BGB). Fällt das Ende auf einen Samstag, Sonntag oder Feiertag, endet die Frist erst mit Ablauf des nächsten Werktages (§ 193 BGB). Die Frist ist auch gewahrt, wenn eine Zustellung der Klageschrift „demnächst" im Sinne des § 167 ZPO erfolgt. Dies dürfte innerhalb eines 14-Tages-Zeitraums nach Anhängigkeit in der Regel der Fall sein. In der Klageschrift muss der zu beanstandende Beschluss bezeichnet und zum Ausdruck gebracht werden, dass der Kläger mit dem Beschluss nicht einverstanden ist. Im Zweifel ist dies auszulegen. Ein **Wiedereinsetzungsantrag** nach §§ 233 ff. ZPO ist bei schuldloser Fristversäumung möglich (**Satz 2**).

3. Nach **Satz 1 2. HS** beträgt die **Klagebegründungsfrist** zwei Monate nach Beschlussfassung. Sie ist nicht verlängerbar und beginnt zeitgleich mit der Klageerhebungsfrist (vgl. Anm. 2). Wird die materiellrechtliche Begründungsfrist nicht eingehalten, ist die Klage **unbegründet**, soweit der Beschluss nicht nichtig ist. Um dieser Ausschlussfrist zu genügen, muss die Klage den anzufechtenden Lebenssachverhalt so beschreiben, dass das Gericht in der Lage ist, seinen wesentlichen Kern zu prüfen (BGH NJW 2009, 2132). Werden mehrere Beschlüsse einer Versammlung angefochten, ohne die Anfechtung auf einen bestimmbaren Teil der Beschlüsse zu beschränken, ist der Klageantrag zu unbestimmt. Denn innerhalb der Anfechtungsfrist muss für das Gericht erkennbar sein, welche Beschlüsse konkret angefochten werden (BGH NJW 2017, 2918). Nach Fristablauf ist ein Nachschieben neuer Anfechtungsgründe nicht möglich (BGH NJW 2009, 999). Sind die entsprechenden Tatsachen rechtzeitig vorgetragen, ist es auch im Nachhinein möglich, daraus einen weiteren Anfechtungsgrund abzuleiten (BGH NJW 2015, 3371). Eine **Wiedereinsetzung** in den vorigen Stand ist nach §§ 233 ff. ZPO auch hier möglich (**Satz 2**).

Teil 4 Ergänzende Bestimmungen

§ 46 WEG
Veräußerung ohne erforderliche Zustimmung

¹Fehlt eine nach § 12 erforderliche Zustimmung, so sind die Veräußerung und das zugrundeliegende Verpflichtungsgeschäft unbeschadet der sonstigen Voraussetzungen wirksam, wenn die Eintragung der Veräußerung oder einer Auflassungsvormerkung in das Grundbuch vor dem 15. Januar 1994 erfolgt ist und es sich um die erstmalige Veräußerung dieses Wohnungseigentums nach seiner Begründung handelt, es sei denn, dass eine rechtskräftige gerichtliche Entscheidung entgegensteht. ²Das Fehlen der Zustimmung steht in diesen Fällen dem Eintritt der Rechtsfolgen des § 878 Bürgerlichen Gesetzbuchs nicht entgegen. ³Die Sätze 1 und 2 gelten entsprechend in den Fällen der §§ 30 und 35 des Wohnungseigentumsgesetzes.

Anmerkungen:

1. In einem Beschluss aus dem Jahre 1991 hat der Bundesgerichtshof entschieden, dass im Falle einer vereinbarten Veräußerung die Zustimmung nach § 12 auch dann erforderlich ist, wenn die Veräußerung aus der Hand des teilenden Eigentümers nach Entstehung der Wohnungseigentümergemeinschaft erfolgt (BGH NJW 1991, 1613). Diese Entscheidung hatte zur Folge, dass Verträge über die Ersterveräußerung von Wohnraumeigentum, die ohne Zustimmung des Eigentümers geschlossen wurden, sowohl schuldrechtlich als auch dinglich **schwebend unwirksam** waren. Damit konnte in diesem Fall kein Wohnungseigentum für die Erwerber begründet werden. Da bis zur Entscheidung des Bundesgerichtshofs eine Zustimmung nach § 12 als nicht für erforderlich erachtet worden war, waren die Auswirkungen erheblich, zumal eine Grundbucheintragung diese Unwirksamkeit nicht heilte. Durch die Einfügung dieser Vorschrift in Art. 1 des *Gesetzes zur Heilung des Erwerbs von Wohnungseigentum* vom 03. Januar 1994 (BGBl. I 1994, 66) wurde der Formmangel geheilt.

2. Bei einer Teilung nach § 3 war immer schon auch der Ersterwerb als zustimmungspflichtig angesehen worden (Staudinger-*Rapp* WEG § 61 Rz. 1). Die Vorschrift bezieht sich daher nur auf die **erstmalige Veräußerung** oder Teilung gemäß § 8. Sie bestimmt, dass das schuldrechtliche und das dingliche Rechtsgeschäft (unbenommen

anderer Nichtigkeitsgründe) **rückwirkend wirksam** werden, wenn die (Erst-)Veräußerung oder eine entsprechende Auflassungsvormerkung vor dem 15. Januar 1994 im Grundbuch eingetragen worden ist. Voraussetzung ist weiter, dass dem keine rechtskräftige gerichtliche Entscheidung entgegensteht. Die Vorschrift gilt gemäß **Satz 3** entsprechend für das Wohnungserbbaurecht und für das Dauerwohnrecht.

§ 47 WEG
Auslegung von Altvereinbarungen

¹Vereinbarungen, die vor dem 1. Dezember 2020 getroffen wurden und die von solchen Vorschriften dieses Gesetzes abweichen, die durch das Wohnungseigentumsmodernisierungsgesetz vom 16. Oktober 2020 (BGBl. I S. 2187) geändert wurden, stehen der Anwendung dieser Vorschriften in der vom 1. Dezember 2020 an geltenden Fassung nicht entgegen, soweit sich aus der Vereinbarung nicht ein anderer Wille ergibt. ²Ein solcher Wille ist im Regelfall nicht anzunehmen.

Anmerkungen:

1. Diese Vorschrift soll sicherstellen, dass die geänderten Vorschriften des WEG in der Regel auch in den Gemeinschaften gelten, in denen Wohnungseigentum **vor Inkrafttreten** der Änderungen **begründet** worden ist. Die Vorschrift bewirkt, dass Vereinbarungen, die vor Inkrafttreten der Änderungen getroffen wurden, der Anwendung der geänderten Vorschriften nur dann entgegenstehen, wenn sich ein entsprechender Wille aus der Vereinbarung mit hinreichender Deutlichkeit ergibt. Eine solche Vorschrift ist notwendig, da viele Gemeinschaftsordnungen nur den Wortlaut des bei ihrer Errichtung geltenden Gesetzes wiederholen. In der Regel wird damit nicht bezweckt, dass diese Vorschriften auch gegenüber späteren Gesetzesänderungen Vorrang genießen sollen.

2. Eine abweichende Vereinbarung, die der Anwendung der geänderten Vorschriften entgegensteht, ist nach **Satz 1** nur anzunehmen, wenn sich aus der Vereinbarung der **Wille** ergibt, dass die Vereinbarung auch gegenüber künftigen Gesetzesänderungen Vorrang genießen soll. Aufgrund der negativen Formulierung hat derjenige, der einen solchen Willen behauptet, diesen Willen zu **beweisen**. Der

Wille muss sich dabei aus der Vereinbarung selbst ergeben. Nach **Satz 2** ist das im Regelfall nicht anzunehmen. Andererseits ist es im Einzelfall jedoch nicht ausgeschlossen, dass sich ein solcher Wille aus einer Vereinbarung und ihrem Kontext mit hinreichender Deutlichkeit ergibt.

§ 48 WEG
Übergangsvorschriften

(1) [1]§ 5 Absatz 4, § 7 Absatz 4 und § 10 Absatz 3 in der vom 1. Dezember 2020 an geltenden Fassung gelten auch für solche Beschlüsse, die vor diesem Zeitpunkt gefasst oder durch gerichtliche Entscheidung ersetzt wurden. [2]Abweichend davon bestimmt sich die Wirksamkeit eines Beschlusses im Sinne des Satzes 1 gegen den Sondernachfolger eines Wohnungseigentümers nach § 10 Absatz 4 in der vor dem 1. Dezember 2020 geltenden Fassung, wenn die Sondernachfolge bis zum 31. Dezember 2025 eintritt. [3]Jeder Wohnungseigentümer kann bis zum 31. Dezember 2025 verlangen, dass ein Beschluss im Sinne des Satzes 1 erneut gefasst wird; § 204 Absatz 1 Nummer 1 des Bürgerlichen Gesetzbuchs gilt entsprechend.

(2) § 5 Absatz 4 Satz 3 gilt in der vor dem 1. Dezember 2020 geltenden Fassung weiter für Vereinbarungen und Beschlüsse, die vor diesem Zeitpunkt getroffen oder gefasst wurden, und zu denen vor dem 1. Dezember 2020 alle Zustimmungen erteilt wurden, die nach den bis zu diesem Zeitpunkt geltenden Vorschriften erforderlich waren.

(3) [1]§ 7 Absatz 3 Satz 2 gilt auch für Vereinbarungen und Beschlüsse, die vor dem 1. Dezember 2020 getroffen oder gefasst wurden. [2]Ist eine Vereinbarung oder ein Beschluss im Sinne des Satzes 1 entgegen der Vorgabe des § 7 Absatz 3 Satz 2 nicht ausdrücklich im Grundbuch eingetragen, erfolgt die ausdrückliche Eintragung in allen Wohnungsgrundbüchern nur auf Antrag eines Wohnungseigentümers oder der Gemeinschaft der Wohnungseigentümer. [3]Ist die Haftung von Sondernachfolgern für Geldschulden entgegen der Vorgabe des § 7 Absatz 3 Satz 2 nicht ausdrücklich im Grundbuch eingetragen, lässt dies die Wirkung gegen den Sondernachfolger eines Wohnungseigentümers unberührt, wenn die Sondernachfolge bis zum 31. Dezember 2025 eintritt.

(4) [1]§ 19 Absatz 2 Nummer 6 ist ab dem 1. Dezember 2022 anwendbar. [2]Eine Person, die am 1. Dezember 2020 Verwalter einer Gemeinschaft der Wohnungseigentümer war, gilt gegenüber den Wohnungseigentümern die-

ser Gemeinschaft der Wohnungseigentümer bis zum 1. Juni 2024 als zertifizierter Verwalter.

(5) Für die bereits vor dem 1. Dezember 2020 bei Gericht anhängigen Verfahren sind die Vorschriften des dritten Teils dieses Gesetzes in ihrer bis dahin geltenden Fassung weiter anzuwenden.

Anmerkungen:

1. Nach § 5 Abs. 4 Satz 1 können aufgrund einer Vereinbarung gefasste Beschlüsse durch Eintragung ins Grundbuch zum Inhalt des Sondereigentums gemacht werden. Nach § 10 Abs. 3 Satz 1 ist die Eintragung notwendig, damit diese Beschlüsse gegenüber Sondernachfolgern wirken. **Abs. 1 Satz 1** ordnet an, dass für die Wirkung gegen **Sondernachfolger** grundsätzlich auch die **Eintragung** solcher Beschlüsse notwendig ist, die **vor** Inkrafttreten der Neuregelung gefasst oder durch eine gerichtliche Entscheidung ersetzt wurden (sog. **Altbeschlüsse**).

2. **Abs. 1 Satz 2** sieht eine **Übergangsfrist** bis zum **31. Dezember 2025** vor. Sie verhindert, dass Altbeschlüsse gegenüber Sondernachfolgern nicht wirken, weil die Sondernachfolge eintritt, bevor der Beschluss im Grundbuch eingetragen ist. Damit ist ausreichend Zeit vorhanden, um die Eintragung von Altbeschlüssen oder zumindest einer entsprechenden Vormerkung in das Grundbuch zu bewirken.

3. Für das **Eintragungsverfahren** gelten die Vorschriften des § 7 Abs. 4. Es genügt eine Niederschrift über den Altbeschluss in der dort vorgeschriebenen Form sowie eine Erklärung der in § 24 Abs. 6 genannten Personen, dass die Anfechtungsfrist abgelaufen und kein gerichtliches Verfahren anhängig ist.

4. Für den Fall, dass diese Personen nicht mehr zur Verfügung stehen, sieht **Abs. 1 Satz 3** eine weitere Erleichterung vor: Die Vorschrift gewährt jedem Wohnungseigentümer einen Anspruch darauf, dass ein nach Satz 1 einzutragender Altbeschluss erneut gefasst wird. Der erneut gefasste Beschluss kann dann nach § 7 Abs. 4 eingetragen werden. Der Anspruch setzt voraus, dass ein wirksamer Altbeschluss gefasst wurde. Erfüllen die Wohnungseigentümer diesen Anspruch nicht durch eine entsprechende Beschlussfassung, kann eine Beschlussersetzungsklage erhoben werden (§ 44 Abs. 1 Satz 2).

Der Anspruch ist bis zum 31. Dezember 2025 **befristet**. Ist bei Fristablauf eine Beschlussersetzungsklage rechtshängig, besteht der Anspruch bis zum Abschluss des Verfahrens weiter, denn **Abs. 1 Satz 2 HS 2** ordnet die entsprechende Anwendung von § 204 Abs. 1 Nr. 1 BGB an. Der Fortbestand des Anspruchs hat jedoch keine Auswirkungen auf Sondernachfolger, wenn die Sondernachfolge nach Ablauf der Frist eintritt; gegen sie wirkt der Altbeschluss nur bei Eintragung im Grundbuch.

5.

Die Aufhebung des nach alter Rechtslage geltenden § 5 Abs. 4 Satz 3 bewirkt, dass bestimmte Vereinbarungen und Beschlüsse, die nach altem Recht **keiner Zustimmung** Dritter bedurften, nunmehr eine solche benötigen. **Abs. 2** verhindert, dass Vereinbarungen oder Beschlüsse, die vor Inkrafttreten der Neuregelung am 1. Dezember 2020 bereits wirksam geworden sind, nachträglich wieder schwebend unwirksam werden. Er ordnet an, dass Vereinbarungen und Beschlüsse, die bis zum Inkrafttreten der Neuregelung getroffen oder gefasst wurden und zu denen alle Zustimmungen erteilt worden sind, die nach den bis zu diesem Zeitpunkt geltenden Vorschriften erforderlich waren, durch die Neuregelung **nicht** berührt werden. Die alte Fassung des § 5 Abs. 4 Satz 3 gilt für diese Vereinbarungen und Beschlüsse weiter.

6.

Abs. 3 betrifft Vereinbarungen über Veräußerungsbeschränkungen nach § 12 und über die Haftung von Sondernachfolgern für Geldschulden, die vor dem Inkrafttreten der Neuregelung getroffen wurden. Er gilt auch für Beschlüsse dieses Inhalts, die aufgrund einer Vereinbarung gefasst wurden. Nach **Abs. 3 Satz 1** gilt § 7 Abs. 3 Satz 2 auch für diese Vereinbarungen und Beschlüsse. Selbst wenn sie bereits nach dem geltenden § 7 Abs. 3 unter Bezugnahme eingetragen worden sind, sind sie nunmehr ausdrücklich in das Grundbuch einzutragen. Grundbuchrechtlich handelt es sich dabei um eine Richtigstellung, die nach **Abs. 3 Satz 2** aber nicht von Amts wegen, sondern nur auf Antrag eines Wohnungseigentümers oder der Gemeinschaft, die dabei in der Regel durch den Verwalter vertreten wird (§ 9b Abs. 1 Satz 1), in allen Wohnungsgrundbüchern erfolgt; einer Bewilligung bedarf es nicht. **Abs. 3 Satz 3** gewährt für nicht eingetragene Haftungsklauseln eine **Übergangsfrist** bis zum 31. Dezember 2025. Eine Haftungsklausel, die lediglich durch Bezugnahme nach dem alten § 7 Abs. 3, aber nicht ausdrücklich

7.

im Grundbuch eingetragen ist, wirkt demnach gegenüber Sondernachfolgern, wenn die Sondernachfolge bis zum Ablauf der Übergangsfrist eintritt.

8. Da das nunmehr erforderliche Zertifizierungsverfahren für Verwalter (§ 26a) erst geschaffen werden muss, bestimmt **Abs. 4 Satz 1**, dass § 19 Abs. 2 Nr. 6, der den Anspruch auf Bestellung eines zertifizierten Verwalters begründet, erst zwei Jahre nach Inkrafttreten dieses Gesetzes Anwendung findet. **Abs. 4 Satz 2** sieht eine Übergangsfrist bis zum 1. Juni 2024 für Personen vor, die bei Inkrafttreten dieses Gesetzes am 1. Dezember 2020 bereits zum Verwalter bestellt sind. Sie gelten gegenüber den Wohnungseigentümern der betroffenen Gemeinschaft noch für weitere dreieinhalb Jahre als zertifizierter Verwalter. In dieser Zeit haben sie die Möglichkeit, die Zertifizierung zu erlangen. Soweit sie dies nicht machen, erlischt deren Verwaltervertrag mit Ablauf des 1. Juni 2024 automatisch.

9. Die in der Neuordnung des WEMoG vorgesehenen Änderungen des Verfahrensrechts sollen ein bereits anhängiges Verfahren unberührt lassen. Daher sind Verfahren, die bei Inkrafttreten der Neuregelung am 1. Dezember 2020 bei Gericht **anhängig** waren, gemäß **Abs. 5** nach den bis zu diesem Zeitpunkt geltenden Vorschriften zu führen.

§ 49 WEG
Überleitung bestehender Rechtsverhältnisse

(1) Werden Rechtsverhältnisse, mit denen ein Rechtserfolg bezweckt wird, der den durch dieses Gesetz geschaffenen Rechtsformen entspricht, in solche Rechtsformen umgewandelt, so ist als Geschäftswert für die Berechnung der hierdurch veranlassten Gebühren der Gerichte und Notare im Falle des Wohnungseigentums ein Fünfundzwanzigstel des Einheitswertes des Grundstückes, im Falle des Dauerwohnrechtes ein Fünfundzwanzigstel des Wertes des Rechtes anzunehmen.

(2) Durch Landesgesetz können Vorschriften zur Überleitung bestehender, auf Landesrecht beruhender Rechtsverhältnisse in die durch dieses Gesetz geschaffenen Rechtsformen getroffen werden.

Anmerkungen:

1. **Abs. 1** schafft als Spezialvorschrift zum GNotKG einen **gebührenrechtlichen Anreiz**, bestehende Rechtsverhältnisse aus der Zeit vor

Inkrafttreten des WEG in die in diesem Gesetz geschaffenen Rechtsformen zu überführen. Dies kann durch die Umwandlung von (landesrechtlichem) **Stockwerkseigentum** in Wohnungseigentum und durch die Umwandlung eines **dinglichen Wohnrechts** in ein Dauerwohnrecht erfolgen.

Landesrechtliche Vorschriften im Sinne des **Abs. 2** haben **Hessen** mit dem *Gesetz zur Überleitung des Stockwerkeigentums* vom 06. Januar 1962 (GVBl. S. 17) und **Baden-Württemberg** (§§ 35 ff. des *Ausführungsgesetzes zum Bürgerlichen Gesetzbuch* vom 26. November 1974, GesBl. S. 498) erlassen. 2.

ANHANG

Gesetz über das Wohnungseigentum und das Dauerwohnrecht (Wohnungseigentumsgesetz – WEG)

vom 15. März 1951 (BGBl. S. 175), zuletzt geändert durch Gesetz vom 16. Oktober 2020 (BGBl. S. 2187)

Inhaltsverzeichnis

Teil 1
Wohnungseigentum
Abschnitt 1
Begriffsbestimmungen
§ 1 WEG Begriffsbestimmungen

Abschnitt 2 **Begründung des Wohneigentums**
§ 2 WEG Arten der Begründung
§ 3 WEG Vertragliche Einräumung von Sondereigentum
§ 4 WEG Formvorschriften
§ 5 WEG Gegenstand und Inhalt des Sondereigentums
§ 6 WEG Unselbständigkeit des Sondereigentums
§ 7 WEG Grundbuchvorschriften
§ 8 WEG Teilung durch den Eigentümer
§ 9 WEG Schließung der Wohnungsgrundbücher

Abschnitt 3
Rechtsfähige Gemeinschaft der Wohnungseigentümer
§ 9a WEG Gemeinschaft der Wohnungseigentümer
§ 9b WEG Vertretung

Abschnitt 4
Rechtsverhältnis der Wohnungseigentümer untereinander und zur Gemeinschaft der Wohnungseigentümer
§ 10 WEG Allgemeine Grundsätze
§ 11 WEG Aufhebung der Gemeinschaft
§ 12 WEG Veräußerungsbeschränkung
§ 13 WEG Rechte des Wohnungseigentümers aus dem Sondereigentum
§ 14 WEG Pflichten des Wohnungseigentümers
§ 15 WEG Pflichten Dritter
§ 16 WEG Nutzungen und Kosten
§ 17 WEG Entziehung des Wohnungseigentums
§ 18 WEG Verwaltung und Benutzung
§ 19 WEG Regelung der Verwaltung und Benutzung durch Beschluss

§ 20 WEG	Bauliche Veränderungen
§ 21 WEG	Nutzungen und Kosten bei baulichen Veränderungen
§ 22 WEG	Wiederaufbau
§ 23 WEG	Wohnungseigentümerversammlung
§ 24 WEG	Einberufung, Vorsitz, Niederschrift
§ 25 WEG	Beschlussfassung
§ 26 WEG	Bestellung und Abberufung des Verwalters
§ 26a WEG	Zertifizierter Verwalter
§ 27 WEG	Aufgaben und Befugnisse des Verwalters
§ 28 WEG	Wirtschaftsplan, Jahresabrechnung, Vermögensbericht
§ 29 WEG	Verwaltungsbeirat

Abschnitt 5
Wohnungserbbaurecht
§ 30 WEG Wohnungserbbaurecht

Teil 2
Dauerwohnrecht
§ 31 WEG Begriffsbestimmungen
§ 32 WEG Voraussetzungen der Eintragung
§ 33 WEG Inhalt des Dauerwohnrechts
§ 34 WEG Ansprüche des Eigentümers und der Dauerwohnberechtigten
§ 35 WEG Veräußerungsbeschränkung
§ 36 WEG Heimfallanspruch
§ 37 WEG Vermietung
§ 38 WEG Eintritt in das Rechtsverhältnis
§ 39 WEG Zwangsversteigerung
§ 40 WEG Haftung des Entgelts
§ 41 WEG Besondere Vorschriften für langfristige Dauerwohnrechte
§ 42 WEG Belastung eines Erbbaurechts

Teil 3
Verfahrensvorschriften
§ 43 WEG Zuständigkeit
§ 44 WEG Beschlussklagen
§ 45 WEG Fristen der Anfechtungsklage

Teil 4
Ergänzende Bestimmungen
§ 46 WEG Veräußerung ohne erforderliche Zustimmung
§ 47 WEG Auslegung von Altvereinbarungen
§ 48 WEG Übergangsvorschriften
§ 49 WEG Überleitung bestehender Rechtsverhältnisse

Teil 1 Wohnungseigentum

Abschnitt 1
Begriffsbestimmungen

§ 1 WEG
Begriffsbestimmungen

(1) Nach Maßgabe dieses Gesetzes kann an Wohnungen das Wohnungseigentum, an nicht zu Wohnzwecken dienenden Räumen eines Gebäudes das Teileigentum begründet werden.

(2) Wohnungseigentum ist das Sondereigentum an einer Wohnung in Verbindung mit dem Miteigentumsanteil an dem gemeinschaftlichen Eigentum, zu dem es gehört.

(3) Teileigentum ist das Sondereigentum an nicht zu Wohnzwecken dienenden Räumen eines Gebäudes in Verbindung mit dem Miteigentumsanteil an dem gemeinschaftlichen Eigentum, zu dem es gehört.

(4) Wohnungseigentum und Teileigentum können nicht in der Weise begründet werden, dass das Sondereigentum mit Miteigentum an mehreren Grundstücken verbunden wird.

(5) Gemeinschaftliches Eigentum im Sinne dieses Gesetzes sind das Grundstück und das Gebäude, soweit sie nicht im Sondereigentum oder im Eigentum eines Dritten stehen.

(6) Für das Teileigentum gelten die Vorschriften über das Wohnungseigentum entsprechend.

Abschnitt 2
Begründung des Wohneigentums

§ 2 WEG
Arten der Begründung

Wohnungseigentum wird durch die vertragliche Einräumung von Sondereigentum (§ 3) oder durch Teilung (§ 8) begründet.

§ 3 WEG
Vertragliche Einräumung von Sondereigentum

(1) ¹Das Miteigentum (§ 1008 des Bürgerlichen Gesetzbuchs) an einem Grundstück kann durch Vertrag der Miteigentümer in der Weise beschränkt

werden, dass jedem der Miteigentümer abweichend von § 93 des Bürgerlichen Gesetzbuchs das Eigentum an einer bestimmten Wohnung oder an nicht zu Wohnzwecken dienenden bestimmten Räumen in einem auf dem Grundstück errichteten oder zu errichtenden Gebäude (Sondereigentum) eingeräumt wird. ²Stellplätze gelten als Räume im Sinne des Satzes 1.

(2) Das Sondereigentum kann auf einen außerhalb des Gebäudes liegenden Teil des Grundstücks erstreckt werden, es sei denn, die Wohnung oder die nicht zu Wohnzwecken dienenden Räume bleiben dadurch wirtschaftlich nicht die Hauptsache.

(3) Sondereigentum soll nur eingeräumt werden, wenn die Wohnungen oder sonstigen Räume in sich abgeschlossen sind und Stellplätze sowie außerhalb des Gebäudes liegende Teile des Grundstücks durch Maßangaben im Aufteilungsplan bestimmt sind.

§ 4 WEG
Formvorschriften

(1) Zur Einräumung und zur Aufhebung des Sondereigentums ist die Einigung der Beteiligten über den Eintritt der Rechtsänderung und die Eintragung in das Grundbuch erforderlich.

(2) ¹Die Einigung bedarf der für die Auflassung vorgeschriebenen Form. ²Sondereigentum kann nicht unter einer Bedingung oder Zeitbestimmung eingeräumt oder aufgehoben werden.

(3) Für einen Vertrag, durch den sich ein Teil verpflichtet, Sondereigentum einzuräumen, zu erwerben oder aufzuheben, gilt § 311b Abs. 1 des Bürgerlichen Gesetzbuchs entsprechend.

§ 5 WEG
Gegenstand und Inhalt des Sondereigentums

(1) ¹Gegenstand des Sondereigentums sind die gemäß § 3 Absatz 1 bestimmten Räume sowie die zu diesen Räumen gehörenden Bestandteile des Gebäudes, die verändert, beseitigt oder eingefügt werden können, ohne dass dadurch das gemeinschaftliche Eigentum oder ein auf Sondereigentum beruhendes Recht eines anderen Wohnungseigentümers über das bei einem geordneten Zusammenleben unvermeidliche Maß hinaus beeinträchtigt oder die äußere Gestaltung des Gebäudes verändert wird. ²Soweit sich das Sondereigentum auf außerhalb des Gebäudes liegende Teile des Grundstücks erstreckt, gilt § 94 Absatz 1 des Bürgerlichen Gesetzbuchs entsprechend.

(2) Teile des Gebäudes, die für dessen Bestand oder Sicherheit erforderlich sind, sowie Anlagen und Einrichtungen, die dem gemeinschaftlichen Gebrauch der Wohnungseigentümer dienen, sind nicht Gegenstand des Sondereigentums, selbst wenn sie sich im Bereich der im Sondereigentum stehenden Räume oder Teile des Grundstücks befinden.

(3) Die Wohnungseigentümer können vereinbaren, dass Bestandteile des Gebäudes, die Gegenstand des Sondereigentums sein können, zum gemeinschaftlichen Eigentum gehören.

(4) ¹Vereinbarungen über das Verhältnis der Wohnungseigentümer untereinander und Beschlüsse aufgrund einer solchen Vereinbarung können nach den Vorschriften des Abschnitts 4 zum Inhalt des Sondereigentums gemacht werden. ²Ist das Wohnungseigentum mit der Hypothek, Grund- oder Rentenschuld oder der Reallast eines Dritten belastet, so ist dessen nach anderen Rechtsvorschriften notwendige Zustimmung nur erforderlich, wenn ein Sondernutzungsrecht begründet oder ein mit dem Wohnungseigentum verbundenes Sondernutzungsrecht aufgehoben, geändert oder übertragen wird.

§ 6 WEG
Unselbständigkeit des Sondereigentums

(1) Das Sondereigentum kann ohne den Miteigentumsanteil, zu dem es gehört, nicht veräußert oder belastet werden.

(2) Rechte an dem Miteigentumsanteil erstrecken sich auf das zu ihm gehörende Sondereigentum.

§ 7 WEG
Grundbuchvorschriften

(1) ¹Im Falle des § 3 Abs. 1 wird für jeden Miteigentumsanteil von Amts wegen ein besonderes Grundbuchblatt (Wohnungsgrundbuch, Teileigentumsgrundbuch) angelegt. ²Auf diesem ist das zu dem Miteigentumsanteil gehörende Sondereigentum und als Beschränkung des Miteigentums die Einräumung der zu den anderen Miteigentumsanteilen gehörenden Sondereigentumsrechte einzutragen. ³Das Grundbuchblatt des Grundstücks wird von Amts wegen geschlossen.

(2) ¹Zur Eintragung eines Beschlusses im Sinne des § 5 Absatz 4 Satz 1 bedarf es der Bewilligungen der Wohnungseigentümer nicht, wenn der Beschluss durch eine Niederschrift, bei der die Unterschriften der in § 24

Absatz 6 bezeichneten Personen öffentlich beglaubigt sind, oder durch ein Urteil in einem Verfahren nach § 44 Absatz 1 Satz 2 nachgewiesen ist. ²Antragsberechtigt ist auch die Gemeinschaft der Wohnungseigentümer.

(3) ¹Zur näheren Bezeichnung des Gegenstands und des Inhalts des Sondereigentums kann auf die Eintragungsbewilligung oder einen Nachweis gemäß Absatz 2 Satz 1 Bezug genommen werden. ²Veräußerungsbeschränkungen (§ 12) und die Haftung von Sondernachfolgern für Geldschulden sind jedoch ausdrücklich einzutragen.

(4) ¹Der Eintragungsbewilligung sind als Anlagen beizufügen:

1. eine von der Baubehörde mit Unterschrift und Siegel oder Stempel versehene Bauzeichnung, aus der die Aufteilung des Gebäudes und des Grundstücks sowie die Lage und Größe der im Sondereigentum und der im gemeinschaftlichen Eigentum stehenden Teile des Gebäudes und des Grundstücks ersichtlich ist (Aufteilungsplan); alle zu demselben Wohnungseigentum gehörenden Einzelräume und Teile des Grundstücks sind mit der jeweils gleichen Nummer zu kennzeichnen;

2. eine Bescheinigung der Baubehörde, dass die Voraussetzungen des § 3 Absatz 3 vorliegen.

²Wenn in der Eintragungsbewilligung für die einzelnen Sondereigentumsrechte Nummern angegeben werden, sollen sie mit denen des Aufteilungsplans übereinstimmen.

(5) Für Teileigentumsgrundbücher gelten die Vorschriften über Wohnungsgrundbücher entsprechend.

§ 8 WEG
Teilung durch den Eigentümer

(1) Der Eigentümer eines Grundstücks kann durch Erklärung gegenüber dem Grundbuchamt das Eigentum an dem Grundstück in Miteigentumsanteile in der Weise teilen, dass mit jedem Anteil Sondereigentum verbunden ist.

(2) Im Falle des Absatzes 1 gelten § 3 Absatz 1 Satz 2, Absatz 2 und 3, § 4 Absatz 2 Satz 2 sowie die §§ 5 bis 7 entsprechend.

(3) Wer einen Anspruch auf Übertragung von Wohnungseigentum gegen den teilenden Eigentümer hat, der durch Vormerkung im Grundbuch gesichert ist, gilt gegenüber der Gemeinschaft der Wohnungseigentümer und den anderen Wohnungseigentümern anstelle des teilenden Eigentümers als

Wohnungseigentümer, sobald ihm der Besitz an den zum Sondereigentum gehörenden Räumen übergeben wurde.

§ 9 WEG
Schließung der Wohnungsgrundbücher

(1) Die Wohnungsgrundbücher werden geschlossen:

1. von Amts wegen, wenn die Sondereigentumsrechte gemäß § 4 aufgehoben werden;
2. auf Antrag des Eigentümers, wenn sich sämtliche Wohnungseigentumsrechte in einer Person vereinigen.

(2) Ist ein Wohnungseigentum selbständig mit dem Recht eines Dritten belastet, so werden die allgemeinen Vorschriften, nach denen zur Aufhebung des Sondereigentums die Zustimmung des Dritten erforderlich ist, durch Absatz 1 nicht berührt.

(3) Werden die Wohnungsgrundbücher geschlossen, so wird für das Grundstück ein Grundbuchblatt nach den allgemeinen Vorschriften angelegt; die Sondereigentumsrechte erlöschen, soweit sie nicht bereits aufgehoben sind, mit der Anlegung des Grundbuchblatts.

Abschnitt 3
Rechtsfähige Gemeinschaft der Wohnungseigentümer

§ 9a WEG
Gemeinschaft der Wohnungseigentümer

(1) [1]Die Gemeinschaft der Wohnungseigentümer kann Rechte erwerben und Verbindlichkeiten eingehen, vor Gericht klagen und verklagt werden. [2]Die Gemeinschaft der Wohnungseigentümer entsteht mit Anlegung der Wohnungsgrundbücher; dies gilt auch im Fall des § 8. [3]Sie führt die Bezeichnung „Gemeinschaft der Wohnungseigentümer" oder „Wohnungseigentümergemeinschaft" gefolgt von der bestimmten Angabe des gemeinschaftlichen Grundstücks.

(2) Die Gemeinschaft der Wohnungseigentümer übt die sich aus dem gemeinschaftlichen Eigentum ergebenden Rechte sowie solche Rechte der Wohnungseigentümer aus, die eine einheitliche Rechtsverfolgung erfordern, und nimmt die entsprechenden Pflichten der Wohnungseigentümer wahr.

(3) Für das Vermögen der Gemeinschaft der Wohnungseigentümer (Gemeinschaftsvermögen) gelten § 18, § 19 Absatz 1 und § 27 entsprechend.

(4) ¹Jeder Wohnungseigentümer haftet einem Gläubiger nach dem Verhältnis seines Miteigentumsanteils (§ 16 Absatz 1 Satz 2) für Verbindlichkeiten der Gemeinschaft der Wohnungseigentümer, die während seiner Zugehörigkeit entstanden oder während dieses Zeitraums fällig geworden sind; für die Haftung nach Veräußerung des Wohnungseigentums ist § 160 des Handelsgesetzbuchs entsprechend anzuwenden. ²Er kann gegenüber einem Gläubiger neben den in seiner Person begründeten auch die der Gemeinschaft der Wohnungseigentümer zustehenden Einwendungen und Einreden geltend machen, nicht aber seine Einwendungen und Einreden gegenüber der Gemeinschaft der Wohnungseigentümer. ³Für die Einrede der Anfechtbarkeit und Aufrechenbarkeit ist § 770 des Bürgerlichen Gesetzbuchs entsprechend anzuwenden.

(5) Ein Insolvenzverfahren über das Gemeinschaftsvermögen findet nicht statt.

§ 9b WEG
Vertretung

(1) ¹Die Gemeinschaft der Wohnungseigentümer wird durch den Verwalter gerichtlich und außergerichtlich vertreten, beim Abschluss eines Grundstückskauf- oder Darlehensvertrags aber nur aufgrund eines Beschlusses der Wohnungseigentümer. ²Hat die Gemeinschaft der Wohnungseigentümer keinen Verwalter, wird sie durch die Wohnungseigentümer gemeinschaftlich vertreten. ³Eine Beschränkung des Umfangs der Vertretungsmacht ist Dritten gegenüber unwirksam.

(2) Dem Verwalter gegenüber vertritt der Vorsitzende des Verwaltungsbeirats oder ein durch Beschluss dazu ermächtigter Wohnungseigentümer die Gemeinschaft der Wohnungseigentümer.

Abschnitt 4
Rechtsverhältnis der Wohnungseigentümer untereinander und zur Gemeinschaft der Wohnungseigentümer

§ 10 WEG
Allgemeine Grundsätze

(1) ¹Das Verhältnis der Wohnungseigentümer untereinander und zur Gemeinschaft der Wohnungseigentümer bestimmt sich nach den Vorschriften dieses Gesetzes und, soweit dieses Gesetz keine besonderen Bestimmungen enthält, nach den Vorschriften des Bürgerlichen Gesetzbuchs über die Gemeinschaft. ²Die Wohnungseigentümer können von den Vorschriften dieses Gesetzes abweichende Vereinbarungen treffen, soweit nicht etwas anderes ausdrücklich bestimmt ist.

(2) Jeder Wohnungseigentümer kann eine vom Gesetz abweichende Vereinbarung oder die Anpassung einer Vereinbarung verlangen, soweit ein Festhalten an der geltenden Regelung aus schwerwiegenden Gründen unter Berücksichtigung aller Umstände des Einzelfalles, insbesondere der Rechte und Interessen der anderen Wohnungseigentümer, unbillig erscheint.

(3) ¹Vereinbarungen, durch die die Wohnungseigentümer ihr Verhältnis untereinander in Ergänzung oder Abweichung von Vorschriften dieses Gesetzes regeln, die Abänderung oder Aufhebung solcher Vereinbarungen sowie Beschlüsse, die aufgrund einer Vereinbarung gefasst werden, wirken gegen den Sondernachfolger eines Wohnungseigentümers nur, wenn sie als Inhalt des Sondereigentums im Grundbuch eingetragen sind. ²Im Übrigen bedürfen Beschlüsse zu ihrer Wirksamkeit gegen den Sondernachfolger eines Wohnungseigentümers nicht der Eintragung in das Grundbuch.

§ 11 WEG
Aufhebung der Gemeinschaft

(1) ¹Kein Wohnungseigentümer kann die Aufhebung der Gemeinschaft verlangen. ²Dies gilt auch für eine Aufhebung aus wichtigem Grund. ³Eine abweichende Vereinbarung ist nur für den Fall zulässig, dass das Gebäude ganz oder teilweise zerstört wird und eine Verpflichtung zum Wiederaufbau nicht besteht.

(2) Das Recht eines Pfändungsgläubigers (§ 751 des Bürgerlichen Gesetzbuchs) sowie das im Insolvenzverfahren bestehende Recht (§ 84 Abs. 2 der

Insolvenzordnung), die Aufhebung der Gemeinschaft zu verlangen, ist ausgeschlossen.

(3) ¹Im Falle der Aufhebung der Gemeinschaft bestimmt sich der Anteil der Miteigentümer nach dem Verhältnis des Wertes ihrer Wohnungseigentumsrechte zur Zeit der Aufhebung der Gemeinschaft. ²Hat sich der Wert eines Miteigentumsanteils durch Maßnahmen verändert, deren Kosten der Wohnungseigentümer nicht getragen hat, so bleibt eine solche Veränderung bei der Berechnung des Wertes dieses Anteils außer Betracht.

§ 12 WEG
Veräußerungsbeschränkung

(1) Als Inhalt des Sondereigentums kann vereinbart werden, dass ein Wohnungseigentümer zur Veräußerung seines Wohnungseigentums der Zustimmung anderer Wohnungseigentümer oder eines Dritten bedarf.

(2) ¹Die Zustimmung darf nur aus einem wichtigen Grunde versagt werden. ²Durch Vereinbarung gemäß Absatz 1 kann dem Wohnungseigentümer darüber hinaus für bestimmte Fälle ein Anspruch auf Erteilung der Zustimmung eingeräumt werden.

(3) ¹Ist eine Vereinbarung gemäß Absatz 1 getroffen, so ist eine Veräußerung des Wohnungseigentums und ein Vertrag, durch den sich der Wohnungseigentümer zu einer solchen Veräußerung verpflichtet, unwirksam, solange nicht die erforderliche Zustimmung erteilt ist. ²Einer rechtsgeschäftlichen Veräußerung steht eine Veräußerung im Wege der Zwangsvollstreckung oder durch den Insolvenzverwalter gleich.

(4) ¹Die Wohnungseigentümer können beschließen, dass eine Veräußerungsbeschränkung gemäß Absatz 1 aufgehoben wird. ²Ist ein Beschluss gemäß Satz 1 gefasst, kann die Veräußerungsbeschränkung im Grundbuch gelöscht werden. ³§ 7 Absatz 2 gilt entsprechend.

§ 13 WEG
Rechte des Wohnungseigentümers aus dem Sondereigentum

(1) Jeder Wohnungseigentümer kann, soweit nicht das Gesetz entgegensteht, mit seinem Sondereigentum nach Belieben verfahren, insbesondere dieses bewohnen, vermieten, verpachten oder in sonstiger Weise nutzen, und andere von Einwirkungen ausschließen.

(2) Für Maßnahmen, die über die ordnungsmäßige Instandhaltung und Instandsetzung (Erhaltung) des Sondereigentums hinausgehen, gilt § 20 mit der Maßgabe entsprechend, dass es keiner Gestattung bedarf, soweit keinem der anderen Wohnungseigentümer über das bei einem geordneten Zusammenleben unvermeidliche Maß hinaus ein Nachteil erwächst.

§ 14 WEG
Pflichten des Wohnungseigentümers

(1) Jeder Wohnungseigentümer ist gegenüber der Gemeinschaft der Wohnungseigentümer verpflichtet,

1. die gesetzlichen Regelungen, die Vereinbarungen und die Beschlüsse einzuhalten und

2. das Betreten seines Sondereigentums und andere Einwirkungen auf dieses und das gemeinschaftliche Eigentum zu dulden, die den Vereinbarungen oder Beschlüssen entsprechen oder, wenn keine entsprechenden Vereinbarungen oder Beschlüsse bestehen, aus denen ihm über das bei einem geordneten Zusammenleben unvermeidliche Maß hinaus kein Nachteil erwächst.

(2) Jeder Wohnungseigentümer ist gegenüber den übrigen Wohnungseigentümern verpflichtet,

1. deren Sondereigentum nicht über das in Absatz 1 Nummer 2 bestimmte Maß hinaus zu beeinträchtigen und

2. Einwirkungen nach Maßgabe des Absatz 1 Nummer 2 zu dulden.

(3) Hat ein Wohnungseigentümer eine Einwirkung zu dulden, kann er einen angemessenen Ausgleich in Geld verlangen.

§ 15 WEG
Pflichten Dritter

Wer Wohnungseigentum gebraucht, ohne Wohnungseigentümer zu sein, hat gegenüber der Gemeinschaft der Wohnungseigentümer und anderen Wohnungseigentümern zu dulden:

1. die Erhaltung des gemeinschaftlichen Eigentums und des Sondereigentums, die ihm rechtzeitig angekündigt wurde; § 555a Absatz 2 des Bürgerlichen Gesetzbuchs gilt entsprechend;

2. Maßnahmen, die über die Erhaltung hinausgehen, die spätestens drei Monate vor ihrem Beginn in Textform angekündigt wurden; § 555c Absatz 1 Satz 2 Nummer 1 und 2, Absatz 2 bis 4 und § 555d Absatz 2 bis 5 des Bürgerlichen Gesetzbuchs gelten entsprechend.

§ 16 WEG
Nutzungen und Kosten

(1) ¹Jedem Wohnungseigentümer gebührt ein seinem Anteil entsprechender Bruchteil der Früchte des gemeinschaftlichen Eigentums und des Gemeinschaftsvermögens. ²Der Anteil bestimmt sich nach dem gemäß § 47 der Grundbuchordnung im Grundbuch eingetragenen Verhältnis der Miteigentumsanteile. ³Jeder Wohnungseigentümer ist zum Mitgebrauch des gemeinschaftlichen Eigentums nach Maßgabe des § 14 berechtigt.

(2) ¹Die Kosten der Gemeinschaft der Wohnungseigentümer, insbesondere der Verwaltung und des gemeinschaftlichen Gebrauchs des gemeinschaftlichen Eigentums, hat jeder Wohnungseigentümer nach dem Verhältnis seines Anteils (Absatz 1 Satz 2) zu tragen. ²Die Wohnungseigentümer können für einzelne Kosten oder bestimmte Arten von Kosten eine von Satz 1 oder von einer Vereinbarung abweichende Verteilung beschließen.

(3) Für die Kosten und Nutzungen bei baulichen Veränderungen gilt § 21.

§ 17 WEG
Entziehung des Wohnungseigentums

(1) Hat ein Wohnungseigentümer sich einer so schweren Verletzung der ihm gegenüber anderen Wohnungseigentümern oder der Gemeinschaft der Wohnungseigentümer obliegenden Verpflichtungen schuldig gemacht, dass diesen die Fortsetzung der Gemeinschaft mit ihm nicht mehr zugemutet werden kann, so kann die Gemeinschaft der Wohnungseigentümer von ihm die Veräußerung seines Wohnungseigentums verlangen.

(2) Die Voraussetzungen des Absatzes 1 liegen insbesondere vor, wenn der Wohnungseigentümer trotz Abmahnung wiederholt gröblich gegen die ihm nach § 14 Absatz 1 und 2 obliegenden Pflichten verstößt.

(3) Der in Absatz 1 bestimmte Anspruch kann durch Vereinbarung der Wohnungseigentümer nicht eingeschränkt oder ausgeschlossen werden.

(4) ¹Das Urteil, durch das ein Wohnungseigentümer zur Veräußerung seines Wohnungseigentums verurteilt wird, berechtigt zur Zwangsvollstreckung entsprechend den Vorschriften des Ersten Abschnitts des Gesetzes über die Zwangsversteigerung und die Zwangsverwaltung. ²Das Gleiche gilt für Schuldtitel im Sinne des § 794 der Zivilprozessordnung, durch die sich der Wohnungseigentümer zur Veräußerung seines Wohnungseigentums verpflichtet.

§ 18 WEG
Verwaltung und Benutzung

(1) Die Verwaltung des gemeinschaftlichen Eigentums obliegt der Gemeinschaft der Wohnungseigentümer.

(2) Jeder Wohnungseigentümer kann von der Gemeinschaft der Wohnungseigentümer

1. eine Verwaltung des gemeinschaftlichen Eigentums sowie
2. eine Benutzung des gemeinschaftlichen Eigentums und des Sondereigentums

verlangen, die dem Interesse der Gesamtheit der Wohnungseigentümer nach billigem Ermessen (ordnungsmäßige Verwaltung und Benutzung) und, soweit solche bestehen, den gesetzlichen Regelungen, Vereinbarungen und Beschlüssen entsprechen.

(3) Jeder Wohnungseigentümer ist berechtigt, ohne Zustimmung der anderen Wohnungseigentümer die Maßnahmen zu treffen, die zur Abwendung eines dem gemeinschaftlichen Eigentum unmittelbar drohenden Schadens notwendig sind.

(4) Jeder Wohnungseigentümer kann von der Gemeinschaft der Wohnungseigentümer Einsicht in die Verwaltungsunterlagen verlangen.

§ 19 WEG
Regelung der Verwaltung und Benutzung durch Beschluss

(1) Soweit die Verwaltung des gemeinschaftlichen Eigentums und die Benutzung des gemeinschaftlichen Eigentums und des Sondereigentums nicht durch Vereinbarung der Wohnungseigentümer geregelt sind, beschließen die Wohnungseigentümer eine ordnungsmäßige Verwaltung und Benutzung.

(2) Zur ordnungsmäßigen Verwaltung und Benutzung gehören insbesondere

1. die Aufstellung einer Hausordnung,
2. die ordnungsmäßige Erhaltung des gemeinschaftlichen Eigentums,
3. die angemessene Versicherung des gemeinschaftlichen Eigentums zum Neuwert sowie der Wohnungseigentümer gegen Haus- und Grundbesitzerhaftpflicht,
4. die Ansammlung einer angemessenen Erhaltungsrücklage,
5. die Festsetzung von Vorschüssen nach § 28 Absatz 1 Satz 1 sowie
6. die Bestellung eines zertifizierten Verwalters nach § 26a, es sei denn, es bestehen weniger als neun Sondereigentumsrechte, ein Wohnungseigentümer wurde zum Verwalter bestellt und weniger als ein Drittel der Wohnungseigentümer (§ 25 Absatz 2) verlangt die Bestellung eines zertifizierten Verwalters.

§ 20 WEG
Bauliche Veränderungen

(1) Maßnahmen, die über die ordnungsmäßige Erhaltung des gemeinschaftlichen Eigentums hinausgehen (bauliche Veränderungen), können beschlossen oder einem Wohnungseigentümer durch Beschluss gestattet werden.

(2) ¹Jeder Wohnungseigentümer kann angemessene bauliche Veränderungen verlangen, die

1. dem Gebrauch durch Menschen mit Behinderung,
2. dem Laden elektrisch betriebener Fahrzeuge,
3. dem Einbruchsschutz und
4. dem Anschluss an ein Telekommunikationsnetz mit sehr hoher Kapazität

dienen. ²Über die Durchführung ist im Rahmen ordnungsmäßiger Verwaltung zu beschließen.

(3) Unbeschadet des Absatzes 2 kann jeder Wohnungseigentümer verlangen, dass ihm eine bauliche Veränderung gestattet wird, wenn alle Wohnungseigentümer, deren Rechte durch die bauliche Veränderung über das bei einem geordneten Zusammenleben unvermeidliche Maß hinaus beeinträchtigt werden, einverstanden sind.

(4) Bauliche Veränderungen, die die Wohnanlage grundlegend umgestalten oder einen Wohnungseigentümer ohne sein Einverständnis gegenüber anderen unbillig benachteiligen, dürfen nicht beschlossen und gestattet werden; sie können auch nicht verlangt werden.

§ 21 WEG
Nutzungen und Kosten bei baulichen Veränderungen

(1) ¹Die Kosten einer baulichen Veränderung, die einem Wohnungseigentümer gestattet oder die auf sein Verlangen nach § 20 Absatz 2 durch die Gemeinschaft der Wohnungseigentümer durchgeführt wurde, hat dieser Wohnungseigentümer zu tragen. ²Nur ihm gebühren die Nutzungen.

(2) ¹Vorbehaltlich Absatz 1 haben alle Wohnungseigentümer die Kosten einer baulichen Veränderung nach dem Verhältnis ihrer Anteile (§ 16 Absatz 1 Satz 2) zu tragen,

1. die mit mehr als zwei Dritteln der abgegebenen Stimmen und der Hälfte aller Miteigentumsanteile beschlossen wurde, es sei denn, die bauliche Veränderung ist mit unverhältnismäßigen Kosten verbunden, oder

2. deren Kosten sich innerhalb eines angemessenen Zeitraums amortisieren.

²Für die Nutzungen gilt § 16 Absatz 1.

(3) ¹Die Kosten anderer als der in den Absätzen 1 und 2 bezeichneten baulichen Veränderungen haben die Wohnungseigentümer, die sie beschlossen haben, nach dem Verhältnis ihrer Anteile (§ 16 Absatz 1 Satz 2) zu tragen. ²Ihnen gebühren die Nutzungen entsprechend § 16 Absatz 1.

(4) ¹Ein Wohnungseigentümer, der nicht berechtigt ist, Nutzungen zu ziehen, kann verlangen, dass ihm dies nach billigem Ermessen gegen angemessenen Ausgleich gestattet wird. ²Für seine Beteiligung an den Nutzungen und Kosten gilt Absatz 3 entsprechend.

(5) ¹Die Wohnungseigentümer können eine abweichende Verteilung der Kosten und Nutzungen beschließen. ²Durch einen solchen Beschluss dürfen einem Wohnungseigentümer, der nach den vorstehenden Absätzen Kosten nicht zu tragen hat, keine Kosten auferlegt werden.

§ 22 WEG
Wiederaufbau

Ist das Gebäude zu mehr als der Hälfte seines Wertes zerstört und ist der Schaden nicht durch eine Versicherung oder in anderer Weise gedeckt, so kann der Wiederaufbau nicht beschlossen oder verlangt werden.

§ 23 WEG
Wohnungseigentümerversammlung

(1) ¹Angelegenheiten, über die nach diesem Gesetz oder nach einer Vereinbarung der Wohnungseigentümer die Wohnungseigentümer durch Beschluss entscheiden können, werden durch Beschlussfassung in einer Versammlung der Wohnungseigentümer geordnet. ²Die Wohnungseigentümer können beschließen, dass Wohnungseigentümer an der Versammlung auch ohne Anwesenheit an deren Ort teilnehmen und sämtliche oder einzelne ihrer Rechte ganz oder teilweise im Wege elektronischer Kommunikation ausüben können.

(2) Zur Gültigkeit eines Beschlusses ist erforderlich, dass der Gegenstand bei der Einberufung bezeichnet ist.

(3) ¹Auch ohne Versammlung ist ein Beschluss gültig, wenn alle Wohnungseigentümer ihre Zustimmung zu diesem Beschluss in Textform erklären. ²Die Wohnungseigentümer können beschließen, dass für einen einzelnen Gegenstand die Mehrheit der abgegebenen Stimmen genügt.

(4) ¹Ein Beschluss, der gegen eine Rechtsvorschrift verstößt, auf deren Einhaltung rechtswirksam nicht verzichtet werden kann, ist nichtig. ²Im Übrigen ist ein Beschluss gültig, solange er nicht durch rechtskräftiges Urteil für ungültig erklärt ist.

§ 24 WEG
Einberufung, Vorsitz, Niederschrift

(1) Die Versammlung der Wohnungseigentümer wird von dem Verwalter mindestens einmal im Jahr einberufen.

(2) Die Versammlung der Wohnungseigentümer muss von dem Verwalter in den durch Vereinbarung der Wohnungseigentümer bestimmten Fällen, im Übrigen dann einberufen werden, wenn dies in Textform unter Angabe des Zweckes und der Gründe von mehr als einem Viertel der Wohnungseigentümer verlangt wird.

(3) Fehlt ein Verwalter oder weigert er sich pflichtwidrig, die Versammlung der Wohnungseigentümer einzuberufen, so kann die Versammlung, auch durch den Vorsitzenden des Verwaltungsbeirats, dessen Vertreter oder einen durch Beschluss ermächtigten Wohnungseigentümer einberufen werden.

(4) [1]Die Einberufung erfolgt in Textform. [2]Die Frist der Einberufung soll, sofern nicht ein Fall besonderer Dringlichkeit vorliegt, mindestens drei Wochen betragen.

(5) Den Vorsitz in der Wohnungseigentümerversammlung führt, sofern diese nichts anderes beschließt, der Verwalter.

(6) [1]Über die in der Versammlung gefassten Beschlüsse ist unverzüglich eine Niederschrift aufzunehmen. [2]Die Niederschrift ist von dem Vorsitzenden und einem Wohnungseigentümer und, falls ein Verwaltungsbeirat bestellt ist, auch von dessen Vorsitzenden oder seinem Vertreter zu unterschreiben.

(7) [1]Es ist eine Beschluss-Sammlung zu führen. [2]Die Beschluss-Sammlung enthält nur den Wortlaut

1. der in der Versammlung der Wohnungseigentümer verkündeten Beschlüsse mit Angabe von Ort und Datum der Versammlung,

2. der schriftlichen Beschlüsse mit Angabe von Ort und Datum der Verkündung und

3. der Urteilsformeln der gerichtlichen Entscheidungen in einem Rechtsstreit gemäß § 43 mit Angabe

ihres Datums, des Gerichts und der Parteien,

soweit diese Beschlüsse und gerichtlichen Entscheidungen nach dem 1. Juli 2007 ergangen sind. [3]Die Beschlüsse und gerichtlichen Entscheidungen sind fortlaufend einzutragen und zu nummerieren. [4]Sind sie angefochten oder aufgehoben worden, so ist dies anzumerken. [5]Im Falle einer Aufhebung kann von einer Anmerkung abgesehen und die Eintragung gelöscht werden. [6]Eine Eintragung kann auch gelöscht werden, wenn sie aus einem anderen Grund für die Wohnungseigentümer keine Bedeutung mehr hat. [7]Die Eintragungen, Vermerke und Löschungen gemäß den Sätzen 3 bis 6 sind unverzüglich zu erledigen und mit Datum zu versehen. [8]Einem Wohnungseigentümer oder einem Dritten, den ein Wohnungseigentümer ermächtigt hat, ist auf sein Verlangen Einsicht in die Beschluss-Sammlung zu geben.

(8) [1]Die Beschluss-Sammlung ist von dem Verwalter zu führen. [2]Fehlt ein Verwalter, so ist der Vorsitzende der Wohnungseigentümerversammlung

verpflichtet, die Beschluss-Sammlung zu führen, sofern die Wohnungseigentümer durch Stimmenmehrheit keinen anderen für diese Aufgabe bestellt haben.

§ 25 WEG
Beschlussfassung

(1) Bei der Beschlussfassung entscheidet die Mehrheit der abgegebenen Stimmen.

(2) ¹Jeder Wohnungseigentümer hat eine Stimme. ²Steht ein Wohnungseigentum mehreren gemeinschaftlich zu, so können sie das Stimmrecht nur einheitlich ausüben.

(3) Vollmachten bedürfen zu ihrer Gültigkeit der Textform.

(4) Ein Wohnungseigentümer ist nicht stimmberechtigt, wenn die Beschlussfassung die Vornahme eines auf die Verwaltung des gemeinschaftlichen Eigentums bezüglichen Rechtsgeschäfts mit ihm oder die Einleitung oder Erledigung eines Rechtsstreits gegen ihn betrifft oder wenn er nach § 17 rechtskräftig verurteilt ist.

§ 26 WEG
Bestellung und Abberufung des Verwalters

(1) Über die Bestellung und Abberufung des Verwalters beschließen die Wohnungseigentümer.

(2) ¹Die Bestellung kann auf höchstens fünf Jahre vorgenommen werden, im Fall der ersten Bestellung nach der Begründung von Wohnungseigentum aber auf höchstens drei Jahre. ²Die wiederholte Bestellung ist zulässig; sie bedarf eines erneuten Beschlusses der Wohnungseigentümer, der frühestens ein Jahr vor Ablauf der Bestellungszeit gefasst werden kann.

(3) ¹Der Verwalter kann jederzeit abberufen werden. ²Ein Vertrag mit dem Verwalter endet spätestens sechs Monate nach dessen Abberufung.

(4) Soweit die Verwaltereigenschaft durch eine öffentlich beglaubigte Urkunde nachgewiesen werden muss, genügt die Vorlage einer Niederschrift über den Bestellungsbeschluss, bei der die Unterschriften der in § 24 Absatz 6 bezeichneten Personen öffentlich beglaubigt sind.

(5) Abweichungen von den Absätzen 1 bis 3 sind nicht zulässig.

§ 26a WEG
Zertifizierter Verwalter

(1) Als zertifizierter Verwalter darf sich bezeichnen, wer vor einer Industrie- und Handelskammer durch eine Prüfung nachgewiesen hat, dass er über die für die Tätigkeit als Verwalter notwendigen rechtlichen, kaufmännischen und technischen Kenntnisse verfügt.

(2) ¹Das Bundesministerium der Justiz und für Verbraucherschutz wird ermächtigt, durch Rechtsverordnung nähere Bestimmungen über die Prüfung zum zertifizierten Verwalter zu erlassen. ²In der Rechtsverordnung nach Satz 1 können insbesondere festgelegt werden:

1. nähere Bestimmungen zu Inhalt und Verfahren der Prüfung;
2. Bestimmungen über das zu erteilende Zertifikat;
3. Voraussetzungen, unter denen sich juristische Personen und Personengesellschaften als zertifizierte Verwalter bezeichnen dürfen;
4. Bestimmungen, wonach Personen aufgrund anderweitiger Qualifikationen von der Prüfung befreit sind, insbesondere weil sie die Befähigung zum Richteramt, einen Hochschulabschluss mit immobilienwirtschaftlichem Schwerpunkt, eine abgeschlossene Berufsausbildung zum Immobilienkaufmann oder zur Immobilienkauffrau oder einen vergleichbaren Berufsabschluss besitzen.

§ 27 WEG
Aufgaben und Befugnisse des Verwalters

(1) Der Verwalter ist gegenüber der Gemeinschaft der Wohnungseigentümer berechtigt und verpflichtet, alle Maßnahmen ordnungsgemäßer Verwaltung zu treffen, die

1. untergeordnete Bedeutung haben und nicht zu erheblichen Verpflichtungen führen oder
2. zur Wahrung einer Frist oder zur Abwendung eines Nachteils erforderlich sind.

(2) Die Wohnungseigentümer können die Rechte und Pflichten nach Absatz 1 durch Beschluss einschränken oder erweitern.

§ 28 WEG
Wirtschaftsplan, Jahresabrechnung, Vermögensbericht

(1) ¹Die Wohnungseigentümer beschließen über die Vorschüsse zur Kostentragung und zu den nach § 19 Absatz 2 Nummer 4 oder durch Beschluss vorgesehenen Rücklagen. ²Zu diesem Zweck hat der Verwalter jeweils für ein Kalenderjahr einen Wirtschaftsplan aufzustellen, der darüber hinaus die voraussichtlichen Einnahmen und Ausgaben enthält.

(2) ¹Nach Ablauf des Kalenderjahres beschließen die Wohnungseigentümer über die Einforderung von Nachschüssen oder die Anpassung der beschlossenen Vorschüsse. ²Zu diesem Zweck hat der Verwalter eine Abrechnung über den Wirtschaftsplan (Jahresabrechnung) aufzustellen, die darüber hinaus die Einnahmen und Ausgaben enthält.

(3) Die Wohnungseigentümer können beschließen, wann Forderungen fällig werden und wie sie zu erfüllen sind.

(4) ¹Der Verwalter hat nach Ablauf eines Kalenderjahres einen Vermögensbericht zu erstellen, der den Stand der in Absatz 1 Satz 1 bezeichneten Rücklagen und eine Aufstellung des wesentlichen Gemeinschaftsvermögens enthält. ²Der Vermögensbericht ist jedem Wohnungseigentümer zur Verfügung zu stellen.

§ 29 WEG
Verwaltungsbeirat

(1) ¹Wohnungseigentümer können durch Beschluss zum Mitglied des Verwaltungsbeirats bestellt werden. ²Hat der Verwaltungsbeirat mehrere Mitglieder, ist ein Vorsitzender und ein Stellvertreter zu bestimmen. ³Der Verwaltungsbeirat wird von dem Vorsitzenden nach Bedarf einberufen.

(2) ¹Der Verwaltungsbeirat unterstützt und überwacht den Verwalter bei der Durchführung seiner Aufgaben. ²Der Wirtschaftsplan und die Jahresabrechnung sollen, bevor die Beschlüsse nach § 28 Absatz 1 Satz 1 und Absatz 2 Satz 1 gefasst werden, vom Verwaltungsbeirat geprüft und mit dessen Stellungnahme versehen werden.

(3) Sind Mitglieder des Verwaltungsbeirats unentgeltlich tätig, haben sie nur Vorsatz und grobe Fahrlässigkeit zu vertreten.

Abschnitt 5
Wohnungserbbaurecht

§ 30 WEG
Wohnungserbbaurecht

(1) Steht ein Erbbaurecht mehreren gemeinschaftlich nach Bruchteilen zu, so können die Anteile in der Weise beschränkt werden, dass jedem der Mitberechtigten das Sondereigentum an einer bestimmten Wohnung oder an nicht zu Wohnzwecken dienenden bestimmten Räumen in einem auf Grund des Erbbaurechts errichteten oder zu errichtenden Gebäude eingeräumt wird (Wohnungserbbaurecht, Teilerbbaurecht).

(2) Ein Erbbauberechtigter kann das Erbbaurecht in entsprechender Anwendung des § 8 teilen.

(3) [1]Für jeden Anteil wird von Amts wegen ein besonderes Erbbaugrundbuchblatt angelegt (Wohnungserbbaugrundbuch, Teilerbbaugrundbuch). [2]Im übrigen gelten für das Wohnungserbbaurecht (Teilerbbaurecht) die Vorschriften über das Wohnungseigentum (Teileigentum) entsprechend.

Teil 2 Dauerwohnrecht

§ 31 WEG
Begriffsbestimmungen

(1) [1]Ein Grundstück kann in der Weise belastet werden, dass derjenige, zu dessen Gunsten die Belastung erfolgt, berechtigt ist, unter Ausschluss des Eigentümers eine bestimmte Wohnung in einem auf dem Grundstück errichteten oder zu errichtenden Gebäude zu bewohnen oder in anderer Weise zu nutzen (Dauerwohnrecht). [2]Das Dauerwohnrecht kann auf einen außerhalb des Gebäudes liegenden Teil des Grundstücks erstreckt werden, sofern die Wohnung wirtschaftlich die Hauptsache bleibt.

(2) Ein Grundstück kann in der Weise belastet werden, dass derjenige, zu dessen Gunsten die Belastung erfolgt, berechtigt ist, unter Ausschluss des Eigentümers nicht zu Wohnzwecken dienende bestimmte Räume in einem auf dem Grundstück errichteten oder zu errichtenden Gebäude zu nutzen (Dauernutzungsrecht).

(3) Für das Dauernutzungsrecht gelten die Vorschriften über das Dauerwohnrecht entsprechend.

§ 32 WEG
Voraussetzungen der Eintragung

(1) Das Dauerwohnrecht soll nur bestellt werden, wenn die Wohnung in sich abgeschlossen ist.

(2) ¹Zur näheren Bezeichnung des Gegenstands und des Inhalts des Dauerwohnrechts kann auf die Eintragungsbewilligung Bezug genommen werden. ²Der Eintragungsbewilligung sind als Anlagen beizufügen:

1. eine von der Baubehörde mit Unterschrift und Siegel oder Stempel versehene Bauzeichnung, aus der die Aufteilung des Gebäudes sowie die Lage und Größe der dem Dauerwohnrecht unterliegenden Gebäude- und Grundstücksteile ersichtlich ist (Aufteilungsplan); alle zu demselben Dauerwohnrecht gehörenden Einzelräume sind mit der jeweils gleichen Nummer zu kennzeichnen;

2. eine Bescheinigung der Baubehörde, dass die Voraussetzungen des Absatzes 1 vorliegen.

³Wenn in der Eintragungsbewilligung für die einzelnen Dauerwohnrechte Nummern angegeben werden, sollen sie mit denen des Aufteilungsplans übereinstimmen.

(3) Das Grundbuchamt soll die Eintragung des Dauerwohnrechts ablehnen, wenn über die in § 33 Abs. 4 Nr. 1 bis 4 bezeichneten Angelegenheiten, über die Voraussetzungen des Heimfallanspruchs (§ 36 Abs. 1) und über die Entschädigung beim Heimfall (§ 36 Abs. 4) keine Vereinbarungen getroffen sind.

§ 33 WEG
Inhalt des Dauerwohnrechts

(1) ¹Das Dauerwohnrecht ist veräußerlich und vererblich. ²Es kann nicht unter einer Bedingung bestellt werden.

(2) Auf das Dauerwohnrecht sind, soweit nicht etwas anderes vereinbart ist, die Vorschriften des § 14 entsprechend anzuwenden.

(3) Der Berechtigte kann die zum gemeinschaftlichen Gebrauch bestimmten Teile, Anlagen und Einrichtungen des Gebäudes und Grundstücks mitbenutzen, soweit nichts anderes vereinbart ist.

(4) Als Inhalt des Dauerwohnrechts können Vereinbarungen getroffen werden über:

1. Art und Umfang der Nutzungen;
2. Instandhaltung und Instandsetzung der dem Dauerwohnrecht unterliegenden Gebäudeteile;
3. die Pflicht des Berechtigten zur Tragung öffentlicher oder privatrechtlicher Lasten des Grundstücks;
4. die Versicherung des Gebäudes und seinen Wiederaufbau im Falle der Zerstörung;
5. das Recht des Eigentümers, bei Vorliegen bestimmter Voraussetzungen Sicherheitsleistung zu verlangen.

§ 34 WEG
Ansprüche des Eigentümers und der Dauerwohnberechtigten

(1) Auf die Ersatzansprüche des Eigentümers wegen Veränderungen oder Verschlechterungen sowie auf die Ansprüche der Dauerwohnberechtigten auf Ersatz von Verwendungen oder auf Gestattung der Wegnahme einer Einrichtung sind die §§ 1049, 1057 des Bürgerlichen Gesetzbuchs entsprechend anzuwenden.

(2) Wird das Dauerwohnrecht beeinträchtigt, so sind auf die Ansprüche des Berechtigten die für die Ansprüche aus dem Eigentum geltenden Vorschriften entsprechend anzuwenden.

§ 35 WEG
Veräußerungsbeschränkung

[1]Als Inhalt des Dauerwohnrechts kann vereinbart werden, dass der Berechtigte zur Veräußerung des Dauerwohnrechts der Zustimmung des Eigentümers oder eines Dritten bedarf. [2]Die Vorschriften des § 12 gelten in diesem Fall entsprechend.

§ 36 WEG
Heimfallanspruch

(1) [1]Als Inhalt des Dauerwohnrechts kann vereinbart werden, dass der Berechtigte verpflichtet ist, das Dauerwohnrecht beim Eintritt bestimmter

Voraussetzungen auf den Grundstückseigentümer oder einen von diesem zu bezeichnenden Dritten zu übertragen (Heimfallanspruch). ²Der Heimfallanspruch kann nicht von dem Eigentum an dem Grundstück getrennt werden.

(2) Bezieht sich das Dauerwohnrecht auf Räume, die dem Mieterschutz unterliegen, so kann der Eigentümer von dem Heimfallanspruch nur Gebrauch machen, wenn ein Grund vorliegt, aus dem ein Vermieter die Aufhebung des Mietverhältnisses verlangen oder kündigen kann.

(3) Der Heimfallanspruch verjährt in sechs Monaten von dem Zeitpunkt an, in dem der Eigentümer von dem Eintritt der Voraussetzungen Kenntnis erlangt, ohne Rücksicht auf diese Kenntnis in zwei Jahren von dem Eintritt der Voraussetzungen an.

(4) ¹Als Inhalt des Dauerwohnrechts kann vereinbart werden, dass der Eigentümer dem Berechtigten eine Entschädigung zu gewähren hat, wenn er von dem Heimfallanspruch Gebrauch macht. ²Als Inhalt des Dauerwohnrechts können Vereinbarungen über die Berechnung oder Höhe der Entschädigung oder die Art ihrer Zahlung getroffen werden.

§ 37 WEG
Vermietung

(1) Hat der Dauerwohnberechtigte die dem Dauerwohnrecht unterliegenden Gebäude- oder Grundstücksteile vermietet oder verpachtet, so erlischt das Miet- oder Pachtverhältnis, wenn das Dauerwohnrecht erlischt.

(2) Macht der Eigentümer von seinem Heimfallanspruch Gebrauch, so tritt er oder derjenige, auf den das Dauerwohnrecht zu übertragen ist, in das Miet- oder Pachtverhältnis ein; die Vorschriften der §§ 566 bis 566e des Bürgerlichen Gesetzbuchs gelten entsprechend.

(3) ¹Absatz 2 gilt entsprechend, wenn das Dauerwohnrecht veräußert wird. ²Wird das Dauerwohnrecht im Wege der Zwangsvollstreckung veräußert, so steht dem Erwerber ein Kündigungsrecht in entsprechender Anwendung des § 57a des Gesetzes über die Zwangsversteigerung und die Zwangsverwaltung zu.

§ 38 WEG
Eintritt in das Rechtsverhältnis

(1) Wird das Dauerwohnrecht veräußert, so tritt der Erwerber an Stelle des Veräußerers in die sich während der Dauer seiner Berechtigung aus dem Rechtsverhältnis zu dem Eigentümer ergebenden Verpflichtungen ein.

(2) ¹Wird das Grundstück veräußert, so tritt der Erwerber an Stelle des Veräußerers in die sich während der Dauer seines Eigentums aus dem Rechtsverhältnis zu dem Dauerwohnberechtigten ergebenden Rechte ein. ²Das gleiche gilt für den Erwerb auf Grund Zuschlages in der Zwangsversteigerung, wenn das Dauerwohnrecht durch den Zuschlag nicht erlischt.

§ 39 WEG
Zwangsversteigerung

(1) Als Inhalt des Dauerwohnrechts kann vereinbart werden, dass das Dauerwohnrecht im Falle der Zwangsversteigerung des Grundstücks abweichend von § 44 des Gesetzes über die Zwangsversteigerung und die Zwangsverwaltung auch dann bestehen bleiben soll, wenn der Gläubiger einer dem Dauerwohnrecht im Range vorgehenden oder gleichstehenden Hypothek, Grundschuld, Rentenschuld oder Reallast die Zwangsversteigerung in das Grundstück betreibt.

(2) Eine Vereinbarung gemäß Absatz 1 bedarf zu ihrer Wirksamkeit der Zustimmung derjenigen, denen eine dem Dauerwohnrecht im Range vorgehende oder gleichstehende Hypothek, Grundschuld, Rentenschuld oder Reallast zusteht.

(3) Eine Vereinbarung gemäß Absatz 1 ist nur wirksam für den Fall, dass der Dauerwohnberechtigte im Zeitpunkt der Feststellung der Versteigerungsbedingungen seine fälligen Zahlungsverpflichtungen gegenüber dem Eigentümer erfüllt hat; in Ergänzung einer Vereinbarung nach Absatz 1 kann vereinbart werden, dass das Fortbestehen des Dauerwohnrechts vom Vorliegen weiterer Voraussetzungen abhängig ist.

§ 40 WEG
Haftung des Entgelts

(1) ¹Hypotheken, Grundschulden, Rentenschulden und Reallasten, die dem Dauerwohnrecht im Range vorgehen oder gleichstehen, sowie öffentliche

Lasten, die in wiederkehrenden Leistungen bestehen, erstrecken sich auf den Anspruch auf das Entgelt für das Dauerwohnrecht in gleicher Weise wie auf eine Mietforderung, soweit nicht in Absatz 2 etwas Abweichendes bestimmt ist. ²Im übrigen sind die für Mietforderungen geltenden Vorschriften nicht entsprechend anzuwenden.

(2) ¹Als Inhalt des Dauerwohnrechts kann vereinbart werden, dass Verfügungen über den Anspruch auf das Entgelt, wenn es in wiederkehrenden Leistungen ausbedungen ist, gegenüber dem Gläubiger einer dem Dauerwohnrecht im Range vorgehenden oder gleichstehenden Hypothek, Grundschuld, Rentenschuld oder Reallast wirksam sind. ²Für eine solche Vereinbarung gilt § 39 Abs. 2 entsprechend.

§ 41 WEG
Besondere Vorschriften für langfristige Dauerwohnrechte

(1) Für Dauerwohnrechte, die zeitlich unbegrenzt oder für einen Zeitraum von mehr als zehn Jahren eingeräumt sind, gelten die besonderen Vorschriften der Absätze 2 und 3.

(2) Der Eigentümer ist, sofern nicht etwas anderes vereinbart ist, dem Dauerwohnberechtigten gegenüber verpflichtet, eine dem Dauerwohnrecht im Range vorgehende oder gleichstehende Hypothek löschen zu lassen für den Fall, dass sie sich mit dem Eigentum in einer Person vereinigt, und die Eintragung einer entsprechenden Löschungsvormerkung in das Grundbuch zu bewilligen.

(3) Der Eigentümer ist verpflichtet, dem Dauerwohnberechtigten eine angemessene Entschädigung zu gewähren, wenn er von dem Heimfallanspruch Gebrauch macht.

§ 42 WEG
Belastung eines Erbbaurechts

(1) Die Vorschriften der §§ 31 bis 41 gelten für die Belastung eines Erbbaurechts mit einem Dauerwohnrecht entsprechend.

(2) Beim Heimfall des Erbbaurechts bleibt das Dauerwohnrecht bestehen.

Teil 3 Verfahrensvorschriften

§ 43 WEG
Zuständigkeit

(1) ¹Die Gemeinschaft der Wohnungseigentümer hat ihren allgemeinen Gerichtsstand bei dem Gericht, in dessen Bezirk das Grundstück liegt. ²Bei diesem Gericht kann auch die Klage gegen Wohnungseigentümer im Fall des § 9a Absatz 4 Satz 1 erhoben werden.

(2) Das Gericht, in dessen Bezirk das Grundstück liegt, ist ausschließlich zuständig für

1. Streitigkeiten über die Rechte und Pflichten der Wohnungseigentümer untereinander,
2. Streitigkeiten über die Rechte und Pflichten zwischen der Gemeinschaft der Wohnungseigentümer und Wohnungseigentümern,
3. Streitigkeiten über die Rechte und Pflichten des Verwalters einschließlich solcher über Ansprüche eines Wohnungseigentümers gegen den Verwalter sowie
4. Beschlussklagen gemäß § 44.

§ 44 WEG
Beschlussklagen

(1) ¹Das Gericht kann auf Klage eines Wohnungseigentümers einen Beschluss für ungültig erklären (Anfechtungsklage) oder seine Nichtigkeit feststellen (Nichtigkeitsklage). ²Unterbleibt eine notwendige Beschlussfassung, kann das Gericht auf Klage eines Wohnungseigentümers den Beschluss fassen (Beschlussersetzungsklage).

(2) ¹Die Klagen sind gegen die Gemeinschaft der Wohnungseigentümer zu richten. ²Der Verwalter hat den Wohnungseigentümern die Erhebung einer Klage unverzüglich bekannt zu machen. ³Mehrere Prozesse sind zur gleichzeitigen Verhandlung und Entscheidung zu verbinden.

(3) Das Urteil wirkt für und gegen alle Wohnungseigentümer, auch wenn sie nicht Partei sind.

(4) Die durch eine Nebenintervention verursachten Kosten gelten nur dann als notwendig zur zweckentsprechenden Rechtsverteidigung im Sinne des § 91 der Zivilprozessordnung, wenn die Nebenintervention geboten war.

§ 45 WEG
Fristen der Anfechtungsklage

¹Die Anfechtungsklage muss innerhalb eines Monats nach der Beschlussfassung erhoben und innerhalb zweier Monate nach der Beschlussfassung begründet werden. ²Die §§ 233 bis 238 der Zivilprozessordnung gelten entsprechend.

Teil 4 Ergänzende Bestimmungen

§ 46 WEG
Veräußerung ohne erforderliche Zustimmung

¹Fehlt eine nach § 12 erforderliche Zustimmung, so sind die Veräußerung und das zugrundeliegende Verpflichtungsgeschäft unbeschadet der sonstigen Voraussetzungen wirksam, wenn die Eintragung der Veräußerung oder einer Auflassungsvormerkung in das Grundbuch vor dem 15. Januar 1994 erfolgt ist und es sich um die erstmalige Veräußerung dieses Wohnungseigentums nach seiner Begründung handelt, es sei denn, dass eine rechtskräftige gerichtliche Entscheidung entgegensteht. ²Das Fehlen der Zustimmung steht in diesen Fällen dem Eintritt der Rechtsfolgen des § 878 Bürgerlichen Gesetzbuchs nicht entgegen. ³Die Sätze 1 und 2 gelten entsprechend in den Fällen der §§ 30 und 35 des Wohnungseigentumsgesetzes.

§ 47 WEG
Auslegung von Altvereinbarungen

¹Vereinbarungen, die vor dem 1. Dezember 2020 getroffen wurden und die von solchen Vorschriften dieses Gesetzes abweichen, die durch das Wohnungseigentumsmodernisierungsgesetz vom 16. Oktober 2020 (BGBl. I S. 2187) geändert wurden, stehen der Anwendung dieser Vorschriften in der vom 1. Dezember 2020 an geltenden Fassung nicht entgegen, soweit sich aus der Vereinbarung nicht ein anderer Wille ergibt. ²Ein solcher Wille ist im Regelfall nicht anzunehmen.

§ 48 WEG
Übergangsvorschriften

(1) ¹§ 5 Absatz 4, § 7 Absatz 4 und § 10 Absatz 3 in der vom 1. Dezember 2020 an geltenden Fassung gelten auch für solche Beschlüsse, die vor die-

sem Zeitpunkt gefasst oder durch gerichtliche Entscheidung ersetzt wurden. ²Abweichend davon bestimmt sich die Wirksamkeit eines Beschlusses im Sinne des Satzes 1 gegen den Sondernachfolger eines Wohnungseigentümers nach § 10 Absatz 4 in der vor dem 1. Dezember 2020 geltenden Fassung, wenn die Sondernachfolge bis zum 31. Dezember 2025 eintritt. ³Jeder Wohnungseigentümer kann bis zum 31. Dezember 2025 verlangen, dass ein Beschluss im Sinne des Satzes 1 erneut gefasst wird; § 204 Absatz 1 Nummer 1 des Bürgerlichen Gesetzbuchs gilt entsprechend.

(2) § 5 Absatz 4 Satz 3 gilt in der vor dem 1. Dezember 2020 geltenden Fassung weiter für Vereinbarungen und Beschlüsse, die vor diesem Zeitpunkt getroffen oder gefasst wurden, und zu denen vor dem 1. Dezember 2020 alle Zustimmungen erteilt wurden, die nach den bis zu diesem Zeitpunkt geltenden Vorschriften erforderlich waren.

(3) ¹§ 7 Absatz 3 Satz 2 gilt auch für Vereinbarungen und Beschlüsse, die vor dem 1. Dezember 2020 getroffen oder gefasst wurden. ²Ist eine Vereinbarung oder ein Beschluss im Sinne des Satzes 1 entgegen der Vorgabe des § 7 Absatz 3 Satz 2 nicht ausdrücklich im Grundbuch eingetragen, erfolgt die ausdrückliche Eintragung in allen Wohnungsgrundbüchern nur auf Antrag eines Wohnungseigentümers oder der Gemeinschaft der Wohnungseigentümer. ³Ist die Haftung von Sondernachfolgern für Geldschulden entgegen der Vorgabe des § 7 Absatz 3 Satz 2 nicht ausdrücklich im Grundbuch eingetragen, lässt dies die Wirkung gegen den Sondernachfolger eines Wohnungseigentümers unberührt, wenn die Sondernachfolge bis zum 31. Dezember 2025 eintritt.

(4) ¹§ 19 Absatz 2 Nummer 6 ist ab dem 1. Dezember 2022 anwendbar. ²Eine Person, die am 1. Dezember 2020 Verwalter einer Gemeinschaft der Wohnungseigentümer war, gilt gegenüber den Wohnungseigentümern dieser Gemeinschaft der Wohnungseigentümer bis zum 1. Juni 2024 als zertifizierter Verwalter.

(5) Für die bereits vor dem 1. Dezember 2020 bei Gericht anhängigen Verfahren sind die Vorschriften des dritten Teils dieses Gesetzes in ihrer bis dahin geltenden Fassung weiter anzuwenden.

§ 49 WEG
Überleitung bestehender Rechtsverhältnisse

(1) Werden Rechtsverhältnisse, mit denen ein Rechtserfolg bezweckt wird, der den durch dieses Gesetz geschaffenen Rechtsformen entspricht, in sol-

che Rechtsformen umgewandelt, so ist als Geschäftswert für die Berechnung der hierdurch veranlassten Gebühren der Gerichte und Notare im Falle des Wohnungseigentums ein Fünfundzwanzigstel des Einheitswertes des Grundstückes, im Falle des Dauerwohnrechtes ein Fünfundzwanzigstel des Wertes des Rechtes anzunehmen.

(2) Durch Landesgesetz können Vorschriften zur Überleitung bestehender, auf Landesrecht beruhender Rechtsverhältnisse in die durch dieses Gesetz geschaffenen Rechtsformen getroffen werden.

Sachregister

Die Zahlen geben die Seitenzahlen an, Haupteinträge sind hervorgehoben.

A
abgeschlossen 32
Abgeschlossenheitsbescheinigung 49
Abgeschlossenheitserfordernis 32
Abmahnung 113
Abrechnungsspitze 208
Abstimmung
– Kopfprinzip 182
– Mitwirkungspflicht 182
Abwasseranlage 41
Aktivvertretung 65
allgemeiner Gerichtsstand 248
Altbeschluss 262
Anfechtung 208
Anfechtungsklage 252
– Frist 257
Anlage 41
Applikation 161
Aufhebung, Auseinandersetzung 82
Aufhebung der Gemeinschaft 80, 275
Auflassungsvormerkung 53
Aufopferungsanspruch 99
Aufteilungsplan 31, 32, 42, 48, 49, 119
Aufzug 95, 138
Ausschluss 110
Ausübungsbefugnis 59

B
Bagatellreparaturen 196
Balkon 31, 106
Bauabweichungen 28
Baubehörde 48
Baukosten 148
Baulärm 92
bauliche Maßnahmen 90
bauliche Veränderung 90, **135**
– Amortisierung 150
– Beeinträchtigung 141
– Behinderung 138
– Beseitigungsanspruch 145
– Einbruchsschutz 140
– Einverständnis 142
– Folgekosten 148
– Freifläche 32
– grundlegende Umgestaltung 143
– Kosten 147
– Ladestation 139
– Nutzungen 148
– Telekommunikationsnetz 140
– unbillige Benachteiligung 144
Bauzeichnung 49
Beeinträchtigung 91, 95

Behinderung 138
Beirat 214
Beitragsschuld 109
Benutzung 118, 126, 279
– ordnungsmäßig 128
Beschluss 42, **74**, 75, 91, 137, 158, 179, 198, 203
– Aufbewahrung 174
– Auslegung 75
– Fehler 162
– Geldangelegenheiten 211
– Interessenkollision 184
– Jahresabrechnung 207
– Mehrheit 181
– Nichtigkeit 162
– Rechtswidrigkeit 162
– Wirkung 76
– Wirtschaftsplan 206
Beschluss-Sammlung 175
Beschlussersetzungsklage 253
Beseitigungsanspruch
– Ausschluss 146
– Verjährung 124, 145
Besitz 53
Betreten 93
Betreuer 179, 183
Bewilligung 47
Blockabstimmung 180
Bruchteilseigentum 30, 36
Bruchteilsgemeinschaft 51, 55
Buchführung 203

D

Datenschutz 125
Dauernutzungsrecht 223
Dauerwohnrecht 223
– Abgeschlossenheitsbescheinigung 227
– Aufteilungsplan 227
– Ausgestaltung 223
– Beendigung 225
– Belastung 224
– Eintragung 226
– Entgelt 242
– Ersatzansprüche 232
– Heimfallanspruch 235
– Inhalt 225
– Personenwechsel 239
– Rechtsnachfolger 239
– Sondervorschriften 244
– Veräußerung 229
– Veräußerungsbeschränkung 233
– Vererbbarkeit 229
– Zwangsvollstreckung 229
Dereliktion 81
Doppelstockgarage 31
Duldungspflicht 92
Duplexparker 31

E

E-Mail 101, 161, 167, 168, 183, 255
Eigentum
– Benutzung 118
– Früchte 105
– Mitgebrauch 105
Eigentümer, Haftung 62
Eigentümergemeinschaft
– Anwartschaftsrecht 28
– Begründung 27
Eigentümerversammlung 158
– Beschlussfähigkeit 182
– Einladungsfrist 169
– Online-Teilnahme 160
– Protokoll 173
– Stimmabgabe 180

- Stimmrecht 179
- Tagesordnungspunkt 160
- Turnus 166
- Vertretung 170
- Vollmacht 183
- Vorsitz 170

Eigentümerwechsel 208
Ein-Personen-Gemeinschaft 58
Einberufungsverlangen 167
Einbruchsschutz 140
Einrichtung 41
einseitiges Rechtsgeschäft 65
Einsicht 177, 217
- Verwaltungsunterlagen 125

Eintragungsbewilligung 47
Elektrofahrzeug 139
Entziehung 110, 111, 114, 278
Entziehungsbeschluss 114
Entziehungsverfahren 114
Erbbaugrundbuchblatt 221
Erbbaurecht 221
- Erlöschen 222
- Grundbuchblatt 222

Erhaltung 131
Erhaltungsmaßnahme 42, 90, 136
- Ankündigung 101
- Bagatellmaßnahme 103
- Duldungspflicht 100
- Härteeinwand 102

Erhaltungsrücklage 132, 204, 212
Ermächtigung 67
Erwerbsvertrag 53

F

Freifläche 31, 40

Früchte 61, 105, 148, 150
- Verteilung 105

G

Gartenfläche 31
Gebäude 31, 39
Gebot der Rücksichtnahme 94
Gebrauchskonflikt 104
Geldangelegenheiten 211
Gemeinschaft 58, 92
- Beschlusskompetenz 127
- Bezeichnung 58
- Entstehung 57
- Gerichtsstand 247
- Pflichten 59
- Prozessfähigkeit 57
- Rechte 58
- Rechtsfähigkeit 57
- Unauflöslichkeit 80

gemeinschaftlicher Gebrauch 41
Gemeinschaftseigentum 27, 31, **40**
- Früchte 105

Gemeinschaftsordnung 29, 52, 69, 70
Gemeinschaftsvermögen 61, 212
- Früchte 105

Generalvollmacht 170
Gerichtsstand 247
Gesamthandseigentum 31
Gesamthandsgemeinschaft 51
Gesamtvertretung 67
Geschäftsordnungsbeschluss 159, 175
gesetzlicher Vertreter 183
Gestattungsbeschluss 142, 148

Grundbuchblatt 46, 55, 222
Gruppensondernutzungsrecht 35

H
Haftung, Nachhaftungszeit 62
Haftungsklage 248
Hausordnung 130
Heimfallanspruch 235
– Entschädigung 246
Heizkörper 41
Heizkosten 107

I
Insolvenzverfahren 63
Insolvenzverwalter 81, 87, 179, 183, 243
Instandhaltung 131, 136
Instandsetzung 131, 136
Internetplattform 161

J
Jahresabrechnung 209
– Abrechnungsspitze 210
– Anpassung der Vorschüsse 207
– Einzelabrechnung 210
– Form 209
– Gesamtabrechnung 209
– Nachschuss 208
– Überdeckung 208
– Unterdeckung 208
– Zufluss- und Abflussprinzip 209

K
Kaufvertrag 53

Klage, Bekanntmachung 255
Klagebegründungsfrist 258
Konto 197
Kosten 106, 147
– unverhältnismäßig 149
– Verbrauch 108
– Verursachung 108
Kostenerstattungsanspruch 256
Kostenverteilung, Rückwirkung 109
Kündigung, wichtiger Grund 191

L
Ladestation 139
Lageplan 49
Lastschriftverfahren 211
Leistungsklage 254

M
Markierungsnagel 33
Markierungspflicht 33
Mehrfachparkanlage 31
Mehrhausanlage 71, 116, 156, 249
– Mitgebrauch 106
Mieter 100
Mieterhöhung 103
Miteigentum 30, 44
Mitglied 215

N
Nachlassverwalter 179
Nachteil 93
Nebenintervenient 254

Nebenintervention 256
Nebenraum 39
Negativbeschluss 158, 175
Nichtbeschluss 164
Nichtigkeitsklage 253
Niederschrift 173
notarielle Beurkundung 37
Notgeschäftsführung 124
– Erstattungsanspruch 124
notwendige Streitgenossen 255
Nutzer 100
Nutzungen 147, 148
Nutzungsänderung 120

O

Objektstimmrecht 183
Öffnungsklausel 43, 72, 179, 215
ordnungsmäßige Benutzung 118
ordnungsmäßige Buchführung 203
ordnungsmäßige Verwaltung 108, **128**

P

Parabolantenne 142
Passivvertretung 65
Pflichten **91**, 110, **277**
Pflichtverletzung 112
Protokoll 173
– Inhalt 173
Protokollberichtigung 174
Prozessvergleich 256
Prüfung 194

Q

Quorum 114

R

Raum 31
Rechenschaft 202
rechtliche Betreuung 179
Regress 117
Rücklagen 133, 204

S

Schaden 116
Scheinbeschluss 164
Schließanlage 41
Schrottimmobilien 81
Selbstorganisationsrecht 254
Solaranlage 33
Sonderausschuss 219
Sondereigentum 30, 36, **39**, 90, 98
– Besitzschutz 90
– Eigentumsschutz 90
– Herrschaftsrecht 89
– Nutzungsänderung 97
– Schaden 90
– Übertragung 36
– Vereinbarung 40
– Zweckbestimmung 120
Sondernachfolger 256
Sondernutzungsrecht **33**, 40, 42, 43, 50, 72, 73, 75, 248
– Aufhebung 34
– bauliche Veränderungen 35
– Befristung 35
– Dachfläche 33
– Garten 35
– Inhaber 34

- Kosten 35
- Mitgebrauch 35
- Rechtsnachfolger 35
- Reichweite 34
- Treppenaufgang 33
- Übertragung 34

Stellplatz 31, 40
Stimmrecht 179
- Einschränkung 184

subjektive Rechtskraft 256

T

Tagesordnung 161, 216
- „Verschiedenes" 161

Teileigentum 26, 119
Teileigentumsgrundbuch 46, 50
Teilender Eigentümer 53
Teilerbbaurecht 222
Teilung 28
Teilungserklärung 29, 51, 72, 207
Teilversammlung 160
Telekommunikationsnetz 140
Terrasse 31
Testamentsvollstrecker 179, 183
Textform 101, 103, 161, 167, 168, 170, 183
Treppenlift 138

U

Unbedenklichkeitsbescheinigung 52
Untergemeinschaft 71, 202
- Verwaltungsbeirat 214

V

Veränderungssperre 143
Veräußerung, Zustimmungspflicht 83
Veräußerungsbeschränkung 48
Verbindung 255
Verbrauchszähler 41
Vereinbarung 42, **70**
- Abgrenzung 75
- Änderung 73
- Auslegung 72
- Formerfordernis 73
- Gesamtrechtsnachfolger 79
- Grundbucheintragung 71
- konkludente Zustimmung 73
- Öffnungsklausel 73
- Sondernachfolger 79

Vermieter 101
Vermietung 104
Vermögensbericht 211
- Rücklagen 212

Versammlung 158
- Ausschluss 172
- Öffentlichkeit 171
- Ort 167
- Rederecht 172
- Zeitpunkt 167

Versicherung 131
Versorgungsleitung 41
Vertragsstrafe 110
Vertretung
- Ermächtigung 67
- gemeinschaftliche 66

Vertretungsmacht 65
Verwalter 64, 84, 116, **202**
- Abberufung 190
- Aufgaben 189, 195, 285
- Befugnisse 195, 285

- Bestellung 187
- Bestellungsdauer 190
- Eignung 186
- Haftung 200
- Innenverhältnis 66
- Kündigung 191
- Legitimation 193
- Niederlegung 192
- Notgeschäftsführungsrecht 199
- Vergütung 189
- Vertrag 188
- Vertragsabwicklung 192
- Wiederbestellung 190

Verwalterbestellung
- Beschränkungen 193
- Ungültigkeit 188

Verwalterwechsel, Rechnungslegung 203

Verwaltung
- Außenverhältnis 116
- des gemeinschaftlichen Eigentums 116
- Innenverhältnis 117

Verwaltungsbeirat
- Amtszeit 216
- Anzahl 215
- Aufgaben 217
- Aufwendungsersatz 219
- Beschlussfähigkeit 217
- Einberufung 216
- Entlastung 219
- Haftung 220
- Haftungsbeschränkung 220
- Online-Sitzung 216
- Vergütung 219
- Versicherung 219
- Vorsitzender 216
- Wahl 215

Verwirkung 112
Vetorecht 183
Vollmacht 170
Vorkaufsrecht 37
Vormerkung 53
Vorratsteilung 51
Vorschuss 204, 208

W

Wallbox 139
wesentlicher Bestandteil 39
wichtiger Grund 86
Wiederholungsgefahr 112
Wirtschaftsplan 206
- Anfechtung 205
- Ausgaben 206
- Einnahmen 206
- Einzelwirtschaftspläne 207
- Gesamtwirtschaftsplan 207
- Kalenderjahr 206
- Verteilungsschlüssel 207
- Zahlungsverpflichtungen 206

Wohngeld 205
- Verjährung 205

Wohngeldschulden 48
Wohnung 26
Wohnungseigentum 26, 119
Wohnungseigentümer
- Beitragsschuld 109
- Haftung 62

Wohnungseigentümergemeinschaft 58
Wohnungseigentümerversammlung 157, 282

Wohnungsgrundbuch 46, 57
- Schließung 54, 273
Wohnungsgrundbuchblatt 52

Z
Zahlungspflichten, Fälligkeit 211
zertifizierter Verwalter 133, 264
Zustimmung
- Kosten 88
- Versagung 86
- wichtiger Grund 86
Zustimmungsberechtigte 84
Zweitbeschluss 76

Anschauliche Darstellung.

2019, 12. Auflage, 272 Seiten, € 22,80
ISBN 978-3-415-06465-2

RICHARD BOORBERG VERLAG   FAX 0800/7385-800
TEL 0800/7385-700   BESTELLUNG@BOORBERG.DE

WWW.BOORBERG.DE